全国普通高等院校物流管理与物流工程专业教学指导意见配套规划教材

国际物流通关实务教程

主　编　于成学
副主编　张　欣　冯茹梅

中国物资出版社

图书在版编目（CIP）数据

国际物流通关实务教程 / 于成学主编 . —北京：中国物资出版社，2010.3
（2016.8 重印）

（全国普通高等院校物流管理与物流工程专业教学指导意见配套规划教材）

ISBN 978 -7 -5047 -3345 -0

Ⅰ. 国… Ⅱ. 于… Ⅲ.①国际贸易—物流②进出口贸易—海关手续—中国
Ⅳ. F252 F752.5

中国版本图书馆 CIP 数据核字（2010）第 024863 号

策划编辑	郑欣怡
责任编辑	郑欣怡
责任印制	方朋远
责任校对	孙会香 梁 凡

中国物资出版社出版发行

网址：http://www.clph.cn

社址：北京市西城区月坛北街 25 号

电话：（010）68589540　邮政编码：100834

全国新华书店经销

三河市西华印务有限公司印刷

开本：787mm×1092mm　1/16　印张：19.75　字数：480 千字

2010 年 3 月第 1 版　2016 年 8 月第 2 次印刷

书号：ISBN 978 - 7 - 5047 - 3345 - 0/F・1317

印数：3001—4000 册

定价：35.00 元

（图书出现印装质量问题，本社负责调换）

前　言

国际物流通关已成为中国加入 WTO 后很多企业必须处理的一项重要事务。在市场日益国际化的今天，各国在中国的各种国际物流活动迅速增多。特别是进入 21 世纪以来，中国的许多工商企业希望跻身国际市场，以争取更多的发展机会，更凸显国际物流通关的重要性。因此，国际物流通关活动越来越受到政府和企业的高度重视。在国内外市场的双重驱动下，国际物流通关既要考虑国内企业物流活动的国际化问题，又要考虑国际物流活动对中国的影响。在这样的大背景下，国内企业和大中专院校经济管理类学生掌握一套国际物流通关的理论和具体的操作方法显得更加重要，而为跨国公司或国际物流企业从事国际物流通关活动提供新的观念、原则和方法的国际物流通关实务教程，受到越来越多的跨国企业，特别是国际物流企业的高度重视，成为新兴工业化国家培养专业国际化人才的必备内容。

自改革开放以来，随着国外企业的大量进入及我国企业不断走出国门，国际物流活动内容越来越复杂，直接影响到国际物流通关的各个环节。以往的国际物流通关活动给我们提供了宝贵的财富，但远远不能满足现阶段的国际物流通关模式，中国的国际物流通关环节必须结合我国现阶段的具体国情与国际接轨。因此，介绍国际物流通关实务的最新理论和实践知识显得尤为重要，以引领中国企业国际物流通关活动不断发展。

本书在编写过程中，在对国际物流、国际贸易、运输、仓储相关理论介绍的基础上，吸取我国国际物流及国际贸易理论工作者的研究成果，结合我国对外贸易实践和跨国企业的国际物流通关活动的实际情况，系统地介绍了国际物流通关的理论与实践知识。

本书共分八章，前三章主要介绍与国际物流通关实务相关的国际物流与国际贸易、国际物流运输方式和国际物流仓储等知识。后五章主要介绍通关实务，即海关与进出口货物报关概述、报关与对外贸易管制、报关程序与申报、进出口商品归类和进出口货物报关单填制。各章都力求介绍最新的国际物流通关理论与实践，为国际物流的不断发展起到一定的指导作用。

此书的完成包含很多人的贡献、见解和劳动，在此向参加本书编写的张欣老师和冯茹梅老师表示感谢。同时，我特别要感谢大连海事大学的李向文老师，他为本书的基本架构和基本理论知识提供了非常好的见解和创造性想法。最后，我要把最真挚的谢意给予我的读者们，感谢你们的支持与激励。

国际物流通关实务的研究在我国还处于不断上升阶段，研究内容、研究方法有待进一步探索、完善和提高。由于本书编者时间和精力不足，再加上学识和经验有限，书中难免有疏漏和缺憾，不妥之处在所难免，敬请专家和读者批评指正。

于成学

2009 年 12 月

目　录

第一章　国际物流与国际贸易

本章主要知识

● 国际贸易与国际物流的关系
● 国际贸易术语
● 货款的支付与商品检验
● 国际贸易单证及其流转程序

教学目标与要求

　　国际贸易与国际物流有着相辅相成的关系，要掌握二者的关系，了解国际贸易是国际物流产生和发展的前提，以及国际物流是影响和制约国际贸易进一步发展的重要因素。应熟悉各种常用的国际贸易术语及其之间的换算。要掌握国际贸易中货款的支付方式及商品的检验机构、标准和证书。最后，应该熟悉各种国际贸易单证的缮制及流转程序。

第一节　国际贸易与国际物流的关系

一、国际贸易的概念与分类

（一）国际贸易的概念

　　国际贸易是指世界各国（地区）之间的商品以及服务和技术交换活动，包括出口和进口两个方面。从一个国家或地区的角度来看，这种交换活动被称为该国的对外贸易；从全球范围来看，这种交换活动被称为国际贸易或世界贸易，即世界各国对外贸易的总和。

　　国际贸易是一个历史范畴，是人类社会历史发展到一定阶段的产物。国际贸易的产生和发展都是以生产力的发展为基础的，并受到生产力的制约。同时，国际贸易的发展反过来又促进社会生产力的发展，加速整个社会物质财富的增长。随着生产力的发展，科学技术的进步和国际间经济联系的增强，在当代，国际贸易这一概念所包含的内容得到进一步扩大。以前，国际贸易实际上只包括实物商品的交换；而现在，还包括服务和技术等非实物商品的交换。所谓实物商品交换，是指原材料、半制成品及工业制成品的买卖；服务交换是指在运输、邮电、保险、金融、旅游等方面为外国人提供服务，或本国工人、技术人员在国外劳动、服务，从而获得外国货币报酬；技术交换包括专利、商标使用权、专有技术使用权的转让以及技术咨询和信息等的提供与接受。

（二）国际贸易的分类

1. 按货物的移动方向划分，可划分为出口贸易、进口贸易、过境贸易

出口贸易指将本国生产和加工的货物因外销而运出国境，作为出口贸易或输出贸易。不属于外销的货物则不能称为出口贸易。例如，运出国境供驻外使领馆使用的货物、旅客个人使用带出国境的货物均不列入出口贸易。

进口贸易是指将外国生产和加工的货物外购后，运进国境内销，列入进口贸易或输入贸易。同样，不属于内销的货物则不能称为进口贸易。例如，外国使领馆运进自用的货物、旅客带入自用的货物均不列入进口贸易。

过境贸易是指从甲国经过丙国国境向乙国运送的货物，而货物所有权不属于丙国居民，对丙国来说，作为过境贸易。有些内陆国家同非邻国的贸易，其货物必须通过第三国国境。

2. 按统计边界划分，可分为总贸易和专门贸易

总贸易指对外贸易统计时，以国境为界，凡进入国境的商品一律列为进口，一定时期内的进口总额为总进口；凡离开国境的商品一律列为出口，一定时期内的出口总额为总出口。总进口与总出口之和为一国的总贸易。

专门贸易指对外贸易统计时，以关境为界，一定时期内，凡运入关境的商品列为进口，称专门进口；凡运出关境的商品列为出口，称专门出口。专门进口加上专门出口称为专门贸易。

3. 按商品形态划分，可分为有形贸易和无形贸易

有形贸易指有形商品的出口和进口，在通过一国海关时必须向海关申报，海关依据海关税则对出口或进口的商品征税，并列入海关的每日统计。

无形贸易指无形商品的输出与输入。例如，运输、保险、金融、旅游、租赁、技术等劳务的交换活动，在通过一国海关时不必申报，也不列入海关统计。各国通过统计局与有关部门做出统计，其统计数字不如商品贸易统计得那么精确。无形贸易的发展是随着有形贸易的发展而发展的，但随着第三产业的迅速发展，无形贸易的发展速度大大加快。

4. 按货物运送方式划分，可分为陆运贸易、海运贸易、空运贸易、多式联运贸易与邮购贸易

陆运贸易指通过陆上各种交通工具运输商品的行为。它经常发生在各大陆内部陆地相连的国家之间。

海运贸易指通过海上各种船舶运送货物的贸易行为。它是国际贸易最主要的运输方式。世界贸易中的货物有三分之二以上是通过海运运输的。

空运贸易指通过航空器具运送货物的行为。它适合鲜活食品、贵重物品和急需商品的运送。

多式联运贸易指海、陆、空各种运输方式结合运送货物的行为。国际物流"革命"促进了这种方式的贸易。

邮购贸易指通过邮政系统进行的贸易。它适宜于样品传递和数量不多的个人购买等。

5. 按交易对象划分，可分为直接贸易、间接贸易和转口贸易

直接贸易指货物生产国与货物消费国直接卖、买货物的行为。货物从生产国直接卖给消费国，对生产国而言是直接出口贸易，对消费国而言是直接进口贸易。

间接贸易指货物生产国与消费国之间经由第三国进行贸易的行为。对生产国来说是间接出口贸易，对消费国来说是间接进口贸易。

转口贸易指货物生产国与消费国之间，或货物供给国与需求国之间，经由第三国贸易商分别签订进口合同和出口合同所进行的贸易。从第三国角度来看，即是转口贸易，又称中转贸易。即使货物直接从生产国家、供给国运往消费国、需求国，由于它们之间未直接发生交易关系，仍属于转口贸易的范畴。

6. 按清算工具的不同划分，可分为现汇贸易和易货贸易

现汇贸易指买方用卖方同意的外汇，通常是可兑换的货币来支付结算的贸易，也称自由结汇方式贸易，是国际贸易的主要结算方式。

易货贸易指支付结算方式是以货换货，即货物经过计价后进行交换，以补充现汇不足的贸易。

二、国际贸易与国际物流的关系

国际贸易与国际物流之间存在着相辅相成、互相促进的关系。

（一）国际贸易是国际物流产生和发展的前提

1. 国际贸易促进了国际物流的产生与发展

所谓国际物流，是国内物流的延伸和进一步扩展，是跨越国界的、流通范围扩大了的"物的流通"，是实现货物在两个或两个以上国家（或地区）间的物理性移动而发生的国际贸易活动。从这个概念中可以看到，国际物流实质上就是国际贸易活动的一部分，是为国际贸易活动服务的。因此，国际物流得以产生的前提就是国际贸易的存在。如果没有国际贸易，也就没有商品的国际间流动，因此也就不需要有国际物流。国际贸易促进了国际物流的产生，是国际物流产生的前提，并推动国际物流的发展。随着国际贸易的发展，贸易双方对国际物流服务的专业化、一体化要求加强，使得国际物流由早期的仅指将货物由一国供应者向另一国需求者的物理性移动，发展成为今天的集采购、包装、运输、储存、装卸搬运、流通加工、配送和信息处理等多种功能于一身的综合性系统。可以说，国际贸易产生了国际物流，并且促进了其向现代化国际物流的发展。

2. 国际贸易的发展促进了国际物流技术的进步

物流技术是物流活动中所采用的自然科学与社会科学方面的理论、方法，以及设施、设备、装置与工艺的总称。国际贸易的发展对企业及社会的物流管理等技术方面提出了更高的要求，也是促使物流技术发展的主要动因之一。随着国际贸易的发展，世界各国，各大企业在世界市场上展开了激烈的竞争。虽然质量在消费者眼中越来越重要，消费者关注的不仅仅是价格，但价格仍然是取胜的一个重要因素。国际贸易的发展要求从原材料、订单、运输以及库存等各方面降低成本，这就对国际物流的各个环节提出了新的挑战和要求。在国际贸易的推动下，国际物流从理论上到技术上都有

了重大的创新和发展。

3. 国际贸易的发展对国际物流提出新的要求

全球经济的发展和人类需求层次的提高使国际贸易量快速增长，贸易商品种类极大丰富。国际贸易的变化对国际物流的质量、效率、安全等提出了新要求。第一，质量要求。国际贸易的结构正在发生着巨大变化，传统的初级产品、原料等贸易品种逐步让位于高附加值、精密加工的产品。高附加值、高精密度商品流量的增加，对物流工作质量提出了更高的要求。同时由于国际贸易需求的多样化，造成物流多品种、小批量化，要求国际物流向优质服务和多样化发展。第二，效率要求。国际贸易活动的集中表现就是合约的订立和履行。而国际贸易合约的履行是由国际物流活动来完成的，因而要求物流高效率的履行合约。从输入方面的国际物流看，提高物流效率最重要的是如何高效率地组织所需商品的进口、储备和供应。也就是说，从订货、交货，直至运入国内保管、组织供应的整个过程，都应加强物流管理。根据国际贸易商品的不同，采用与之相适应的巨型专用货船、专用泊位以及大型机械的专业运输等，对提高物流效率起着主导作用。第三，安全要求。由于国际分工和社会生产专业化的发展，大多数商品在世界范围内进行分配和生产，使得国际物流所涉及的国家多，地域辽阔，在途时间长，易受到气候条件、地理条件等自然因素和政局、罢工、战争等社会政治经济因素的影响。因此，在组织国际物流时，选择运输方式和运输路径，要密切注意所经地域的气候条件、地理条件，还应注意沿途所经国家和地区的政治局势、经济状况等，以防止这些人为因素和不可抗拒的自然力造成货物灭失。第四，经济要求。国际贸易的特点决定了国际物流的环节多，备运期长。在国际物流领域，控制物流费用，降低成本具有很大潜力。对于国际物流企业来说，选择最佳物流方案，提高物流经济性，降低物流成本，保证服务水平，是提高竞争力的有效途径。

4. 国际贸易对国际物流发展趋势的影响

由于国际贸易发展到了买方市场，很多贸易商为迎合消费者日益精化、个性化的产品需求，而采取多样、少量的贸易方式，因而高频度、小批量的配送需求也随之产生。在美国、日本和欧洲等经济发达国家和地区，这些专业的物流服务已形成规模，并有着广泛的发展前途。伴随着国际贸易商经营取向的变革应运而生了物流经营的专业化、集约化、电子物流和绿色物流等。

总之，国际贸易的发展将推动国际物流在各个方面取得新的进展和突破。当今世界，国家间的联系越来越紧密，全球的贸易量也在不断上升，这必将给国际物流提供更大的发展空间，也会给国际物流的发展以更大的推动力。

（二）国际物流也是影响和制约国际贸易的重要因素

目前，国际物流也已成为影响和制约国际贸易进一步发展的重要因素，如果国际物流的发展无法跟上国际贸易发展的脚步，将会大大阻碍国际贸易的纵深发展。

在大量跨越国境的贸易中，不可忽视的是货物跨国转移所带来的国际物流量的上升。贸易量势必带来更多的物流量，这要求国际物流为货物转移在货物的运输、装卸、仓储、信息传输等各个环节都提供便利。现代物流运用科技手段，使信息快速、准确反馈，采用货物流通的最优渠道，将产品按消费者的需求生产出来，快速送到消费者手中，提高服务质量，刺激消费需求，加快企业对市场的反应速度。在供应链联结的各企业间实现资源共享，大大缩短产品的流通周期，加快物流配送速度。企业的物流渠道、物流功能、物流环节与制造环节集成化，使物流服务扩大化和系列化，并通过规范作业，使贸易过程中延迟交货、送货不及时或货物损坏、灭失等不可控制风险大大降低，从而便利各国企业间达成贸易。低效率的物流体系同样会成为国际贸易发展的瓶颈，从事国际贸易带来的利益会被巨大的流通费用开支所抵消。

物流系统的功能要素一般认为有运输、储存保管、包装、装卸搬运、流通加工、配送、物流信息等，各要素充分发挥各自功能，从而合理、有效地实现物流系统作用的目的。

在货物的国际转移中，对物流各功能的要求更高。以运输为例，与国内运输相比，国际运输涉及的环节多，风险较大，线长面广，情况更为复杂。国际运输主要是供应及销售物流中的海运、陆运、空运、管道及多式联运等运输方式的选择，确定合理的运输路线，并对运输活动进行有效的管理。在整个运输过程中，使用多种运送工具，变换不同运输方式，中途还要经过多次装卸搬运，经过不同的国家和地区，与各国的货主、保险公司、银行、海关和各种中间代理人打交道。各国政治、法律、金融货币制度不同，可变的因素非常多，其中某个环节发生问题，会影响到整个物流的效率。所以，要符合国际贸易对于运输的要求，就必须充分发挥运输在整个国际物流系统中的作用，实现安全、迅速、准确、节省、方便的目标。

随着全球化市场竞争的加剧，很多产品完成了由卖方市场向买方市场的转变。贸易商竞争的重点是如何更好、更快地满足客户多样化、个性化的需求。国际贸易中的产品和服务趋向于多样化、定制化。生产商用标准化的零件实现规模经济，贸易商获知国际市场上客户的具体要求，通过物流的流通加工功能，对零部件按照多种方式进行组合，形成符合客户要求的个性化产品，再经过包装、运输、配送把产品送到消费者的手中，实现"门到门"的服务。

高效的物流系统为国际贸易不断发展提供了有利支持，使各国参与贸易的利益提高，使更多的非贸易品变为贸易品。

为了实现成本最低化，很多企业从世界成本最低的国家和地区进行原材料、零部件的采购，同时，又把产成品销往世界各地。跨国企业的采购和销售在国际贸易中占据的比重越来越大。据统计，跨国企业掌握着全球 2/3 的国际贸易。在目前多品种、小批量生产趋势逐渐加强、产品生命周期日益缩短以及贸易竞争日趋激烈的情况下，企业不可能孤军奋战，通过合作伙伴，如供应商、贸易商、零售商、代理商共同参与，才能对产品进行动态改进，不断挖掘客户新的需求，这就需要形成高效的全球供应链体系来不断整合全球资源。企业可以凭借高度灵活和快速响应的物流和供应链系统，在世界范围内全方位重组、优化配置要素，生产定位和布局，进而实现贸易利益的最大化。

在全球供应链的管理中，利用电子商务技术优化供应链管理，首先完成企业内部业务流程一体化，然后再向企业外的合作伙伴延伸，达到生产、采购、库存、销售以及财务和人力资源管理的全面整合，使物流、信息流、资金流发挥最大效能，把理想的供应链运作变为现实。供应链中的全部物流管理可通过供应链所有成员之间的信息沟通、责任分配和相互合作来协调，这样就可以减少链上每个成员的不确定性，减少每个成员的营运成本。企业可以用较少的设备完成库存的周转，减少资金占用量、削减管理费用，从而降低成本，并提高运输、包装、标识和文书处理等活动的效率。

第二节　国际贸易术语

一、国际贸易惯例

在国际贸易实务活动中，不同国家和地区的不同做法往往成为产生混乱的根源，不利于国际贸易的开展。由于文化背景和法律制度的差异，在不同的国家和地区之间通过国际会议来制定为所有国家和地区都能接受的多边公约或者求得共同一致的立法，可能会遇到几乎无法克服的障碍。商人们为满足实际需要而自发地形成一些习惯做法和规则，是解决混乱的现实可行的办法。商人团体通过对贸易实践中的习惯做法和解释进行总结，编纂成成文的惯例加以传播和推广，从而促进了惯例更广泛的使用和进一步的发展。因此，国际贸易惯例指在长期国际贸易实践中逐渐形成和发展，为大多数国家所认可和遵循的一些习惯做法和解释。它涉及国际贸易实务活动的许多方面，对国际贸易实务活动具有重要的指导和制约作用。

（一）国际贸易惯例的特点

1. 国际贸易惯例是在长期的国际贸易活动中逐渐形成的

若要公众在某一惯例效力的问题上取得共识需要相当长的一段时间，因此惯例的形成不可能是一蹴而就的，而是长期的。

2. 国际贸易惯例必须是国际上普遍接受和广为使用的规则

凡国际市场上的某些做法，尚未被人们普遍接受，甚至还遭到抵制和强烈反对，就不能视为国际上通行的习惯做法，更不能视为国际贸易惯例。即使某些做法已形成惯常做法，且在某地区、某行业或某港口成为惯例，却未被各国普遍接受和广为使用，由于其适用范围的局限性，也不能算作通行的国际贸易惯例。

3. 国际贸易惯例本身不是法律，因而不具有法律的强制性

国际贸易惯例虽然具有确定的内容，可以作为行为规范使用，但不是国际性法律，也不是某一国的国内法规，因而对国际贸易活动中的行为当事人不具有法律的强制性和约束力。只有当事人双方经过协商选用某一国际贸易惯例，并在合同中明确规定时，这一国际惯例才具有约束力。需要格外指出的是，虽然国际贸易惯例本身不具有法律效力，但通过立法可赋予其法律效力。有些国家的涉外法律规定，凡本国法律未规定的，可适用国际惯例。《联合国国际货物销售合同公约》对国际惯例的作用作了充分肯定，其中规定，合同没有排除的惯例、人们经常使用与反复遵守的惯例以及人们已经知道和应当知道的惯例，均适用于合同。此外，各国法院和仲裁庭处理涉外争议案件时，也往往参照国际惯例，这充分表明，国际惯例具有重要的法律地位和实践意义。

4. 国际贸易惯例的内容随着国际贸易实际的发展不断更新和扩大

国际贸易的发展不仅表现在它的规模上，还表现在它所涉及的领域、内容、形式和

手段上。国际贸易惯例比法律更具灵活性，能较容易地进行修改，及时跟上国际贸易实际的变化。因此，很多国际贸易惯例并非一成不变，而是经过多次的修订。

国际贸易惯例对各国开展国际贸易有两个方面的重要意义。一是为贸易当事人提供了共同遵守的行为准则，有利于交易合同得以顺利履行。随着国际分工的逐渐深化，各国之间的经济贸易活动不断扩大。各国企业为扩大商品销售市场，相互间的竞争不断加剧。交易各方为达成共同的理解，避免和减少纠纷，进行顺利的合作，需要寻求都能接受的行为准则和规范。而国际贸易惯例则顺应了这一需要，成为具体确定当事人的权利与义务关系，界定双方的职责，为双方共同遵守的行为准则。二是在发生贸易纠纷时，国际贸易惯例可以作为解决纠纷的依据。如果合同中没有注明适用何种法律，对发生争执的有关问题也未做出明示或暗示的规定时，仲裁机构可以援引某一国际贸易惯例衡量当事人的权利与义务，以此为依据进行裁决。

（二）主要的关于贸易术语的国际惯例

1.《2000 年国际贸易术语解释通则》

国际商会于 1936 年在巴黎制定此通则，其后几经修订和补充。2000 年，国际商会对其做了最新一次的修订，简称为 INCOTERMS 2000。该修订版把国际贸易术语修订为 13 种，并对这 13 种贸易术语作了详细的解释，具体规定了买卖双方在交货方面的权利与义务。该通则在国际上已经得到广泛的承认和采用，是国际货物买卖最重要的贸易惯例。

2.《1932 年华沙—牛津规则》

1928 年国际法协会曾在波兰华沙开会，制定了 CIF 买卖合同的统一规则，称为《1928 年华沙规则》。1932 年该协会在牛津会议上将《1928 年华沙规则》修订完成，定名为《1932 年华沙—牛津规则》。这一规则主要说明 CIF 贸易术语。

3.《1941 年美国对外贸易定义修正本》

1941 年美国九大商业团体以美国贸易惯用的 FOB 贸易术语为基础制定了《美国出口报价及其缩写条例》，并于 1941 年做了修订，改称为《1941 年美国对外贸易定义修正本》。其中，主要说明 6 种 FOB 的贸易术语。

二、常用的贸易术语

（一）FOB

该术语英文全称为 Free on Board（...named port of shipment），中文全称为"装运港船上交货（……指定装运港）"。

FOB 指在指定的装运港，当货物越过船舷时，卖方即完成其交货义务。之后买方承担货物灭失或损坏的一切风险和相关费用。FOB 术语要求卖方办理货物出口清关手续。该术语仅适用于海运或内河运输。如当事人不以船舷作为风险、费用或责任的划分界线，则应使用 FCA 术语。根据《2000 年国际贸易术语解释通则》，买卖双方的主要义务如下：

1.卖方的义务

（1）约定期限内，在装运港将货物装上船，并向买方发出交货通知；

（2）取得出口许可证或其他官方许可，承办出口的海关手续；

（3）负担货物越过船舷为止的一切费用和风险；

（4）提供商业发票和证明货物已经交到船上的通常单据或电子信息。

2. 买方的义务

（1）支付价款；

（2）租船或订舱，支付运费，将船名、装船地点和交货时间通知卖方；

（3）自费取得进口许可证或其他官方许可，承办进口和过境海关手续；

（4）负担货物越过船舷后的一切费用和风险；

（5）收取货物，接受与合同相符的单据。

FOB 的字面意思是船上交货，卖方要负责支付货物装上船以前的一切费用。但由于该术语历史较悠久，各个国家和地区在使用时对于"装船"的概念没有统一明确的解释，在装船作业的过程中涉及的各项具体费用，如将货物运至船边的费用、吊装上船的费用、理舱的费用、平舱的费用等，究竟由谁负担，各国的惯例或习惯做法也不完全一致。如果采用班轮运输，船方管装管卸，装卸费计入班轮运费中，自然由负责租船订舱的买方承担；而如果采用租船运输，船方一般不负担装卸费用，这就需要在买卖双方之间明确由谁负担装船费用。明确之后，既可在合同中用文字做出具体规定，也可采用在 FOB 术语后加列字句或缩写，即所谓 FOB 术语变形来表示。常用 FOB 术语变形有：

（1）FOB 班轮条件（FOB Liner Terms），指装船费如同班轮装运那样，由支付运费的一方负担。

（2）FOB 吊钩下交货（FOB Under Tackle），指卖方将货物置于轮船吊钩所及之处，从货物起吊开始的装船费用由买方负担。

（3）FOB 并理舱（FOB Stowed，FOBS）指卖方负担将货物装入船舱并支付包括理舱费在内的装船费用。

（4）FOB 并平舱（FOB Trimmed，FOBT）指卖方负担将货物装入船舱并支付包括平舱费在内的装船费用。

（5）FOB 并理舱和平舱（FOB Stowed & Trimmed，FOBST）指卖方负担将货物装入船舱并支付包括理舱费和平舱费在内的装船费用。

若买卖双方对术语的变形没有特别说明，通常情况下，FOB 的上述各种变形，只是为了表明装船费用由谁负担，而并不改变 FOB 性质，即无论何种变形，在 FOB 条件下的交货地点以及风险转移的界线不变，仍然是以船舷为界。

（二）CIF

该术语英文全称为 Cost Insurance and Freight（… named port of destination），中文全称为"成本加保险、运费（……指定目的港）"。

CIF 指卖方在装运港于货物越过船舷时完成交货义务。卖方必须支付货物运至指定目的港所需的运费和必要的费用，但货物交付后，其灭失或损坏的风险，以及因货物交付后所发生的事件所引起的任何额外费用自交付时由卖方转移至买方承担。但是，卖方还应当对货物在运输中灭失或损坏的风险为买方办理海运保险。但卖方只需按最低责任范围的保险险别办理保险。如果买方需获得更大责任范围的保险险别的保障，买方可与卖方达成明确的协议，或者自行办理额外保险。CIF 术语要求卖方办理货物的出口清关手续。该术语只适用于海运和内河运输。若当事人无意越过船舷交货，应使用 CIP 术语。

1. 卖方的义务

（1）约定期限内，在装运港将货物装上船，并向买方发出通知；

（2）取得出口许可证或其他官方许可，承办货物出口海关手续；

（3）租船或订舱，支付运费；

（4）办理运输保险，支付保险费；

（5）负担货物越过船舷为止的一切费用和风险；

（6）提供商业发票、保险单和运输单据或电子信息。

2. 买方的义务

（1）支付价款；

（2）自办进口许可证或其他官方许可，承办货物进口和过境海关手续；

（3）负担货物越过船舷后的一切费用和风险；

（4）收取货物，接受与合同相符的单据。

CIF 规定卖方负责将合同规定的货物运往合同规定的目的港，并支付正常的运费。至于货到目的港后的卸货费用由谁负担也是一个需要考虑并加以明确的问题。如果使用班轮运输，由于装卸费用已计入班轮运费之中，故卸货费由谁负担的问题一般不会引起争议。大宗商品一般采用租船运输。在租船运输情况下，卸货费用应由谁负担呢？按 INCOTERMS 2000 解释，应由买方负担，但《1932 年华沙—牛津规则》和《1941 年美国对外贸易定义修正本》并未对此做出具体规定，各国的习惯做法也不同。

3. CIF 的几种变形

为避免在卸货费上发生争议，便产生了 CIF 的几种变形，主要有：

（1）CIF 班轮条件（CIF Liner Terms），指卸货费用按班轮条件处理，也就是由支付运费的一方（卖方）负担。

（2）CIF 舱底交货（CIF Ex Ship's Hold），指载货船舶到达目的港后，双方在船上办理交接手续后，由买方自行启舱，并负担将货物从舱底吊卸到码头的费用。

（3）CIF 吊钩下交货（CIF Ex Tackle），指卖方负担将货物从舱底吊起一直卸至吊钩所及之处（码头或驳船上）的费用。若船舶不能靠岸时，驳船费用则由买方承担。

（4）CIF 卸到岸上（CIF Landed），指卖方负担将货物卸到目的港岸上的费用，包括可能产生的驳船费和码头费在内。

（三）CFR

该术语英文全称为 Cost and Freight（...named port of destination），中文全称为"成本加运费（……指定目的港）"。

CFR 指卖方在装运港于货物越过船舷时完成交货义务。卖方必须支付货物运至指定目的港所需的运费和必要的费用，但货物交付后灭失或损坏的风险，以及此后由于各种事件发生的任何额外费用，由买方承担。CFR 术语要求卖方办理货物出口清关手续。此术语只能用于海运和内河运输，若当事人无意越过船舷交货，应使用 CPT 术语。

1. 卖方的义务

（1）负责在合同规定的日期或期间内，在装运港将符合合同的货物交至运往指定目的港的船上，并给予买方充分的通知；

（2）负责办理货物出口手续，取得出口许可证或其他核准书；

（3）负责租船或订舱，并支付至目的港的运费；

（4）负担货物在装运港越过船舷为止的一切费用和风险；

（5）负责提供商业发票和货物运往约定目的港的通常运输单据。如果买卖双方约定采用电子通信，则所有单据可被具有同等效力的电子数据交换信息所替代。

2. 买方的义务

（1）负责按合同规定支付价款；

（2）负责办理货物进口手续，取得进口许可证或其他核准书；

（3）负担货物在装运港越过船舷后的一切费用和风险；

（4）负责办理保险手续和支付保险费；

（5）收取卖方按合同规定交付的货物，接受与合同相符的单据。

CFR 与 CIF 的不同之处在于，货运保险由买方办理。卖方装船后必须给予买方关于货物已按规定交到船上的充分通知，以及为使买方能采取通常必要的措施收取货物所需的其他通知。所谓"充分的通知"包括两层含义，一是装船通知在时间上应做到及时，甚至是毫不延迟；二是装船通知在内容上应尽可能详细，可以满足买方在目的港收取货物采取必要措施以及办理投保手续的需要。一旦卖方没有及时详尽地向买方发出装船通知，致使买方未能及时办妥货运保险手续，由此产生的损失均由卖方承担。

（四）FCA

该术语英文全称为 Free Carrier（…named place），中文全称为"货交承运人（……指定地点）"。

FCA 指卖方在规定的时间、地点将货物交给买方指定的承运人，并办理出口清关手续，即完成交货义务。应当注意，对交付地点的选择会影响到在该地装载和卸载货物的义务。若交付是在卖方的场所进行，则卖方应当负责装卸货物；若交付是在任何其他地点进行，则卖方不负责卸载货物。此术语可适用于任何运输方式，包括多式联运。"承运人"是指在运输合同中，承担履行或办理履行铁路、公路、航空、海洋、内河运输或多式联运义务的人。若买方指定非承运人的其他人接受货物，则自货物交付给该人之时起，视为卖方已经履行了其交付货物的义务。

1. 卖方的义务

（1）自负风险和费用，取得出口许可证或其他官方批准证件，在需要办理海关手续时，办理货物出口所需的一切海关手续；

（2）在合同规定的时间、地点，将符合合同规定的货物置于买方指定的承运人控制下，并及时通知买方；

（3）承担将货物交给承运人之前的一切费用和风险；

（4）自负费用向买方提供交货的通常单据，如果买卖双方约定采用电子通信，则所有单据均可被具有同等效力的电子数据交换信息所代替。

2. 买方的义务

(1) 自负风险和费用，取得进口许可证或其他官方证件，在需要办理海关手续时，办理货物进口和经由他国过境的一切海关手续，并支付有关费用及过境费；

(2) 签订从指定地点承运货物的合同，支付有关的运费，并将承运人名称及有关情况及时通知卖方；

(3) 自费办理货物运输保险，承担货物交给承运人之后所发生的一切费用和风险；

(4) 根据买卖合同的规定收取货物并支付货款。

3. 使用 FCA 应注意的问题

(1) 关于承运人和交货地点。在采用 FCA 贸易术语时，运送货物的承运人通常由买方指派。由于该术语可适用于各种运输方式，因而"承运人"的范围很广，它既可以是实际承运人，也可以是总承运人，还可以是买方指定的其他任何人，卖方只要将货物交付给买方指派的承运人或其他任何人，均可视为卖方履行了其交货义务。

交货地点的选择会影响装卸货物的责任划分，主要区分是交货地点是否在卖方所在地。其具体规定是，若交货是在卖方的场所进行，卖方有义务装载货物；若交货是在任何其他地点进行，则卖方没有义务装载货物。

(2) FCA 术语下风险转移问题（可能存在风险提前转移的情形）。在 FCA 贸易术语下，卖方必须承担货物灭失或损坏的一切风险，直到货物按规定交付为止。应注意的是，货物灭失或损坏的风险转移是由于意外事故而导致的风险，而不包括由卖方或卖方应负责的事项所引起的灭失或损坏，如因货物包装不妥或标示不当所引起的。因此，若货物损坏可归因于卖方交付货物与合同不符的事实，则卖方仍应对风险转移后发生的损坏负责。

另外，若因买方的过失，未能指定承运人或其他人，则风险可能会提前转移。因为除非卖方可以自己订立运输合同，否则，卖方完成其交货义务则须以买方及时指定承运人或其他人为前提条件。因此，若不增加这一规定，就给买方推迟风险转移的时间提供了一种可能，这对于卖方来说是极不公平的。若风险要提前转移，货物必须已特定化，即能够确认为合同项下的货物，否则风险不能转移。

(3) 有关责任和费用的划分问题。在 FCA 贸易术语下，卖方应承担的费用包括交付货物之前的一切费用；若在出口地需要办理海关手续时，支付出口货物的一切关税、捐税和其他费用。买方必须负担货物交承运人后发生的运费和其他费用。

（五）CPT

该术语英文全称为 Carriage Paid to (...named place of destination)，中文全称为"运费付至（……指定目的地）"。

CPT 指卖方将货物交付给由其指定的承运人，并支付将货物运至指定目的地所必需的运费。由买方承担货物交付承运人后的一切风险和任何其他费用。若需要使用后续承运人将货物运至指定目的地，风险自货物交付给第一承运人时转移。CPT 术语要求卖方办理出口清关手续。该术语可适用于包括多式联运在内的各种运输方式。

1. 卖方的义务

(1) 自负风险和费用，取得出口许可证或其他官方批准证件，在需要办理海关手续时，办理货物出口所需的一切海关手续；

（2）订立将货物运往指定目的地的运输合同，并支付有关运费，在合同规定的时间、地点，将合同规定的货物交给承运人，并及时通知买方；

（3）承担将货物交给承运人之前的一切风险；

（4）自付费用向买方提供交货的通常单据，如买卖双方约定采用电子通信，则所有单据可被同等效力的电子数据交换信息所代替。

2. 买方的义务

（1）自负风险和费用，取得进口许可证或其他官方证件，在需要办理海关手续时，办理货物进口所需的海关手续，支付有关关税及从他国过境的费用；

（2）承担自货物在约定交货地点交给承运人之后的风险；

（3）接受卖方提供的有关单据，收取货物，并按合同规定支付货款；

（4）支付除通常运费之外的有关货物在运输途中所产生的各项费用和卸货费。

3. 使用 CPT 术语时应注意的问题

（1）风险划分的界线问题。按照 CPT 术语成交，虽然卖方要负责订立从启运地到指定目的地的运输契约，并支付运费，但是卖方承担的风险并没有延伸至目的地。按照《2000 年国际贸易术语解释通则》的解释，货物自交货地点至目的地的运输途中的风险由买方承担，卖方只承担货物交给承运人控制之前的风险。在多式联运情况下，卖方承担的风险自货物交给第一承运人控制时即转移给买方。

（2）责任和费用的划分问题。采用 CPT 术语时，由卖方指定承运人，自费订立运输合同，将货物运往指定的目的地，并支付正常运费。正常运费之外的其他有关费用，一般由买方负担。卖方将货物交给承运人之后，应向买方发出货物已交付的通知，以便于买方在目的地办理货运保险和受领货物。如果双方未能确定买方受领货物的具体地点，卖方可以在目的地选择最适合其要求的地点。

（3）CPT 与 CFR 的异同点。CPT 与 CFR 同属 C 组术语，按这两种术语成交，卖方承担的风险都是在交货地点随着交货义务的完成而转移，卖方都要负责安排自交货地至目的地的运输事项，并承担其费用。另外，按这两种术语订立的合同，都属于装运合同，卖方无须保证按时交货。CPT 与 CFR 的主要区别在于适用的运输方式不同，交货地点和风险划分界线也不相同。CPT 术语适用于各种运输方式，交货地点因运输方式的不同由双方约定，风险划分以货交承运人为界；CFR 术语适用于水上运输方式，交货地点在装运港，风险划分以船舷为界。除此之外，卖方承担的费用以及需提交的单据等方面也有区别。

（六）CIP

该术语英文全称为 Carriage and Insurance Paid to（. . . named place of destination），中文全称为"运费和保险费付至（……指定目的地）"。

CIP 指运费与保险费付至卖方向其指定的承运人交货，支付货到目的地的运费，办理货物在途中的保险并支付保险费，承办出口清关手续。买方承担卖方交货之后的一切风险和额外费用。该术语可适用于包括多式联运在内的各种运输方式。

按 CIP 术语成交，卖方除负有与 CPT 术语相同的义务外，还需办理货物在运输途中的保险，即卖方除应订立运输合同和支付通常的运费外，还应负责订立保险合同并支付保险费。卖方将货物交给指定的承运人，即完成交货。

使用 CIP 术语应注意的问题包括：

1. 使用 CIP 术语应该注意的问题

（1）风险和保险问题。按 CIP 术语成交的合同，卖方要负责办理货运保险，并支付保险费，但货物从交货地点运往目的地的运输途中的风险由买方承担。所以，卖方的投保仍属于代办性质。根据《2000 年国际贸易术语解释通则》的解释，一般情况下，卖方要按双方协商确定的险别投保，如果双方未在合同中规定应投保的险别，则由卖方按惯例投保最低的险别，保险金额一般是在合同价格的基础上加成 10%。即 CIP 合同价款的110%，并以合同货币投保。

（2）应合理确定价格。与 FCA 相比，CIP 条件下卖方要承担较多的责任和费用。要负责办理从交货地至目的地的运输，承担有关运费；办理货运保险，并支付保险费。这些都反映在货价之中。所以，卖方对外报价时，要认真核算成本和价格。在核算时，应考虑运输距离、保险险别、各种运输方式与各类保险的收费情况，并要预计运价和保险费的变动趋势等问题。

2. CIP 和 CIF 的异同

CIP 与 CIF 的相似之处在于它们的价格构成中都包含了通常的运费和约定的保险费，而且，按这两种术语成交的合同均属于装运合同。但 CIP 和 CIF 术语在交货地点、风险划分界线以及卖方承担的责任和费用方面又有明显的区别，主要表现在：CIF 适用于水上运输，交货地点在装运港，风险划分以装运港船舷为界，卖方负责租船订舱、支付从装运港到目的港的运费，并且办理水上运输保险，支付保险费；而 CIP 术语则适用于各种运输方式，交货地点要根据运输方式的不同由双方约定，风险是在承运人控制货物时转移，卖方办理的保险，也不仅是水上运输险，还包括各种运输险。

三、进出口价格构成

出口商品价格的构成包括成本、费用和预期利润三大要素。

（一）成本

出口商品的成本包括三部分，即生产成本（制造商生产某一产品所需的投入）、加工成本（加工商对成品或半成品进行加工所需的成本）和采购成本（贸易商向供应商采购商品的价格）三种类型。对于从事出口业务的商人来说，需要了解的主要是采购成本，在出口价格中，成本占的比重最大，因而成为价格中的重要组成部分。

（二）费用

由于进出口贸易为跨越国界的买卖，其间所要发生的费用远比一般国内所进行的交易复杂。在出口商品价格中，费用所占的比重虽然不大，但因其内容繁多，且计算方法又不尽相同，因而成为价格核算中较为复杂的一个方面。出口业务中通常会发生的费用有：

（1）包装费。包装费用通常包括在采购成本之中，但如果客户对货物的包装有特殊的要求，由此产生的费用就要作为包装费另加。

（2）仓储费。需要提前采购或另外存仓的货物往往会发生仓储费用。

（3）国内运输费。出口货物在装运前所发生的内陆运输费用，通常有卡车运输费、内河运输费、路桥费、过境费及装卸费等。

（4）认证费。出口商办理出口许可、配额、产地证明以及其他证明所支付的费用。

（5）港区港杂费。出口货物在装运前在港区码头所需支付的各种费用。

（6）商检费。出口商品检验机构根据国家的有关规定或出口商的请求对货物进行检验所发生的费用。

（7）捐税。国家对出口商品征收、代收或退还的有关税费，通常有出口关税、增值税等。

（8）垫款利息。出口商自国内采购至收到国外进口商付款期间因垫付资金所产生的利息。

（9）业务费用。出口商在经营中发生的有关费用，如通信费、交通费、交际费等。业务费用又被称为经营管理费。

（10）银行费用。出口商委托银行向国外客户收取货款、进行资信调查等所支出的费用。

（11）出口运费。货物出口时支付的海运、陆运或空运费用。

（12）保险费。出口商向保险公司购买货运保险或信用保险所支付的费用。

（13）佣金。出口商向中间商支付的报酬。

（三）预期利润

预期利润是出口价格三要素之一，在出口交易中，利润对于贸易商无疑是最重要的部分。

出口报价是出口商、卖方向国外客户提出进行交易商品的价格。通常不外乎 FOB、CFR 和 CIF 三种价格，在计算价格时，首先需要明确价格的构成，即所报价格由哪些部分组成，然后则需清楚地了解各组成部分的计算方法，也就是成本、各项费用以及利润的计算依据，最后将各部分加以合理的汇总即可。举例如下：

荣成贸易公司收到日本冈岛株式会社求购 17 吨冷冻水产（计一个 20 英尺集装箱）的询盘，经了解该级别水产每吨的进货价格为 5600 元人民币（含增值税 17%）；出口包装费每吨 500 元，该批货物国内运杂费共计 1200 元；出口的商检费 300 元；报关费 100 元；港区港杂费 950 元；其他各种费用共计 1500 元。荣成公司向银行贷款的年利率为 8%，预计垫款时间为 2 个月，银行手续费率为 0.5%（按成交价格计）；出口冷冻水产的退税率为 3%；海洋运费从装运港青岛至日本神户一个 20 英尺冷冻集装箱的包箱费率是 2200 美元，客户要求按成交价格的 110% 投保，保险费率 0.85%；冈岛株式会社要求在报价中包括其 3% 的佣金，若荣成贸易公司的预期利润是 10%（以成交金额计），人民币对美元汇率为 8.25∶1，试报出每吨水产出口的 FOB、CFR 和 CIF 价格。

FOB：成本＋国内费用＋预期利润

CFR：成本＋国内费用＋出口运费＋预期利润

CIF：成本＋国内费用＋出口运费＋出口保险费＋预期利润

由于采购价格中包含 17% 的增值税，所以在报价时应首先求出扣除出口退税收入后的成本，即：实际成本＝5600－5600÷（1＋17%）×3%≈5600－143.5897＝5456.4103（元/吨）

或 ＝5600×（1＋17%－3%）÷（1＋17%）

＝5600×1.14÷1.17

＝5456.4103（元/吨）

费用：

国内费用＝500＋（1200＋300＋100＋950＋1500）÷17＋5600×8%÷12×2

　　　　　＝812.902（元/吨）

银行手续费＝报价×0.5%

客户佣金＝报价×3%

出口运费＝2200÷17＝129.4118 美元＝129.4118×8.25＝1067.6471（元）

出口保费＝CIF 报价×110%×0.85%

利润：

利润＝报价×10%

FOB 报价＝实际成本＋国内费用＋客户佣金＋银行手续费＋预期利润

含佣 3%＝5456.4103＋812.902＋报价×3%＋报价×0.5%＋报价×10%

FOBC3 ＝（5456.4103＋812.902）÷（1－3%－0.5%－10%）

　　　　＝6269.3123÷0.865÷8.25＝878.52（美元/吨）

CFR 报价＝实际成本＋国内费用＋出口运费＋客户佣金＋银行手续费＋预期利润

含佣 3%＝5456.4103＋812.902＋1067.6471＋报价×3%＋报价×0.5%＋报价×10%

CFRC3 ＝（5456.4103＋812.902＋1067.6471）÷（1－3%－0.5%－10%）

　　　　＝7336.9594÷0.865÷8.25

　　　　＝1028.13（美元/吨）

CIF 报价＝实际成本＋国内费用＋出口运费＋客户佣金＋银行手续费＋出口保险费＋

　　　　预期利润

含佣 3%＝5456.4103＋812.902＋1067.6471＋报价×3%＋报价×0.5%＋报价×

　　　　110%×0.85%＋报价×10%

CIFC3＝（5456.4103＋812.902＋1067.6471）÷（1－3%－0.5%－110%×0.85%－

　　　　10%）＝7336.9594÷0.85565÷8.25＝1039.36（美元/吨）

荣成贸易公司该冷冻水产的出口报价如下：

US $ 878.52 PER METRIC TON FOBC3 QINGDAO

每吨 878.52 美元包括 3%佣金青岛港船上交货

US $ 1028.13 PER METRIC TON CFRC3 KOBE

每吨 1028.13 美元包括 3%佣金成本加运费至神户

US $ 1039.36 PER METRIC TON CFRC3 KOBE

每吨 1039.36 美元包括 3%佣金成本加运保费至神户

在报价核算中，下面一些原则是应当遵循的：

（1）出口费用中除了将有关的费用数额逐项相加以外，应注意不同费用额的计量单位，例如，究竟是按整批货物，还是根据一个 20 英尺或 40 英尺集装箱。实际业务中，除了采用费用额相加的方法以外，有的贸易商则规定定额费用率的做法。所谓定额费用率是指各公司对业务操作中，诸如银行费用利息、邮电通信费用、交通费用、仓储费用、码头费用、商检报关费、差旅费、招待费及其他业务费用，按公司年度实际支出状况规定一个百分比，一般为公司购货成本的 5%左右，也可以根据不同的商品类别有所区别。

定额费用率的计费基础通常是含税的采购成本。

（2）在进出口业务中，贸易商往往委托货物运输代理来办理货物的托运、订舱、报关、装箱及长、短途驳运等涉及货物的国内外运输和通关手续。货运代理公司往往根据其提供的服务向货主（委托人）收取费用，这些费用统称进出口货物包干费用。包干费用除了包括以上内容外，还包括单证费、手续费、港区港杂费等。包干费用率的规定与海运费用相仿，通常按照货物的类别及装箱方式来制定，分为散货、拼箱、20 英尺小箱、40 英尺大箱、普通集装箱、特种集装箱、一般危险品和冷冻箱等。

（3）银行费用通常是指出口商委托银行向进口商收取货款时所需交纳的费用，由于银行是根据出口商委托的金额，即成交发票的金额的一定百分比来收取费用，所以它一定要按照报价来计算。

（4）垫款利息是指自出口商向国内供货商购进货物至从国外买方收到货款期间，由于资金的占用而造成的利息损失，当然也包括出口商给予买方远期付款时的利息损失。一般而言，垫款利息的计息是按照采购总成本，而远期收款利息则根据成交金额来计算。当然，由于利息在报价中所占比例太小，有些出口商往往高估其他费用而对利息忽略不计。

（5）佣金和保险费由于是付给国外客户和保险公司的费用，其计费方法自然不可随心所欲，必须按照交易习惯和保险公司的规定支付，通常根据成交价格来支付。

四、进出口价格佣金和折扣

在商品价格的磋商和计算中，有时会涉及佣金和折扣。实务中把不包含佣金和折扣的价格称作"净价"；把含有佣金的价格称作"含佣价"；把含有折扣的价格称作"含折扣价"。

（一）佣金的含义

在国际贸易中，有些交易是通过中间代理商进行的，因中间商介绍生意或代买代卖而要向其支付一定的酬金，此项酬金叫佣金。凡在合同中表示佣金的，称作"明佣"；如果不标明佣金的百分比，甚至连"佣金"字样也不标出来，有关佣金问题由双方当事人另行约定，称作"暗佣"。在我国的外贸实践中，正确和灵活地运用佣金，可调动中间商推销和经营我方货物的积极性，从而扩大销售。

（二）折扣的含义

折扣指卖方按原价给予买方一定百分比的减让，即在价格上给予适当的优惠。凡在价格条款中明确规定折扣率的，称为"明扣"；凡交易双方就折扣问题已达成协议，而在价格条款中不明示折扣的，称为"暗扣"。折扣和佣金一样，都是市场经济的产物。正确运用折扣，有利于调动买方的积极性和扩大销路。在国际贸易中，它也是加强对外竞争的一种手段。

（三）佣金和折扣的计算方法

按国际贸易习惯，佣金一般是按交易额为基础进行计算的。例如，CIF 发票金额为10000 美元，佣金率为 2%，则应付佣金为 200 美元；或 CFR 发票金额为 9900 美元，佣金率为 2%，应付佣金为 198 美元。总之，不管采用何种贸易术语，都按交易总额乘佣金率计算佣金。但也可按 FOB 价值作为计算佣金的基础，即如按 CIF 术语成交，计算佣金时要先扣除运费和保险费；如按 CFR 术语成交，应先扣除运费，然后按 FOB 价值计算佣金。按交易额为基础计算佣金，还是按 FOB 价值计算佣金并无定则，主要由双方协商决定。从理论上讲，以按 FOB 价值计算较为合理；否则，似乎卖方除对货物本身价值支付佣金外，还要对运费和保险费部分甚至对佣金本身支付佣金，在操作上也比较简便，所以在实践中使用较多。假如双方事先约定一切交易按 FOB 价值计算佣金，那么，就应同时商定，是按实际运费、保险费扣除，还是按商定的估计运费、保险费扣除，以求得 FOB 价值后计算佣金。按实际运费、保险费计算较为复杂，而按商定的估计运费、保险费计算较为方便。从含佣价计算净价比较简单，只需扣除佣金即可。如果已知净价，要在不降低净收入的基础上给予一定百分率的佣金，则应根据公式〔含佣价＝净价÷（1－佣金率）〕来计算含佣价。

计算折扣时，一般按成交的金额约定的百分比来计算。但也有按成交商品的数量来计算折扣的。这两种计算折扣的公式是：

$$折扣额＝含折扣总价×折扣率$$
$$折扣额＝成交商品数量×每单位数量折扣$$

从理论上来说，按照成交金额计算折扣时，有以何种贸易术语的成交金额作为计算折扣基数的问题。因为以 CIF 作为计算折扣基数和以 FOB 值作为计算折扣基数所算出的折扣额是不相同的。应该说，以 FOB 价值作为计算折扣的基数比较合理。如果以 CIF 金额作为计算折扣基数，则意味着卖方还要对运费和保险费部分支付折扣，这是不合理的。但在实务中通常以成交额或发票金额为计算折扣的基数。为避免争议，也可在合同中加以明确。

（四）佣金和折扣的支付

佣金通常由出口方收到货款后再支付给中间商。因为中间商的服务不仅在于促成交易，还负责联系、督促实际买方履约，协助解决履约过程中可能发生的问题，以使合同得以圆满地履行。但在实务中，也有中间商在交易达成后就提出要求支付佣金的做法。为了避免争议发生，甚至影响履约，应与中间商事先明确佣金的支付方法。佣金支付可于合同履行后逐笔支付，也可按一定的时期（如月、季、半年或一年等）汇总计付，通常应事先达成书面协议，依协议执行。

折扣一般是在买方支付货款时预先予以扣除。也有的折扣金额不直接从货价中扣除，而按暗中达成的协议另行支付给买方，这种做法通常在给"暗扣"或"回扣"时采用。

五、FOB、CFR、CIF 三种贸易术语的价格间的折算

在国际贸易中，当一方报出某种贸易术语价格，希望以此来成交后，另一方则可能要求改报其他贸易术语价格。例如，FOB 价改报为 CIF 价，或 FCA 价改报为 CIP 价等。在把一种贸易术语改报为另一种贸易术语时要注意贸易术语之间的正确换算。最常用的 FOB、CIF 和 CFR 三种贸易术语价格之间的换算方法如下。

（一）FOB 价换算成 CFR 价或 CIF 价

（1）FOB 价换算为 CFR 价：CFR＝FOB＋F（运费）

（2）FOB 价换算为 CIF 价：CIF＝FOB＋F（运费）÷（1－保险费率）×（1＋投保加成率）

（二）CIF 价换算成 FOB 价或 CFR 价

（1）CIF 价换算为 FOB 价：FOB＝CIF－I（保险费）－F（运费）

（2）CIF 价换算为 CFR 价：CFR＝CIF－I（保险费）

（三）CFR 价换算成 FOB 价或 CIF 价

（1）CFR 价换算为 FOB 价：FOB＝CFR－F（运费）

（2）CFR 价换算为 CIF 价：CIF＝CFR÷（1－保险费率）×（1＋投保加成率）

第三节　货款的支付与商品检验

国际贸易中使用的支付方式是在长期的国际贸易业务实践中产生和发展起来的。当前国际货物买卖中使用的支付方式主要是汇付、托收和信用证三种。以汇付方式支付货款是顺汇法；以托收和信用证方式收取货款是逆汇法。顺汇是由债务人或付款人主动将款项交给银行，委托银行使用某种结算工具，支付一定金额给债权人或收款人的结算方式，因其结算工具的传送方向与资金的流动方向相同，故称为顺汇。逆汇是由债权人以出具票据的方式，委托银行向国外债务人收取一定金额的结算方法，因其结算工具的传送方向与资金的流动方向相反，故称为逆汇。汇付、托收和信用证这三种方式虽然都是通过银行办理，但银行的作用并不相同。在汇付和托收方式下，银行不承担进口人付款和出口人提供货运单据的任务，而是由买卖双方根据贸易合同相互提供信用，所以属于商业信用；而信用证是银行有条件的保证付款的凭证，属于银行信用。

一、汇付

（一）汇付及汇付方式

汇付即汇款，是债务人或付款人通过银行，将款项汇交债权人或收款人的结算方式。在对外贸易货款的收付中，就是指进口商通过银行汇款给出口商。汇付方式又可分为信汇、电汇和票汇三种。

1. 信汇

信汇指汇出行应汇款人的申请，将信汇委托书寄给汇入行，授权其向指定收款人解付一定金额的汇款方式。信汇不需发电，所以费用较电汇低廉；但因邮递关系，收款时间较晚。信汇委托书须由汇出行签字，经汇入行核对签字无误，证实信汇真实性后，方能解汇。

2. 电汇

电汇指汇出行应汇款人的委托和申请，拍发加密电报或电传给其在国外的分行或代理行（汇入行），指示其解付一定金额给收款人的一种汇款方式。

3. 票汇

票汇指汇出行应汇款人的申请，开立以汇出行的海外分行或代理行为付款人的银行即期汇票，列明收款人名称、金额等，交由汇款人自行寄交给收款人，凭票向付款行取款的一种汇付方式。

票汇与电汇、信汇有两点不同：第一，结算工具——汇票的传递不通过银行，汇入行即汇票的付款行无需通知收款人取款，而由收款人自行持票向汇入行提示，请求解付票款；而电汇、信汇的汇入行在收到汇出行的委托或支付通知书后，必须通知收款人取款。第二，票汇的收款人可以通过背书转让汇票，到银行领取汇款时，很可能不是汇票上的收款人本人或其委托代收的往来银行，而是其他人，因此，票汇方式可能涉及较多的当事人；而电汇、信汇的收款人不能将收款权转让，所以涉及的当事人较少。

采用票汇方式时，银行利用汇款资金的平均时间较电汇、信汇长。因为汇票在到达付款行手中时，可能经过许多人的转让。因此，票汇为银行提供了更多的利润。

（二）汇付在国际贸易中的应用

在国际贸易中，以汇付方式结算买卖双方债权债务时，根据货款交付和货物运送先后时间的不同，有先收款后交货和先交货后收款两种。前者称预付货款，后者称为货到付款。

预付货款是进口商先将货款的一部分或全部汇交出口商，出口商收到货款后，立即或在一定时间内发运货物的结算方式。预付货款有利于出口商，而不利于进口商。

货到付款是出口商先发货，进口商后付款的结算方式。货到付款方式对出口商不利，他既要承担进口商不付款的风险，又要占压资金，故此种方式多用于新产品或滞销货的出口，以易于在国外市场上打开销路。

汇付方式具有如下特点：

一是风险大。对于预付货款的买方及货到付款的卖方来说，一旦付了款或发了货就失去了制约对方的手段，他们能否收货或收款，完全依赖对方的商业信用，如果对方信用不好，很可能钱货两空。

二是手续简便，费用少。汇付方式手续是最简单的，银行的手续费也最少，只有一笔数额很小的汇款手续费。因此，在交易双方相互信任的情况下，或者在跨国公司的不同子公司之间，用汇付方式是最理想的。

在汇付方式下，汇入行是受汇出行之托向收款人解付汇款，一般情况下是不附加条件的。即只要收款人证明了自己的合法身份，汇入行就要无条件付款。所以采用常见的预付货款方式时，进口人要承担很大的风险。为了减少其风险，国际贸易中出现了一种凭单付汇的做法，其含义是：根据双方的约定，进口人通过汇出行将货款转给汇入行，并指示汇入行在出口人提交了证明其已完成交货义务的单据时，方可付款给出口人。

凭单付汇方式适用于现货交易和空运交易。由于它属于"有条件的汇款"，可大大减少进口人的风险，避免了出口人支取汇款后不交货或不及时交货。对于出口人来说，只要及时交货，便可立即得到货款。所以，这种方式容易被交易双方所接受。

采用票汇方式时应注意以下问题：票汇可用银行汇，也可用本票或支票；可预付，也可后付。但应注意，即使采用预付方式，有时也会对出口人带来风险，因为如果票据中规定的付款行并非出口人所在地的银行，那么，出口人就须将票据交当地银行，委托其向付款行代收票据。这时，一方面要防止进口人出具假票据进行诈骗，还要注意票据的有效付款期限。

在出口业务中，对于资信不好的客户或新客户，应尽可能避免使用票汇方式。

另外，出口方在收到进口方寄来的本票后，应先交到当地银行核对印鉴，以防止对方出具假票据，核对无误后，再发货。对于支票，也应及时查询其有效性，以防空头支票。

二、托收

托收指债权人开具汇票，委托当地银行通过它在进口地的分行或代理行向债务人收取货款的一种支付方式。在托收业务中，作为支付工具的票据传送与资金的流通呈相反方向，所以属逆汇方式。

（一）托收方式的当事人

托收方式的基本当事人有四人，即委托人、托收行、代收行和付款人。委托人是开出汇票委托银行向国外付款人收款的出票人，通常就是卖方；托收行是委托人的代理人，是接受委托人的委托转托国外银行向国外付款人代为收款的银行，通常为出口地银行；代收行是托收行的代理人，是接受托收行的委托代其向付款人收款的银行，通常为进口地银行；付款人通常就是买卖合同的买方，是汇票的受票人。

除了上述基本当事人外，采用托收方式还可能有提示行和需要时的代理两个当事人。提示行指向付款人提示汇票和单据请求其付款的银行。通常，代收行就兼有提示的责任，但有时代收行可以委托与付款人有往来账户关系的银行作为提示行。需要时的代理是委托人为了防止因为付款人拒付而发生无人照料货物情形而在付款地事先指定的代理人。这种代理人通常只被授权当发生拒付时代为料理货物存仓、转售或运回等事宜。

（二）托收的种类

在托收业务中，银行处理的单据有两类：一类是资金单据，另一类是商业单据。前者指的是汇票、期票、支票、付款收据或其他取得付款的类似凭证，而后者指的是发票、装船单据、所有权凭证或其他类似的单据。

根据资金单据是否跟随商业单据划分，托收可分为光票托收和跟单托收两种。光票托收指不附有商业单据的资金单据或仅附有发票等不包括运输单据的一般商业单据的托收。在国际贸易中，光票托收主要适用于小额交易付款、部分预付货款、分期支付货款以及贸易从属费用的收取。跟单托收指附有包括货运单据在内的商业单据的托收。跟单托收可以是带有资金单据的跟单托收，也可以是不带有资金单据的跟单托收，即以发票代替汇票连同有关的货运单据交给银行托收，以避免印花税的负担。在国际贸易支付中采用托收方式时，通常都是跟单托收。其中的货运单据代表了货物的所有权，交单即等于交货，因此，对于交单的规定非常重要。

根据代收行向进口商交付货运单据的条件的不同，跟单托收的交单方式可分为付款交单和承兑交单两种。

（1）付款交单指卖方的交单须以买方的付款为条件，即出口人将汇票连同货运单据交给银行托收时，指示银行只有在进口人付清货款时才能交出货运单据。如果进口人拒付，就不能从银行取得货运单据，也无法提取单据项下的货物。付款交单按支付时间不同又可分为即期付款交单和远期付款交单两种。

即期付款交单是由出口人通过银行向进口人提示汇票和货运单据，进口人于见票时即须付款，在付清货款后，领取货运单据。远期付款交单是由出口人通过银行向进口人提示汇票及货运单据，进口人即在汇票上承兑，并于汇票到期日由代收银行再次向其提示时经付款后向代收银行取得单据。在汇票到期付款前，汇票和货运单据由代收行掌握。

（2）承兑交单是指出口人的交单以进口人的承兑为条件。进口人承兑汇票后，即可向银行取得全部货运单据，待汇票到期日才付款。承兑交单只适用于远期汇票的托收。

（三）跟单托收的业务流程

由于使用的结算工具的传送方向与资金的流动方向相反，所以托收方式属于逆汇方式。跟单托收业务一般按照以下程序进行：

（1）出口人按照合同规定发货后取得货运单据，即连同汇票及发票等商业单据，填写托收申请书一并送交托收行，委托代收货款。

（2）托收行根据出口人的指示，向代收行发出托收委托书，连同汇票、单据寄交代收行，要求按照申请书的指示代收货款。

（3）代收行收到汇票和单据后，应及时向进口人作付款或承兑提示。如为即期汇票，进口人应立即付清货款，取得全套货运单据；如为远期汇票，进口人应立即承兑汇票。属于付款交单方式，代收行保留汇票及单据，待汇票到期再通知付款赎单；属于承兑交单方式，则进口人在承兑汇票后即可从代收行取得全套单据。

（4）代收行收到货款后，应即将货款拨付托收行。

（5）托收行收到货款应即转交出口人。

（四）托收在国际贸易中的应用

在托收业务中，尽管出口人的资金负担重，承担的风险也大，但在市场竞争激烈的情况下，跟单托收方式可以增加出口商品的竞争能力，促进成交，扩大出口，因而对进口人、进口市场、商品行情等做了详细而周密的调查并认为收汇有把握时，也可以根据交易情况酌量选用。但在选用时，为避免和减少风险及损失，出口人尤其要注意以下几点：

第一，事先充分调查，详细了解进口商的资信状况和经营作风。针对客户的具体情况，掌握授信额度和交单条件，对信誉不好或不太了解的客户，尽量不使用托收方式。

第二，了解商品在进口国的市场动态，针对不同情况区别对待。例如，商品畅销时，可以选择预付货款或信用证方式付款；如商品滞销或急于使商品进入市场，在进口人资信和经营作风良好的条件下可考虑即期付款交单的方式；对价格波动频繁、波动幅度较大的初级产品和原料性商品，一般不宜采用托收方式收取货款；除非确有把握，一般不采用远期付款交单条件，对承兑交单方式更应从严掌握。

第三，熟悉进口国的有关规定，如许可证制度、外汇管理的规章制度、海关商业惯例等。对于进口管制和外汇管制较严的国家的出口交易，原则上不使用托收方式。

第四，选择合适的代收行。信誉良好的代收行会有利于安全收款。在实际业务中，通常选择出口地银行的海外联行或资信良好、实力雄厚的外国大银行为代收行，以便进口商可以融资便利，尽快付款。

总之，在托收业务中，由于出口人的风险大于进口人，且其资金负担较重，所以应该切实注意上述几点，才能更好地保护自己的利益。但是，托收业务中的进口人同样也可能面临风险，需要警惕对方使用假单据或货物不合格的诈骗行为。

三、信用证

信用证支付方式是随着国际贸易的发展，在银行参与国际结算的过程中逐步形成的。信用证自 19 世纪初出现以来，在实践中日益被广泛应用，至今已成为国际贸易中最主要的一种支付方式。

（一）信用证的定义

信用证指开证银行应开证申请人的要求并按其指示，或为其自身需要，向第三者开立的载有确定金额，在规定期限凭符合信用证条款规定的单据付款的书面保证文件。在国际贸易中，通常是开证银行根据进口人的请示和指示，授权出口人凭提交的符合信用证条款规定的单据和开立以该行或其指定银行为付款人的不超过确定金额的汇票向开证银行或其指定银行收款，并保证向出口人或其指定人进行付款并支付出口人开立的汇票。

（二）信用证的当事人

信用证业务中基本当事人有三方，即开证申请人、开证行和受益人。在运转过程中，根据不同情况，又产生了通知行、议付行、付款行、偿付行和保兑行等其他当事人。

（1）开证申请人，又称开证人，是指向银行提出申请开立信用证的人，在国际贸易结算中，通常是进口人，就是买卖合同的买方。

（2）开证行指接受开证人的要求和指示或根据其自身需要，开立信用证的银行，一般是进口地的银行。开证人与开证行的权利和义务以开证申请书为依据。开证申请书系属委托代理契约性质。开证申请人通过开证申请书要求开证行向受益人提供信用，同时代为行使根据有关合同应由开证人享有要求受益人交付单据的权利。按信用证规定的条款，开证行负有承担到期付款的责任。在信用证当事人之间错综复杂的多边关系中，开证行作为信用证的签发者，起到各当事人的"中枢"作用。

（3）受益人指信用证所指定的有权开具汇票向开证银行或其指定的付款银行索取货款的人，通常是出口商，也即买卖合同的卖方。

（4）通知行指受开证行的委托将信用证转交或通知出口商的银行，一般是出口人所在地的银行，而且通常是开证行的代理行。它只负有证明信用证表面真实性的责任，并不承担其他义务。

（5）议付行又称押汇银行、购票银行或贴现银行，是根据开证行的授权买入或贴现受益人开立和提交的符合信用证条款规定的汇票及（或）单据的银行。在限制议付信用证的情况下，议付行是由开证行在信用证中指定的；在自由议付信用证中不具体指定议付行，在此情况下，所有银行均是被授权议付的银行。在信用证业务中，议付行通常又是以受益人的指定人和汇票的善意持票人的身份出现的。

（6）付款行指信用证上指定的付款银行。如果信用证未指定付款银行，开证行即为付款行。付款行一经付款，不得对受益人进行追索。

（7）偿付行指信用证上指定的代开证行向议付行清偿垫款的银行。偿付行的出现往往是由于开证行的资金调度集中在该第三国银行的缘故。由于偿付行不负责审核单据并且不受追索，开证行收到单据发现与信用证条款不符而拒付时，则自行向有关银行追回已付款项。

(8) 保兑行指根据开证行请求对信用证予以保证兑付的银行。它具有与开证行相同的责任和地位。保兑行在信用证上加具保兑后，即对受益人独立负责，承担必须付款或议付的责任。不论开证行发生什么变化，保兑行都不能片面取消或变更其保兑，在已经付款或议付之后，即使开证行倒闭或无理拒付，也不能向受益人追索。国际上，保兑行通常由通知行兼任，但由其他银行包括出口地、开证地或国际金融中心的著名银行担任保兑行也不少见。

（三）信用证方式的一般支付程序

(1) 开证人在合同规定的期限内向开证行申请开立以出口商为受益人的信用证。开证人按照合同内容填写开证申请书。开证申请书是体现开证人与开证行权利与义务关系的契约性文件。它包括两个部分：第一部分是要求开证行在信用证上列明的条款，是开证行凭以向受益人或议付行付款的依据。第二部分是开证人对开证行的声明，用以明确双方的责任，其基本内容是承认在其付清货款前，开证行对单据及其所代表的货物拥有所有权；若到期不付款，开证行有权没收一切抵押物，作为应付款项的一部分。开证人申请开证时，开证行根据开证人的资信状况，要求开证人支付一定比例的押金和手续费。

(2) 开证行接受开证申请书，开出信用证，交出口地的通知行，请其通知受益人。开证行开立信用证的方法有信开、全电开和简电开三种。

(3) 通知行收到信用证后，应立即核对信用证的密押（全电开）或签字印鉴（信开），确认其真实性后，须迅速将信用证通知受益人。银行将信用证通知受益人后，如果受益人认为开证行的资信不可靠，接受信用证有风险，可以要求开证行另找一家受益人认可的银行对该信用证加具保兑；也可以是开证行在开立信用证时，主动要求另一家银行加具保兑，保兑行通常由通知行兼任。

(4) 受益人收到信用证后，应立即审核信用证。如发现其内容与合同条款有不符之处，应及时要求开证人通过开证行对信用证进行修改。如开证人提出修改，经开证行同意后，修改通知书由开证行通过通知行传达到受益人。受益人同意接受后，修改通知书方为有效。受益人对信用证认可后，即按信用证规定的条件装运发货；同时，缮制并取得信用证所规定的全部单据，开立汇票，连同信用证正本和修改通知书，在信用证的有效期内，交至当地的议付行要求议付。

(5) 议付行对出口商提交的单据与信用证核对，确认单证相符、单单相符后，同意议付，购进汇票和所附单据。议付行将汇票金额扣除议付日到估计收到票款日的利息和手续费后，把垫款给受益人。议付行议付并购入汇票单据后，即成为票据意义上的正当持票人，有权向汇票的付款人提示付款；若遭拒付，议付行可向出口商追索议付垫款。

(6) 议付行议付票款后，按信用证规定的寄单和索汇方式，将汇票和单据寄交指定的付款行索偿。付款行可以是开证行指定的银行，也可以是开证行本身。

(7) 开证行收到议付行寄来的汇票和单据后，根据信用证审核单据。如单证或单单不符，开证行有权拒付，但须迅速将拒付事实通知当事银行。如单证及单单相符，应无条件付款给议付行。如被指定的付款行拒绝开证行的指示时，由开证行保证付款。

(8) 开证行对外付款后，通知开证人付款赎单。

（9）开证人核验单据，确认无误后，将全部票款及有关费用，一并向开证行付清并赎回票据。开证人如发现单据有误，有权拒绝付款赎单。但此时的开证行对议付行或付款行没有追索权。开证行可转让单据或出售货物以弥补损失。开证人赎取单据后，即享有单据的权利，可凭此向运输部门提取货物。如发现任何有关货物的问题，进口商不得向开证行提出索赔，应分具体情况向出口商、保险公司或运输部门索赔。索赔不成，可提交仲裁或诉讼，但均与信用证业务中各方银行无任何关系。

（四）信用证支付方式的特点

（1）开证行负有第一付款责任。信用证是由开证银行以自己的信用作为付款的保证。在信用证付款条件下，开证行对出口商交来的符合信用证条款规定的跟单汇票承担第一的付款责任。出口商可凭信用证及合格单据向开证行要求偿付，而无须先向进口商进行付款提示。但开证行的第一付款保证是有条件的，即出口商提交的单据须与信用证的要求完全相符。信用证的这一特征突出体现了银行信用的可靠性。

（2）信用证是一项自足文件。在国际货物买卖下，信用证通常都是以买卖合同为基础开立的。作为受益人，也有权要求信用证内容与买卖合同规定相符。但是信用证一经开出，就成为独立于买卖合同之外的另一种契约，不受买卖合同的约束。在信用证业务处理过程中，银行只对信用证负责，至于合同是否存在、合同条款是否与信用证条款一致，一概与银行无关。所以，信用证是一项独立自主的文件，开证银行和参与信用证业务的其他银行只按信用证规定履行自己的义务。

（3）信用证方式是纯单据业务。信用证方式是一种纯粹的单据业务。各当事人所处理的是单据，而不是有关的货物、服务及其他的履约行为。在信用证业务中，只要受益人提交的单据符合信用证条款的规定，开证行就应承担付款、承兑或议付的责任，开证人就有义务接受单据对已付款的银行进行偿付。如果单据符合，开证申请人付款，但收到货物时发现与单据不一致，也不符合约定要求，那只能由开证申请人根据买卖合同和收到的相关单据向受益人或有关责任方进行交涉，与银行无关。相反，即使货物相符，但提交的单据不全或与信用证规定不符，银行和开证申请人也有权拒绝付款。

（五）信用证的种类

在国际贸易买卖中所使用的信用证种类很多，按其性质、用途、期限、流通方式等不同，可有以下种类。

1. 跟单信用证和光票信用证

根据信用证项下的汇票是否附有货运单据，可以将信用证划分为跟单信用证和光票信用证。

跟单信用证是指凭跟单汇票或仅凭货运单据付款的信用证。这里的货运单据是指代表货物所有权的单据，如海运提单、多式联运单据，或证明货物已经发运的单据，如铁路运单、航空运单、邮包收据等。在贸易结算中，大都使用跟单信用证。

光票信用证指开证行凭不随附货运单据的汇票付款的信用证。银行凭光票信用证付款，也可要求受益人附交一些非货运单据，如发票、垫款清单等。

2. 保兑信用证和不保兑信用证

信用证按照是否有另一家银行对其加具保兑，可以分为保兑信用证和不保兑信用证。

保兑信用证指由另一家银行即保兑行对开证行开立的不可撤销信用证加负保证兑付责任的信用证。需要注意的是，信用证的保兑业务只限于不可撤销信用证。信用证一经保兑，保兑行与开证行一样均负第一的付款责任。对受益人来说，就同时取得了两家银行的付款保证，收汇安全更有保障。保兑行通常是通知行，有时也可以是出口地的其他银行或第三国银行。保兑的手续一般是由保兑银行在信用证上加列保兑文句。

不保兑信用证是未经其他银行保证兑付的信用证，仍由开证行独立承担付款责任。一般在信用证上不注明。

3. 即期信用证和远期信用证

按照付款时间的不同，可分为即期信用证和远期信用证。

即期信用证指开证行或议付行根据信用证的规定，收到符合信用证条款的即期跟单汇票或货运单据后，立即履行付款义务的信用证。其特点是受益人收汇安全迅速，因而在国际贸易货款结算中使用最广。

在即期信用证中，有时还加列电汇索偿条款。这是指开证行将最后审单付款的权利交给议付行，只要议付行审单无误，在对受益人付款的同时，即以电报或电传向开证行或其指定付款行索偿，开证行或其指定付款行接到通知后立即以电汇方式向议付行偿付。使用电汇索偿条款信用证，比一般即期信用证收汇快，通常只需 2～3 天时间，有时当天即可收回货款。

远期信用证指开证行或付款行收到远期汇票和货运单据后，在规定的期限内保证付款的信用证。远期信用证主要有以下几种：

（1）银行承兑远期信用证。指开证行作为远期汇票付款人的信用证。开证行或付款行对受益人按规定提交的远期跟单汇票先行承兑，待汇票到期日再行付款。如出口要求贴现汇票，则议付行或其代理人将汇票在提示承兑后送交贴现公司办理贴现。贴现公司扣除贴息后，将净款交给议付行转交出口商，当汇票到期时，由贴现公司向开证行提示汇票，要求付款。

（2）延期付款信用证。指规定不要求受益人开具汇票，开证行在受益人装运货物后或开证行收到货运单据后的约定时间内付款的信用证。由于这种信用证不用汇票，受益人便不能通过贴现获取资金，只能自行垫款或向银行借款，或者如果涉及金额较大，付款期限较长的资本货物的交易，常与政府的出口信贷结合使用。因此，使用这种信用证的货物售价要比使用银行承兑远期信用证的货价高一些。

（3）假远期信用证。指在信用证上规定货物装运后若干天付款，或收到符合信用证的单据后若干天付款的信用证。这种信用证与一般远期信用证最大的区别在于不要求受益人开立远期汇票，没有远期汇票承兑的票据行为，也不准贴现，所以出口商不能利用贴现资金，只能自行垫款或向银行借款。也正因为如此，采用这种信用证的货价应比银行承兑远期信用证略高。

4. 付款信用证、承兑信用证和议付信用证

按照信用证兑现方式的不同，可分为付款信用证、承兑信用证和议付信用证。

付款信用证指在信用证上明确指定某一家银行付款的信用证。当受益人凭这种信用证向指定的付款银行提交规定的单据时，付款行即行付款。付款信用证一般不要求受益

人开具汇票，而仅凭受益人提交的单据付款。付款信用证根据付款时间的不同又有即期付款信用证和延期付款信用证之分。

承兑信用证指在信用证上明确指定某一银行承兑的信用证就称为承兑信用证。当受益人向指定银行开具远期汇票并提示时，指定银行即行承兑，并于汇票到期日履行付款义务。

议付信用证指凡在信用证中明确指示受益人可以在某一指定的银行或任何银行议付的信用证就叫议付信用证。所谓议付是指在单据相符的情况下，银行买下跟单汇票，扣除利息和手续费后，将货款付给受益人。议付信用证又可按是否限定议付行分为两种，凡限定由某一银行议付的，称为限制议付信用证；凡任何银行均有权议付的，称为公开议付信用证或自由议付信用证。议付信用证的有效到期地点通常在出口国，其偿付期可以是即期的，也可以是远期的，其汇票的付款人可以是开证行自身，也可以是有关的其他任何银行。这里有一个议付行行使追索权的问题，即议付信用证经议付行议付后，如果因为开证行无力偿付或单证不符等原因而未能从开证行索回票款时，该议付行则可向受益人行使追索权。

5. 可转让信用证和不可转让信用证

按受益人对信用证的权利可否转让，可将信用证分为可转让信用证和不可转让信用证。

可转让信用证指开证行应开证申请人的要求，在信用证上明确注明"可转让"字样，允许受益人（第一受益人）要求接受委托付款、承担延期付款、承兑或议付的银行，或者当信用证自由议付时，经特别授权的银行作为转让行，将信用证全部或部分转让给另一家或数个受益人（第二受益人）使用的信用证。这种信用证的受益人，往往是中间商，要求国外进口商开立可转让信用证，以转让给实际供货人（第二受益人），由实际供货人办理装运交货取款。

不可转让信用证指受益人不得将信用证的权利转让给第三者的信用证。凡未在信用证上注明"可转让"字样，将被视为不可转让信用证。

6. 循环信用证

循环信用证指信用证被受益人全部或部分使用后，又恢复到原金额，再被受益人继续使用，直到用完规定的使用次数或累计总金额时为止的信用证。它与一般信用证的不同之处在于它可以多次循环使用，而一般信用证在使用后即告失效。

循环信用证主要用于长期或较长期内分批均匀交货的供货合同。使用这种信用证，买方可节省开证押金和逐单开证的手续及费用，卖方可避免了等证、催证、审证的麻烦，因而有利于买卖双方业务的开展。

循环信用证按运用的方式分为按时间循环信用证和按金额循环信用证两种。按时间循环信用证是指受益人在一定时间内可多次支取其规定金额的信用证。这种信用证又有两种做法：一是受益人上次因故未交足货物从而未用完信用证规定的金额，其货物可移至下次一并补交，其金额可移至下次一并使用的，称为可积累使用的循环信用证；二是受益人上次因故未交或未交足货物，该批货物的支款权也相应取消，其金额不能移至下次一并使用的，称为非积累使用的循环信用证。按金额循环信用证指受益人按信用证规定金额议付后，仍恢复原金额再继续使用，直至用完规定的循环次数或总金额时为止。在该项下，恢复到原金额的做法有三种：第一，自动循环，受益人在每次装货议付后，不需开证行通知，信用证可自动恢复到原金额继续使用；第二，非自动循环，受益人每次装货议付后，必须经过开证行通知，才能恢复原金额继续使用；第三，半自动循环，受益人在每次装货交单议付后，开证行在规定期限内未作出不能恢复原金额的通知，即可自动恢复原金额继续使用。

7. 对开信用证

对开信用证指在对等贸易中，交易双方互为买卖双方，对其进口部分，各以对方为受益人所开出的信用证。这两个信用证叫对开信用证。其特点是：第一张信用证的受益人和开证申请人就是第二张回头信用证的开证人和受益人；第一张信用证开证行和通知行分别是第二张信用证的通知行和开证行。两证金额可以相等，也可以不等。两证可以同时生效，也可以先后生效。对开信用证多用于易货贸易、来料加工和补偿贸易。因为交易双方都担心对方凭第一张信用证出口或进口后不再履行进口或出口义务，所以，双方乐意接受和采取这种互相联系、互相约束、互为条件的开证办法。

8. 背对信用证

背对信用证又称背对背信用证或从属信用证，是适应中间商经营进出口业务的需要而产生的一种信用证。它是指出口人（中间商）收到进口人开来的信用证（母证）后，要求该证的通知行或其他银行以原证为基础，另开一张内容近似的新证（子证）给另一受益人（实际供货人）。这另开的新证就是背对信用证。

新证开立后，原证仍有效，由新证开证行代原受益人（中间商）保管。原证的开证行与开证人同新证毫无关联，原因在于新证开证人是原证的受益人，而不是原证的开证人与开证行。因此，新证的开证行在对其受益人（供货人）付款后，便立即要求原证受益人（中间商）提供符合原证条款的商业发票与汇票，以便同新证受益人提供的商业发票与汇票进行调换，然后附上货运单据寄原证的开证行收汇。但新证交货期要短于原证交货期，其单价要低于原证，其金额也小于原证，以使原证受益人（中间商）有时间办理交单议付，并使其有利可图。

这里要注意，新证的内容除开证人、受益人、金额、单价、保险金额、装运期限、有效期限等可有变动外，其他条款一般与原证相同。只是新证条款的修改比较困难，所需时间也较长，原因在于新证条款如要修改，新证开证人需征得原证开证人的同意。

9. 预支信用证

预支信用证指开证行授予付款行在受益人交单以前向受益人预先垫付信用证金额的全部或部分，待受益人交单议付时，再从议付金额中扣还预先垫款的本息，将余款付给受益人。如遇出口商事后不交单议付，出口地垫款银行可向开证地追索，开证行保证偿还并负担利息，然后再向开证申请人追索。由于预支是开证行应开证申请人要求授权的，所以其后果全由开证申请人承担，与开证行和付款行无关。预支信用证可分全部预支或部分预支。预支信用证凭出口人开具的光票付款，有的也要求出口人附一份负责补交信用证规定单据的声明书。传统的预支货款的条款都是用红字显示的，故习惯上称为"红条款信用证"。现在的预支条款不一定采用红色表示，但效力相同。

10. 备用信用证

备用信用证又称商业票据信用证、担保信用证或履约信用证，是光票信用证的一种特殊形式，属于银行信用。它指开证行根据开证人的请求开立的对受益人承诺某项义务的凭证，或者开证行对开证人不履行合同义务予以一般性付款担保的信用凭证。例如，开证行为开证人不履行合同义务而对受益人做出下列承诺或担保：偿还开证人的借款或预支给开证人的款项；支付由开证人所承担的负债；对开证人不履约而付款。可见，备用信用证实质上就是保函，是在开证人（债务人）不履约或违反约定时才使用的，因而有"担保信用证"之称。在一般情况下，备用信用证并不被使用，具有备用性质，这就是常说的"备而不用"。

四、买方检验权和法定检验

货物的检验又称商品检验，是指在国际货物买卖中，对卖方交付给买方货物的质量、数量和包装进行检验，以确定合同的标的是否符合买卖合同规定；有时还对装运技术条件或货物在装卸运输过程中发生的残损、短缺进行检验或鉴定，以明确事故的起因和责任的归属。货物的检验还包括根据一国的法律或行政法规对某些进出口货物或有关的事项进行质量、数量、包装、卫生、安全等方面的强制性检验或检疫。

在国际货物买卖中，由于买卖双方分属两个国家（地区），一般不是当面交接货物，且进出口货物需要经过长途运输，多次装卸，如到货出现品质缺陷、数量短缺等，容易引起有关方面的争议。为了保障买卖双方的利益，避免争议的发生，以及发生争议后便于分清责任和进行处理，就需要由一个有资格的、有权威的、独立于买卖双方以外的公正的第三者，即专业的检验及（或）检疫机构负责对卖方交付的货物的质量、数量、包装进行检验，或对装运技术、货物残损短缺等情况进行检验或鉴定。检验机构检验或鉴定后出具相应的检验证书，作为买卖双方交接货物、支付货款或进行索赔的重要依据。因此，进出口货物检验是买卖双方交接货物过程中必不可少的重要业务环节。

（一）买方检验权

国际货物买卖双方在交接货物过程中，通常要经过交付、检验或察看、接受或拒收三个环节。在长期的国际贸易实践中，对于货物的检验或察看、货物的接受或拒收方面，已形成了一些惯例，有的国家还对此作出法律规定。

按照一般的法律规则，"接受"是指买方认为他所购买的货物在质量、数量、包装等方面均符合买卖合同的规定，因而同意接受卖方所交付的货物。买方"收到"货物并不等于他已经"接受"货物。如果他收到货物后经检验，认为与买卖合同的规定不符时，他可以拒收；如果未经检验就接受了货物，即使事后发现货物有问题，也不能再行使拒收的权利。

例如，按照英国《货物买卖法》第34条（2）款规定："除另有约定者外，当卖方向买方交货时，根据买方的请求，卖方应向其提供一个检验货物的合理机会，以便能确定其是否符合合同的规定。"同条（1）款又规定："如他以前未曾对该货物进行过检验，则除非等到他有一个合理的机会加以检验……不能认为他已经接受了货物。"

美国《统一商法典》第2款606条（1）规定，凡属下列情况均表明买方接受货物。

①在有合理机会对货物进行检验之后，买方向卖方表示货物符合合同，或表示尽管货物不符合合同，他仍将收取或保留货物。

②在买方有合理机会对货物检验之后，未做出有效的拒收。

③买方做出任何与卖方对货物的所有权相抵触的行为。

同条还规定，接受任何商业单位中的部分货物，构成对商业单位整体的接受。该法典第 2 款 607 条（2）又规定：买方接受货物后，即无权拒收已接受的货物；但接受行为本身并不损害就不符合合同的交付所规定的其他补救办法。

大陆法系国家的法律对此也有类似规定，例如《德国民法典》第 459 条就明文规定：因买卖标的物"含有隐蔽的瑕疵，致丧失其通常效用或减少通常效用"，如果达到买方知其情形，即不愿购买或必须减少愿购买的程度时，"出卖人应负担责任"。《德国民法典》虽未明确提出买方对货物的检验权，但货物所存在的即使是卖方也不知道的隐蔽的瑕疵之所以能被买方发现，这就默示了买方在收到货物之后，有权对货物进行检验。

《联合国国际货物销售合同公约》第 36 条（1）款对此也作了如下规定："卖方应按照本公约的规定，对风险移转到买方时所存在的任何不符合同情形，负有责任，即使这种不符合同情形在该时间后方始明显。"第 38 条还规定："买方必须在按情况实际可行的最短时间检验货物或由他人检验货物；如果合同涉及货物的运输，检验可推迟到货物到达目的地后进行；如果货物在运输途中改运或买方需再发运货物，没有合理机会加以检验，而卖方在订立合同时已知道这种改运或再发运的可能性，检验可推迟到货物到达新目的地后进行。"由此可见，《联合国国际货物销售合同公约》不仅明确规定了卖方对货物负有责任的具体界限，即凡是货物不符合合同的情形于风险转移到买方的时候就已存在的，应由卖方负责，而且还明确规定了买方对货物有检验的权利。

以上规定说明，无论是英美法或大陆法国家的法律，还是《联合国国际货物销售合同公约》都承认，除双方另有约定者外，买方有权对自己所购买的货物进行检验。如发现货物不符合合同规定，而且确属卖方责任者，买方有权采取要求卖方予以损害赔偿等补救措施，甚至拒收货物。但是，必须指出，买方对货物的检验权并不是表示对货物接受的前提条件，买方对收到的货物可以进行检验，也可以不进行检验，假如买方没有利用合理的机会对货物进行检验，就是放弃了检验权，也就丧失了拒收货物的权利。

（二）法定检验

法定检验是指按照国家法律，由授权的检验机构对法律规定必须检验的商品，按法律规定的程序进行检验，经检验合格并签发证明书后，才允许商品进口和出口。有些商品在进出口贸易中，要不要检验，不是由买卖双方商定的；而是国家通过制定法律，规定必须检验的。法定检验是不依当事人的意愿而强制实施的。很多国家采取法定检验的目的是为了保护本国消费者的利益和维护出口国的声誉。

法定检验制度一般包括五个方面的内容：检验范围、检验机构、检验内容、检验标准和监管措施。根据我国 1989 年 2 月 21 日通过、同年 8 月 1 日正式实施的《中华人民共和国进出口商品检验法》（以下简称《商检法》）的规定，及 1992 年 10 月 7 日经国务院批准，并由国家商检局于同年 12 月 23 日发布实施的《中华人民共和国进出口商品检验法实施条例》（以下简称《商检实施条例》）的规定，我国法定检验制度的内容如下：

1．法定检验机构

（1）国务院设立的进出口商品检验部门，主管全国进出口商品检验工作。国家商检部门设在各地的进出口商品检验机构，管理所辖地区的进出口商品检验工作并实施法定检验。

（2）有关的检验管理部门对某些进出口商品依法实施检验。这些部门有：卫生部门指定的药品检验部门、仪器卫生检验机构、国家动植物检疫机构、计量部门、船舶检验机构等。

2．法定检验的范围

《商检实施条例》中规定了我国实施法定检验的范围是：

（1）列入《商检机构实施检验的进出口商品种类表》（以下简称《种类表》）的进出口商品。法定检验的进出口商品种类表，由国家商检局根据我国对外贸易的需要而制定，并在必要时加以调整。

（2）其他法律、行政法规规定的必须进行商检的进出口商品。主要有：出口食品和食品原料的卫生检验；出口动物产品的检疫；出口危险货物的包装性能鉴定和使用鉴定；装运出口易腐烂变质食品、冷冻品的船舱、集装箱等运载工具的适载检验。

（3）根据有关国际条约规定，由商检机构统一执行检验的出口商品。

3．法定检验的内容

商检机构对进出口商品实施法定检验的内容，包括商品的质量、规格、数量、包装以及是否符合卫生、安全等要求。

4．检验标准（略）

具体内容见下页。

5．监管措施

为了实施法定检验商品的需要，必须采取措施加以管理，才能保证检验合格的商品可以进出口，而未经检验或检验不合格的商品不能进出口。为此，我国《商检法》第9条、第10条规定了监管的机关和监管的依据。即海关对《种类表》内所列入的商品，在进出口时凭法定商检机构签发的证书据以放行。

进出口商品的免检是法定检验的例外。按照国家商检局1994年8月公布并于同年10月1日实施的《进出口商品免检办法》规定："凡列入《种类表》的商品，经收货人、发货人的申请，国家商检局审查批准，可免予检验。"但免检的条件是：①进出口商品的生产企业建立完善的质量体系，并获得国家商检局认可的质量审查机构的考核，获得其颁发的质量体系评审合格证书。②申请免检的进出口商品质量应当长期稳定，商检机构检验合格率连续3年达到100%。③进口商品的中国用户或者出口商品的外国用户对申请免检的进出口商品没有质量异议。但对于涉及安全、卫生和一些有特殊要求的进出口商品不能申请免检。

五、商检机构

中华人民共和国成立后，我国建立了独立自主的国家商品检验部门——中华人民共和国商品检验局，1982年改名为中华人民共和国国家进出口商品检验局，并在各省、自治区、直辖市及进出口商品口岸、集散地设立进出口商品检验局及其分支机构。此外，我国各有关部门还设立了专门从事动植物、食品卫生、药物、船舶、飞机、计量器具等检验或检疫的检验机构，例如，动植物检疫局、卫生检疫局、药品检验局（所）、船舶检验局等。1980年又建立了中国进出口商品检验总公司和各省、自治区、直辖市的中国进出口商品检验分公司，代表国家商检局从事进出口商品的检验或鉴定工作。自改革开放以来，我国商检机构在一些国家或地区设立了独资或合资的检验机构，与不少国家和地区的检验机构建立了委托代理业务关系或达成了长期或短期的合作协议。同时，经国家商检局审核同意，外国可以在中国境内设立进出口商品检验鉴定机构，这些机构可以在指定的范围内接受委托办理进出口商品检验、鉴定业务，并接受国家商检局和各地商检机构的监督管理。

根据第九届全国人大一次会议通过的国务院机构改革方案，由原国家进出口商品检验局、原卫生部卫生检疫局和原农业部动植物检疫局共同组建中华人民共和国出入境检验检疫局，简称国家出入境检验检疫局或中国出入境检验检疫局，已于1998年7月正式成立并开始履行国家赋予的职能。这标志着我国出入境检验检疫事业进入了一个新的发展时期。

按照机构改革方案，原由卫生部承担的国境卫生检疫及进口食品卫生监督检验职能，原由农业部承担进出境动植物检疫职能和原由国家进出口商品检验局承担的进出口商品的检验、鉴定、监管职能，统一交给国家出入境检验检疫局承担。国家出入境检验检疫局为主管出入境卫生检疫、动植物检疫和商品检验的行政执法机构，其设在各地的出入境检验检疫机构管理其所辖地区内的出入境检验检疫工作。

六、检验标准

法定检验的商品只有合格才能进口或出口。依照不同的技术标准检验，会导致不同的检验结果。检验结果的不同必然直接关系商品是否合格的评定。所以，对实行法定检验的每一种类的商品，必须要有与之相配套的检验标准。检验标准的选用也必须符合法律的规定，否则检验结果和评定是无效的。我国的《商检法》中第6条第2款规定："法律、法规规定有强制性标准或者必须执行的检验标准的进出口商品，依照法律、法规规定的标准检验。"

七、检验证书

进出口商品经商检机构检验、鉴定后出具的证明文件称为检验证书。检验证书可由不同国家的检验机构或部门出具。对外检验证书种类文本根据证明内容或检验的方式不同，可分为如下种类：

（一）品质检验证书

品质检验证书，又称质量检验证书。即运用各种检测手段，对进出口商品的质量、规格、等级进行检验后出具的书面证明。品质证书是证明商品品质、规格、等级的证书，是交接货物、结汇、报关验放的有效证件。根据对外贸易关系人的申请，出具的"分析"、"规格"等检验证书，也属品质证书范畴。

（二）重量证书

即根据不同的计重方式证明进出口商品重量的证件，证明其重量是否符合贸易合同或信用证规定，是贸易关系人交接货物，报关纳税，结算货款、运费及装卸费以及索赔、理赔的有效证件。

（三）数量证书

即根据不同的计量单位证明商品数量的证件，与重量证书基本相同。

（四）兽医检验证书

兽医检验证书用来证明动物产品在出口前经过兽医检验，符合检疫要求。适用于冻畜肉、冻家禽、皮张、毛类、绒类、肠衣等商品，经检验后出具此证书，是进口国通关验放的有效证件。

兽医检验证书通常是按照标准、贸易合同、信用证、国家之间的约定或协议、进口国的卫生检疫法令规定，或对外贸易关系人所在国关于动物产品卫生检疫的要求办理。其证明内容一般需列明产品所采用的畜、禽来自安全非疫区，经过宰前宰后检验，未发现检疫对象等；有时还要证明卫生检验的内容；出口食品包装箱上和罐头上的兽医检验证明标志也具有证明效力。

（五）卫生证书

卫生证书又称健康证书，证明可供人类食用的出口动物产品、食品等经过卫生检验或检疫合格的证书。适用于肠衣、罐头、冻鱼、冻虾、食品、蛋品、乳制品、蜂蜜等，是对外交货、银行结汇和进口国海关验放的有效证明。卫生证书通常按照标准、贸易合同、信用证、国家之间的约定或协议，以及进口国的卫生法令规定的要求办理。证书上一般要证明产品符合卫生要求，适合于人类食用或使用。

信用证需出具卫生证书的，如有动物羽毛或其产品（如羽毛掸等），还必须同时申请出具兽医证书，以便进口国海关通关验收。

（六）消毒检验证书

消毒检验证书是证明出口动物产品经过消毒处理达到安全卫生要求的证书。适用于马尾、皮张、山羊毛、羽绒毛、人发等商品，是对外交货、银行结汇和海关验放的有效凭证。

（七）熏蒸证书

它是证明出口粮谷、油籽、豆类、皮张等商品，以及包装用木材与植物性填充物等已经过熏蒸杀虫的证书。熏蒸证书证明使用何种药物并经过多少时间熏蒸等，以满足进口国海关和进口商的需要和要求。

它可由中国进出口商品检验局出具，但多数由香港商检局出具，适用于香港地区的出口和经香港转口至澳大利亚、英国和美国等国家，此时货物需在香港接受熏蒸（一般24小时）。

（八）价值检验证书

它是证明发票所列商品价值真实正确的证书，是进口国管理外汇和征收关税的依据。

（九）测温证书

测温证书又称温度证书，是证明出口冷冻商品温度的证书，可作为交货、银行结汇、通关的依据。

此外，还有包装检验证书，衡量证书（主要证明货物的重量吨位、体积吨位，是承运人计算运输费用和制订装货计划的依据，也是国外报关计税的依据），船舶检验证书，集装箱检验证书，残损检验证书（主要证明进口商品发生残、短、污、毁等情况，结定损失程序，判断致损原因，作为向发货人或承运人等有关责任方索赔的有效证件），生丝品级及公量检验证书，双宫丝、柞蚕丝、捻绒丝品级及公量检验证书，还有产地证明书。这些证书依据不同商品出口的需要而申领，只需在报验时填写出口报验申请单，然后到相应的机构报验，交纳费用后，如查验合格就可以领取各类证书。

在国际商品买卖业务中，卖方究竟提供何种证书，要根据成交商品的种类、性质、有关法律和贸易习惯以及政府的涉外经济贸易政策而定。例如，在我国，冻禽、冻兔、皮张、毛类及肠衣等，除规定出具品质证书、重量证书外，往往还需要兽医检验证书。又如，罐头食品、蛋制品、乳制品、冻鱼等，除提供品质证书、重量证书外，还需要卫生证书。因此，为了明确要求、分清责任，在检验条款中应订明所需证书的类别。上述各种检验证书是针对不同商品的不同检验项目而出具的，下面再将这些证书所起的相同作用概括如下：

（1）作为证明卖方所交货物的品质、重（数）量、包装以及卫生条件是否符合合同规定的依据。在国际货物买卖中，卖方所供货物的品质、重（数）量、包装、卫生条件等，必须与合同规定相符。为此，合同或信用证规定，卖方交货时须报经商检机构检验并出具检验证书，以确定所交货物与合同规定是否一致。

（2）作为买方对品质、重（数）量、包装等条件提出异议、拒收货物、要求理赔、解决争议的凭证。当进口货物的品质、重（数）量、包装等条件与买卖合同规定或与成交小样或与信用证记载不一致时，买方可申请检验机构验货出证，以证实货物的真实情况或残损短缺等情形，向有关关系人提出补偿损失的要求，或以其他方式解决争议。

（3）作为卖方银行议付货款的一种单据。检验证书中所列检验结果与合同或信用证中的规定不符，银行有权拒绝议付货款。

（4）作为通关验放的有效证件。凡列入《种类表》及其他法律、行政法规规定实施强度性检验的进出口商品由商检机构予以检验出证，作为经营进出口业务的检验申请人据以向海关报关验放的有效法律证件。

有的进口国家海关规定，卖方须提供检验证书，以保障货物的品质、数量、包装等在装运前就符合合同规定；有些国家海关对进口的食品、畜产品类商品，制定有法定检疫措施，收货人办理进口手续时，须提供产品原产国的兽医、卫生等证明，并证明产品符合进口国的要求，海关才准予办理通关手续。

（5）作为证明货物在装卸、运输中的实际情况，明确责任归属的依据。货物在流通过程中，往往因装卸、搬运或其他原因而发生短量、残损或变质等情形，其责任究竟属谁（发货人、承运人、保险人）难以确定，商检机构签发的有关证件如监视装载、卸货、舱口监视等证书，就是证明货物装载、卸货时的状况，明确责任界限和处理货损、货差责任事故的有效凭证。

商检机构根据申请人或合同、信用证的要求，及有关国际条约的约定，对出口商品实施检验，检验合格后出具商检证书，它可作为报关验放、征收关税等的有效凭证。

检验证书的一般格式及内容：商检证书由国家商检局统一设计、印刷，证书的尺寸为 297 毫米×210 毫米，证书的正面印有浅蓝色纽索底纹和 CCIB 字样。证书结构由以下五个部分组成：

①签证局的局名：包括地址、电报挂号和电话。

②证书名称种类：包括正本或副本、证书印制顺序号、证书号（即报验号）和签证日期。

③商品识别部分：包括发货人、收货人、商品名称、报验数量或重量、标记及号码、运输工具、发货港、目的港等。

④证明内容：即检验或鉴定的结果和评定，这是证书的主要部分。

⑤签署部门：包括检验日期和地点、签证机构签证专用印章、签署人（主任检验员、主任兽医或主任鉴定人）的签字。此外，根据国家商检局的规定，在证书的左上角（证书号码和日期部分）加盖 CCIB 字样的钢印。只有经过签字和盖上商检机构证章，并加盖 CCIB 钢印的证书方有效。

中华人民共和国北京进出口商品检验局

BEIJING IMPORT & EXPORT COMMODITY INSPECTION

BUREAU OF THE PEOPLE'S REPUBLIC OF CHINA

NO.

地址：北京市建国门外大街 12 号　　　　　　　　日期：

Address：12. Jianguomenwai Street　　　　　　　Date：

　　　　　Beijing　　　　　　检验证书

电报：北京 2914　　　**INSPECTION CERTIFICATE**

Cable：2914 Beijing

电话：65003380

Tel：65003380

发货人：

Consignor _____

收货人：

Consignee _____

品名：　　　　　　　　　　　　标记及号码：

Commodity _____　Mark & NO. _____

报验数量/重量：

Quantity/Weight

Declared _____

检验结果：

RESULTS OF INSPECTION：

　　　　　　　　　　　　　　　　　　主任检验员：

　　　　　　　　　　　　　　　　　　Chief Inspector：

商检局经过审核后如果认为商品符合国家有关标准，即在该公司报关单上签章放行。

出口商品经检验不合格，并且也不允许返工、修整的，签发"出口商品检验不合格通知书"；对允许返工整理的，出口商品检验机构经一次检验不合格可责令生产厂进行返工、整修，然后报请商检机构重验，重验合格准予放行或签发证书，仍不合格者则签发"出口商品检验不合格通知书"。

第四节　国际贸易单证及其流转程序

一、国际贸易单证的基本要求

从广义上来说，国际贸易单证（Documents），是指在国际贸易结算中使用的单据、文件与凭证，在国际货物的交付、运输、保险、商检报关以及结汇等环节所处理的各种证明文件。而狭义的单证是指单据和信用证，本书要讲解的是狭义的单证。

在国际贸易中，制单水平的高低事关出口方能否安全迅速结汇、收汇和进口方能否及时接货。所以，缮制单证必须符合国际贸易惯例和有关法律法规的规定以及进出口双方的实际需要。其基本要求是正确、完整、及时、简洁和严谨。

（一）正确

正确是一切单证的前提，要做到四个"一致"。

1. 证、同一致

在以信用证为付款方式的交易中，买方开给卖方的信用证，其基本条款应该与合同内容保持一致，否则卖方应要求买方修改信用证，以维护合同的严肃性。

2. 单、证一致

银行在处理信用证业务时应坚持严格相符的原则，卖方提供的单据，即使一字之讹，也可成为银行及其委托人拒绝付款的理由。

3. 单、单一致

国际商会《UCP600》规定："单据之间表面上互不一致者，将被认为表面上不符信用证条款。"例如，货运单据上的运输标志（Shipping Mark）如与装箱单上的运输标志存在差异，银行就可拒绝付款，尽管信用证上并没有规定具体的运输标志。

4. 单、货一致

单据必须真实地反映货物，如果单据上的品质、规格、数量与合同、信用证完全相符，而实际发运的货物以次充好或以假乱真，这就有悖于"重合同、守信用"的基本商业准则。尽管在信用证业务中，银行所处理的是单据而不是与单据有关的货物，只要单、证相符，单、单相符，银行就应付款。但如果所装货物不符合合同条款要求，买方在收货检验后仍然有权根据合同向卖方索赔和追偿损失。

另外，值得注意的是处理的单据必须要与有关惯例和法规规定相符合。例如，世界各国银行在信用证业务中，绝大多数都在证内注明按照国际商会的《UCP600》来解释。银行在审单时，除非信用证另有特殊规定外，都是以《UCP600》作为审单的依据。因此，在缮制单据时，应注意不要与《UCP600》的规定相抵触。

（二）完整

单据的完整性是指信用证规定的各项单据必须齐全，不可缺少，单据的种类、每种单据的份数和单据本身的必要项目都必须完整。

有些单据必须按照有关的国际法规和惯例办理。例如，提单和汇票都有它的主要事项，如缺少"主要项目"，即属不完整的单据，因而也就失去了它的法律效力。再如，国际商会《跟单信用证统一惯例》规定，凡信用证要求提供"已装船提单"（Shipped B/L），提单的承运人必须在该提单上作成"装船批注"（On Board Notation），如果该提单未按规定加上"已装船"（On Board）字样和装船日期等必要批注，银行将会拒绝接受，理由就在于"装船批注"的不完整。完整的另一含义是指单证群体的完整性，如果缺少一套单据中的某一种，就破坏了单证群体的完整，不能被银行所接受。

（三）及时

即处理单证要在一定时间内完成。国际贸易单证的时间性表现如下：

1. 单证之间的时间差必须符合进出口的程序

例如，运输单据的签发日期不能早于装箱单、检验证书和保险单的签发日期，否则就不符合逻辑，将被银行拒绝接受。

2. 单证本身的时限不可逾越

信用证一般都有装运期和有效期的规定，前者是对运输单据装运日期有限制，后者是对卖方向银行交单时期的限制。一经逾越，就失去信用证保证履行付款责任的条件，银行可以拒绝接受。

3. 单证的处理要赶先不拖后

单证的处理，除合同、信用证有特殊规定外，原则上应力求赶先不拖后，须知早出运、早交货、早结算可以加速货物和资金的流通，这是符合买卖双方共同利益的。

（四）简洁

单证的内容应力求简洁，避免不必要的烦琐。具体要求单证格式的规范化，内容排列的行次整齐、字迹清晰，纸面洁净，格式美观等。

（五）严谨

严谨是对单证工作的总体要求，主要应把握以下几点：

1. 单证中的各种条款必须订得严密

单证中的各种条款必须订得严密，贸易合同和买方开出的信用证中的各种条款，是交易的基础条件，要力求订得具体明确、没有漏洞，条款之间不应自相矛盾，切忌使用笼统和含糊不清的文词，如习惯包装（Usual Packing）等，否则事后容易产生分歧，发生纠纷。

2. 单证必须经过严格的审核

单证必须经过严格的审核，单证的一字之差，一字之错，往往酿成重大经济损失。因此，各种单证缮制后须严加审核。单证转让时，受让的一方也必须经过严格的审核。信用证是买方付款的银行保证，但前提是卖方必须按信用证条款办事并提供规定的各种单证。卖方在收到信用证后要及时、严格地进行审核，如发现不合理的或不能接受的条款要很快地做出反应，提请买方删除修改，否则在履约交货时不能照办，将会影响出口和收汇。

3. 单证的处理必须合理谨慎

单证的处理必须合理谨慎，国际商会《跟单信用证统一惯例》要求银行在审核信用证规定的一切单据时必须合理谨慎（Reasonable Care），这里的合理谨慎对买卖双方以及单证的有关各方同样适用。例如，在信用证装运期内货物不能及时装运，在交单议付后单证遭到开证行或买方的拒收等，这些情况在实际业务中往往有可能出现，需要出口方合理谨慎地做出处理，以避免和减少经济损失。

国际贸易单证从不同的角度可以分为不同的类型。从单证的用途来分，大致可以分为商业单据（商业发票、装箱单等）、货运单据（海运提单、空运单、托运单等）、保险单据和金融单据（汇票、支票和本票等）以及官方单据（原产地证书、海关发票、检验检疫证书等）等。本书只就最常用的单证（如合同、商业发票、装箱单、提单、原产地证明书和许可证）阐述如下。

二、合同

单证业务是国际贸易业务的一个重要组成部分，从签订合同开始，到履行合同的全过程，每一个环节都需要单证的缮制、处理、交换和传递。这一过程不能存在丝毫差错，否则就有可能给企业带来经济损失，因此，我们在缮制单证时必须做到正确、完整、及时、简洁和严谨等要求。本书分别对出口合同、进口合同及英文合同样本进行说明。

（一）出口合同样本

| 上海市纺织品进出口公司
SHANGHAI TEXTILES
IMPORT&EXPORT CORPORATION | 正本
（ORIGINAL） |

中国上海中山东一路 27 号　　　　　　　合同号码
27 Zhongshan Road E. 1. Shanghai, China　　Contract No.

买　方：　　　　　　　合　同　　　　　日期：
The Buyers：　　　　　**CONTRACT**　　　　Date：
卖　方：　　　　　　　　　　　　　　　传真：
The Sellers：　　　　　　　　　　　　　Fax：021－63291730
　　　　　　　　　　　　　　　　　　　电传号：
　　　　　　　　　　　　　　　　　　　Telex number：

兹经买卖双方同意，由买方购进，卖方出售下列货物，并按下列条款签订本合同：

This CONTRACT is made by and between the Buyers and the Sellers; whereby the Buyers agree to buy and the Sellers agree to sell the undermentioned goods on the terms and conditions stated below：

(1) 货物名称、规格、包装及唛头 Name of Commodity，Specifications， Packing Terms and Shipping Marks	(2) 数量 Quantity	(3) 单价 Unit Price	(4) 总值 Total Amount	(5) 装运期限 Time of Shippment

（6）装运口岸：

Port of Loading：

（7）目的口岸：

Port of Destination：

（8）付款条件：买方在收到卖方关于预计装船日期及准备装船的数量的通知后，应于装运前 20 天，通过上海中国银行开立以卖方为受益人的不可撤销的信用证。该信用证凭即期汇票及本合同第（9）条规定的单据在开证行付款。

Terms of Payment：Upon receipt from the Sellers of the advice as to the time and quantify expected ready for shipment，the Buyers shall open，20 days before shipment，with the Bank of China ，Shanghai，an irrevocable Letter of Credit in favour of the Sellers payable by the opening bank against sight draft accompanied by the documents as stipulated in Clause（9）of this Contract.

（9）单据：各项单据均须使用与本合同相一致的文字，以便买方审核查对。

Documents：To facilitate the Buyers to cheek up，all documents should be made in a version identical to that used in this contract.

A. 填写通知目的口岸对外贸易运输公司的空白抬头、空白背书的全套已装船的清洁提单（如本合同为 FOB 价格条件时，提单应注明"运费到付"或"运费按租船合同办理"字样；如本合同为 CFR 价格条件时，提单应注明"运费已付"字样）。

Complete set of Clean On Board Shipped Bill of Lading made out to order，blank endorsed，notifying the China National Foreign Trade Transportation Corporation ZHONGWAIYUN at the port of destination. (if the price in this Contract is based on FOB，marked "freight to collect" or "freight as per charter party"；if the price in this Contract is based on CFR，marked "freight prepaid" .)

B. 发票：注明合同号、唛头、载货船名及信用证号，如果分批装运，须注明分批号。

Invoice：Indicating contract number，shipping marks，name of carrying vessel，number of the Letter of Credit and shipment number in case of partial shipments.

C. 装箱单和/或重量单：注明合同号及唛头，并逐件列明毛重、净重。

Packing List and/or Weight Memo：indicating contract number，shipping marks，gross and net weights of each package.

D. 制造工厂的品质及数量、重量证明书。

Certificates of Quality and Quantity，Weight of the contracted goods issued by the manufactures.

品质证明书内应列入根据合同规定的标准进行化学成分、机械性能及其他各种试验结果。

Quality Certificate to show actual results of tests to be made on chemical compositions，mechanical properties and all other tests called for by the Standard stipulated heron.

E. 按本合同第（11）条规定的装运通知电报抄本。

Copy of telegram advising shipment according to Clause (11) of this Contract.

F. 按本合同第（10）条规定的航行证明书（如本合同为 CFR 价格条件时，需要此项证明书，如本合同为 FOB 价格条件时，则不需此项证明书）。

Vessel's itinerary certificate as Clause (10) of this Contract，(required if the price in this Contract is based on CFR；not required if the price in this Contract is based on FOB).

份数 Number of copies required 单证 Documents 寄送 To be distributed	A	B	C	D	E	F
送交议付银行（正本） to the negotiating bank (original)	3	4	3	3	1	1
送交议付银行（副本） to the negotiating bank (duplicate)	1					
空邮目的口岸外运公司（副本） to ZHONGWAIYUN at the port of destination by airmail (duplicate)	2	3	2	2		

（10）装运条件：

Terms of Shipment：

A. 离岸价条款：

Terms of FOB Delivery：

a. 装运本合同货物的船只，由买方或买方运输代理人——中国租船公司租订舱位。卖方负担货物的一切费用风险到货物到船面为止。

For the goods ordered in this Contract，the carrying vessel shall be arranged by the Buyers or the Buyers' Shipping Agent China National Chartering Corporation. The Sellers shall bear all the charges and risks until the goods are effectively loaded on board the carrying vessel.

b. 卖方必须在合同规定的交货期限 30 天前，将合同号码、货物名称、数量、装运口岸及预计货物运达装运口岸日期，以电报通知买方以便买方安排舱位，并同时通知买方在装港的船代理。倘在规定期内买方未接到前述通知，即作为卖方同意在合同规定期内任何日期交货，并由买方主动租订舱位。

The Sellers shall advise the Buyers by cable，and simultaneously advise the Buyers' shipping agent at the loading port，30 days before the contracted time of shipment，of the contract number，name of commodity，quantity，loading port and expected date of arrival of the goods at the loading port，enabling the Buyers to arrange for shipping space. Absence of such advice within the time specified above shall be considered as Sellers' readiness to deliver the goods during the time of shipment contracted and the Buyers shall arrange for shipping space accordingly.

c. 买方应在船只受载期 12 天前将船名、预计受载日期、装载数量、合同号码、船舶代理人，以电报通知卖方。卖方应联系船舶代理人配合船期备货装船。如买方因故需要变更船只或更改船期时，买方或船舶代理人应及时通知卖方。

The Buyers shall advise the Sellers by cable，12 days before the expected loading date，of the estimated laydays，contract number，name of vessel，quantity，to be loaded and shipping agent. The Sellers shall then arrange with the shipping agent for loading accordingly. In case of necessity for substitution of vessel or alteration of shipping schedule, the Buyers or the shipping agent shall duly advise the Sellers to the same effect.

d. 买方所租船只按期到达装运口岸后，如卖方不能按时备货装船，买方因而遭受的一切损失包括空舱费、延期费及/或罚款等由卖方负担。如船只不能于船舶代理人所确定的受载期内到达，在港口免费堆存期满后第 16 天起发生的仓库租费，保险费由买方负担，但卖方仍负有载货船只到达装运口岸后立即将货物装船之义务并负担费用及风险。前述各种损失均凭原始单据核实支付。

In the event of the Sellers' failure in effecting shipment upon arrival of the vessel at the loading port, all losses, including dead freight, demurrage fines etc. thus incurred shall be for Sellers' account. If the vessel fails to arrive at the loading port within the laydays previously declared by the shipping agent, the storage charges and insurance premium from the 16th day after expiration of the free storage time at the port shall be borne by the Buyers. However, the Sellers shall be still under the obligation to load the goods on board the carrying vessel immediately after her arrival at the loading port, at their own expenses and risks. The expenses and losses mentioned above shall be reimbursed against original receipts or invoices.

B. 成本加运费价条款：

Terms of CFR Delivery：

卖方负责将本合同所列货物由装运口岸装直达班轮到目的口岸，中途不得转船。货物不得用悬挂买方不能接受的国家的旗帜的船只装运。

The Sellers undertake to ship the contracted goods from the port of loading to the port of destination on a direct liner, with no transhipment allowed. The contracted goods shall not be carried by a vessel flying the flag of the countries which the Buyers can not accept.

（11）装运通知：卖方在货物装船后，立即将合同号、品名、件数、毛重、净重、发票金额、载货船名及装船日期以电报通知买方。

Advice of Shipment：The Sellers shall upon competition of loading, advise immediately the Buyers by cable of the contract number, name of commodity, number of packages, gross and net weights, invoice value, name of vessel and loading date.

（12）保险：自装船起由买方自理，但卖方应按本合同第（11）条规定通知买方。如卖方未能按此办理，买方因而遭受的一切损失全由卖方负担。

Insurance：To be covered by the Buyers from shipment, for this purpose the Sellers shall advise the Buyers by cable of the particulars as called for in Clause（11）of this Contract. In the event of the Buyers being unable to arrange for insurance in consequence of the Sellers' failure to send the above advice, the Sellers shall be held responsible for all the losses thus sustained by the Buyers.

（13）检验和索赔：货卸目的口岸，买方有权申请中华人民共和国国家质量监督检验检疫总局进行检验。如发现货物的品质及/或数量、重量与合同或发票不符，除属于保险公司及/或船公司的责任外，买方有权在货卸目的口岸后 90 天内，根据中华人民共和国国家质量监督检验检疫总局出具的证明书向卖方提出索赔，因索赔所发生的一切费用（包括检验费用）均有卖方负担。FOB 价格条件时，如重量短缺，买方有权同时索赔短重部分的运费。

Inspection and Claim：The Buyers shall have the right to apply to the General Administration of Quanlity Supervision, Inspection and Quarantine of the People's Republic of China（AQSIQ）for inspection after discharge of the goods at the port of destination. Should the quality and/or quantity, weight be found not in conformity with the contract or invoice the Buyers shall be entitled to lodge claims with the

Sellers on the basis of AQSIQ's Survey Report, within 90 days after discharge of the goods at the port of destination, with the exception, however, of those claims for which the shipping company and/or the insurance company are to be held responsible. All expenses incurred on the claim including the inspection fee as per the AQSIQ inspection certificate are to be borne by the Sellers. In case of FOB terms, the buyers shall also be entitled to claim freight for short weight if any.

(14) 不可抗力：由于人力不可抗拒事故，使卖方不能在合同规定期限内交货或者不能交货，卖方不负责任。但卖方必须立即通知买方，并以挂号函向买方提出有关政府机关或者商会所出具的证明，以证明事故的存在。由于人力不可抗拒事故致使交货期限延期一个月以上时，买方有权撤销合同。卖方不能取得出口许可证不得作为不可抗力。

Force Majeure：In case of Force Majeure the Sellers shall not held responsible for delay in delivery or non-delivery of the goods but shall notify immediately the Buyers and deliver to the Buyers by registered mail a certificate issued by government authorities or Chamber of Commerce as evidence thereof. If the shipment is delayed over one month as the consequence of the said Force Majeure, the Buyers shall have the right to cancel this Contract. Sellers' inability in obtaining export licence shall not be considered as Force Majeure.

(15) 延期交货及罚款：除本合同第（14）条人力不可抗拒原因外，如卖方不能如期交货，买方有权撤销该部分的合同，或经买方同意在卖方缴纳罚款的条件下延期交货。买方可同意给予卖方 15 天优惠期。罚款率为每 10 天按货款总额的 1%，不足 10 天者按 10 天计算。罚款自第 16 天起计算，最多不超过延期货款总额的 5%。

Delayed Delivery and Penalty：Should the Sellers fail to effect delivery on time as stipulated in this Contract owing to causes other than Force Majeure as provided for in Clause (14) of this Contract, the Buyers shall have the right to cancel the relative quantity of the contract. Or alternatively, the Sellers may, with the Buyers' consent, postpone delivery on payment of penalty to the Buyers. The Buyers may agree to grant the Sellers a grace period of 15 days. Penalty shall be calculated from the 16th day and shall not exceed 5% of the total value of the goods involved.

(16) 仲裁：一切因执行本合同或与本合同有关的争执，应由双方通过友好方式协商解决。如经协商不能得到解决时，应提交北京中国国际贸易促进委员会对外经济贸易仲裁委员会。按照中国国际贸易促进委员会对外经济贸易仲裁委员会仲裁程序暂行规定进行仲裁。仲裁委员会的裁决为终局裁决，对双方均有约束力。仲裁费用除非仲裁委员会另有决定外，由败诉一方负担。

Arbitration：All disputes in connection with this Contract or the execution thereof shall be friendly negotiation. If no settlement can be reached, the case in dispute shall then be submitted for arbitration to the Foreign Economic and Trade Arbitration Commission of the China Council for the Promotion of International Trade in accordance with the Provisional Rules of Procedure of the Foreign Economic and Trade Arbitration Commission of the China Council for the Promotion of International Trade. The Award made by the Commission shall be accepted as final and binding upon both parties. The fees for arbitration shall be borne by the losing party unless otherwise awarded by the Commission.

(17) 附加条款：以上任何条款如与以下附加条款有抵触时，以下附加条款为准。

Additional Clause：If any of the above-mentioned Clauses is inconsistent with the following Additional Clause(s), the latter to be taken as authentic.

买　方：　　　　　　　　　　　　　　　　　　　　　卖　方：

The Buyers：　　　　　　　　　　　　　　　　　　　The Sellers：

（二）进口合同样本

进口合同

合同号码：

日期：

买方：

The Buyers：

卖方：

The Sellers：

兹经买卖双方同意，由买方购进，卖方出售下列货物，并按下列条款签订本合同：

（1）货物名称、规格、包装及唛头	（2）数量	（3）单价	（4）总值	（5）装运期限

（6）装运口岸：

（7）目的口岸：

（8）付款条件：买方在收到卖方关于预计装船日期及准备装船的数量的通知后，应于装运前20天通过中国银行开立以卖方为受益人的不可撤销的信用证。该信用证凭即期汇票及本合同第（9）条规定的单据在开证行付款。

（9）单据：各项单据均须使用与本合同相一致的文字，以便买方审核查对。

A. 填写通知目的口岸对外外贸运输公司的空白抬头、空白背书的全套已装船的清洁提单（如本合同为FOB价格条件时，提单应注明"运费到付"或"运费按租船合同办理"字样；如本合同为CFR价格条件时，提单应注明"运费已付"字样）。

B. 发票：注明合同号、唛头、载货船名及信用证号；如果分批装运，须注明分批号。

C. 装箱单及/或重量单：注明合同号及唛头、并逐件列明毛重、净重。

D. 制造工厂的品质及数量、重量证明书。

品质证明书内应列入根据合同规定的标准进行化学成分、机械性能及其他各种试验的实际试验结果。

寄 送 \ 份 数 单 证	A	B	C	D	E	F
送交议付银行（正本）	3	4	3	3	1	1
送交议付银行（副本）	1					
空邮目的口岸外运公司（副本）	2	2	2	2		

E. 按本合同第（11）条规定的装运通知电报抄本。

F. 按本合同第（10）条规定的航行证明书（如本合同为CFR价格条件时，需要此项证明书；如本合同为FOB价格条件时，则不需此项证明书）。

（10）装运条件：

A. 离岸价条款：

a. 装运本合同货物的船只，由买方或买方运输代理人中国租船公司租订舱位。卖方负担货物的一切费用风险到货物装到船面为止。

b. 卖方必须在合同规定的交货期限 30 天前，将合同号码、货物名称、数量、装运口岸及预计货物运达装运口岸日期，以电报通知买方以便买方安排舱位。并同时通知买方在装港的船代理。倘在规定期限内买方未接到前述通知，即作为卖方同意在合同规定期内任何日期交货，并由买方主动租订舱位。

c. 买方应在船只受载期 12 天前将船名、预计受载日期、装载数量、合同号码、船舶代理人，以电报通知卖方。卖方应联系船舶代理人配合船期备货装船。如买方因故需要变更船只或更改船期时，买方或船舶代理人应及时通知卖方。

d. 买方所租船只按期到达装运口岸后，如卖方不能按时备货装船，买方因而遭受的一切损失包括空舱费、延期费及/或罚款等由卖方负担。如船只不能于船舶代理人所确定的受载期内到达，在港口免费堆存期满后第 16 天起发生的仓库租费、保险费由买方负担，但卖方仍负有载货船只到达装运口岸后立即将货物装船之义务并负担费用及风险。前述各种损失均凭原始单据核实支付。

B. 成本加运费价条款：

卖方负责将本合同所列货物由装运口岸装运到班轮到目的口岸，中途不得转船。货物不得用悬挂买方不能接受的国家的旗帜的船只装运。

(11) 装运通知：卖方在货物装船后，立即将合同号、品名、件数、毛重、净重、发票金额、载货船名及装船日期以电报通知买方。

(12) 保险：自装船起由买方自理，但卖方应按本合同第 (11) 条规定通知买方。如卖方未能按此办理，买方因而遭受的一切损失全由卖方负担。

(13) 检验和索赔：货卸目的口岸，买方有权申请中华人民共和国国家质量监督检验检疫总局进行检验。如发现货物的品质及/或数量、重量与合同或发票不符，除属于保险公司及/或船公司的责任外，买方有权在货卸目的口岸后 90 天内，根据中华人民共和国国家质量监督检验检疫总局出具的证明书向卖方提出索赔，因索赔所发生的一切费用（包括检验费用）均由卖方负担。FOB 价格条件时，如重量短缺，买方有权同时索赔短重部分的运费。

(14) 不可抗力：由于人力不可抗拒事故，使卖方不能在合同规定期限内交货或者不能交货，卖方不负责任。但卖方必须立即以电报通知买方，并以挂号函向买方提出有关政府机关或者商会所出具的证明，以证明事故的存在。由于人力不可抗拒事故致使交货期限延期一个月以上时，买方有权撤销合同。卖方不能取得出口许可证，不得作为不可抗力。

(15) 延期交货及罚款：除本合同第 (14) 条人力不可抗拒原因外，如卖方不能如期交货，买方有权撤销该部分的合同，或经买方同意在卖方缴纳罚款的条件下延期交货。买方可同意给予卖方 15 天的优惠期。罚款率为每 10 天按货款总额的 1%。不足 10 天者按 10 天计算。罚款自第 16 天起计算，最多不超过延期货款总额的 5%。

(16) 仲裁：一切因执行本合同或与本合同有关的争执，应由双方通过友好方式协商解决。如经协商不能得到解决时，应提交北京中国国际贸易促进委员会对外经济贸易仲裁委员会，按照中国国际贸易促进委员会对外经济贸易仲裁委员会仲裁程序暂行规则进行仲裁。仲裁委员会的裁决为终局裁决，对双方均有约束力。仲裁费用除非仲裁委员会另有决定外，由败诉一方负担。

(17) 附加条款：以上任何条款如与以下附加条款有抵触时，以以下附加条款为准。

买方：（盖章）　　　　　　　　　　　　　　　　　卖方：（盖章）

（三）英文合同样本

CONTRACT

ORIGINAL

THE SELLER：SHANGHAI TEXTILES IMP. & EXP. CORP.　　　　CONTRACT NO：GL0082

27 ZHONGSHAN ROAD E. 1. SHANGHAI, CHINA　　　DATE：Oct. 5, 2000

TELEPHONE：86 - 21 - 63218467　FAX：86 - 21 - 63291267　PLACE：SHANGHAI

THE BUYER：SUPERB AIM（HONG KONG）LTD.，

RM. 504 FUNGLEE COMM BLDG.　6 - 8A PRATT AVE.，TSIMSHATSUI,

KOWLOO，HONG KONG

THE BUYER AND SELLER HAVE AGREED TO CONCLUDE THE FOLLOWING TRANSACTIONS
ACCORDING TO THE TERMS AND CONDITIONS STIPULATED BELOW：

1. COMMODITY & SPECIFICATION PACKING & SHIPPING MARK	2. QUANTITY （PCS.）	3. UNIT PRICE	4. AMOUNT
80% COTTON 20% POLYESTER LADIES KNIT JACKET		CIF H. K.	
ART. NO. 49394（014428）	600	US＄14. 25	USD 8550. 00
ART. NO. 49393（014428）	600	US＄14. 25	USD 8550. 00
ART. NO. 55306（014429）	600	US＄14. 25	USD 8550. 00
REMARKS：1）EACH IN PLASTIC BAGS，24 BAGS TO A CARTON TOTAL 75 CARTONS		TOTAL：	USD 25650. 00
2）SHIPPING MARK：SUPERB H. K. NO. 1 - 75 MADE IN CHINA			

TOTAL VALUE：SAY US DOLLARS TWENTY-FIVE THOUSAND SIX HUNDRED AND FIFTY
ONLY.

15th day after the date of shipment. In case of late arrival of the L/C，the Seller shall not be liable for any delay in shipment and shall have the right to rescind the contract and /or claim for damages.

INSURANCE：To be effected by the seller for 110% of the CIF invoice value covering ALL RISKS AND WAR RISK as per China Insurance Clauses.

TERMS OF SHIPMENT：To be governed by "INCOTERMS 2000". For transactions concluded on CIF terms，all surcharges including port congestion surcharges，etc. levied by the shipping company，in addition to freight，shall be for the Buyer's account.

The Buyer：
SUPERB AIM（HONG KONG）LTD.

The Seller：
SHANGHAI TEXTILES IMP. & EXP. CORP.

三、商业发票

商业发票是出口方向进口方开列的发货价目清单，是买卖双方记账的依据，也是进出口报关交税的总说明。它是业务的全面反映，内容包括商品的名称、规格、价格、数量、金额、包装等，同时也是进口商办理进口报关不可缺少的文件，因此商业发票是全套出口单据的核心，在单据制作过程中，其余单据均需参照商业发票缮制。

（一）商业发票的内容

商业发票的内容一般包括：

（1）商业发票须载明"发票"（INVOICE）字样。

（2）发票编号和签发日期（NUMBER AND DATE OF ISSUE）。

（3）合同或订单号码（CONTRACT NUMBER OR ORDER NUMBER）。

（4）收货人名址（CONSIGNEE'S NAME AND ADDRESS）。

（5）出口商名址（EXPORTER'S NAME AND ADDRESS）。

（6）装运工具及起讫地点（MEANS OF TRANSPORT AND ROUTE）。

（7）商品名称、规格、数量、重量（毛重、净重）等（COMMODITY, SPECIFI-CATIONS, QUANTITY, GROSS WEIGHT, NET WEIGHT, ETC.）。（注：如果国际贸易中单独有装箱单，发票中的重量可以省略在装箱单进行书写。）

（8）包装及尺码（PACKING AND MEASUREMENT）。

（9）唛头及件数（MARKS AND NUMBERS）。

（10）价格及价格条件（UNIT PRICE AND PRICE TERM）。

（11）总金额（TOTAL AMOUNT）。

（12）出票人签字（SIGNATURE OF MAKER）等。

在信用证支付方式下，发票的内容要求应与信用证规定条款相符，还应列明信用证的开证行名称和信用证号码。在有佣金折扣的交易中，还应在发票的总值中列明扣除佣金或折扣的若干百分比。发票须有出口商正式签字方为有效。

（二）商业发票的作用

商业发票的作用如下：

（1）可供进口商了解和掌握装运货物的全面情况。

发票是一笔交易的全面叙述，详细列明了装运货物的货物名称、商品规格、装运数量、价格条款、商品单价、商品总值等全面情况。进口商可以依据出口商提供的发票，核对签订合同的项目，了解和掌握合同的履约情况，进行验收。

（2）作为进口商记账、进口报关、海关统计和报关纳税的依据。

发票是销售货物的凭证，对进口商来说，需要根据发票逐笔登记记账，按时结算货款。同时进口商在清关时需要向当地海关当局递交出口商发票，海关凭以核算税金，验关放行和统计。

（3）作为出口商记账、出口报关、海关统计和报关纳税的依据。

出口商凭发票的内容逐笔登记入账。在货物装运前，出口商需要向海关递交商业发票，作为报关发票，海关凭以核算税金，并验关放行和统计。

（4）在不用汇票的情况下，发票可以代替汇票作为付款依据。

在即期付款不出具汇票的情况下，发票可作为买方支付货款的根据，代替汇票进行核算。光票付款的方式下，因为没有货运单据跟随，也经常跟随发票，商业发票起着证实装运货物和交易情况的作用。

另外，一旦发生保险索赔时，发票可以作为货物价值的证明。

（三）商业发票样本

长城贸易有限公司

GREAT WALL TRADING CO.，LTD.

Room 123 HUASHENG BUILDING NINGBO P. R. CHINA

TEL：010－12345678　FAX：010－87654321

商业发票

COMMERCIAL INVOICE

TO：收货人的信息

INVOICE No.：发票编号

INVOICE DATE：发票日期

S/C No.：销售确认书编号

L/C No.：信用证编号

FROM：启运港

TO：目的港

唛头号码 MARKS & No.	数量与货品名 QUANTITES & DESCRIPTIONS	单价 UNIT PRICE	总价 AMOUNT

TOTAL AMOUNT：

GREAT WALL TRADING CO.，LTD.

Signature（签字）：

四、装箱单

装箱单是发票的补充单据，列明了信用证（或合同）中买卖双方约定的有关包装事宜的细节，便于国外买方在货物到达目的港时供海关检查和核对货物，通常可以将其有关内容加列在商业发票上，但是在信用证有明确要求时，就必须严格按信用证约定制作。

（一）装箱单的缮制内容

装箱单的具体缮制内容如下：

（1）装箱单名称（Packing List）：应按照信用证规定使用。通常用"Packing List" "Packing Specification"，"Detailed Packing List"。如果来证要求用中性包装单（Neutral Packing List），则包装单名称打"Packing List"，但包装单内不打卖方名称，不能签章。

（2）编号（No.）：与发票号码一致。

（3）合同号或销售确认书号（Contract No. /Sales Confirmation No.）：注明此批货的合同号或者销售合同书号。

（4）唛头（Shipping Mark）：与发票一致，有的注实际唛头，有时也可以只注"as per invoice No. ×××"。唛头的具体写法请参见发票制单第七点。

（5）箱号（Case No.）：又称包装件号码。在单位包装货量或品种不固定的情况下，需注明每个包装件内的包装情况，因此包装件应编号。

（6）货号（Name of Commodity）：按照发票，与发票内容一致。

（7）货物描述（Description；Specification）：要求与发票一致。货名如有总称，应先注总称，然后逐项列明详细货名。

（8）数量（Quantity）：应注明此箱内每件货物的包装件数。

（9）毛重（Gr. Weight）：注明每个包装件的毛重和此包装件内不同规格、品种、花色货物各自的总毛重（Sub Total），最后在合计栏处注总货量。信用证或合同未要求，不注亦可。如为"Detailed Packing List"，则此处应逐项列明。

（10）净重（Net Weight）：注明每个包装件的净重和此包装件内不同规格、品种、花色货物各自的总净重（Sub Total），最后在合计栏处注总货量。信用证或合同未要求，不注亦可。如为"Detailed Packing List"，则此处应逐项列明。

（11）箱外尺寸（Measurement）：注明每个包装件的尺寸。

（12）合计（Total）：分别对各项进行合计。

（13）出票人签章（Signature）：应与发票相同。

（二）装箱单缮制的注意事项

装箱单缮制中的注意事项如下：

（1）有的出口公司将两种单据的名称印在一起，当来证仅要求出具其中一种时，应将另外一种单据的名称删去。单据的名称必须与来证要求相符。如信用证规定为"Weight Memo"，则单据名称不能用"Weight List"。

（2）两种单据的各项内容，应与发票和其他单据的内容一致。如装箱单上的总件数和重量单上的总重量，应与发票、提单上的总件数或总数量相一致。

（3）包装单所列的情况，应与货物的包装内容完全相符，例如，货物用纸箱装，每箱200盒，每盒4打。

（4）如来证要求这两种单据分别开列时，应按来证办理，提供两套单据。

（5）如来证要求在这两种单据（或其中一种）上要求注明总尺码时，应照办，此单据上的尺码，应与提单上注明的尺码一致。

（6）如来证要求提供"中性包装清单"（Neutral Packing List）时，应由第三方填制，不要注明受益人的名称。这是由于进口商在转让单据时，不愿将原始出口暴露给其买主，故才要求出口商出具中性单据。如来证要求用"空白纸张"（Plain Paper）填制这两种单据时，在单据内一般不要表现出受益人及开证行名称，也不要加盖任何签章。

（三）出口装箱单样本

长城贸易有限公司

GREAT WALL TRADING CO.，LTD.

Room 123 HUASHENG BUILDING NINGBO P. R. CHINA

TEL：010－12345678　FAX：010－87654321

装箱单

PACKING LIST

TO：收货人的信息　　　　　　　　　　　INVOICE No.：发票编号

　　　　　　　　　　　　　　　　　　　　S/C No.：销售确认书编号

　　　　　　　　　　　　　　　　　　　　DATE：日期

FROM：启运港　　　　　　　　　　　　TO：目的港

唛头号码 MARKS ＆ No.	货品名称 DESCRIPTIONS	数量 QUANTITES	体积 MEAS	净重 N. W	毛重 G. W

TOTAL AMOUNT：

GREAT WALL TRADING CO.，LTD.

Signature（签字）：

五、提单

提单简称 B/L，是在对外贸易中由运输部门承运货物时签发给发货人的一种凭证。收货人凭提单向货运目的地的运输部门提货，提单须经承运人或船方签字后始能生效。它是海运货物向海关报关的有效单证之一。

海运提单是国际结算中的一种最重要的单据。《汉堡规则》给提单下的定义是：Bill of lading，means a document which evidences a contract of carriage by sea and the taking over or loading of the goods by the carrier，and by which the carrier undertakes to deliver the goods against surrender of the document. A provision in the document that the goods are to be delivered to the order of the document. A provision in the document that the goods are to be delivered to the order of a named person，or to order，or to bearer，constitutes such an undertaking.《中华人民共和国海商法》（1993 年 7 月 1 日施行）第 71 条规定"提单，是指用以证明海上货物运输合同和货物已经由承运人接收或者装船，以及承运人保证据以交付货物的单证。提单中载明的向记名人交付货物，或者按照指示人的指示交付货物，或者向提单持有人交付货物的条款，构成承运人据以交付货物的保证。"提单的主要关系人是签订运输合同的双方：托运人和承运人。托运人即货方，承运人即船方。其他关系人有收货人和被通知人等。收货人通常是货物买卖合同中的买方，提单

由承运人经发货人转发给收货人，收货人持提单提货，被通知人是承运人为了方便货主提货的通知对象，可能不是与货权有关的当事人。如果提单发生转让，则会出现受让人、持有人等提单关系人。

（一）提单的主要功能

1. 提单是证明承运人已接管货物和货物已装船的货物收据

对于将货物交给承运人运输的托运人，提单具有货物收据的功能。不仅对于已装船货物，承运人负有签发提单的义务，而且根据托运人的要求，即使货物尚未装船，只要货物已在承运人掌管之下，承运人也有签发一种被称为"收货待运提单"的义务。所以，提单一经承运人签发，即表明承运人已将货物装上船舶或已确认接管。提单作为货物收据，不仅证明收到货物的种类、数量、标志、外表状况，而且还证明收到货物的时间，即货物装船的时间。本来，签发提单时，只要能证明已收到货物和货物的状况即可，并不一定要求已将货物装船。但是，将货物装船象征卖方将货物交付给买方，于是装船时间也就意味着卖方的交货时间。而按时交货是履行合同的必要条件，因此，用提单来证明货物的装船时间是非常重要的。

2. 提单是承运人保证凭以交付货物和可以转让的物权凭证

对于合法取得提单的持有人，提单具有物权凭证的功能。提单的合法持有人有权在目的港以提单相交换来提取货物，而承运人只要出于善意，凭提单发货，即使持有人不是真正货主，承运人也无责任。而且，除非在提单中指明，提单可以不经承运人的同意而转让给第三者，提单的转移就意味着物权的转移，连续背书可以连续转让。提单的合法受让人或提单持有人就是提单上所记载货物的合法持有人。提单所代表的物权可以随提单的转移而转移，提单中所规定的权利和义务也随着提单的转移而转移。即使货物在运输过程中遭受损坏或灭失，也因货物的风险已随提单的转移而由卖方转移给买方，只能由买方向承运人提出赔偿要求。

3. 提单是海上货物运输合同成立的证明文件

提单上印就的条款规定了承运人与托运人之间的权利、义务，而且提单也是法律承认的处理有关货物运输的依据，因而常被人们认为提单本身就是运输合同。但是按照严格的法律概念，提单并不具备经济合同应具有的基本条件：它不是双方意思表示一致的产物，约束承托双方的提单条款是承运人单方拟定的；它履行在前，而签发在后，早在签发提单之前，承运人就开始接受托运人托运货物和将货物装船的有关货物运输的各项工作。所以，与其说提单本身就是运输合同，还不如说提单只是运输合同的证明更为合理。如果在提单签发之前，承托双方之间已存在运输合同，则不论提单条款如何规定，双方都应按原先签订的合同约定行事；但如果事先没有任何约定，托运人接受提单时又未提出任何异议，这时提单就被视为合同本身。虽然由于海洋运输的特点，决定了托运人并没在提单上签字，但因提单毕竟不同于一般合同，所以不论提单持有人是否在提单上签字，提单条款对他们都具有约束力。

提单作为物权凭证，只要具备一定的条件就可以转让。转让的方式有两种：空白背书和记名背书。但提单的流通性小于汇票的流通性。其主要表现为，提单的受让人不像汇票的正当持票人那样享有优于前手背书人的权利。具体来说，如果一个人用欺诈手段取得一份可转让的提单，并把它背书转让给一个善意的、支付了价金的受让人，则该受让人不能因此而取得货物的所有权，不能以此对抗真正的所有人。相反，如果在汇票流通过程中发生这种情况，则汇票的善意受让人的权利仍将受到保障，他仍有权享受汇票上的一切权利。鉴于这种区别，有的法学者认为提单只具有"准可转让性"（Quasi-negotiable）。

在提单的签发方面，有权签发提单的人有承运人及其代理、船长及其代理、船主及其代理。代理人签署时必须注明其代理身份和被代理方的名称及身份。签署提单的凭证是大副收据，签发提单的日期应该是货物被装船后大副签发收据的日期。提单有正本和副本之分。正本提单一般签发一式两份或三份，这是为了防止提单流通过程中万一遗失时，可以应用另一份正本。各份正本具有同等效力，但其中一份提货后，其余各份均告失效。副本提单承运人不签署，份数根据托运人和船方的实际需要而定。副本提单只用于日常业务，不具备法律效力。

（二）提单的种类

1. 已装船提单（SHIPPED OR BOARD B/L）

指承运人向托运人签发的货物已经装船的提单。

2. 收货待运提单或待运提单（RECEIVED FOR SHIPPING B/L）

指承运人虽已收到货物但尚未装船时签发的提单。

3. 直达提单（DIRECT B/L）

指货物自装货港装船后，中途不经换船直接驶到卸货港卸货而签发的提单。

4. 联运提单或转船提单（THROUGH B/L）

指承运人在装货港签发的中途得以转船运输而至目的港的提单。

5. 多式联运提单（MT B/L）

指货物由海上、内河、铁路、公路、航空等两种或多种运输方式进行联合运输而签发的适用于全程运输的提单。

6. 班轮提单（LINER B/L）

班轮是在一定的航线上按照公布的时间表，在规定的港口间连续从事货运的船舶。班轮可分定线定期和定线不定期两种。

7. 租船合同提单（CHARTER PARTY B/L）

一般指用租船承运租船人的全部货物，船东签发给租船人的提单，或者并非全部装运租船人的货物，而由船东或租船人所签发的提单。

8. 记名提单（STRAIGHT B/L）

是指只有提单上指名的收货人可以提货的提单，一般不具备流通性。

9. 指示提单（ORDER B/L）

通常有未列名指示（仅写 ORDER），列名指示（TO THE ORDER OF SHIPPER，TO THE ORDER OF CONSIGNEE；TO THE ORDER OF THE ×× BANK）。此种提单通过指示人背书后可以转让。

10. 不记名提单（BLANK B/L；OPEN B/L）

提单内没有任何收货人或 ORDER 字样，即提单的任何持有人都有权提货。

11. 清洁提单（CLEAN B/L）

货物交运时，表面情况良好，承运人签发提单时未加任何货损、包装不良或其他有碍结汇的批注。

12. 不清洁提单（FOUL B/L）

货物交运时，其包装及表面状态出现不坚固、不完整等情况，船方可以批注，即为不清洁提单。

13. 包裹提单（PARCEL RECEIPT；NON-NEGOTIABLE RECEIPT）

适用于少量货物、行李或样品等。

14. 最低运费提单或起码提单（MINIMUM B/L）

运费未到运价本规定的最低额，而按规定的最低运费计收。

15. 并提单（OMNIBUS B/L；COMBINED B/L）

是指不同批数的货物合并在一份提单上，或不同批数的相同的液体货装在一个油舱内，签发几份提单时，前者叫并提单，后者叫拼装提单。

16. 分提单（SEPARATE B/L）

是指一批货物，即同一装货单的货物，可根据托运人的要求分列 2 套或 2 套以上的提单。

17. 过期提单（STALE B/L）

是指出口商向银行交单结汇的日期与装船开航的日期距离过久，以致无法于船到目的地以前送达目的港收货人的提单，银行一般不接受这种提单。

18. 交换提单（SWITCH B/L）

是指启运港签发提单后，在中途港另行换发的一套提单，作为该批货物由中途或中转站出运。

19. 倒签提单（ANTI-DATED B/L）

是指承运人应托运人的要求在货物装船后，提单签发的日期早于实际装船完毕日期的提单。

20. 预借提单（ADVANCED B/L）

因信用证规定装运期和结汇期到期而货物因故未能及时装船，但已在承运人掌握之下或已开始装船，由托运人出具保函要求承运人预借的提单。

21. 舱面提单或甲板货提单（ON DECK B/L）

指货物装载于船舶露天甲板，并注明"甲板上"字样的提单。

22. 货运提单（HOUSE B/L）

是指由货运代理人签发的提单。货运提单往往是货物从内陆运出并运至内陆时签发的。这种提单从技术上和严格的法律意义上说，是缺乏提单效力的。

（三）提单的正面内容

根据我国《海商法》第 73 条规定，提单正面内容一般包括下列各项：

（1）货物的品名、标志、包数或者件数、重量或体积，以及运输危险货物时对危险性质的说明（Description of the goods，mark，number of packages or piece，weight or quantity，and a statement，if applicable，as to the dangerous nature of the goods）；

（2）承运人的名称和主营业所（Name and principal place of business of the carrier）；

（3）船舶的名称（Name of the ship）；

（4）托运人的名称（Name of the shipper）；

（5）收货人的名称（Name of the consignee）；

（6）装货港和在装货港接收货物的日期（Port of loading and the date on which the goods were taken over by the carrier at the port of loading）；

（7）卸货港（Port of discharge）；

（8）多式联运提单增列接收货物地点和交付货物地点（Place where the goods were taken over and the place where the goods are to be delivered in case of a multimodal transport bill of lading）；

（9）提单的签发日期、地点和份数（Date and place of issue of the bill of loading and the number of originals issued）；

（10）运费的支付（Payment of freight）；

（11）承运人或者其代表的签字（Signature of the carrier or of a person acting on his behalf）。

（四）提单的背面内容

提单背面的条款作为承托双方权利义务的依据，多则三十余条，少则也有二十几条，这些条款一般分为强制性条款和任意性条款两类。强制性条款的内容不能违反有关国家的法律和国际公约、港口惯例的规定。我国《海商法》第四章海上货物运输合同的第44条就明确规定："海上货物运输合同和作为合同凭证的提单或者其他运输单证中的条款，违反本章规定的，无效。"《海牙规则》第3条第8款规定："运输契约中的任何条款、约定或协议，凡是解除承运人或船舶由于疏忽、过失或未履行本条规定的责任与义务，因而引起货物的或与货物有关的灭失或损害，或以本规则规定以外的方式减轻这种责任的，都应作废并无效。"上述的规定都强制适用提单的强制性条款。

除强制性条款外，提单背面任意性条款，即上述法规、国际公约没有明确规定的，允许承运人自行拟定的条款，和承运人以另行印刷、刻制印章或打字、手写的形式在提单背面加列的条款，这些条款适用于某些特定港口或特种货物，或托运人要求加列的条款。所有这些条款都是表明承运人与托运人、收货人或提单持有人之间承运货物的权利、义务、责任与免责的条款，是解决他们之间争议的依据。虽然各种提单背面条款多少不一，内容不尽相同，但通常都有下列主要条款：

1. 定义条款（Definition Clause）

定义条款是提单或有关提单的法规中对与提单有关用语的含义和范围做出明确规定的条款。如中远提单条款第一条规定：货方（Merchant）包括托运人（Shipper）、受货人（Receiver）、发货人（Consignor）、收货人（Consignee）、提单持有人（Holder of B/L）以及货物所有人（Owner of the Goods）。

在国际贸易的实践中，提单的当事人应该是承运人和托运人是毫无异议的。但是，不论是以 FOB 还是 CIF 或 CFR 价格成交的贸易合同，按照惯例，当货物在装货港装船时，货物一旦越过船舷，其风险和责任就转移到作为买方的收货人或第三者。如果货物在运输过程中发生灭失或损坏，对承运人提出赔偿要求的就不再是托运人，而是收货人或第三者，在这种情况下，如果仅将托运人看做合同当事人一方，就会出现收货人或第三者不是合同当事人，而无权向承运人索赔。为了解决这一矛盾，英国《1855 年提单法》第 1 条规定，当提单经过背书转让给被背书人或收货人后，被背书人或收货人就应该取代作为背书人的托运人的法律地位，而成为合同当事人的一方，由于《海牙规则》的定义条款未涉及"货方"，英国提单法弥补了这一不足，各船公司都在提单中将"货方"列为定义条款。

2. 首要条款（Paramount Clause）

首要条款是承运人按照自己的意志，印刷于提单条款的上方，通常列为提单条款第一条，用以明确本提单受某一国际公约制约或适用某国法律的条款。通常规定：提单受《海牙规则》或《海牙—维斯比规则》或者采纳上述规则的某一国内法的制约，如英国《1971 年海上货物运输法》、《1936 年美国海上货物运输法》的制约。例如，我国《海商法》实施前的中远提单第 3 条规定："有关承运人的义务、赔偿责任、权利及豁免应适用《海牙规则》，即 1924 年 8 月 25 日在布鲁塞尔签订的《关于统一提单若干规定的国际公约》。"目前中远提单则规定，该提单受中华人民共和国法律的制约。

提单上出现了首要条款，通过当事人"意思自治"原则，在某种意义上扩大了国际公约或国内法的适用范围。各国法院通常承认首要条款的效力。

3. 管辖权条款（Jurisdiction Clause）

在诉讼法上，管辖权是指法院受理案件的范围和处理案件的权限。在这里是指该条款规定双方发生争议时由何国行使管辖权，即由何国法院审理，有时还规定法院解决争议适用的法律。提单一般都有此种条款，并且通常规定对提单产生的争议由船东所在国法院行使管辖权。

例如，我国中远公司提单就规定：本提单受中华人民共和国法院管辖。本提单项下或与本提单有关的所有争议应根据中华人民共和国的法律裁定；所有针对承运人的法律诉讼应提交有关公司所在地的海事法院——广州、上海、天津、青岛、大连海事法院受理。

严格地说，该条款是管辖权条款和法律适用条款的结合。

提单管辖权的效力在各国不尽相同，有的国家将其作为协议管辖处理，承认其有效。但更多的国家以诉讼不方便，或该条款减轻承运人责任等为理由，否认其效力，依据本国诉讼法，主张本国法院对提单产生的争议案件的管辖权。也有的国家采取对等的原则，确定其是否有效。

1958 年《联合国承认与执行外国仲裁裁决的公约》即《纽约公约》已被 90 多个国家承认，我国也是该公约的缔约国。在远洋运输提单中列入"仲裁条款"，以仲裁代替诉讼，其裁决可以在很多公约缔约国得到承认和执行。因此，仲裁不失为解决纠纷的现代途径。

4. 承运人责任条款（Carrier's Responsibility Clause）

一些提单订有承运人责任条款，规定承运人在货物运送中应负的责任和免责事项。一般概括地规定为以什么法律或什么公约为依据，如果提单已订有首要条款，就无须另订承运人的责任条款。在中远提单的第 3 条、中国外运提单第 4 条、华夏提单第 3 条均规定，其权利和责任的划分以及豁免应依据或适用《海牙规则》。根据这一规定，并非《海牙规则》所有规定都适用于该提单，而只是有关承运人的义务、权利及豁免的规定适用于该提单。

《海牙规则》中承运人的责任可归纳为承运人保证船舶适航的责任（义务）和管理货物的责任，即承运人应"适当"与"谨慎"地管理货物。

5. 承运人的责任期间条款（Period of Responsibility Clause）

《海牙规则》中没有单独规定承运人的责任期间，因而各船公司的提单条款中都列有关于承运人对货物运输承担责任的起止时间条款。

中远提单第 4 条规定："承运人的责任期间应从货物装上船舶之时起到卸离船舶之时为止。承运人对于货物在装船之前和卸离船舶之后发生的灭失或损坏不负赔偿责任。"

《海牙规则》第 1 条"定义条款"中对于"货物运输"（Carriage of Goods）的定义规定为"包括自货物装上船舶开始至卸离船舶为止的一段时间"。

上述责任期间的规定，与现行班轮运输"仓库收货、集中装船"和"集中卸货、仓库交付"的货物交接做法不相适应。所以，一些国家的法律，如美国的"哈特法"（Harter Act）则规定：承运人的责任期间为自收货之时起，至交货之时为止。《汉堡规则》则规定：承运人的责任期间，包括在装货港、在运输途中以及在卸货港货物在承运人掌管下的全部期间。我国《海商法》规定的承运人责任期间，集装箱货物同《汉堡规则》，而件杂货则同《海牙规则》。

6. 装货、卸货和交货条款（Loading，Discharging and Delivery Clause）

本条款是指对托运人在装货港提供货物，以及收货人在卸货港提取货物的义务所作的规定。该条款一般规定货方应以船舶所能装卸的最快速度昼夜无间断地提供或提取货物；否则，货方对违反这一规定所引起的一切费用，如装卸工人待时费、船舶的港口使费及滞期费的损失承担赔偿责任。应当予以注意的是，这一条很难实施。因为，没有租船合同及装卸期限，要收取滞期费用比较困难。承运人签发了提单，如果航程很短，货物比单证先到，收货人无法凭单提货，货物卸载存岸仍将由承运人掌管，难以推卸继续履行合同之责。如果收货人不及时提取货物，承运人可以将货物卸入码头或存入仓库，货物卸离船舶之后的一切风险和费用，由收货人承担。而承运人应被视为已经履行其交付货物的义务。

承运人负担货物装卸费用，但货物在装船之前和卸船之后的费用由托运人、收货人负担。但是费用的承担往往与承运人的责任期间的规定有关。如果双方当事人另有约定时，则以约定为准。提单中通常不另订条款规定，当按照港口习惯或受港口条件限制，船舶到达港口时，不能或不准进港靠泊装卸货物，其责任又不在承运人，在港内或港外货物过驳费用由托运人或收货人承担。

7. 运费和其他费用条款（Freight and Other Charges Clause）

该条款通常规定，托运人或收货人应按提单正面记载的金额、货币名称、计算方法、支付方式和时间支付运费，以及货物装船后至交货期间发生的，并应由货方承担的其他费用，以及运费收取后不再退还等规定。中远提单第 6 条和中外运提单第 8 条规定："运费和费用应在装船前预付。到付运费则在货物抵达目的港时，交货前必须付清。无论是预付还是到付，船舶或货物其中之一遭受损坏或灭失都应毫不例外地全部付给承运人，不予退回和不得扣减。一切同货物有关的税捐或任何费用均应由货方支付。"

另外，该条款还规定："装运的货物如系易腐货物、低值货物、活动物（活牲畜）、甲板货，以及卸货港承运人无代理人的货物，运费及有关费用应预付。"

该条款通常还规定，货方负有支付运费的绝对义务。即使船舶或货物在航行过程中灭失或损害，货方仍应向承运人支付全额运费。如货物灭失或损害的责任在于承运人，则货方可将其作为损害的一部分，向承运人索赔。

8. 自由转船条款（Transhipment Clause）

转运、换船、联运和转船条款（Forwarding, Substitute of Vessel, Through Cargo and Transhipment）或简称自由转船条款。该条款规定，如有需要，承运人为了完成货物运输可以任意采取一切合理措施，任意改变航线，改变港口或将货物交由承运人自有的或属于他人的船舶，或经铁路或以其他运输工具直接或间接地运往目的港，或运到目的港以远、转船、收运、卸岸、在岸上或水面上储存以及重新装船运送，以上费用均由承运人负担，但风险则由货方承担。承运人责任限于其本身经营的船舶所完成的那部分运输，不得视为违反运输合同。

如中远提单第13条，中外运提单第14条都作了上述规定。这是保护承运人权益的自由转运条款。在船舶发生故障无法载运，或者目的港港口拥挤一时无法卸载，或者目的港发生罢工等，由承运人使用他船或者通过其他运输方式转运到目的港，或者改港卸货再转运往目的港，费用由承运人负担，但风险由货方负担则欠合理。我国《海商法》第91条规定："因不可抗力或者不能归责于承运人的原因，船舶不能在约定的目的港卸货时，船长有权将货物卸在邻近的安全港口，视为已经履行合同；否则，承运人有责任将货物运到目的港，将部分运输转交实际承运人的，承运人也应当对此负责。"

9. 选港条款（Option Clause）

选港条款亦称选港交货（Optional Delivery Clause）条款。该条款通常规定，只有当承运人与托运人在货物装船前有约定，并在提单上注明时，收货人方可选择卸货港。收货人应在船舶驶抵提单中注明的可选择的港口中第一个港口若干小时之前，将其所选的港口书面通知承运人在上述第一个港口的代理人。否则，承运人有权将货物卸于该港或其他供选择的任一港口，运输合同视为已经履行。也有的提单规定，如收货人未按上述要求选定卸货港，承运人有权将货物运过提单注明的港口选择范围，至船舶最后的目的港，而由托运人、收货人承担风险和费用。当船舶承运选港货物时，一般要求收货人在所选定的卸货港卸下全部货物。

10. 赔偿责任限额条款（Limit of Liability Clause）

承运人的赔偿责任限额是指已明确承运人对货物的灭失和损失负有赔偿责任应支付赔偿金额，承运人对每件或每单位货物支付的最高赔偿金额。

提单应按适用的国内法或国际公约规定承运人对货物的灭失或损坏的赔偿责任限额。但承运人接受货物前托运人书面申报的货物价格高于限额并已填入提单又按规定收取运费时，应按申报价值计算。如果首要条款中规定适用某国际公约或国内法，则按该公约或国内法办理。如中远提单第12条规定："当承运人对货物的灭失或损坏负赔偿责任时，赔偿金额参照货方的净货价加运费及已付的保险费计算。"同时还规定，尽管有本提单第3条规定承运人对货物灭失或损坏的赔偿责任应限制在每件或每计费单位不超过700元人民币，但承运人接受货物前托运人以书面申报的货价高于此限额，而又已填入本提单并按规定支付了额外运费者除外。

11. 危险货物条款（Dangerous Goods Clause）

此条款规定托运人对危险品的性质必须正确申报并标明危险品标志和标签，托运人如事先未将危险货物性质以书面形式告知承运人，并未在货物包装外表按有关法规予以标明，则不得装运；否则，一经发现，承运人为船货安全有权将其变为无害、抛弃或卸船，或以其他方式予以处置。托运人、收货人应对未按上述要求装运的危险品，使承运人遭受的任何灭失或损害负责，对托运人按要求装运的危险品，当其危及船舶或货物安全时，承运人仍有权将其变为无害、抛弃或卸船，或以其他方式予以处置。

如提单上订明适用《海牙规则》或《海牙—维斯比规则》或相应的国内法，便无须订立此条款。

12. 舱面货条款（Deck Cargo Clause）

由于《海牙规则》对舱面货和活动物（Live Animal）不视为海上运输的货物，因而提单上一般订明，关于这些货物的收受、装载、运输、保管和卸载均由货方承担风险，承运人对货物灭失或损坏不负赔偿责任。

（五）提单样本

以下为海运提单样本。

Shipper		B/L No.
		SINOTRANS
Consignee or order		中国外运广东公司
		SINOTRANS GUANGDONG COMPANY
		OCEAN BILL OF LADING
Notify address		SHIPPED on board in apparent good order and condition (unless otherwise indicated) the goods or packages specified herein and to be discharged at the mentioned port of discharge or as near thereto as the vessel may safely get and be always afloat.
Pre-carriage by	Port of loading	The weight, measure, marks and numbers, quality, contents and value, being particulars furnished by the Shipper, are not checked by the Carrier on loading.
Vessel	Port of transshipment	The Shipper, Consignee and the Holder of this Bill of Lading hereby expressly accept and agree to all printed, written or stamped provisions, exceptions and conditions of this Bill of Lading, including those on the back hereof.
Port of discharge	Final destination	IN WITNESS whereof the number of original Bills of Lading stated below have been signed, one of which being accomplished the other(s) to be void.

Container. seal No. or marks and Nos.	Number and kind of package	Description of goods	Gross weight (kgs.)	Measurement（m³）

Freight and charges	REGARDING TRANSHIPMENT INFORMATION PLEASE CONTACT

Ex. rate	Prepaid at	Freight payable at	Place and date of issue
	Total prepaid	Number of original Bs/L	Signed for or on behalf of the Master As Agent

六、原产地证明书

原产地证明书是证明商品原产地，即货物的生产或制造地的一种证明文件，是商品进入国际贸易领域的"经济国籍"，是进口国对货物确定税率待遇，进行贸易统计，实行数量限制（如配额、许可证等）和控制从特定国家进口（如反倾销税、反补贴税）的主要依据之一。原产地证明书一般有三大类：第一类是一般原产地证明书，第二类是普惠制原产地证明书，第三类是某些专业性原产地证明书。

（一）一般原产地证明书样本

ORIGINAL

1. Exporter	Certificate No. **CERTIFICATE OF ORIGIN** **OF** **THE PEOPLE'S REPUBLIC OF CHINA**
2. Consignee	
3. Means of transport and route	5. For certifying authority use only
4. Country/region of destination	

6. Marks and numbers	7. Number and kind of packages; description of goods	8. H. S. Code	9. Quantity	10. Number and date of invoices

| 11. Declaration by the exporter

The undersigned hereby declares that the above details and statements are correct, that all the goods were produced in China and that they comply with the Rules of Origin of the People's Republic of China.

Place and date, signature and stamp of authorized signatory | 12. Certification

It is hereby certified that the declaration by the exporter is correct.

Place and date, signature and stamp of certifying authority |

（二）普惠制原产地证明书样本

ORIGINAL

1. Goods consigned from （Exporter's business name, address, country）	Reference No. <div align="center">GENERALIZED SYSTEM OF PREFERENCES CERTIFICATE OF ORIGIN (Combined declaration and certificate)</div>
2. Goods consigned to (Consignee's name)	Issued in .... <div align="center">(country)</div><div align="right">See Notes overleaf</div>
3. Means of transport and route （as far as known）	4. For official use

5. Item number	6. Marks and numbers of packages	7. Number and kind of packages; description of goods	8. Origin criterion（see Notes overleaf）	9. Gross weight or other quantity	10. Number and date of invoices

| 11. Certification

It is hereby certified, on the basis of control carried out, that the declaration by the exporter is correct.

Place and date, signature and stamp of certifying authority | 12. Declaration by the exporter

The undersigned hereby declares that the above details and statements are correct, that all the goods were produced in ....
<div align="center">(country)</div>and that they comply with the origin requirements specified for those goods in the Generalized System of Preferences for goods exported to

....

Place and date, signature and stamp of authorized signatory |

七、进（出）口许可证

（一）出口许可证

配额管理和许可管理是国家对外贸易管理的重要工具和措施。出口配额管理是指一国政府为了维护本国的利益或根据政府间的贸易协定，在一定时期内对某些商品的出口实行数量限制，出口配额又可分为主动配额和被动配额。出口许可管理是指外贸行政管理部门对一定范围内的出口商品批准其出口而签发专门的证明文件进行管理的一项制度，不仅可以对出口商品的数量、进入的市场进行控制，而且可以对出口商品的品质加以控制。两种手段既可以单独使用，也可以结合在一起使用。无论是配额管理还是许可管理，都需要出口前申领出口许可证才能允许出口。我国目前对 54 类 68 种 343 个商品编码实行配额出口许可证管理。

（二）进口许可证

进口许可证是指一国政府规定某些商品必须领取许可证，才可以进口的限制进口的政策措施。进口许可证可以分为以下几种：

1. 有定额进口许可证和无定额进口许可证

前者是指政府预先公布进口许可证的发放额度，再根据进口商的申请进行发放，在额度达到之后，就停止进一步发放的进口许可证；后者是指政府不公布进口许可证的发放额度，而根据具体情况，对进口商的申请进行个别考虑。

2. 公开一般许可证（Open General Licence）与特种许可证（Special Licence）

前者是指进口商只需填写好许可证就可以获准进口，而不必申请报批的许可证；后者是指进口商必须向政府有关部门提出申请，获得批准后方可进口的形式。

（三）出口许可证的样本与填制

1. 出口商

（1）配额管理出口商品，应填写出口配额指标单位的进出口企业全称；

（2）一般许可证管理出口商品，应填写有出口经营权的各类进出口企业的全称；

（3）还贷、补偿贸易项目出口，应填写有出口经营权的代理公司全称；

（4）非外贸单位经批准出运货物，此栏填写该单位名称；

（5）企业编码，应按外经贸部授权的发证机关编定的代码填写（下同）。

2. 发货人

（1）配额招标商品（包括有偿和无偿招标）的发货人与出口商必须一致；

（2）其他出口配额管理商品的发货人原则上应与出口商一致，但与出口商有隶属关系的可以不一致；

（3）还贷出口、补偿贸易出口和外商投资企业委托代理出口时，发货人与出口商可以不一致。

3. 出口许可证号

由发证机构编排。

4. 出口许可证有效截止日期

（1）实行"一批一证"制的商品，其许可证有效期自发证之日起最长为三个月。供港澳（不包括转口）鲜活冷冻商品的许可证有效期为一个月；

（2）不实行"一批一证"制的商品、外商投资企业和补偿贸易项下的出口商品，其许可证有效期自发证之日起最长为六个月；

（3）许可证在有效期内如需跨年度时，可在当年将许可证日期填到次年，最迟至二月底。

5. 贸易方式

（1）此栏内容有：一般贸易、易货贸易、补偿贸易、进料加工、来料加工、外商投资企业出口、边境贸易、出料加工、转口贸易、期货贸易、承包工程、归还贷款出口、国际展销、协定贸易、其他贸易；

（2）进料加工复出口，此栏填写进料加工；

（3）外商投资企业进料加工复出口时，贸易方式填写外商投资企业出口；

（4）非外贸单位出运展卖品和样品每批价值在 5000 元以上的，此栏填写"国际展览"；

（5）各类进出口企业出运展卖品，此栏填写"国际展览"，出运样品填写一般贸易。

6. 合同号

（1）指申领许可证、报关及结汇时所用出口合同的编码；

（2）原油、成品油及非贸易项下出口，可不填写合同号；

（3）展品运出时，此栏应填写商务部批准办展的文件号。

7. 报关口岸

指出运口岸，此栏允许填写三个口岸，但仅能在一个口岸报关。

8. 进口国（地区）

指最终目的地，即合同目的地，不允许使用地域名（如欧洲等）。

9. 付款方式

此栏的内容有：信用证、托收、汇付、本票、现金、记账和免费等。

10. 运输方式

可填写海上运输、铁路运输、公路运输、航空运输、邮政运输。

11. 商品名称和编码

按商务部发布的出口许可证管理商品目录的标准名称填写。

12. （商品）规格等级

（1）规格等级栏，用于对出口商品作具体说明，包括具体品种、规格（如水泥标号、钢材品种等）、等级（如兔毛等级）。同一编码商品规格型号超过四种时，应另行填写出口许可证申请表。"劳务出口物资"也应按此填写。

（2）出运货物必须与此栏说明的品种、规格或等级一致。

13. 单位

指计量单位。非贸易项下的出口商品，此栏以"批"为计量单位，具体单位在备注栏中说明。

14. 数量

（1）数量表示该证允许出口商品的多少。此数值允许保留一位小数，凡位数超出的，一律以四舍五入进位。计量单位为"批"的，此栏均为1。

（2）单价是指与计量单位一致的单位价格，计量单位为"批"的，此栏则为总金额。

15. 单价（币别）

16. 总值（币别）

17. 总值折美元

根据合同规定的货物价格和总值填写，如果不是美元计价则要折合成美元。

18. 总计

将13～17项汇总数量。

19. 备注

填写以上各栏未尽事宜，然后由申请人签字盖章，并注明申请日期。

20. 发证机关签章

由签发许可证机构根据提交的其他单据一起审核后签字盖章。

21. 发证日期

以下为中华人民共和国出口许可证样本。

中华人民共和国出口许可证
EXPORT LICENCE OF THE PEOPLE'S REPUBLIC OF CHINA　　　No.

（1）出口商： Exporter	（3）出口许可证号： Export license No.
（2）发货人： Consignor	（4）出口许可证有效截止日期： Export license expiry date
（5）贸易方式： Terms of trade	（8）进口国（地区）： Country/Region of purchase
（6）合同号： Contract No.	（9）付款方式： Payment conditions
（7）报关口岸： Place of clearance	（10）运输方式： Mode of transport

（11）商品名称：　　　　　　　　　　　　　商品编码：
Description of goods　　　　　　　　　　　Code of goods

（12）规格、等级 Specification	（13）单位 Unit	（14）数量 Quantity	（15）单价 Unit price	（16）总值 Amount	（17）总值折美元 Amount in USD
（18）总计 Total					

| (19) 备注
Supplementary details | (20) 发证机关签章
Issuing authority stamp & signature |
| | (21) 发证日期
License date |

（四）进口许可证及申请表样本

由于进口许可证的填制与一般出口许可证的填制大同小异，所以本书仅提供进口许可证申请表及进口许可证样本。

中华人民共和国进口许可证申请表

(1) 进口商：	代码		(3) 进口许可证号：			
(2) 收货人：			(4) 进口许可证有效截止日期： 年 月 日			
(5) 贸易方式：			(8) 出口国（地区）：			
(6) 外汇来源：			(9) 原产地国（地区）：			
(7) 报关口岸：			(10) 商品用途：			
(11) 商品名称：				商品编码：		
(12) 规格、型号	(13) 单位	(14) 数量	(15) 单价（币别）	(16) 总值（币别）	(17) 总值折美元	
(18) 总计						

(19) 领证人姓名： 联系电话： 申请日期： 下次联系日期：	(20) 不能获准原因： ①公司无权经营；　　　　⑧第（　　）项须补充说明函； ②公司编码有误；　　　　⑨第（　　）项与批件不符； ③到港不妥善；　　　　　⑩其他。 ④品名与编码不符； ⑤单价（高）低； ⑥币别有误； ⑦漏填第（　　）项；

中华人民共和国商务部监制　　　　　　　　　　　　　　第二联（副本）取证凭证

中华人民共和国进口许可证
IMPORT LICENCE OF THE PEOPLE'S REPUBLIC OF CHINA

No.

(1) 进口商： Importer	(3) 进口许可证号： Import license No.
(2) 收货人： Consignee	(4) 进口许可证有效截止日期： Import license expiry date
(5) 贸易方式： Terms of trade	(8) 出口国（地区）： Country/Region of exportation
(6) 外汇来源： Terms of foreign exchange	(9) 原产国（地区）： Country/Region of origin
(7) 报关口岸： Place of clearance	(10) 商品用途： Use of goods

(11) 商品名称： Description of goods	商品编码： Code of goods

(12) 规格型号 Specification	(13) 单位 Unit	(14) 数量 Quantity	(15) 单价 Unit Price	(16) 总值 Amount	(17) 总值折美元 Amount in USD
(18) 总计 Total					

(19) 备注 Supplementary details	(20) 发证机关签章： Issuing authority；s stamp & signature (21) 发证日期： License date

对外贸易经济合作部监制

八、国际贸易单证的流转程序

国际贸易单证的流转程序就是买卖双方履约的过程，因此进出口双方在此过程中必须注意加强合作，把各项工作做到精确细致，尽量避免工作脱节、单证不一致的情况发生。以下分别叙述出、进口两个方面单证的流转环节。

（一）出口

目前，我国出口合同大多数为 CIF 合同或 CFR 合同，并且一般都采用信用证付款方式，故在履行这类合同时，必须切实做好货（备货、报验）、证（催证、审证、改证）、运（托运、报关、保险）、款（制单结汇）四个基本环节的工作。同时还应密切注意买方的履约情况，以保证合同最终得以圆满履行。

1. 签订合同

出口贸易合同通常由卖方根据与买方洽谈的条件，缮制售货确认书（Sales Confirmation），正本一式二份，经买卖双方签章后各执一份，作为合同成立的证据。在函电成交的情况下，则由卖方将缮制的售货确认书寄给买方，要求买方签退一份。

2. 组织货源

卖方根据合同或售货确认书规定，按时、按质、按量准备好应交的货物，如属现货，可以直接通知仓库或供货厂商办理打包、改装、发货等工作；如属期货，应该与供货单位签订购货协议或以要货单形式向生产部门落实生产，按规定交货。

3. 信用证与出口货源的衔接

我国对外贸易多数以信用证为支付方式。信用证开出后，必须经过审核，如内容与合同条款不符，卖方应尽早提请买方更改信用证条款，待信用证改妥后再安排运输工作，并在出运前办理商检报验手续。

4. 商品检验

凡商品的质量列入国家法定检验范围的和合同或信用证订明须由我出口单位提供商品检验局品质检验证明的出口商品，在货物出运前必须向商品检验局申报品质检验，报验的货物应处于打好包、刷好运输标志的状态。商检报验单的格式由商品检验总局统一制订，申报单位按要求填制。如合同、信用证对检验内容具体要求的，可附合同或信用证副本。检验合格后商品检验局按合同或信用证中的具体要求在检验证书上作相应的表述，以符合单、证一致的要求。

5. 缮制商业发票和装箱单

商业发票载有货物的品名、规格、数量、重量、价格、条款，单价和总价等项目，是出口方的销售凭证，也是买卖双方的结算凭证。它在出口单据中居于中心地位，其他单据中的有关项目多以它为依据，例如，运输单据有关商品描述的内容就是根据商业发票和装箱单填写的，保险单据中的投保金额也是根据商业发票金额计算出来的。

装箱单是商品发票的补充单据，商业发票中的计价数量或重量，即是装箱单中数量或重量的汇总数。因此从工作程序上来说，应该是先缮制装箱单，后缮制商业发票。

6. 缮制出口货物报关单和出口收汇核销单

出口货物报关单是向海关申报出口供海关查验放行的单据，货物出口后有一联（退税联），退回给出口单，作为出口退税的凭证。留在海关的报关单又是海关总署编制出口统计数字的基础资料。

出口收汇核销单是海关凭以受理报关、外汇管理部门凭以核销收汇的凭证。它的作用是为了加强出口收汇管理以防止国家出口外汇的流失。核销单的格式由国家外汇管理局统一制发，每份有一存根联。核销单及其存根联上都编有顺序号码、盖有外汇管理局监督收汇章。自1991年1月1日起，出口单位在出口报关时必须将此项单据填交海关，否则海关不受理报关。货物报关后，海关在核销单上加盖"放行"章退给出口单位，出口单位在报关后规定的时间内将核销单存根、出口报关单的副联以及其他需要的单据送外汇管理局存案。待银行收妥该笔外汇后，出口单位凭银行签章的核销单向外汇管理局销案。

7. 托运、订舱、报关

出口单位委托有权受理对外货运业务的单位办理海、陆、空等出口运输业务叫做托运。出口单位直接或通过货运代理公司向承运单位洽订运输工具叫作订舱。托运或订舱需要提供必要的资料，如货物的名称、标志、件数、毛重、净重、体积、装运期和目的地、可否转运和分批，等等。

运输工具订妥后在货物装运前须向海关申报出口，这就是报关。报关时须提供出口货物报关单、出口收汇核销单以及装货单等运输单据，有些商品还须提供出口许可证或商检合格单，来料加工、来件装配业务则须提供海关的"登记手册"。

8. 保险

出口贸易如使用 CIF 价格条款，则应由出口单位办理投保并承担保险费。投保时出口单位须向保险公司填送投保，保险公司据以缮制和签发保险单。投保手续应在货物离仓向装运场所移动前办理，以避免运输途中货物处于"漏保"的状态。

9. 缮制运输单据

运输单据包括海运提单、陆运和空运运单、邮政运输的包裹收据和汽车运输的承运收据以及多式联运的"联合运输单据"等，这些单据应由承运人缮制，待货物装上运输工具或置于承运人的接管之下，由承运人签发给发货人。

10. 装船通知

按照国际惯例，货物装运后卖方须将装运情况及时通知买方。国际商会《2000 年国际贸易术语解释通则》在 FOB、CFR、CIF、FCA、CPT、CIP 等价格条件的卖方责任中都明确规定卖方在货物装运后应无延迟地通知买方。装船通知是卖方的基本义务，使买方及时掌握货运动态，以便对货物的转售、分配、调拨、加工在事先做出适当的安排，对货款的支付及早做好准备。

装船通知一般应采取电讯方式，发出的时间应在货物全部装上运输工具以后，在实际工作中，宁早毋迟，过迟则不仅影响买方接货、付款的准备工作，还有可能贻误买方的及时保险（CFR、FOB、CPT、FCA 等条件下）。如买方因卖方未能及时发出装船通知而蒙受损失，必然会谴责卖方并提出索赔。

11. 审单

尽管各种单证在缮制、签发过程中都经过复核，但在提交银行前仍须把信用证或合同规定的各种出口单证集中起来作一次全面性的审核。审核全套单据是否完备，单单之间、单证之间是否相符，单证份数是否满足信用证要求，单证上的签字盖章是否齐全，等等，以确保单证质量的绝对可靠。

12. 交单、议付、结汇

出口单位将信用证规定的单证及需要的份数在规定的期限内提交议付银行叫做交单。议付银行在保留追索权的条件下购买信用证受益人出具的汇票及其单据叫做议付。出口单位将所得的外汇按照外汇牌价卖给银行叫做结汇。交单、议付、结汇是出口单位通过银行办理国际结算的必要程序，远期汇票须在付款承兑到期后方可收汇，但如银行同意扣息贴现，也可在交单后由银行议付结汇。

（二）进口

目前我国进口合同大多以 FOB 条件成交，以信用证方式结算货款。履行这类进口合同的一般程序是：签订贸易合同、开立信用证、租船订舱、装运、办理保险、审单付款、接货报关、检验、索赔等，进口商应与各有关部门密切配合，逐项完成。

1. 签订贸易合同

进口贸易多数须先向有关机构申请进口许可证。取得许可证后才能对外正式签约。进料加工、来料加工及补偿贸易等的进口货物也须向有关管理机构提出申请，批准后向海关备案，然后对外签订合同。

2. 开证

以信用证为付款方式的进口贸易，在合同规定的期限内进口单位须按合同条款向开证银行申请开立信用证，并将外汇或外汇额度移存开证银行，经银行审核后将信用证开给卖方。

3. 安排运输工具

大宗商品的进口多采用 FOB 价格条件，应由我进口单位负责安排运输工具。例如，租用船只或飞机到对方港口或机场接运。租船、租机及订舱工作可委托货运代理公司办理，也可自行联系承运单位办理。运输工具落实后应及时发出到船通知，卖方据此做好发货前的准备工作，并与承运人的当地代理人安排装运事宜。

4. 投保

FOB、CFR、FCA、CPT 价格条件者需要我进口单位办理运输保险，卖方有义务在货物发运后将装船通知（Shipping Advice）以电讯方式发给我进口单位，进口单位据以缮制投保单向我方保险公司办理保险。

5. 付款赎单

信用证项下的货运单据经我方银行审核后送交进口单位，再经进口单位审核认可后，银行即对外付款或承兑。托收（例如 D/P）项下的货运单据也由银行转寄给我进口单位，但不管是对方的托收银行或是我方的代收银行均不负单据审核之责，所以进口单位更有必要加强审核。无论信用证或托收，就我国的情况来看，进口单位的审核往往是终局性的。经过审核，如发现单据不符或有异状，应通过银行及时提出拒付或拒绝承兑的理由。

6. 进口报关

货物运达我指定目的地后，进口单位应迅即缮制进口货物报关单、贸易合同、进口发票、装箱单和运输单据等副本向进口地海关申报进口，经海关查验单据和货物相符，核定进口关税，进口单位付清关税及相关税费后即可凭正本运输单据或有关证明向承运单位或其代理提货。

7. 货物到达后的检验工作

货物到达后，进口单位应抓紧时间做好数量和质量的检验工作，属于国家法定的检验商品必须由商品检验局检验，在合同索赔有效期内取得商检局检验证书；列入国家规定的动植物检疫范围的进口货物，应申请动植物检疫所进行消毒和检疫。货物卸下后发现有残损的，须及时通知保险公司做残损检验并协商索赔和理赔事宜。

8. 索赔

进口货物经过检验后如发现卖方责任的数量短缺或质量不符等情况，须在合同索赔有效期内向卖方提出索赔，索赔时须提供检验证明书和发票、提单等货运单据的副本。

本章小结

本章主要介绍国际物流与国际贸易的最一般知识，首先从概念入手，然后阐述二者之间的关系；明确了国际贸易的最一般贸易术语，并对最常用贸易术语之间换算进行了界定；同时本章还对货款的支付与商品检验和国际贸易单证及其流转程序进行了详细解释，学生通过认真学习，可以不用踏入社会就能学到社会正在用的知识。

复习思考题

1. 什么是国际贸易？
2. 什么是国际物流？
3. 国际贸易与国际物流有着怎样的关系？
4. 常用的国际贸易术语都有哪些？
5. FOB、CFR、CIF 三种贸易方式之间如何进行换算？
6. 请根据所给合同及其相关信息审核信用证中的错误。

2007 年 10 月 31 日上海新龙股份有限公司收到创鸿（香港）有限公司通过香港南洋商业银行开来的编号为 L8959344 的信用证，请根据双方签订的合同（详见第四节的合同样张，CONTRACT 如下 No.：GL0082）对信用证进行审核，指出信用证存在的问题并做出修改。

国外来证如下：

07OCT20   14：57：32   LOGICAL
TERMINALPOO 5

MT：S700   ISSUE OF DOCUMENTARY CREDIT   PAGE 00001
                    FUNC SWPR3
                    UMR 00182387

APPLICATING HEADER   0700 1547 970225 SAIB H. K. JTC×××3846 992024
                      001015 1447
                      ◆NANYANG COMMERCIAL BANK LTD.
                      ◆HONGKONG

USERHEADER   SERVICE CODE 103：
                      BANK PRIORITY 113：

MSG USER REF 108：

INFO. FROMC1 115：

SEQUE NCE OF TOTAL	◆27：1/2
FORM OF DOC. CREDIT	◆40：IRREVOCABLE
DOC，CREDIT NUMBER	◆20：L8959344
DATE OF ISSUE	◆31C：071020
EXIPRY	◆31D：DATE 071231 AT NEGOTIATING BANK'S COUNTER
APPLICANT	◆50：SUPERB AIM（HONG KONG）LTD. HONG KONG
BENEFICIARY	◆59：SHANGHAI NEW DRAGON CO. LTD.
	27 CHUNGSHAN ROAD E，1
	SHANGHAI，CHINA
AMOUNT	◆32B：CURRENCY USD AMOUNT 25，6500.00
AVAILABLE WITH/BY	◆41D：NANYANG COMMERCIAL BANK，LTD. H. K.
	BY NEGOTIATION
DRAFTS AT…	◆42C：DRAFTS AT 20 DAYS' SIGHT FOR FULL
	INVOICE VALUE
DRAWEE	◆42A：NANYANG COMMERCIAL BANK，LTD.
PARTIAL SHIPMENTS	◆43P：ALLOWED
TRANSSHIPMENT	◆43T：PROHIBITED
LOADING IN CHARGE	◆44A：SHIPMENT FROM CHINESE PORT（S）
FOR TRANSPORT TO	◆44B：SINGAPORE/HONGKONG
LATEST DATE OF SHIP	◆44C：071215
DESCRIPTION OF GOODS	◆45A：80%COTTON 20%POLYESTER LADIES

KNIT JACKET

AS PER S/C NO. GL0082

ART. NO.	QUANTITY	UNIT PRICE
49394（014428）	600 PIECES	USD14.25
49393（014428）	600 PIECES	USD14.25
55306（014429）	600 PIECES	USD14.25

PRICE TERM：CIF H. K.

DOCUMENTS REQUIRED ◆46A：

+3/3 SET OF ORIGINAL CLEAN ON BOARD OCEAN BILLS OF LADING MADE OUT TO ORDER OF SHIPPER AND BLANK ENDORSED AND MARKED "FREIGHT COLLECT" NOTIFY APPLICANT（WITH FULL NAME AND ADDRESS）.

+ORIGINAL SIGNED COMMERCIAL INVOICE IN 5 FOLD INDICATING S/C NO.

+INSURANCE POLICY OR CERTIFICATE IN TWO FOLD ENDORSED IN BLANK, FOR 120 PCT OF THE INVOICE VALUE INCLUDING：THE INSTITUTE CARGO CLAUSES（A），THE INSTITUTE WAR CLAUSES，INSURANCE CLAIMS TO BE

PAYABLE AT DESTINATION IN THE CURRENCY OF THE DRAFTS.

+CERTIFICATE OF ORIGIN GSP FORM A IN ONE ORIGINAL AND ONE COPY.

+PACKING LIST IN 3 FOLD.

+ BENEFICIARY'S CERTIFICATE STATING THAT ALL DOCUMENTS HAS BEEN SENT WITHIN 2 DAYS AFTER SHIPMENT.

ADDITIONAL COND. ◆47:

      ①T. T. REIMBURSEMENT IS PROHIBITED.

      ②THE GOODS TO BE PACKED IN EXPORT STRONG COLORED CARTONS.

      ③INSPECTION IS TO BE EFFECTED BEFORE SHIPMENT AND RELEVANT CERTIFICATES/REPORTS ARE REQUIRED FROM THE INSPECTOR DESIGNATED BY THE BUYER.

DETAILS OF CHARGES ◆71B:

      ALL BANKING CHARGES OUTSIDE HONG KONG INCLUDING REIMBURSEMENT COMMISSION ARE FOR ACCOUNT OF BENEFICIARY.

PRESENTATION PERIOD ◆48:

      DOCUMENTS TO BE PRESENTED WITHIN 15 DAYS AFTER THE DATE OF SHIPMENT, BUT WITHIN THE VALIDITY OF THE CREDIT.

CONFIRMATION ◆49: WITHOUT

INSTRUCTION ◆78:

      THE NEGOTIATION BANK MUST FORWARD THE DRAFTS AND ALL DOCUMENTS BY REGISTERED AIRMAIL DIRECT TO US (NANYANG COMMERCIAL BANK, LTD. WESTERN DISTRICT BILLS CENTER 128 BONHAM STRAND E. HONG KONG) IN ONE LOTS, UPON RECEIPT OF THE DRAFTS AND DOCUMENTS IN ORDER, WE WILL REMIT THE PROCEEDS AS INSTRUCTED BY THE NEGOTIATING BANK.

      IT IS SUBJECT TO THE UNIFORM CUSTOMS AND PRACTICE FOR DOCUMENTARY CREDITS (2007 VERSION), INTERNATIONAL CHAMBER OF COMMERCE PUBLICATION NO. 600.

      TRAILER: ORDER IS ＜MAC: ＞＜PAC: ＞＜ENG: ＞＜CHK: ＞＜ PDE: ＞

MAC: 3CDFF763

CHK: 8A1AA1203070

分析参考

本单证分析主要涉及信用证的审核，一般来说其审核内容主要包括信用证本身的审核，有关货物条款、运输、保险和支付条款的审核，以及单据等方面的审核。本单证分析作为一个引子，意在强调国际贸易单证在国际贸易中的重要性。

本单证分析如下：

（1）信用证的性质不符合合同的要求，应将信用证不保兑（WITHOUT CONFIRMATION）改为保兑（CONFIRMED）信用证。

（2）议付地、到期地均为香港（HONG KONG），应改为上海（SHANGHAI），议付银行 NANYANG COMMERCIAL BANK, LTD. H. K. 应改为国内银行。

（3）汇票的付期限不符，应将 AT 20 DAYS SIGHT，改为 AT SIGHT。

（4）转船规定与合同规定不符，应将 TRANSSHIPMENT PROHIBITED 改为 TRANSSHIPMENT ALLOWED。

（5）目的港不符合合同规定，合同为 HONG KONG，而信用证却规定为 SINGAPORE/HONG KONG。

（6）运费条款有误，因合同规定为 CIF 贸易术语，因此，应将运费条款"FREIGHT COLLECT"改为"FREIGHT PREPAID"。

（7）保险金额与合同规定不符，应将发票金额的 120％，改为 110％。

（8）保险条款有误，应将"THE INSTITUTE CARGO CLAUSE（A），THE INSTITUTE WAR CLAUSE"改为"ALL RISKS AND WAR RISK AS PER CHINA INSURANCE CLAUSES"。

（9）对货物包装的要求与合同规定不符，应删去"COLORED"一词。

（10）检验条款应删去"THE INSPECTOR DESIGNATED BY THE BUYER"，这是信用证软条款。

第二章 国际物流运输方式

本章主要知识

- 海上班轮运输
- 国际航空运输
- 国际多式联运

教学目标与要求

国际物流有多种运输方式，应了解各种运输方式的基本知识及其运作程序。首先，海上班轮运输在各种运输方式中占据最重要地位，应了解班轮货运程序，在此基础上，了解集装箱班轮货运流程与单证、散杂货班轮货运流程与单证；其次，掌握航空运输各种方式，熟悉航空运单，了解航空货物运价和运费的计算；最后，了解什么是国际多式联运，其具体运输组织方式，国际多式联运单证以及国际多式联运的法律与惯例。

第一节 海上班轮运输

一、班轮运输概述

在国际贸易运输中，班轮运输是主要的运输方式之一。它的服务对象是非特定的、分期的众多货主，因此，班轮公司具有公共承运人的性质。班轮运输是在不定期船运输的基础上发展起来的，迄今已有150多年的历史。目前班轮运输的航线已遍及世界各海域和主要港口，有力地促进了国际贸易的发展。

（一）班轮运输的概念

班轮运输又称定期船运输，指船舶在固定的航线上和港口间按事先公布的船期表航行，从事客货运输业务并按事先公布的费率收取运费。

定期班轮严格按照预先公布的船期表运行，不管货物是否装满船，离港和到港的时间不变。显然，班轮一词不是指一种特定的运输船型（如油轮是指装运油品的船），而是指特定的船舶营运方式。

（二）班轮运输的特点

（1）班轮运输具有"固定航线、固定港口、固定船期、固定费率"四固定的特点。

每一条班轮航线的始发港和目的港、中间挂靠港、到达各港口时间以及运价都通过适当媒体，如中国航务公报对外公布，便于社会各界广泛利用。

（2）适合班轮运输的货物大多是工业制品、生鲜食品以及各种高价货物。这些货物价值比较高，单件平均价值为几百美元至上万美元，种类繁多，包装不一，收货和发货地点分散，批量小。每一个托运人的货物都不足以装满整条船，甚至不能装满一个舱，仅能利用船舶的一部分舱位。

（3）班轮运输的件杂货多为轻货，要求船的舱容大、航速高。传统班轮运输多采用杂货船，现在大多被集装箱船和多用途船代替，航程短的可采用滚装船。

（三）班轮运输对国际贸易运输的作用

（1）特别有利于一般杂货和小额贸易货物运输。在国际贸易中，除大宗商品利用租船运输外，经常有零星成交、批次多、到港分散的货物。因为班轮船舶在固定的航线上有规则地从事运输，即使是小批量货物，货主也能随时向班轮公司托运，而不需要将货积攒成大批量时再交付运输。这样，货主能省货物集中等待时间和仓储费用。

（2）有利于国际贸易的发展。班轮运输有"四固定"特点，并且对社会公布，为买卖双方洽谈运输条件提供必要依据，使买卖双方有可能事先根据班轮船期表，商定交货期、装运期以及装运港口，保证货物按时上市。另外，根据班轮费率表事先核算运费和附加费用，能比较准确地进行比价和核算货物价格，从而决定贸易是否应该成交。

（3）能满足各种货物对运输的要求，并能较好地保证货运质量。用于班轮运输的船舶，技术性能较好，设备较齐全，船员的技术业务水平高。此外，在班轮停靠的港口，一般都有自己专用的码头、仓库和装卸设备，有良好的管理制度，所以货运质量较有保证。

（4）手续简便，方便货主托运。在货物装船之前，承运人和货主之间不需要签订书面运输合同，而是在货物装船后，由船舶公司或其代理人签发提单。提单上记载有关承运人、托运人或收货人的责任、权利和义务条款，可作为处理运输过程中有关问题的依据。对于普通货物，不必在码头船边交货或收货，货主可以在装货港码头仓库交货，收货人在卸货港码头仓库提货。对于班轮不能直达的港口，甚至内陆地区，班轮公司通常都负责转运，以满足对外贸易的特殊需要。

（四）班轮运输承运人同托运人的责任划分

班轮承运人是指班轮运输合同中承担提供船舶并负责运输的当事人。托运人是在班轮运输合同中委托承运人运输货物的当事人。

承运人同托运人责任和费用的划分界限一般在船上吊杆所能到的吊钩底下。换句话说，托运人将货物送达吊钩底下后就算完成交货任务，然后由承运人负责装船。但风险的划分一般以船舷为界，即货物在装运港越过船舷以前发生的风险由托运人负责，越过船舷以后发生的风险由承运人（即船方）负责。承运人最基本的义务是按合理的期限，将货物完整无损地运到指定地点，并交给收货人。托运人的基本义务是按约定的时间、品质和数量准备好托运的货物，保证船舶能够连续作业，并及时支付有关费用。

二、班轮货运程序

（一）揽货和订舱

揽货是指班轮公司主动为货主服务、争取货源的活动。揽货多少，直接影响班轮公司的经营效益，所以，班轮公司为提高经营效益，使自己的班轮"满舱满载"，都非常重视揽货工作。

为了做好揽货业务，班轮公司首先要制订自己的船期表，把经营的班轮航线、船舶挂靠的港口及其到发时间通过媒体向社会公布，在有关的航运杂志、报纸上刊登广告，使所有货主了解公司经营的班轮航线及船期情况，便于安排货运，扩大货源。例如，《中国远洋航务公报》、《航运交易公报》、《中国航务周刊》等都定期刊登班轮船期表，以邀请货主前来托运货物，办理订舱手续；通过与货主、无船承运人或货运代理人等签订货物运输服务合同或揽货协议来争取货源。货运代理人应根据货物运输的需要，从运输服务质量、船期、运价等方面综合考虑后，选择适当的班轮公司。

订舱是托运人或其代理人向承运人，即班轮公司或其代理人申请货物运输以及承运人对这种申请给予承诺的活动。班轮运输中，承运人与托运人之间不需要签订运输合同，而是以口头或订舱函电进行预约，近年来也有利用计算机网络进行认舱，称为网上订舱。只要班轮公司对这种预约给予承诺，并在舱位登记簿上登记，即表明承、托双方已建立了有关货物运输的关系，可以开始货物装船和承运的一系列准备工作。

当今国际贸易出口货物中，出口商总是力争以 CIF 价格条件成交。在这种情况下，出口商必须承担出口货物的托运工作，将货物运交给进口商。所以订舱工作大多由出口商在装货港或货物输出地办理。但是，如果出口货物是以 FOB 价格条件成交，则订舱工作可能由进口商在货物的输入地或卸货港办理。这样的订舱称为卸货地订舱。

（二）装船

托运人办妥订舱手续后，将托运的货物送到哪里与船方交接呢？如果托运特殊货物，例如危险品、冷冻货、鲜活货、贵重货或者批量较大的同类货物，根据约定托运人应将货物直接送至停靠码头的承运船边，如果船舶停泊在锚地或浮筒旁，托运人还应租用驳船将货物运至船边，办理交接，再将货物装到船上。这种装船方式通常称为直接装船，简称"现装"。

然而，班轮运输的货物不但种类繁多、性质各异、包装形态多样，而且货物又分属不同的托运人，卸货港也不一样，如果要求每个托运人都将自己的货物直接送到船边码头，就会使装货现场混乱，影响装货效率，延长船舶在港的停泊时间。因此，对于班轮运输的普通货物一般都采用集中装船方式。

所谓集中装船是指由班轮公司的装船代理人，在各装货港的指定地点接受托运人送来的货物，办理交接手续。然后，将货物集中并按货物的卸货次序进行适当的分类，再进行装船。班轮公司指定接收货物的地点通常是码头仓库，也可以是装卸公司的仓库。当船舶到港靠泊后，立即按装卸计划的先后次序将货物从仓库运至船边装船。这种装船方式又称为"仓库收货、集中装船"。

（三）卸货

在卸货港，将货物卸到哪里，收货人到哪里取货并与船方办理交接手续呢？与装船时类似，如果各个收货人同时都到船边码头接收货物，同样会造成卸货现场混乱，影响卸货效率，延误船舶在港的停泊时间。因此，对于班轮运输的普通货物，一般都不采用这种卸货和交货方式，而采取集中卸货方式，即由装卸公司作为班轮公司的卸货代理人总揽卸货和接收货物，然后再向收货人交付货物。也就是说，船舶到港后，先将货物卸至码头仓库，进行分类后再向收货人交付，因而这种方式也称为"集中卸货、仓库交付"。

当然，一些必须尽快提取的货物，如贵重货物、危险货物、冷冻货物、鲜活货物、长大件货物，或不便搬运的笨重货物和批量较大的货物，还是直接卸在船边码头上，以便收货人尽快取货。

在卸货过程中，由于同时装运分属不同货主和不同卸货港的货物，有些货物的包装、标志或形态相似，也可能标志不清、单证填写不正确，而且要在船舶停泊较短的时间内迅速将货物卸下，难免发生溢卸或短卸事故。所谓溢卸是指错卸下本应在其他港口中卸下的货物。所谓短卸是指遗漏未卸应在本港卸下的货物。简单地说，溢卸是指"不该卸的卸下来"，短卸是指"该卸的没卸下来"。溢卸和短卸统称为误卸。

（四）交付货物

交付货物是班轮运输中最后一环，根据运输货物具体情况有不同的交付货物方式。

1. 交付货物的基本手续

班轮运输中，货物装船后，班轮公司都向托运人签发提单。班轮公司交付货物时，首先要把提单收回，才能把货物交给收货人。在实际业务中，收货人提取货物的具体过程是，收货人将提单交给班轮公司在卸货港的代理人，经代理人审核无误后，签发提货单交给收货人，然后收货人再凭提货单前往提货处提取货物，并与卸货代理人办理交接手续。

班轮公司代理人与收货人办理交付货物手续时，除要求收货人交出提单外，还要求收货人付清到付运费和其他应付的费用。如班轮公司或其代理人垫付的保管费、搬运费等费用，以及共同海损分摊和海难救助费等。收货人只有付清了所有费用，才能得到提货单。如果收货人没有付清上述费用，班轮公司有权根据提单上的留置权条款的规定，暂时不交付货物，直至付清各项应付的费用后才交付货物。如果收货人拒绝支付应付的各项费用，致使货物无法交付，班轮公司还可以申请卸货港所在地海事法院批准，拍卖卸下的货物，以拍卖货款支付收货人应付的费用。

2. 交付货物方式

（1）仓库交付货物

仓库交付货物，习惯上称为"仓库交货"，是指先将从船舶上集中卸下的货物运至班轮公司或其卸货代理人的仓库，然后由卸货代理人向收货人交付货物。也就是说，收货人到码头仓库提取货物，并在码头仓库与卸货代理人办理货物的交接手续。这是班轮运输中最基本的交付货物的方式，大部分货物在仓库交货。

（2）船边交付货物

船边交付货物，习惯称为"船边交货"，简称"现提"。这种交付货物方式适合尽快提取的货物，如贵重货物、冷冻货物、鲜活食品。收货人到班轮公司在卸货港的代理人处办理提货手续，获得提货单，然后持提货单直接到船边码头提取货物并办理交接手续。

（3）货主选择卸货港交付货物

货主选择卸货港交付货物指货物装船时货主尚未确定具体的卸货港，船舶开航后由货主再根据贸易情况选定对自己最有利的卸货港，并要求在这个港口卸货和交付货物。在这种情况下，提单上的卸货港一栏内须填写两个或两个以上待选卸货港名称，而且货物的卸货港也只能在提单上所写明的港口中选择。这种按货主选择的卸货港卸下和交付的货物称为"选港货"。

货主采用选择卸货港交付货物时，必须在办理货物托运时提出申请，而且还必须在船舶抵达第一个选卸港前的一定时间内，把选定的卸货港通知班轮公司及其卸货港代理人，否则船长有权在任何一个待选卸货港将货物卸下，并认为班轮公司履行了对货物运送的责任。

（4）凭保证书交付货物

正常情况下，收货人应以正本提单办理提货手续。但是在班轮运输中，由于种种原因，特别是装货港与卸货港距离较近时，船舶已到港而提单未到，或因提单遗失，收货人暂时还拿不到提单，因而发生船舶虽已到港而收货人尚未收到提单的情况。发生这种情况，收货人就无法交出提单以换取提货单来提取货物，但是，按照一般航运惯例，收货人可以提交保证书，以保证书交换提货单，再持提货单提取货物。这种交付货物的方式，称为凭保证书交付货物。

值得注意的是，近年来国际航运中的诈骗活动屡有发生，采用凭保证书交付货物一定要谨慎。在使用保证书交付货物时，班轮公司或其代理人必须确认，提货人确实是有权支配货物的人，要求提货人提供可靠的银行担保或相应数额的保证金，并承担班轮公司因不按提单交货可能产生的一切损失。

（五）班轮运输业务及主要单证的流转过程

班轮运输过程中环节多，各作业之间交接伴随许多单证，记载货物交接信息，因此了解班轮运输业务应与单证联系在一起。班轮运输业务及主要单证在装货港与卸货港之间流转过程如下：

（1）托运人向船公司在装货港的代理人提出货物装运申请，递交托运单，填写装货单。

（2）船公司在装货港的代理人同意承运后，指定船名，核对 S/O 与托运单上的内容无误后，签发 S/O，将留底联留下后退还给托运人，并要求托运人将货物及时送至指定的码头仓库。

（3）托运人持 S/O 及有关单证向海关办理货物出口报关、验货放行手续，海关在 S/O 上加盖放行图章后，货物准予装船出口。

（4）船公司在装货港的代理人根据留底联编制装货清单送船舶、理货公司和装卸公司。

（5）大副根据 L/L 编制货物积载计划交代理人分送理货、装卸公司等按计划装船。

（6）托运人将经过检验的货物送至指定的码头仓库准备装船。

（7）货物装船后，理货长将 S/O 交大副，大副核实无误后留下 S/O 并签发 M/R。

（8）理货长将大副签发的 M/R 转交给托运人。

（9）托运人持 M/R 到船公司在装货港的代理人处付清运费（预付运费情况下）换取正本已装船提单。

（10）船公司在装货港的代理人审核无误后，留下 M/R 签发 B/L 给托运人。

（11）托运人持 B/L 及有关单证到议付银行结汇，取得货款，议付银行将 B/L 及有关单证邮寄开证银行。

（12）货物装船完毕后，船公司在装货港的代理人编妥出口载货清单，送船长签字后向海关办理船舶出口手续，将 M/F 交船随带，船舶起航。

（13）船公司在装货港的代理人根据 B/L 副本（或 M/R）编制出口载货运费清单，连同 B/L 副本、M/R 送交船公司，并结算代收运费，同时将卸货港需要的单证寄给船公司在卸货港的代理人。

（14）船公司在卸货港的代理人接到船舶抵港电报后，通知收货人船舶到港日期，做好提货准备。

（15）收货人到开证银行付清货款取回 B/L。

（16）卸货港船公司的代理人根据装货港船公司的代理人寄来的货运单证、编制进口载货清单及有关船舶进口报关和卸货所需的单证，约定装卸公司、理货公司，联系安排泊位，做好接船及卸货准备工作。

（17）船舶抵港后，船公司在卸货港的代理人随即办理船舶进口报关的各项手续，船舶靠泊后即开始卸货。

（18）收货人向海关办理货物进口手续，支付进口关税。

（19）收货人持正本 B/L 向船公司在卸货港的代理人处办理提货手续，付清应付的费用后，换取代理人签发的提货单。

（20）收货人持 D/O 到码头仓库或船边提取货物。

三、集装箱班轮货运流程与单证

（一）整箱货出口货运流程

1. 委托代理

在集装箱班轮货物运输过程中，货主一般都委托货运代理人为其办理有关的货运业务。货运代理关系由作为委托人的货主提出委托，由作为代理人的国际货运代理企业接受委托后建立。在货主委托货运代理时，会出具一份货运代理委托书。在订有长期货运代理合同时，可能会用货物明细表等单证代替委托书。

2. 订舱

货运代理人接受委托后，应根据货主提供的有关贸易合同或信用证条款的规定，在货物出运之前的一定时间内，填制订舱单向船公司或其代理人申请订舱。船公司或其代理人在决定是否接受发货人的托运申请时，会考虑其航线、船舶、运输要求、港口条件、运输时间等方面能否满足运输的要求。船方一旦接受订舱，就会着手编制订舱清单，然后分送集装箱码头堆场、集装箱空箱堆场等有关部门，并将据此安排办理空箱及货运交接等工作。在订舱时，货运代理人会填制"场站收据"联单、预配清单等单据。

3. 提取空箱

在订舱后，货运代理人应提出使用集装箱的申请，船方会给予安排并发放集装箱设备交接单。凭设备交接单，货运代理人就可以安排提取所需的集装箱。

在整箱货运输时，通常是由货运代理人安排集装箱卡车运输公司到集装箱空箱堆场领取空箱，但也可以由货主自己安排提箱。无论谁安排提箱，在领取空箱时，提箱人都应与集装箱堆场办理空箱交接手续，并填制设备交接单。

4. 货物装箱

整箱货的装箱工作大多由货运代理人安排进行，并可以在货主的工厂、仓库装箱或是由货主将货物交由货运代理人的集装箱货运站装箱。当然，也可以由货主自己安排货物的装箱工作。

装箱人应根据订舱清单的资料，并核对场站收据和货物装箱的情况，填制集装箱货物装箱单。

5. 整箱货交接签证

由货运代理人或发货人自行负责装箱并加封志的整箱货，通过内陆运输到承运人的集装箱堆场，并由码头堆场根据订舱清单，核对场站收据和装箱单接收货物。整箱货出运前也应办妥有关出口手续。

集装箱码头堆场在验收货箱后，即在场站收据上签字，并将签署的场站收据交还给货运代理人或发货人。货运代理人或发货人可以凭已签署的场站收据要求承运人签发提单。

6. 换取提单

货运代理人或发货人凭已签署的场站收据，向负责集装箱运输的人或其代理人换取提单。发货人取得提单后，就可以去银行结汇。

由于集装箱运输方式下承运人的责任早于非集装箱运输方式下承运人的责任，所以理论上在装船前就应签发提单。这种提单是收货待运提单，而收货待运提单在使用传统贸易术语的贸易合同下是不符合要求的。因此，为了满足贸易上的要求，也为了减少操作程序上的麻烦，实践中的做法是在装船后才签发提单，即已装船提单才符合使用传统贸易术语的贸易合同的需要。

7. 装船

集装箱码头堆场或集装箱装卸区根据接受待装的货箱情况，制订出装船计划，等船靠泊后即可装船。

（二）整箱货主要出口货运单证

1. 货主委托货运代理人运输事宜的单证

该类单证可分为基本单证和特殊单证。

基本单证通常是每批托运货物都须具备的单证，包括出口货运代理委托书、出口货物报关单、外汇核销单、商业发票、装箱单、重量单、规格单等单证。

特殊单证是在基本单证以外，根据国家规定，按不同商品、不同业务性质、不同出口地区需向有关主管机关及海关交验的单证，如出口许可证、配额许可证、商检证、动植物检疫证、卫生证明，以及进料加工手册、来料加工手册、危险货物申请书、包装证、品质证、原产地证书等单证。

其中，出口货运代理委托书简称委托书，具有以下两种功能。

第一，它是委托方（出口企业）向被委托方（货运代理人）提出的一种"要约"，一经委托方书面确认就意味着双方之间契约行为的成立，因此委托书应由委托单位盖章，以成为有效的法律文件。货运代理人接到委托书后，如不能接受或某些要求无法满足，应及时做出反映，以免耽误船期，承担不必要的法律责任。

第二，委托书详列托运各项资料和委托办理事项及工作要求，它是货运代理人的工作依据，委托书内容大致有以下事项：①委托单位名称、编号。②托运货物内容，包括商品名称、标记、号码、件数、包装、式样、毛重（千克）、尺码（立方米）、价格条件、出口总价等。③装运事项如运输起讫地点、可否分批装运、装运期限、信用证有效期（结汇到期日）以及配船要求等。④提单记载事项：提单发货人、收货人、通知人、正本份数、运费预付或到付，以及信用证规定的某些必要记载事项。⑤货物交、运日期及交运方式、货物备妥日期。⑥集装箱运输的有关事项如集装箱类别，集装箱数量，装箱或提箱要求，例如自拉自送、送 CFS 装箱、门到门（注明装箱工厂或仓库地址、电话、联系人）。⑦运费结算事项如外币及人民币结算单位的开户银行、账号。⑧其他特殊事项，例如危险品、冷冻货的特殊说明。

货运代理人接到委托方的委托书后，应及时加以审核，根据要求及时联系有关船公司或其代理人的订舱，如某些要求无法接受或船货衔接存在问题，应迅速联系委托方征求意见，以免贻误工作。

2. 集装箱货物托运单（"场站收据"联单）

集装箱运输以场站收据作为集装箱货物的托运单。"场站收据"联单通常由货代企业缮制后，送交船公司或其代理人订舱，因此托运单也就相当于订舱单。

"场站收据"联单各联如下：第一联为货主留底，第二联为船代留底，第三联为运费通知①，第四联为运费通知②，第五联为装货单，第五联（附页）为缴纳出口货物港务申请书（由港核算应收之港务费用），第六联（浅红色）为场站收据副本——大副联，第七联（黄色）为场站收据正本，第八联为货代留底，第九联为配舱回单①，第十联为配舱回单②。

船公司或其代理接受订舱后在托运单上加填船名、航次及编号（此编号俗称关单号，与该批货物的提单号基本上保持一致），并在第五联装货单上盖章，表示确认订舱，然后将第二至第四联留存，第五联以下全部退还货代公司。

货运代理人将第五联、第五联附页、第六联、第七联共四联拆下，作为报关单证使用，第九或第十联交托运人（货主）作为配舱回执，其余供其他各环节使用。

托运单核心单据为第五、第六、第七联。第五联是装货单，盖有船公司或其代理人的图章，是船公司发给船上负责人员和集装箱装卸作业接受装货的指令，报关时海关查核后在此联盖放行章，船方（集装箱装卸作业区）凭以收货装船。第六联供港区在货物装船前交外轮理货公司,当货物装船时与船上大副交接。第七联场站收据俗称黄联(黄色纸张,便于辨认),在货物装上船后由船上大副签字(通常由集装箱码头堆场签章),退回船公司或其代理人,据以签发提单。

3. 集装箱预配清单

集装箱预配清单是船公司为集装箱管理需要而设计的一种单据,该清单格式及内容各船公司大致相同,一般有提单号、船名、航次、货名、件数、毛重、尺码、目的港、集装箱类型、尺寸和数量、装箱地点等。货运代理人在订舱时或一批一单,或数批分行列载于一单,按订舱单内容缮制后随同订舱单据送船公司或其代理人,船公司配载后将该清单发给空箱堆存点,据以核发设备交接单及空箱之用。

4. 集装箱发放设备交接单

集装箱发放设备交接单是集装箱进出港区、场站时,用箱人、运箱人与管箱人或其代理人之间交接集装箱及设备的凭证,兼有发放集装箱的凭证功能,所以它既是一种交接凭证,又是一种发放凭证,主要用于集装箱的箱务管理。它在日常业务中被简称为"设备交接单"。

使用设备交接单时,应按照有关设备交接单制度规定的原则进行。设备交接单制度严格要求做到一箱一单、箱单相符、箱单同行。用箱人、运箱人凭设备交接单进出港区、场站,到设备交接单指定的提箱地点提箱,并在规定的地点还箱。与此同时,用箱人必须在规定的日期、地点将箱子和机械设备如同交付时的状态还给管箱人,对其使用和租用期间发生的任何箱子及设备的灭失和损坏,用箱人应承担赔偿责任。

设备交接单有多种用途,在集装箱货物出口运输中,它主要是货主(或货运代理人)领取空箱出场及运送重箱装船的交接凭证。

在集装箱货物运输情况下,货运代理人在向船公司或其代理人订妥舱位取得装货单后可凭其向船方领取设备交接单。设备交接单一式六联:上面三联用于出场,印有"OUT 出场"字样,第一联盖有船公司或其集装箱代理人的图章,集装箱空箱堆场凭以发箱,第一、第二联由堆场发箱后留存,第三联由提箱人(货运代理人)留存;下面三联用于进场,印有"IN 进场"字样,该三联是在货物装箱后送到港口作业区堆场时作重箱交接之用,第一、第二联由送货人交付港区道口,其中第二联留港区,第一联转给船方据以掌握集装箱的去向,送货人(货运代理人)自留第三联作为存根。

设备交接单主要包括如下内容:①交接单号码:按船公司(船代)编制的号码填列;②用箱人/运箱人:一般为订舱的货运代理单位名称;③提箱地点:空箱存放地点;④船名/航次、提单号、发往地点;⑤尺寸/类型:可简写,如 20/DC 意即 20 英尺干货箱;⑥集装箱号:指提取空箱箱号;⑦用箱地点:货运代理人或货主的装箱地点;⑧收箱地点:出口装船的港口作业区;⑨运箱工具牌号:集卡车号;⑩出场目的/状态:如提取空箱,目的是"装箱",状态是"空箱";⑪进场目的/状态:如重箱进区,目的是"装船",状态是"重箱";⑫出场日期:空箱提离堆场日期;⑬进场日期:重箱进入港口作业区日期。

设备交接单的下半部分是出场或进场检查记录,由用箱人(运箱人)及集装箱堆场/码头工作人员在双方交接空箱或重箱时验明箱体记录情况,用以分清双方责任。

空箱交接标准是箱体完好、水密、不漏光、清洁、干燥、无味、箱号及装载规范清晰，特种集装箱的机械、电器装置正常；重箱交接标准是箱体完好、箱号清晰、封志完整无损，特种集装箱机械、电器装置运转正常，并符合出口文件记载要求。

5. 集装箱装箱单

集装箱装箱单是详细记载集装箱内货物的名称、数量等内容的单据。不论是由发货人自己装箱，还是由集装箱货运站负责装箱，负责装箱的人都要制作集装箱装箱单。集装箱装箱单是详细记载每一个集装箱内所装货物详细情况的唯一单据，所以在以集装箱为单位进行运输时，它是一张极其重要的单据。

集装箱装箱单的主要作用有：①它可作为发货人、集装箱货运站与集装箱码头堆场之间交接货物的单证；②它可作为向船方通知集装箱内所装货物的明细表；③单据上所记载的货物与集装箱的总重量是计算船舶吃水差、稳性的基本数据；④在卸货地点它是办理的原始单据之一；⑤当发生货损时，是处理索赔事故的原始单据之一；⑥卸货港集装箱货运站安排拆箱、理货的单据之一。

目前各港口使用的装箱单大同小异，上海港使用的集装箱装箱单一式五联，由装箱人（仓库、供货工厂）或装箱站于装箱时缮制，其中一联由装箱人留存，其他四联随箱送装运港区，供港区编制集装箱装船舱位配置计划和船公司或其他代理缮制提单时作参考。

装箱单记载事项必须与场站收据和报关单据上的相应事项保持一致，否则会引发不良后果。例如，装货港在装箱单上的记录与场站收据不符，港区有可能不予配装，造成退关，也有可能配错舱位，以致到达卸货港时无法把集装箱从错误的舱位上卸下；装箱单重量或尺码与报关单或发票不符，船公司按装箱单重量或尺码缮制提单、舱单，出口单位结汇时发生单单不一致，不能结汇。最后一种情况屡见不鲜，主要原因在于发货人托运时未从仓库或工厂处取得正确数据。对此，发货人应加强注意，所装货物如品种不同时必须按箱子前部到箱门的先后顺序填写。

（三）整箱货出口货运流程

集装箱班轮整箱货出口货运的各项操作流程为：①出口订舱托运；②提出用箱申请；③放空箱；④委托空箱拖运；⑤空箱出 CY 交接；⑥出口报检；⑦出口报关；⑧整箱货发货人自行装箱；⑨委托重箱拖运；⑩重箱进 CY 交接；⑪重箱装船；⑫装船理箱；⑬发货人凭装船单证换提单；⑭出口保险；⑮出口结汇；⑯外汇核销；⑰出口单证转国外银行。

（四）整箱货进口货运流程

海运进口的货运代理业务是我国货代业务中涉及面最广、线最长、量最大、货种最繁多的货代业务。完整的海运进口业务，从国外接货开始，包括包装、安排装船、安排运输、代办保险，直至货物运到我国港口后的卸货、接运、报关报验、转运等业务。

1. 货运代理人接受委托

货运代理人（简称货代）与货主双方建立的委托关系可以是长期的，也可以是就某一批货物而建立的。在建立了长期代理关系的情况下，委托人往往会把代理人写在合同的一些条款中，这样，国外发货人在履行合约有关运输部分时会直接与代理人联系，有助于提高工作效率和避免联系脱节的现象发生。

在货代与货主双方之间订立的协议中，通常应明确以下项目：

①委托人和代理人的全称及其注册地址。

②代办事项的范围，如是否包括海洋运输，是否包括装运前的拆卸工作、集港运输等，到港后是提单交货还是送货上门等。明确了代办事项范围，一旦发生意外，就能判明双方责任，也可以避免因双方职责不明而造成的损失。

③委托方应该提供的单证及提供的时间。提供的时间应根据该单证需用的时间而定。

④服务收费标准及支付时间、支付方法。

⑤委托方和代理人的特别约定。

⑥违约责任条款。

⑦有关费用如海洋运费、杂费及关税等的支付时间。

⑧发生纠纷后，协商不成的解决途径及地点。通常解决争议的途径有仲裁或诉讼等，地点可以在双方同意的地点，仲裁一般在契约地，诉讼则可以在契约地，也可以在被告所在地。

⑨协议必须加盖双方公章并经法定代表人签字，这是协议成立的要件。

2. 卸货地订舱

如果货物以FOB价格条件成交，货代接受收货人委托后，就负有订舱或租船的责任，并有将船名、装船期通知发货人的义务。特别是在采用特殊集装箱运输时，更应尽早预订舱位。

3. 接运工作

接运工作要做到及时、迅速。其主要包括：①加强内部管理，做好接货准备，及时地告知收货人，汇集单证并与港方联系。②谨慎接卸。

4. 报检报关

根据国家有关法律、法规的规定，必须办理完进口货物的验放手续后，收货人才能提取货物。因此，收货人必须及时办理有关报检、报关等手续。

5. 监管转运

进口货物入境后，一般在港口报关放行后再进行内陆运输，但经收货人要求，经海关核准也可运往另一设关地点办理海关手续，称为转关运输货物，属于海关监管货物。

办理转关运输的进境地申报人必须持有海关颁发的《转关登记手册》，承运转关运输货物的承运单位必须是经海关核准的运输企业，持有《转关运输准载证》，监管货物在到达地申报时，必须递交进境地海关转关关封、《转关登记手册》和《转关运输准载证》，申报必须及时，并由海关签发回执，交进境地海关。

6. 提取货物

货运代理人向货主交货有两种情况：一是象征性交货，即以单证交接，货物到港经海关验收，并在提货单上加盖海关放行章，将该提货单交给货主，即为交货完毕；二是实际性交货，即除完成报关放行外，货运交给货主，集装箱运输中的整箱货通常还需要负责空箱的还箱工作。在这两种情况下，货运代理人都应做好交货工作的记录。

（五）整箱货主要进口货运单证

1. 货主委托货代办理进口货运业务单证

这些单证主要包括进口货运代理委托书、进口订舱联系单、提单、发票、装箱单、保险单、进口许可证、机电产品进口登记表以及包括木箱包装熏蒸证明等在内的其他单证。

2. "交货记录"联单

在集装箱班轮运输中普遍采用"交货记录"联单以代替杂货运输中使用的"提货单"。"交货记录"在性质上与"提货单"一样，仅仅在构成和流转过程方面与其有所不同。

"交货记录"标准格式一套共五联：①到货通知书；②提货单；③费用账单（蓝色）；④费用账单（红色）；⑤交货记录。

其流转程序为：

（1）船舶代理人在收到进口货物单证资料后，通常会向收货人或通知人发出"到货通知书"。

（2）收货人或其代理人在收到"到货通知书"后，凭海运正本提单（背书）向船舶代理人换取"提货单"及场站、港区的"费用账单"联、"交货记录"联等五联。"提货单"经船代盖章方始有效。

（3）收货人或其代理人持"提货单"在海关规定的期限内备妥报关资料，向海关申报。海关验放后在"提货单"的规定栏目内盖放行章。收货人或其代理人还要办理其他有关手续的，亦应办妥手续，取得有关单位盖章。

（4）收货人及其代理人凭已盖章放行的"提货单"、"费用账单"、"交货记录"联向场站或港区的营业所办理申请提货作业计划，港区或场站营业所核对船代"提货单"是否有效及有关放行章后，将"提货单"、"费用账单"联留下，作放货、结算费用及收费用依据。在第五联"交货记录"联上盖章，以示确认手续完备，受理作业申请，安排提货作业计划，并同意放货。

（5）收货人及其代理人凭港区或场站已盖章的"交货记录"联到港区仓库，或场站仓库、堆场提取货物，提货完毕后，提货人应在规定的栏目内签名，以示确认提取的货物无误。"交货记录"上所列货物数量全部提完后，场站或港区应收回"交货记录"联。

（6）场站或港区凭收回的"交货记录"联核算有关费用。填制"费用账单"一式二联，结算费用。将第三联（蓝色）"费用账单"联留存场站、港区制单部门，第四联（红色）"费用账单"联作为向收货人收取费用的凭证。

（7）港区或场站将第二联"提货单"联及第四联"费用账单"联、第五联"交货记录"联留存归档备查。

3. 集装箱发放设备交接单

集装箱进口货运过程中也需要使用"设备交接单"。

（六）整箱货进口货运流程

集装箱班轮进口货运的各项操作流程为：①出口国家单证转进口国银行；②收货人付款买单；③收货人凭提单换提货单；④收货人进口报关；⑤收货人进口报检；⑥卸船；

⑦卸船理箱；⑧委托重箱拖运；⑨重箱出 CY 交接；⑩整箱货收货人自行拆箱；⑪委托空箱回运；⑫空箱回运进 CY 交接。

（七）拼箱货货运流程与单证

集装箱运输的货物分为整箱货（FCL）和拼箱货（LCL）两种，有条件的货代公司也能承办拼箱业务，即接受客户尺码或重量达不到整箱要求的小批量货物，把不同收货人、同一卸货港的货物集中起来，拼凑成一个 20 英尺或 40 英尺整箱，这种做法称为集拼，国际上叫做 Consolidation，承办者称为 Consolidator。

承办集拼业务的货代企业必须具备如下条件：①具有集装箱货运站（CFS）装箱设施和装箱能力；②与国外卸货港有拆箱分运能力的航运或货运企业建立了代理关系；③政府部门批准其有权从事集拼业务并有权签发自己的提单。

从事集拼业务的国际货运代理企业由于签发了自己的提单，故通常被货方视为承运人。如果其只是经营海运区段的拼箱业务，则是无船承运人。因此其特征主要有：不是国际贸易合同的当事人；在法律上有权订立运输合同；不拥有、不经营海上运输工具；因与货主订立运输合同而对货物运输负有责任；有权签发提单，并受该提单条款约束；具有双重身份，对货主而言，他是承运人，对真正运输货物的集装箱班轮公司而言，他又是货物托运人。

1. 拼箱货业务流程

集拼的每票货物各缮制一套托运单（场站收据），附于一套汇总的托运单（场站收据）上，例如将五票货物拼成一个整箱时，集拼人须分别按这五票货的货名、数量、包装、重量、尺码等缮制托运单（场站收据），另外缮制一套总的托运单（场站收据），货名可作"集拼货物"，数量是总的件数，重量、尺码都是五票货的汇总数，目的港是统一的，关单（提单）号也是统一的编号，但五票分单的关单（提单）号则在这个统一编号之尾缀以 A、B、C、D、E，以资区分。货物运出后，船公司或其代理人按总单签一份海运提单，托运人是货代公司，收货人是货代公司的卸货港代理人，然后，货代公司根据海运提单，按五票货的托运单（场站收据）内容签发五份仓至仓提单，仓至仓提单编号按海运提单号，尾部分别缀以 A、B、C、D、E，其内容则与各该托运单（场站收据）相一致，分发给各托运单位银行作结汇之用。

另外，货代公司须将船公司或其代理人签发给他的海运提单正本连同自签的仓至仓提单副本快寄到其卸货港代理人，代理人在船到时向船方提供海运提单正本，提取该集装箱到自己的货运站后拆箱，并通知仓至仓提单中各个收货人持正本仓至仓提单前来提货。

集拼业务票数越多，处理难度越大，有时，其中一票货的数量发生变更，往往牵涉整箱货的出运，所以在处理中要倍加审慎。

2. 拼箱货货运流程

拼箱货货运的各项操作流程为：①发货人 A1、B1、C1 分别将货交给 NVOCC；②NVOCC签发 HBL 给发货人；③A1、B1、C1 分别凭 HBL 到银行结汇；④出口国银行将 HBL 转进口银行；⑤收货人 A2、B2、C2 分别付款从银行取出 HBL；⑥NVOCC 将货交船公司；⑦船公司签发 SBL 给 NVOCC；⑧NVOCC 将 SBL 转 NVOCC 国外代理；

⑨NVOCC 国外代理凭 SBL 到船公司提供；⑩A2、B2、C2 凭 HBL 到 NVOCC 国外代理提货。

其中，NVOCC 是指无船承运人，HBL 是指无船承运人提单，SBL 是指海运提单。

3. 拼箱货运输的成本结构

拼箱货运输的成本是指该业务活动从接受拼箱货至交付拼箱货的整个过程中，与货物仓储、拼拆箱、运输以及其他相关费用的总和。

通常，直拼运输方式在运输路线、相关手续、收费等方面比混拼运输方式更为简单，费用更为节省。

（1）拼箱货直拼运输的费用结构

直拼运输的费用项目主要有：

①拼箱及起运港的费用，包括货物提前进站的仓储费和海关监管费、提运空箱和重箱进场的拖运费和码头费用、货物装箱费和理货费用等。

②海运运费及手续费，包括班轮公司运输整箱货所收取的海运费、到船舶代理人处办理有关订舱等手续的费用。

③目的港及拆箱费用，包括提运重箱和还空箱的拖运费、拆箱费、理货费、分拨费以及相关的代理手续费、拼箱货的仓储费用等。

④其他发生在装卸两港的相关服务费用等。

如果拼箱货情况较为特殊，则还会产生特殊的费用。以上费用通常由集运经营人按运价本或协议运价向托运人收取。

（2）拼箱货混拼运输的费用结构

混拼运输的费用项目除包括与直拼运输相同的费用外，还包括中转港再拼箱和转运所需的费用。

①中转港的拆箱和再装箱及理货的费用。

②集装箱的拖运费用。

③拼箱货的搬运费和仓储费用。

④办理进出口手续的费用。

⑤中转港代理人的费用。

⑥其他相关的服务费用等。

（3）节省集运成本的途径

分析集运各个环节、实现流程再造是节省集运成本的有效方法。以下几个问题需加以考虑：

①在可行的情况下，通常安排直拼运输方式，以减少混拼运输方式带来的更多的中间环节和避免额外费用的产生。

②当需要采用混拼运输方式时，所选中的转港应具备较好的拆拼箱作业条件，还要有能力强、关系好、信誉高的代理人。

③与班轮公司订有较好的协议运价，并与相关的船舶代理人、仓储经营人等订有优惠的服务协议。

④合理选择集装箱的箱型和尺度，正确地进行积载和装箱，以减少亏箱和充分利用

载货重量。

⑤实现业务程序和单证作业的流程再造，保证实现业务程序的有效性和单证作业的正确性。

⑥建立应付突发事件的程序，防止特殊情况发生时产生不良后果等。

四、杂货/散货班轮货运流程与单证

（一）杂货班轮货运流程

（1）托运人向装港船代（也可直接向船公司或其营业所）提出货物装运申请，递交托运单，填写装货联单。

（2）船公司同意承运后，其代理人指定船名，核对 S/O 与托运单上的内容无误后，签发 S/O，将留底联留下后退还给托运人，要求托运人将货物及时送达指定的码头仓库。

（3）托运人持 S/O 及有关单证向海关办理货物出口报关、验货放行手续，海关在 S/O 上加盖放行图章后，货物准予装船出口。

（4）装船船代根据留底联编制装货清单送船舶及理货公司、装卸公司。

（5）大副根据 L/L 编制货物积载计划交代理人分送理货、装卸公司等，按计划装船。

（6）托运人将经过检验及检量的货物送至指定的码头仓库准备装船。

（7）货物装船后，理货长将 S/O 交大副，大副核实无误后留下 S/O 并签发 M/R。

（8）理货长将大副签发的 M/R 转交给托运人。

（9）托运人持 M/R 到装港船代处付清运费（预付运费情况下），换取正本已装船提单。

（10）装港船代审核无误后，留下 M/R，签发 B/L 给托运人。

（11）托运人持 B/L 及有关单证到议付银行结汇（在信用证支付方式下），取得货款，议付银行将 B/L 及有关单证邮寄开证银行。

（12）货物装船完毕后，装港船代编妥出口载货清单，送船长签字后，向海关办理船舶出口手续，并将 M/F 交船随带，船舶起航。

（13）装港船代根据 B/L 副本（或 M/R）编制出口载货运费清单，连同 B/L 副本、M/R 递交船公司结算代收运费，并将卸货港需要的单证寄交卸港船代。

（14）卸港船代接到船舶抵港电报后，通知收货人船舶到港日期，做好提货准备。

（15）收货人到开证银行付清货款，取回 B/L（在信用证支付方式下）。

（16）卸港船代根据装港船代寄来的货运单证，编制进口载货清单及有关船舶进口报关和卸货所需的单证，约定装卸公司、理货公司、联系安排泊位，做好接船及卸货准备。

（17）船舶抵港后，卸港船代办理船舶进口手续，船舶靠泊后即开始卸货。

（18）收货人持正本 B/L 向卸港船代处办理提货手续，付清应交费用后，换取代理人签发的提货单。

（19）收货人办理货物进口报关手续，支付进口关税。

（20）收货人持 D/O 到码头仓库或船边提取货物。

（二）杂货班轮货运单证

目前国际上通用及我国航行于国际航线的船舶所使用的主要单证有：

1. 在装货港编制使用的单证

（1）托运单

托运单（国内有时用"委托申请书"代替）是指由托运人根据买卖合同和信用证的有关内容向承运人或他的代理人办理货物运输的书面凭证。经承运人或其他代理人对该单的签认，即表示已接受这一托运，承运人与托运人之间对货物运输的相互关系即告建立。

（2）装货联单

在杂货班轮运输的情况下，托运人如果以口头形式预订舱位，而船公司对这种预约表示承诺，则运输合同关系即告建立，这种以口头形式订立的合同也符合法律的规定。但是，国际航运界的通常做法是，由托运人向船公司提交详细记载有关货物情况及对运输要求等内容的装货联单。原则上，托运人应先将托运单交给船公司办理托运手续，船公司接受承运后在托运单上签章确认，然后发给托运人装货联单。但是，实务中，通常却是由货运代理人向船舶代理人申请托运，然后由货运代理人根据托运人委托，填写装货联单后提交给船公司的代理人。而货运代理人填写装货联单的依据，是托运人提供的买卖合同和信用证的内容以及货运委托书或货物明细表等。

目前我国各个港口使用的装货联单的组成不尽相同，但是，主要都是由以下各联所组成：托运单及其留底、装货单、收货单等。

船公司或其代理人接受承运后，便予以编号并签发装货单。装货单签发后，船、货、港等方面都需要有一段时间来编制装货清单、积载计划，办理货物报关、查验放行、货物集中等装船的准备工作。因此，对每一航次应在装货开始前一定时间截止签发装货单。若在截止签发装货单日之后，再次签发装货单，则称之为"加载"。

装货单，亦称下货纸，是托运人（实践中通常是货运代理人）填制交船公司（实践中通常是船舶代理人）审核并签章后，据以要求船长将货物装船承运的凭证。由于托运人必须在办理了货物装船出口的海关手续后，才能要求船长将货物装船，所以装货单常称为"关单"。当每一票货物全部装上船后，现场理货员即核对理货计数单的数字，在装货单上签注实装数量、装船位置、装船日期并签名，然后随同收货单一起交船上大副，大副审核属实后在收货单上签字，留下装货单，将收货单退给理货长转交给托运人（或货运代理人）。

收货单是指某一票货物装上船后，由船上大副签署给托运人证明船方已收到该票货物并已装上船的凭证。所以收货单又称为"大副收据"或"大副收单"。托运人取得了经大副签署的收货单后，即可凭以向船公司或其代理人换取已装船提单。大副在签署收货单时，会认真检查装船货物的外表状况、货物标志、货物数量等情况。如果货物外表状况不良、标志不清，货物有水渍、油渍或污渍等情况，发生数量短缺、货物损坏时，大副就会将这些情况记载在收货单上。这种在收货单上记载有关货物外表状况不良或有缺陷的情况称为"批注"，习惯上称为"大副批注"。

（3）装货清单

装货清单是根据装货联单中的托运单留底联，将全部货物按目的港和货物性质归类，依航次靠港顺序排列编制的装货单的汇总单。

装货清单是大副编制积载计划的主要依据，又是供现场理货人员进行理货，港口安排驳运，进出库场以及掌握托运人备货及货物集中情况等的业务单据。

（4）载货清单

载货清单，亦称"舱单"。它是在货物装船完毕后，根据大副收据或提单副本编制的一份按卸货港顺序逐票列明全船实际载运货物的汇总清单。

载货清单是国际航运实践中一份非常重要的通用单证。船舶办理进出口报关手续时，必须递交载货清单，载货清单是海关对船舶所载货物进出境进行监管的单证。载货清单又是港方及理货机构安排卸货的单证之一。在我国，载货清单还是出口企业在办理货物出口后，申请退税、海关据以办理出口退税手续的单证之一，也是随船单证之一，以备中途挂港或到达卸货港时办理进口报关手续时使用。另外，进口货物的收货人在办理货物进口报关手续时，载货清单还是海关办理验放手续的单证之一。

如果在载货清单上增加运费项目，则可制成载货运费清单。

（5）货物积载图

出口货物在装船前，会对货物装船顺序、货物在船上的装载位置等情况做出一个详细计划，以指导有关方面安排泊位、货物出舱、下驳、搬运等工作。这个计划以图表形式来表示货物在船舱内的积载情况，使每一票货物都能形象具体地显示其船舱内的位置。该图表就是积载图。当每一票货物装船后，应重新标出货物在舱内的实际装载位置，最后绘制成一份"货物积载图"。

（6）危险货物清单

危险货物清单是专门列出船舶所载运全部危险货物的明细表。该单的主要作用是提供给港口、有关部门和船上注意危险品的作业和保管。

2. 在卸货港编制使用的单证

（1）过驳清单

过驳清单是采用驳船作业时，作为证明货物交接和表明所交货物实际情况的单证。过驳清单是根据卸货时的理货单证编制的，由收货人、卸货公司、驳船经营人等收取货物的一方与船方共同签字确认。

（2）货物溢短单

货物溢短单是指一票货物所卸下的数字与载货清单上所记载的数字不符，发生溢卸或短卸的证明单据。货物溢短单由理货员编制，并且必须经船方和有关方（收货人、仓库）共同签字确认。

（3）货物残损单

货物残损单是指卸货完毕后，理货根据卸货过程中发现的货物破损、水湿、水渍、渗漏、霉烂、生锈、弯曲变形等情况记录编制的，证明货物残损情况的单据。货物残损单必须经船方签认。

以上三种单据通常是收货人向船公司提出损害赔偿要求的证明材料，也是船公司处理收货人索赔要求的原始资料和依据。

（4）提货单

提货单亦称小提单，是收货人凭以向现场（码头仓库或船边）提取货物的凭证。

提货单的性质与提单完全不同，它只不过是船公司指令码头仓库或装卸公司向收货人交付货物的凭证，不具备流通及其他作用。因此，提货单上一般记有"禁止流通"字样。

第二节　国际航空运输

一、国际航空运输概述

（一）国际航空货物运输的特点

国际航空货物运输虽然起步较晚，但发展极为迅速，特别受现代化企业管理者的青睐，这与它所具备的许多特点分不开的，这种运输方式与其他运输方式相比，具有以下特点：

（1）运送速度快。现代喷气运输机一般时速都在 900 英里左右，协和式飞机时速可达 1350 英里。航空线路不受地面条件限制，一般可在两点间直线飞行，航程比地面短得多，而且运程越远，快速的特点就越显著。

（2）安全准确。航空运输管理制度比较完善，货物的破损率低，可保证运输质量，如使用空运集装箱，则更为安全。飞机航行有一定的班期，可保证按时到达。

（3）手续简便。航空运输为了体现其快捷便利的特点，为托运人提供了简便的托运手续，也可以由货运代理人上门取货并为其办理一切运输手续。

（4）节省包装、保险、利息和储存等费用。由于航空运输速度快，商品在途时间短、周期快，存货可相对减少，资金可迅速收回。

（5）运量小、运价较高。货损货差较少。

（二）国际航空货物运输的作用

（1）当今国际贸易有相当数量的洲际市场，商品竞争激烈，市场行情瞬息万变，时间就是效益。航空货物运输具有比其他运输方式更快的特点，可以使进出口货物能够抢行市，卖出好价钱，增强商品的竞争能力，对国际贸易的发展起到了很大的推动作用。

（2）航空货物运输适合于鲜活易腐和季节性强的商品运输。这些商品对时间的要求极为敏感，如果运输时间过长，则可能使商品变为废品，无法供应市场；季节性强的商品和应急物品的运送必须抢行就市，争取时间，否则变为滞销商品，滞存仓库，积压资金，同时还要增加仓储费。采用航空运输，可保鲜成活，又有利于开辟远距离的市场，这是其他运输方式无法比拟的。

（3）利用航空运输电脑、精密仪器、电子产品、成套设备中的精密部分、稀贵金属、手表、照相器材、纺织品、服装、丝绸、皮革制品、中西药材、工艺品等价值高的商品，能适应市场变化快的特点。而且，可以利用速度快、商品周转快、存货降低、资金迅速回收、节省储存和利息费用、安全、准确等优点，弥补运费高的缺陷。

（4）航空运输是国际多式联运的重要组成部分。为了充分发挥航空运输的特长，在不能以航空运输直达的地方，也可以采用联合运输的方式，如常用的陆空联运、海空联运、陆空陆联运，甚至陆海空联运等，与其他运输方式配合，使各种运输方式各显其长，相得益彰。

二、航空货物运输方式

（一）班机运输

班机是指定期开航的，定航线、定始发站、定目的港、定途经站的飞机。一般航空公司都使用客货混合型飞机。一方面搭载旅客，一方面又运送少量货物。但一些较大的航空公司在一些航线上开辟定期的货运航班，使用全货机运输。

班机运输特点：

（1）班机由于固定航线、固定停靠港和定期开航，因此，国际间货物流通多使用班机运输方式，能安全迅速地到达世界上各通航地点。

（2）便利收、发货人确切掌握货物启运和到达的时间，对市场上急需的商品、鲜活易腐货物以及贵重商品的运送是非常有利的。

（3）班机运输一般是客货混载，因此，舱位有限，不能使大批量的货物及时出运，往往需要分期分批运输。这是班机运输的不足之处。

（二）包机运输

1. 整机包机

（1）整机包机即包租整架飞机，指航空公司按照与租机人事先约定的条件及费用，将整架飞机租给包机人，从一个或几个航空港装运货物至目的地。

（2）包机人一般要在货物装运前一个月与航空公司联系，以便航空公司安排运载，向起降机场及有关政府部门申请、办理过境或入境的有关手续。

（3）包机的费用：一次一议，随国际市场供求情况变化。原则上，包机运费是按每一飞行公里固定费率核收费用，并按每一飞行公里费用的80％收取空放费。因此，大批量货物使用包机时，均要争取来回程都有货载，这样费用比较低。只使用单程，运费比较高。

2. 部分包机

（1）由几家航空货运公司或发货人联合包租一架飞机或者由航空公司把一架飞机的舱位分别卖给几家航空货运公司装载货物，就是部分包机。运用于托运不足一整架飞机舱位，但货量又较重的货物运输。

（2）部分包机与班机的比较：

①部分包机时间比班机长，尽管有固定时间表，但往往因其他原因不能按时起飞；②部分包机各国政府为了保护本国航空公司利益，常对从事包机业务的外国航空公司实行各种限制。如包机的活动范围比较狭窄，降落地点受到限制。需降落非指定地点外的其他地点时，一定要向当地政府有关部门申请，同意后才能降落（如申请入境、通过领空和降落地点）。

3. 包机的优点

①解决班机舱位不足的矛盾；②货物全部由包机运出，节省时间和多次发货的手续；③弥补没有直达航班的不足，且不用中转；④减少货损、货差或丢失的现象；⑤在空运旺季缓解航班紧张状况；⑥解决海鲜、活动物的运输问题。

（三）集中托运

集中托运指将若干票单独发运的、发往同一方向的货物集中起来作为一票货，填写一份总运单，发运到同一到站的做法。

1. 集中托运的具体做法

（1）将每一票货物分别制订航空运输分运单，即出具货运代理的运单。

（2）将所有货物区分方向，按照其目的地相同的同一国家、同一城市来集中，制订出航空公司的总运单。总运单的发货人和收货人均为航空货运代理公司。

（3）打出该总运单项下的货运清单，即此总运单有几个分运单，号码各是什么，其中件数、重量各是多少，等等。

（4）把该总运单和货运清单作为一整票货物交给航空公司。一个总运单可视货物具体情况随附分运单（也可以是一个分运单，也可以是多个分运单）。如一个 MAWB 内有10 个 HAWB，说明此总运单内有 10 票货，发给 10 个不同的收货人。

（5）货物到达目的机场后，当地的货运代理公司作为总运单的收货人负责接货、分拨，按不同的分运单制订各自的报关单据并代为报关，为实际收货人办理有关接货事宜。

（6）实际收货人在分运单上签收以后，目的地货运代理公司以此向发货的货运代理公司反馈到货信息。

2. 集中托运的限制

（1）集中托运只适合办理普通货物，对于等级运价的货物，如贵重物品、危险品、活动物以及文物等不能办理集中托运。

（2）目的地相同或邻近的可以办理，如某一国家或地区，其他则不宜办理。例如不能把去日本的货发到欧洲。

3. 集中托运的特点

（1）节省运费：航空货运公司的集中托运运价一般都低于航空协会的运价。发货人可得到低于航空公司运价，从而节省费用。

（2）提供方便：将货物集中托运，可使货物到达航空公司不能到达的地方，延伸了航空公司的服务，方便了货主。

（3）提早结汇：发货人将货物交于航空货运代理后，即可取得货物分运单，持分运单到银行尽早办理结汇。

集中托运方式已在世界范围内普遍开展，形成了较完善、有效的服务系统，为促进国际贸易发展和国际科技文化交流起了良好的作用。集中托运是我国进出口货物的主要运输方式之一。

三、航空运输流程与运单

(一) 出口作业一般流程

出口作业一般流程是指航空货运代理公司从发货人手中接到货物并将货物交到航空公司发运的过程。它一般包括以下几个环节：市场销售、订舱、接单接货、审单、制单、报验、报关、发运、费用结算、信息传递。

1. 市场销售

市场销售是指货代公司向一切有出口权的企业销售航空公司舱位和服务的活动，从代理航空公司业务的角度称之为市场销售，从货代公司自身的角度习惯地称之为揽货。货主选择空运，首先考虑的是安全和快捷，其次才是费用。作为业务人员，应了解货运市场的基本情况，具备丰富的空运知识和娴熟的推销技巧，向货主介绍公司的经营范围和经营实力，特别是与航空公司的关系和机场操作能力，以及齐备的服务项目和合理收费标准，赢得货主的信任并争取到货源。

业务人员代表公司与货主就出口货物运输事宜达成协议后，可向货主提供航空公司的国际货物托运书或本公司缮制的国际货物托运书，托运书应由货主填写并加盖公司印章，表示愿意委托货代公司负责该公司出口货物的运输事宜。也可由承运人或货代公司代为填写，由托运人加盖印章，待货代公司确认后，双方的委托和被委托关系即确立。

2. 订舱

订舱指向航空公司申请运输并预订舱位的行为。在接到货主的发货预报后，向航空公司的预控部门领取并填写订舱单，写明货物的名称、体积、重量、件数、目的地机场及要求出运的时间等。货物订舱要考虑货主的要求、货物的特点，出运时间是货运淡季还是货运旺季等。一般来讲，大宗货物、鲜活产品、时令性强的商品、危险品、贵重物品等，必须预订舱位，特别是在货运的旺季，更要及时订舱，以免影响货物的出运，给货主带来麻烦。订妥舱位后，货代公司应及时通知货主备单、备货。

3. 接单录入

航空货代公司在订妥舱位后，从货主手中取得货物出口所需的一切单据，并录入电脑。

4. 审核

货代公司在接单后要由专人对托运书及其他单据进行审核，审核的主要内容是价格和航班日期。然后制作操作交接单，给每份交接单配一份总运单或分运单，并将制作好的交接单、配好的运单、报关单证移交制单。

5. 接货

接货就是货代公司和货主交接货物，并将货物运至货代公司仓库或直接运至航空公司仓库的过程。接货最重要的工作是根据货主提供的发票和装箱单清点货物，核对货物的数量、重量、品名、包装等是否与货运单据上列明的一致。如有遗漏或破损要及时与货主联系，整理补足后，与货主办理交接手续。如果货主通过空运或铁路从内地将货物运往出境地，货代公司可代为提货，如货主已在当地办理了清关手续，则应要求对方提供当地海关的关封。

6. 制单

制单就是根据国际货物托运单的内容制作航空货运单，航空货运单包括总运单和分运单。航空运单是航空运输中最重要的单据，是货主和航空公司或代理公司之间的运输契约。航空运单一般有三联正本和六份以上的副本，其中第一联正本交给货主，第二联承运人留存，第三联作为随机单据，到目的地后交收货人，作为核收货物的依据。

7. 报验

根据我国进出口商品检验法的有关规定，进出口商品要经过检验合格后才能出口或进口，所以，在货物出口前要填写报验单，到当地的商检机构报检报验。

8. 报关

出口报关指货主或货代公司在发运货物之前，向出境地海关提出办理出口手续的行为。出口报关应填制报关单一式三份，录入海关电脑后，经海关初审通过后，将商业发票、装箱单、运单等合在一起，交海关审单部门，审单无误后，在运单正本加盖放行章，同时在报关单上加盖放行章，在出口收汇核销单和出口退税单上加盖验讫章。

9. 发运

发运就是通关后向已事先订好舱位的航空公司交单交货，由航空公司安排运输事宜。交单就是将随机单据和应由承运人留存的单据交给航空公司。交货就是将与单据相符的货物交给航空公司。货主或货代公司交货之前，必须粘贴或拴挂货物标签，核对清点交货，航空公司核对后，在交接清单上签收。

10. 费用结算

（1）与发货人结算：货代公司发货后应及时与货主结算航空运费和地面服务费。

（2）与航空公司结算：货代公司在收讫运费后，应在规定的时间内与航空公司结算航空运费。

（3）与国外代理结算：向国外代理支付代理收货或分拨的劳务费，收取垫付的到付运费并支付代理佣金。

11. 信息传递

货代公司在发货后，应将发运信息及时传递给货主，并将安排发运使用的航空运单、报关单、核销单、退税单据等发还货主，使之能及时结汇。

（二）进口作业一般流程

进口作业一般流程和出口作业流程大致相同，只是方向相反，一般要经过以下几个环节：

1. 委托办理接货手续

在货代公司机场操作前，一般是由货主委托货代公司取单提货，或由国外代理公司将航空运单、航班、件数、重量、品名、实际收货人及其地址和电话通知国内货代公司办理接货手续。

2. 接单接货

航空货物入境后，运输工具及货物处于海关监管之下。航空公司或其地面服务公司将货物从飞机卸货后，将货物存入海关监管库内，同时根据运单上的收货人及地址寄发取单提货通知。若运单上的第一收货人为航空货运代理公司，则把随机到达的与货物相关的单据（运单、发票和装箱单）及与之相关的货物交给航空货运代理公司。

航空货运代理公司在与航空公司办理交接手续时，应根据运单和仓单核对实际货物，做到单、单核对，即交接清单和总运单核对；单、货核对，即交接清单与货物核对，若存在有单无货或有货无单的现象，应告知航空公司，并在仓单上注明，以便其及时查找和通知入境地海关。若发现货物短少、破损或有其他异常情况，应及时向民航索要商务事故记录，作为实际收货人交涉索赔事宜的根据。

3. 货物驳运进仓

航空货运代理公司与航空公司或其地面服务公司的单货交接手续办理完毕，即将货物驳运至货运代理公司自行使用的海关监管仓库内，并按照清单对货物再次逐一核对，分类妥善保管。如发现上述问题应在 14 天内向承运人提出异议，以保护货主的利益。

4. 单据录入和分类

为便于用户查询和统计货量的需要，航空货运代理公司在取得航空运单后，即将每票入库的货物空运运单及仓单的相关信息输入计算机，同时进行分类整理。

分类的标准和方法很多，可根据进口货物的类别或贸易方式划分，也可根据发货人或发货代理的国别和地区划分，还可以按照收货人的企业性质或经营范围划分，究竟如何分类，各公司可根据自己的具体情况而定，但一般说来，集中托运货物和单票货物、运费预付货物和运费到付货物应区分开来。

5. 发到货通知

单据录入后，根据运单或合同上的收货人名称及地址分别寄发到货通知或查询单，告知实际收货人其货物已到，催促其配齐有关报关、提货的各种批准文件或证明等单据，办理相关手续。通知单需填写的项目有：运单号、合同号、公司编号、货物名称、到货日期、通知人及其电话等。

6. 制单报关

制单就是缮制进口货物报关单。货代公司报关员根据货主提供的运单、发票及证明货物合法进口的有关批准文件缮制报关单。制单一般在收到用户的回询并获得必备的批文和证明之后方可进行。不需批文和证明的，可直接制单。

报关单上需由报关人填报的项目有：进口口岸、收货单位、经营单位、合同号、批准机关及文号、运输工具名称及号码、贸易性质（方式）、贸易国别（地区）、原产国别（地区）、进口日期、提单或运单号、运杂费、件数、毛重、海关统计商品编号、货名规格及货号、数量、成交价格、价格条件、货币名称、申报单位、申报日期，等等。

在手工完成制单后，将报关单的各项内容输入电脑，打印出报关单一式三份。完成电脑预录入后，在报关单右下角加盖报关单位的"报关专用章"。然后将报关单连同有关的运单、发票订成一式两份，并随附批准货物进口的证明和批文，由经海关认可并持有海关签发的报关员证件的报关员，正式向海关申报。

7. 进口商品的报验

按照国家出入境商品检验法的有关规定，根据进口商品的种类和性质，要对进口商品进行商品检验、卫生检验、动植物检验。检验前要填制"中华人民共和国出入境检验检疫入境货物报检单"，并到当地的出入境检验检疫局进行报检报验。

8. 进口报关

进口报关，就是货主或货代公司向海关提出办理进口货物手续的过程。海关代表国家对进口货物进行管理，征收关税。任何集体或个人不得漏报和偷逃关税。任何货物都必须在向海关申报并经海关放行后，才能提出海关监管场所。进口报关大致可分为初审、审单、征税、验放四个阶段。

（1）初审

从总体上对报关单证作粗略的审查。一般只审核报关单所填报的内容与原始单证是否相符，商品的归类编号是否准确，报关单的预录入是否有误等。如果报关单证在形式上符合海关要求，负责初审的海关关员就在报关单左下角的"初审"一栏内签字，以示初审通过。

（2）审单

审单是报关的中心环节，审核内容应包括：报关单证是否齐全、准确，所报内容是否属实，有关进口批文是否有效，报关单上所填内容和批文内容是否一致，确定关税的征收与减免，等等。如果报关单证与海关的有关规定不符，则海关不接受申报。可以通关时，则审单的海关关员在报关单左下角的"审单"一栏内签字，并同时留存一套报关单据（报关单、运单、发票各一份）作为海关备案。因此，报关人员应熟知海关的有关规定和做法，减少由于制单疏漏而造成的麻烦。

（3）征税

海关关员根据报关单证所填报的货物名称、用途、规格、型号及构成材料等，确定商品的归类编号及相应的税号和税率，对进口商品进行征税。若商品的归类或税率难以确定，海关可先查看实物或实物图片及有关资料后再行征税。若申报的价格过低或未注明价格，海关可以估价征税。征税部门除征收关税外，还负责征收增值税、消费税、行邮税及免税货物的监管手续费等。

货主在按照海关出具的税单如数缴纳税款或货代公司垫付税款后，征税的海关关员即在报关单左下角的"征税"一栏内签字，并通过电脑核销税单。

（4）验放

验放是报关程序的最后一个环节。货物放行的前提是：计算机终端上显示必须提供的单证已经齐全，税款和有关费用已经结清，报关未超过报关期限，实际货物与报关单证所列完全一致。海关在运单正本上加盖放行章。

验放关员在放行货物的同时，将报关单据（报关单、运单、发票各一份）及核销完的批文和证明全部留存海关。如果报关超过了海关法规定的报关期限（进口报关的期限为自运输工具进境之日起 14 天），必须在向海关缴纳滞报金之后才能放行。滞报金的缴纳为 CIF 价格的万分之五。

9. 送货或转运

货代公司代货主完成报关工作海关验放后，凭盖有海关放行章的正本运单，先将货物从海关监管仓库或场所提取出来，交给直接收货人。这个过程可由货主直接到货代公司仓库提货，也可由货代公司送货上门，并收取一定的地面运输费用。未经海关放行的货物处于海关的监管之下，不能擅自提出监管场所。

货主或其委托人在交接货物时还须结清各种费用，如国际段到付运费、报关费、仓储费、劳务费、货代公司垫付的关税等。

航空货运代理公司可以接受货主的委托送货上门或办理转运。航空货运代理公司在将货物移交货主时与其办理交接手续，并向其收取货物进口过程中所发生的一切费用。转运外地的货物，原则上空来空转，无法空运的货物则采用其他运输方式。

（三）航空运单

1. 航空运单的性质

航空运单是进行航空货物运输必不可少的单据，是承运人和托运人之间的运输契约，是由承运人或其代理人出具的一个重要的货物单据。它不同于海运提单，不是代表所托运货物的所有权的凭证，也是不可议付的单据。货运单不可转让，对货运单上注明的"NOT NEGOTIABLE"字样不得随意删除。每一批货物或集合运输的货物均要填写一份航空货运单。

2. 航空运单的作用

（1）航空运单是发货人与航空承运人之间的运输合同。

与海运提单不同，航空运单不仅证明航空运输合同的存在，而且航空运单本身就是发货人与航空运输承运人之间缔结的货物运输合同，在双方共同签署后产生效力，并在货物到达目的地交付给运单上所记载的收货人后失效。

（2）航空运单是承运人签发的已接收货物的证明。

航空运单也是货物收据，在发货人将货物发运后，承运人或其代理人就会将其中一份交给发货人，作为已经接收货物的证明。

（3）航空运单是承运人据以核收运费的账单。

航空运单分别记载着属于收货人负担的费用，属于应支付给承运人的费用和应支付给代理人的费用，并详细列明费用的种类、金额，因此可作为运费账单和发票。

（4）航空运单是报关单证之一。

出口时航空运单是报关单证之一。在货物到达目的地机场进行进口报关时，航空运单也通常是海关查验放行的基本单证。

（5）航空运单可作为保险证明。

如果承运人承办保险或发货人要求承运人代办保险，则航空运单也可用来作为保险证明。

（6）航空运单是承运人内部业务的依据。

航空运单随货同行，证明了货物的身份。运单上载有有关该票货物发送、转运、交付的事项，承运人会据此对货物的运输做出相应安排。

航空运单的正本一式三份，每份都印有背面条款，其中一份交发货人，是承运人或其代理人接收货物的依据；第二份由承运人留存，作为记账凭证；最后一份随货同行，在货物到达目的地、交付给收货人时作为核收货物的依据。

3. 航空运单的分类

（1）航空主运单

凡由航空运输公司签发的航空运单就称为主运单。它是航空运输公司据以办理货物运输和交付的依据，是航空公司和托运人订立的运输合同，每一批航空运输的货物都有自己相对应的航空主运单。

（2）航空分运单

集中托运人在办理集中托运业务时签发的航空运单称作航空分运单。在集中托运的情况下，除了航空运输公司签发主运单外，集中托运人还要签发航空分运单。在这里，航空分运单作为集中托运人与托运人之间的货物运输合同，合同双方分别是货主和集中托运人；而航空主运单作为航空公司与集中托运人之间的货物运输合同，当事人则为集中托运人和航空公司。货主与航空公司之间没有直接的契约关系。

4. 航空运单的内容

航空货物运单通常每套十二联，其中三联正本，六联副本，三联额外副本。三联正本背面印有承运条款，当发货人签署后，意味着发货人承认并同意承运合同的条款。目前世界上各航空公司所使用的航空运单基本相同，大多采用 IATA 所推荐的标准格式，差别不大。航空运单的具体填写内容如下：

①发货人名称和地址；②发货人账号；③收货人姓名、地址；④收货人账号；⑤承运人代理的名称和所在城市；⑥代理人的国际航协代号；⑦代理人账号；⑧始发站机场（启运港）及要求的航线；⑨路线和目的地；⑩货币；⑪收费代号；⑫其他费用；⑬供运输的声明价值；⑭供海关的声明价值；⑮会计事项；⑯目的地机场；⑰航班及发出日期；⑱保险金额；⑲操作信息；⑳货物的件数和运价组合点；㉑毛重；㉒重量单位；㉓运价类别；㉔商品品名编号；㉕计费重量；㉖运价/运费；㉗运费总额；㉘货物的品名和数量（含尺码或体积）；㉙其他费用；㉚需预付的各种费用；㉛需到付的各种费用；㉜货币兑换率；㉝目的地兑换率；㉞目的地机场费用；㉟到付总额；㊱发货人或代理人签字；㊲承运人或代理人签字。

四、航空货物运价和费用

（一）航空运输区域的划分

国际航空货物运输中与运费有关的各项规章制度以及运费水平，都是由国际航空运输协会（国际航协）统一协调、统一制订的。国际航协在制订运价规章及其有关规定的过程中，考虑到世界上各个不同国家和地区的社会经济、贸易水平等情况，将世界各地划分为三个区域，即通常所说的航协区。每个航协区内又分成几个亚区。航空公司按国际航协所制定的三个区域的费率收取国际航空货物运费。

一区（即 TC1）：北起格陵兰岛，南至南极洲。主要包括南、北美洲及邻近岛屿，格陵兰岛，百慕大，西印度洋及加勒比海群岛和夏威夷岛等。

二区（即 TC2）：北起北冰洋诸岛，南至南极洲。主要指欧洲大陆及毗邻岛屿，冰岛、亚速尔群岛，非洲大陆及毗邻岛屿，亚洲的伊朗及伊朗以西的地区。主要包括三个亚区：欧洲区、非洲区和中东区。

三区（即 TC3）：北起北冰洋，南至南极洲。主要指亚洲大陆及毗邻岛屿，澳大利亚、新西兰及毗邻岛屿，太平洋岛屿。

（二）计费重量

所谓计费重量就是据以计算运费的货物的数量。（运费＝运价×计费重量）

1. 重货

重货是指那些每 6000 立方厘米或每 366 立方英寸重量超过 1 千克或者每 166 立方英寸重量超过一磅的货物。重货的计费重量就是它的毛重。

如果货物的毛重以千克表示，计费重量的最小单位是 0.5 千克。当重量不足 0.5 千克时，按 0.5 千克计算；超过 0.5 千克不足 1 千克时按 1 千克计算。如果货物的毛重以磅表示，当货物不足 1 磅时，按 1 磅计算。

2. 轻货

轻货是指那些每 6000 立方厘米或每 366 立方英寸重量不足 1 千克或者每 166 立方英寸重量不足 1 磅的货物。计算方法是：

（1）不考虑货物的几何形状分别量出货物的最长、最宽、最高的部分，单位为厘米或英寸，测量数值的尾数四舍五入。

（2）将货物的长、宽、高相乘得出货物的体积。

（3）将体积折合成千克或磅，即根据所使用不同的度量单位分别用体积值除以 6000 立方厘米。体积重量尾数的处理方法与毛重尾数的处理方法相同。

$$体积重量（千克）＝货物体积/6000cm^3$$

（三）运价及其计算

1. 公布直达运价

目前很多国家都是以 IATA 制定的运价作为基本运价。公布直达运价是在 IATA 运价中直接能够查得到的运价。非公布直达运价是指当货物的始发地至目的地之间无公布直达运价时所采用的运价。

（1）特种货物运价

特种货物运价通常是承运人根据在某一航线上经常运输某一种类货物的托运人的请求或为促进某地区间某一种类货物的运输，经国际航协同意所提供的优惠运价。国际航协公布特种货物运价时将货物划分为以下类型：

0001～0999 食用动物和植物产品；

1000～1999 活动物和非食用动物及植物产品；

2000～2999 纺织品、纤维及其制品；

3000～3999 金属及其制品，但不包括机械、车辆和电器设备；

4000～4999 机械、车辆和电器设备；

5000～5999 非金属矿物质及其制品；

6000～6999 化工品及相关产品；

7000～7999 纸张、芦苇、橡胶和木材制品；

8000～8999 精密仪器、器械及配件；

9000～9999 其他货物。

其中每一组又细分为 10 个小组，每个小组再细分，这样几乎所有的商品都有一个对应的组号，公布特种货物运价时只要指出本运价适用于哪一组货物就可以了。

因为承运人制订特种货物运价的初衷主要是使货物运价更具竞争力，吸引更多客户使用航空货运形式，使航空公司的运力得到更充分的利用，所以特种货物运价比普通货物运价要低。也因此，适用特种货物运价的货物除了满足航线和货物种类的要求外，还必须达到承运人所规定的起码运量（如 100 千克）。如果货量不足，而托运人又希望适用特种运价，那么货物的计费重量就要以所规定的最低运量（100 千克）为准，该批货物的运费就是计费重量（在此就是最低运量）与所适用的特种货物运价的乘积。

（2）等级运价

等级运价适用于指定地区内部或地区之间的少数货物运输。通常表示为在普通货物运价的基础上增加或减少一定的百分比。等级货物运价一般分为两类：

第一类：是低于普通货物运价。使用这类运价的货物有书报杂志和作为货物托运的行李等。对航空公司来讲，前者是长久性货物，是对社会有益的，且只有空运才能争取时间；后者是由于客人已买了机票，航空公司已从机票中获得利益，故给予优惠。

第二类：是高于普通货物运价。这类等级货物有：活动物、贵重物品、遗体骨灰、车辆等。这些货物因在操作程序上较麻烦，需特殊处理，故使用的运价也高。

（3）普通货物运价

普通货物运价是适用最为广泛的一种运价。当一批货物不能适用特种货物运价，也不属于等级货物时，就应该适用普通货物运价。普通货物运价根据货物重量不同，分为若干个重量等级分界点（breakpoints）运价。如"N"（标准普通货物运价 Normal General Cargo Rates）表示 45 千克以下的普通货物运价；"Q"表示 45 千克以上（含 45 千克）的普通货物运价。另外，根据航线货流量的不同还可以规定 100 千克、300 千克分界点，甚至更多。运价的数额随运输货量的增加而降低，这也是航空运价的显著特点之一。

计算货物的运费：货物运费＝适用的运价×计费重量

（4）起码运费

起码运费是航空公司办理一批货物所能接受的最低运费，是航空公司在考虑办理即使很小的一批货物也会产生的固定费用后制订的。如果承运人收取的运费低于起码运费，就不能弥补运送成本。因此，航空公司规定无论所运送的货物适用哪一种航空运价，所计算出来的运费总额都不得低于起码运费。若计算出的数值低于起码运费，则以起码运费计收。

公布直达运价的使用规定如下：

①航空运费计算时，应首先适用特种货物运价，其次等级货物运价，最后是普通货物运价；

②如按特种货物运价或等级货物运价或普通货物运价计算的货物运费总额低于所规定的起码运费时，按起码运费计收。

③承运货物的计费重量可以是货物的实际重量或者是体积重量，以高的为准；如果某一运价要求有最低运量，而无论货物的实际重量或者是体积重量都不能达到要求时，以最低运量为计费重量。

④公布的直达运价是一个机场至另一个机场的运价，而且只适用于单一方向。

⑤公布的直达运价仅指基本运费，不包含仓储等附加费。

⑥运价的货币单位一般以启运地当地货币单位为准。

2. 非公布直达运价

如果甲地至乙地没有可适用的公布直达运价，则要选择比例运价或分段相加运价。

（1）比例运价

在运价手册上除公布直达运价外还公布一种不能单独使用的附加数。当货物的始发地或目的地无公布直达运价时，可采用比例运价与已知的公布直达运价相加，构成非公布直达运价。

需要注意的是在利用比例运价时，普通货物运价的比例运价只能与普通货物运价相加，特种货物运价、集装设备的比例运价也只能与同类型的直达运价相加，不能混用。此外，可以用比例运价加直达运价，也可以用直达运价加比例运价，还可以在计算中使用两个比例运价，但这两个比例运价不可连续使用。

（2）分段相加运价

指在两地间既没有直达运价也无法利用比例运价时，可以在始发地与目的地之间选择合适的计算点，分别找到始发地至该点、该点至目的地的运价，两段运价相加组成全程的最低运价。美加地区不能使用比例运价而只能使用分段相加运价。

无论是比例运价还是分段相加运价，中间计算点的选择，也就是不同航线的选择将直接关系到计算出来的两地之间的运价，因此，承运人允许发货人在正确使用的前提下，以不同计算结果中最低值作为该货适用的航空运价。

3. 航空附加费

（1）声明价值费

与海运或铁路运输的承运人相似，航空承运人也要求将自己对货方的责任限制在一定的范围内，以限制经营风险。

《华沙公约》中对由于承运人自身的疏忽或故意造成的货物的灭失、损坏或延迟规定了最高赔偿责任限额，这一金额一般为每千克 20 美元或每磅 9.07 英镑。如果货物的价值超过了上述值，即增加了承运人的责任，承运人要收取声明价值费。否则即使出现更多的损失，承运人对超出的部分也不承担赔偿责任。计算公式为：

声明价值费＝（货物价值－货物毛重×20 美元/千克）×声明价值费费率

声明价值费的费率通常为 0.5％，最低收费为人民币 10 元。

（2）其他附加费

其他附加费包括制单费、货到付款附加费、提货费等，一般只有在承运人或航空货运代理人或集中托运人提供服务时才收取。

五、航空快递

航空快递是指由具有独立法人资格的企业，将进出境的诸如急需的药品、医疗器械、贵重物品、图纸资料、货样、各种运输贸易商务单证和书报杂志等小件物品，从发件人所在地通过自身或代理的网络运达收件人的一种快速运输组织形式。

（一）航空快递的主要业务形式

1. 门到门服务（也是航空快递公司最常用的一种服务形式）

首先，发件人在需要时电话通知快递公司，快递公司接到通知后派人上门取件，然后，将所有收到的快件集中到一起，根据其目的地整理、制单、报关，再发往世界各地，到达目的地后，再由当地的分公司办理清关、提货手续，并送至收件人手中。在这期间，客户还可依靠快递公司的互联网络随时对快件（主要指包裹）的位置进行查询，快件送达之后，也可以及时通过互联网络将消息反馈给发件人。

2. 门/桌到机场

与前一种服务方式相比，门/桌到机场的服务指快件到达目的地机场后不是由快递公司去办理清关、提货手续并送达收件人的手中，而是由快递公司通知收件人自己去办理相关手续。采用这种方式的多是海关当局有特殊规定的货物或物品。

3. 专人派送

所谓专人派送是指由快递公司指派专人携带快件，在最短时间内将快件直接送到收件人手中。这是一种特殊服务，一般很少采用。

以上三种服务形式相比，门/桌到机场形式对客户来讲比较麻烦，专人派送最可靠，最安全，同时费用也最高。而门到门的服务介于上述两者之间，适合绝大多数快件的运送。

（二）航空快递的特点

航空快递在很多方面与传统的航空货运业务、与邮政运送业务有相似之处，但作为一项专门的业务它又有独到之处，主要表现在：

1. 收件的范围不同

航空快递的收件范围主要有文件和包裹两大类。其中文件主要是指商业文件和各种印刷品，对于包裹一般要求毛重不超过 32 千克（含 32 千克）或外包装单边不超过 102 厘米，三边相加不超过 175 厘米。近年来，随着航空运输行业竞争更加激烈，快递公司为吸引更多的客户，对包裹大小的要求趋于放松。而传统的航空货运业务以贸易货物为主，规定每件货物体积不得小于 5 厘米×10 厘米×20 厘米。邮政业务则以私人信函为主要业务对象，对包裹要求每件重量不超过 20 千克，长度不超过 1 米。

2. 经营者不同

经营国际航空快递的大多为跨国公司，这些公司以独资或合资的形式将业务深入世界各地，建立起全球网络。航空快件的传送基本都是在跨国公司内部完成。而国际邮政业务则通过万国邮政联盟的形式在世界上大多数国家的邮政机构之间取得合作，邮件通过两个以上国家邮政当局的合作完成传送。国际航空货物运输则主要采用集中托运的形式，或直接由发货人委托航空货运代理人进行，货物到达目的地后，再通过发货地航空货运代理的关系人代为转交货物到收货人的手中。业务中除涉及航空公司外，还要依赖航空货运代理人的协助。

3. 经营者内部的组织形式不同

邮政运输的传统操作理论是接力式传送。航空快递公司则大多采用中心分拨理论或称转盘分拨理论组织起全球的网络。简单来讲就是快递公司根据自己业务的实际情况在中心地区设立分拨中心。各地收集起来的快件，按所到地区分拨完毕，装上飞机。当晚各地飞机飞到分拨中心，各自交换快件后飞回。第二天清晨，快件再由各地分公司用汽车送到收件人办公桌上。这种方式看上去似乎不太合理，但由于中心分拨理论减少了中间环节，快件的流向简单清楚，减少了错误，提高了操作效率，缩短了运送时间，被事实证明是经济、有效的。

4. 使用的单据不同

航空货运使用的是航空运单，邮政使用的是包裹单，航空快递业也有自己的独特的运输单据——交付凭证。交付凭证一式四联。第一联留在始发地并用于出口报关；第二联粘贴在货物表面，随货同行，收件人可以在此联签字表示收到货物（交付凭证由此得名），但通常快件的收件人在快递公司提供的送货记录上签字，而将此联保留；第三联作为快递公司内部结算的依据；第四联作为发件凭证留存发件人处，同时该联印有背面条款，一旦产生争议时可作为判定当事各方权益、解决争议的依据。

5. 航空快递的服务质量更高

（1）速度更快

航空快递自诞生之日起就强调快速的服务，速度又被称为整个行业生存之本。一般洲际快件运送在 1～5 天内完成；地区内部只要 1～3 天。这样的传送速度无论是传统的航空货运业还是邮政运输都是很难达到的。

（2）更加安全、可靠

因为在航空快递形式下，快件运送自始至终是在同一公司内部完成，各分公司操作规程相同，服务标准也基本相同，而且同一公司内部信息交流更加方便，对客户高价值、易破损货物的保护也会更加妥帖，所以运输的安全性、可靠性也更好。与此相反，邮政运输和航空货物运输因为都涉及不止一位经营者，各方服务水平参差不齐，所以较容易出现货损货差的现象。

（3）更方便

确切的说航空快递不止涉及航空运输一种运输形式，它更像是陆空联运，通过将服务由机场延伸至客户的仓库、办公桌，航空快递真正实现了门到门服务，方便了客户。此外，航空快递公司对一般包裹代为清关，针对不断发展的电子网络技术又率先采用了EDI（电子数据交换）报关系统，为客户提供了更为便捷的网上服务，快递公司特有的全球性电脑跟踪查询系统也为有特殊需求的客户带来了极大的便利。

当然，航空快递同样有自己的局限性。如快递服务所覆盖的范围就不如邮政运输广泛。国际邮政运输综合了各国的力量，可以这样说，有人烟的地方就有邮政运输的足迹，但航空快递毕竟是靠某个跨国公司的一己之力，所以各快递公司的运送网络只能包括那些商业发达、对外交流多的地区。

第三节　国际多式联运

一、国际多式联运概述

国际多式联运简称多式联运，是在集装箱运输的基础上产生和发展起来的，是指按照多式联运合同，以至少两种不同的运输方式，由多式联运经营人将货物从一国境内的接管地点运至另一国境内指定交付地点的货物运输。国际多式联运适用于水路、公路、铁路和航空多种运输方式。在国际贸易中，由于85％～90％的货物是通过海运完成的，故海运在国际多式联运中占据主导地位。

（一）国际多式联运的特征

（1）要有一个多式联运合同，明确规定多式联运经营人和联运人之间的权利、义务、责任、豁免的合同关系和多式联运的性质。

（2）必须使用一份全程多式联运单据，即证明多式联运合同及证明多式联运经营人已接管货物，并负责按照合同条款交付货物所签发的单据。

（3）必须是至少两种不同运输方式的连贯运输，这是确定一票货运是否属于多式联运的最主要的特征。

（4）必须是国际间的货物运输。

（5）必须有一个多式联运经营人，对全程的运输负总的责任，由多式联运经营人去寻找分承运人实现分段运输。

（6）必须对货主实现全程单一运费费率。

（二）国际多式联运的优越性

国际多式联运是一种比区段运输高级的运输组织形式，20世纪60年代末美国首先试办多式联运业务，受到货主的欢迎。随后，国际多式联运在北美、欧洲和远东地区开始采用；20世纪80年代，国际多式联运已逐步在发展中国家实行。目前，国际多式联运已成为一种新型的重要的国际集装箱运输方式，受到国际航运界的普遍重视。1980年5月，在日内瓦召开的联合国国际多式联运公约会议上产生了《联合国国际多式联运公约》。该公约在30个国家批准和加入一年后生效。它的生效对国际多式联运的发展产生了积极的影响。

国际多式联运是今后国际运输发展的方向，主要表现在以下几个方面：

（1）简化托运、结算及理赔手续，节省人力、物力和有关费用。在国际多式联运方式下，无论货物运输距离有多远，由几种运输方式共同完成，且不论运输途中货物经过多少次转换，所有一切运输事项均由多式联运经营人负责办理。而托运人只需办理一次托运，订立一份运输合同，一次支付费用，一次保险，从而省去托运人办理托运手续的许多不便。同时，由于多式联运采用一份货运单证，统一计费，因而也可简化制单和结算手续，节省人力和物力，此外，一旦运输过程中发生货损货差，由多式联运经营人对全程运输负责，从而也可简化理赔手续，减少理赔费用。

（2）缩短货物运输时间，减少库存，降低货损货差事故，提高货运质量。在国际多式联运方式下，各个运输环节和各种运输工具之间配合密切，衔接紧凑，货物所到之处中转迅速及时，大大减少货物的在途停留时间，从而从根本上保证了货物安全、迅速、准确、及时地运抵目的地，因而也相应地降低了货物的库存量和库存成本。同时，多式联运系通过集装箱为运输单元进行直达运输，尽管货运途中需经多次转换，但由于使用专业机械装卸，且不涉及箱内货物，因而货损货差事故大为减少，从而在很大程度上提高了货物的运输质量。

（3）降低运输成本，节省各种支出。由于多式联运可实行门到门运输，因此对货主来说，在货物交由第一承运人以后即可取得货运单证，并据以结汇，从而提前了结汇时间。这不仅有利于加速货物占用资金的周转，而且可以减少利息的支出。此外，由于货物是在集装箱内进行运输的，因此从某种意义上来看，可相应地节省货物的包装、理货和保险等费用的支出。

（4）提高运输管理水平，实现运输合理化。对于区段运输而言，由于各种运输方式的经营人各自为政，自成体系，因而其经营业务范围受到限制，货运量相应也有限。而一旦由不同的经营人共同参与多式联运，经营的范围可以大大扩展，同时可以最大限度地发挥其现有设备作用，选择最佳运输线路组织合理化运输。

（5）其他作用。从政府的角度来看，发展国际多式联运具有以下重要意义：有利于加强政府部门对整个货物运输链的监督与管理；保证本国在整个货物运输过程中获得较大的运费收入分配比例；有助于引进新的先进运输技术；减少外汇支出；改善本国基础设施的利用状况；通过国家的宏观调控与指导职能，保证使用对环境破坏最小的运输方式，达到保护本国生态环境的目的。

（三）国际多式联运运输的程序

1. 接受托运申请，订立多式联运合同

多式联运经营人根据货主提出的托运申请和自己的运输线路等情况，判断是否接受该托运申请，发货人或其代理人根据双方就货物的交接方式、时间、地点、付费方式等达成协议并填写场站收据，并把其送至多式联运经营人进行编号，多式联运经营人编号后留下货物托运联，将其他联交还给发货人或其代理人。

2. 空箱的发放、提取及运送

多式联运中使用的集装箱一般由多式联运经营人提供，这些集装箱的来源可能有三种情况：一是多式联运经营人自己购置使用的集装箱，二是向借箱公司租用的集装箱，三是由全程运输中的某一分运人提供，如果双方协议由发货人自行装箱，则多式联运经营人或租箱公司或分运人签发提箱单交给发货人或其代理人，由他们在规定日期到指定的堆场提箱，并自行将空箱拖运到货物装箱地点，准备装货。

3. 出口报关

若多式联运从港口开始，则在港口报关；若从内陆地区开始，则应在附近内陆地海关办理报关，出口报关事宜一般由发货人或其代理人办理，也可委托多式联运经营人代为办理，报关时应提供场站收据、装箱单、出口许可证等有关单据和文件。

4. 货物装箱及接收货物

若是发货人自行装箱，发货人或其代理人提取空箱后在自己的工厂和仓库组织装箱，装箱工作一般要在报关后进行，并请海关派员到装箱地点监装和办理加封事宜，如需理货，还应请理货人员现场理货，并与其共同制作装箱单。

对于由货主自行装箱的整箱货物，发货人应负责将货物运至双方协议规定的地点，多式联运经营人或其代表在指定地点接收货物，如果是拼箱货，则由多式联运经营人在指定的货运站接收货物，验收货物后，代表多式联运经营人接收货物的人应在场站收据正本上签章并将其交给发货人或其代理人。

5. 订舱及安排货物运送

多式联运经营人在合同订立后，应立即制订该合同涉及的集装箱货物的运输计划，该计划应包括货物的运输路线，区段的划分，各区段实际承运人的选择及确定各区间衔接地点的到达，启运时间等内容。

这里所说的订舱泛指多式联运经营人要按照运输计划安排洽定各区段的运输工具，与选定的各实际承运人订立各区段的分运合同，这些合同的订立由多式联运经营人本人或委托的代理人办理，也可请前一区段的实际承运人作为向后一区段的实际承运人订舱。

6. 办理保险

在发货人方面，应投保货物运输保险，该保险由发货人自行办理，或由发货人承担费用而由多式联运经营人代为办理，货物运输保险可以是全程投保，也可以为分段投保，在多式联运经营人方面，应投保货物责任险和集装箱保险，由多式联运经营人或其代理人向保险公司或以其他形式办理。

7. 签发多式联运提单，组织完成货物的全程运输

多式联运经营人的代表收取货物后，多式联运经营人应向发货人签发多式联运提单，在把提单交给发货人之前，应注意按双方议定的付费方式及内容、数量向发货人收取全部应付费用。

多式联运经营人有组织和完成全程运输的责任和义务，在接收货物后，要组织各区段实际承运人、各派出机构及代表人共同协调工作，完成全程中各区段运输之间的衔接工作，并做好运输过程中所涉及的各种服务性工作和运输单据、文件及有关信息等组织和协调工作。

8. 运输过程中的海关业务

按惯例，国际多式联运的全程运输均应视为国际货物运输，因此，该环节工作主要包括货物及集装箱进口国的通关手续、进口国内陆段保税运输手续及结关等内容，如果陆上运输要通过其他国家海关和内陆运输线路时，还应包括这些海关的通关及保税运输手续。

如果货物在目的地港交付，则结关应在港口所在地海关进行，如果在内陆地交货，则应在口岸办理保税运输手续，海关加封后方可运往内陆目的地，然后在内陆海关办理结关手续。

9. 货物支付

当货物运往目的地后，由目的地代理通知收货人提货，收货人需凭多式联运提单提货，多式联运经营人或其代理人需按合同规定，收取收货人应付的全部费用，收回提单签发提货单，提货人凭提货单到指定堆场和地点提取货物。

如果是整箱提货，则收货人要负责至掏箱地点的运输，并在货物掏出后将集装箱运

回指定的堆场，此时，运输合同终止。

10. 货运事故处理

如果全程运输中发生了货物灭失、损害和运输延误，无论能否确定损害发生的区段，发（收）货人均可向多式联运经营人提出索赔，多式联运经营人根据提单条款及双方协议确定责任并做出赔偿，如能确定事故发生的区段和实际责任者，可向其进一步索赔，如不能确定事故发生的区段，一般按在海运段发生处理，如果已对货物及责任投保，则存在要求保险公司赔偿和向保险公司进一步追索问题，如果受损人和责任人之间不能取得一致，则需要通过在诉讼时效内提起诉讼和仲裁来解决。

（四）国际多式联运经营人

国际多式联运经营人既不是发货人的代理或代表，也不是承运人的代理或代表，它是一个独立的法律实体，具有双重身份，对货主来说它是承运人，对实际承运人来说，它又是托运人，它一方面与货主签订多式联运合同，另一方面又与实际承运人签订运输合同，它是总承运人，对全程运输负责，对货物灭失、损坏、延迟交付等均承担责任。

1. 国际多式联运经营人的责任范围

国际多式联运经营人的责任期间是从接收货物之时起到交付货物之时为止，在此期间内，对货主负全程运输责任，但在责任范围和赔偿限额方面，根据目前国际上的做法，可分为以下三种类型：

（1）统一责任制。在统一责任制下，多式联运经营人对货主负不分区段的运输的统一原则责任。即货物的灭失和损失不论发生在哪个区段，多式联运经营人按一个统一原则负责并一律按一个约定的限额赔偿。

（2）网状责任制。又称分段责任制，是指多式联运经营人的责任范围以各区段运输原有责任为限，如海上区段按《海牙规则》、航空区段按《华沙规则》办理。在不适用国际法时，则按相应的国内法办理。赔偿也是分别按区段的国际法或国内法规定的限额赔付，对不明区段货物损失，或作为海上区段按《海牙规则》办理，或按双方约定的一个原则办理。

（3）统一修正责任制。是介于上述两种责任制之间的责任制，故又称混合责任制。在责任范围方面与统一责任制相同，而在赔偿方面则与分段责任制相同。

2. 国际多式联运经营人应具备的基本条件

从经营的角度来看，国际多式联运应被划归在定期运输之列，即至少应有相对固定的国际多式联运线路和相应的价格。因此，为了确保国际多式联运业务的稳定性，国际多式联运经营人必须具备如下基本条件：

（1）取得从事国际多式联运的资格。在我国，中外合资企业、中外合作企业需要经交通部、铁道部共同批准，并办理相应手续后才能经营国际集装箱多式联运业务；除非法律、行政法规另有规定，外商独资企业不得从事国际集装箱多式联运业务。未经交通部、铁道部共同批准，境外企业不得从事我国国际集装箱多式联运业务。

（2）具备国际多式联运线路以及相应的经营网络。从事国际多式联运业务的企业不仅需要一支具有各种运输方式、运输知识、经验和能力的专业队伍，而且还必须建立自己的国际多式联运路线，并在所经营的各条联运线路上有分支机构、代表或代理人等所组成的完整的业务服务网络。同时还必须拥有先进的信息管理系统以实现运输的全程控制、实时控制。

（3）具备必要的运输设备，尤其是场站设施和短途运输工具。尽管法律法规上并未要求从事国际多式联运业务的企业必须拥有短途运输工具、货运站、仓库等硬件设施，但从实际运作来看，为了能在竞争激烈的市场立足，即使代理型的国际多式联运经营人也需要以投资入股、联营、长期租赁等形式获得必要的运输设备。

（4）与自己经营的国际多式联运线路有关的实际承运人、场站经营人之间存在长期的合作协议。多种运输方式组成的国际多式联运线路，既不是国际多式联运经营人也不是某一实际承运人所具备的，因此，为了确保国际多式联运业务的稳定性，国际多式联运经营人必须与有关的实际承运人、场站经营人签署长期合作协议，以便从这些实际承运人、场站经营人处获得订舱、仓储优先权和享受运杂费优惠。

（5）拥有符合该规则规定要求的国际多式联运单据。该国际多式联运单据实行登记编号制度。凡在我国境内签发的国际多式联运单据必须由国际多式联运经营人或其代理报交通部、铁道部登记，并在单据右上角注明许可证编号。

（6）拥有雄厚的资金。根据《国际集装箱多式联运管理规则》的规定，申请设立国际集装箱多式联运经营业务的注册资金不低于人民币 1000 万元，并有良好的资信。增设经营性的分支机构时，每增设一个分支机构增加注册资金人民币 100 万元。

（7）具备自己所经营国际多式联运线路的运价表。由于国际多式联运是由国际多式联运经营人将不同运输方式组合成综合性和一体化运输，通过一次托运、一张单证、一次计费，由各运输区段的承运人共同完成货物的全程运输，因而，从理论上讲，国际多式联运企业应制订全程运价表，且应采用单一运费制。然而，由于单一费率系由运输成本、经营管理费和利润所构成，而其中的运输成本（包括各区段不同运输方式的运费、装运站（港）包干费、中转站（港）费用、目的地（港）交货前的费用等）不仅随着不同的交货条件、运输方式和运输路线而变化，而且在很大程度上取决于市场供需状况以及各区段实际承运人的运费标准。

二、国际多式联运运输组织方式

（一）海陆联运

这是国际多式联运的一种形式。其做法是：以海运为主，由海上货物运输公司签发联运提单，与航线两端的内陆运输部门开展联运业务。

（二）陆桥运输

陆桥运输是国际多式联运最主要的一种运输方式，它采用集装箱专用列车或卡车，将大陆两端的海洋连接起来，实行连贯运输。目前，国际上的陆桥运输分为大陆桥、小陆桥和微桥运输几种类型。在欧亚大陆的一些国家，陆桥运输又分为铁—海，铁—铁和铁—卡几种方式。

（三）海空联运

海空联运开始于 20 世纪 60 年代。当时由远东地区运往美国东海岸和内陆地区的货物，先海运至美国西部口岸，再航运至目的地。采用这种运输方式，运输时间比全程海运时间节省，运输费用又比全程空运低廉。目前，由远东至欧洲、中南美、中近东及非洲的货物运输，多采用这种海空联运方式。

三、国际多式联运单证

国际多式联运单证是指证明多式联运合同以及证明多式联运经营人接管货物并负责按合同条款交付货物的单证。该单证包括双方确认的取代纸张单证的电子数据交换信息。国际多式联运单证不是多式联运合同，而是多式联运合同的证明，同时是多式联运经营人收到货物的收据和凭其交货的凭证。在实践中一般称为国际多式联运提单。

多式联运单证的基本内容包括：货物名称、标志、件数、重量、尺码、包装形式、危险品等特殊货物的特性，注意事项；国际多式联运经营人的主营业所；托运人名称、收货人名称、接收货物的日期、地点；交付货物的地点；签发日期和地点；国际多式联运经营人或其授权人的签字；可转让或不可转让的声明；交接方式；运费支付；约定的到达期限；货物中转地点；多式联运单据条款等。

四、国际多式联运的法律与惯例

（一）1980 年《联合国国际货物多式联运公约》

《联合国国际货物多式联运公约》是关于国际货物多式联运中的管理、经营人的赔偿责任及期间、法律管辖等的国际协议。它于 1980 年在联合国贸易和发展会议全权代表会上通过，但至今未能生效。我国没有参加该公约。

其主要内容如下：

（1）该公约适用于货物启运地和（或）目的地位于缔约国境内的国际货物多式联运合同。

（2）该公约并不排除各缔约国国内法律管辖。

（3）实行统一责任制和推定责任制。

（4）多式联运经营人的责任期间为自接管货物之时起至交付货物之时止。

（5）偿责任限额为每个或每一运输单位 920 特别提款权，或按货物毛重计算，每千克 2.75 特别提款权，两者以较高者为准。

（6）货物损害索赔通知应于收到货物的次一工作日之前，以书面形式提交多式联运经营人，延迟交付损害索赔通知必须在收到货物后 60 日内书面提交，诉讼或仲裁时效期间为 2 年。

（7）有管辖权的法院有：被告主要营业所或被告的居所所在地；合同订立地；货物接管地或交付地；合同指定并在多式联运单据中载明的其他地点。仲裁申诉方有权选择在上述地点仲裁。

（8）公约附有国际多式联运海关事项的条款，规定缔约国海关对于运输途中的多式联运货物，一般不做检查，但各启运国海关所出具的材料应完整与准确。

（二）1973 年《国际商会联运单证规则》

《国际商会联运单证规则》是最早的关于联运单证的国际民间协议。由国际商会于1973 年制订，1975 年进行了修改。作为民间规则，其适用不具有强制性，但经常被国际货物多式联运合同双方当事人协议采用。

其主要内容如下：

1. 多式联运经营人的责任形式

规则对于多式联运经营人实行网状责任制。对于发生在多式联运经营人责任期间内的货物灭失或损坏，如果知道这种灭失或损坏发生的运输区段，多式联运经营人的赔偿责任，依据适用于该区段的国际公约或国内法予以确定；在不能确定货物发生灭失或损坏的区段时，即对于隐藏的货物损失，其赔偿责任按完全的过错责任原则予以确定。赔偿责任限额为，按灭失或损坏的货物毛重每千克30金法郎计算。如果发货人事先征得多式联运经营人的同意，已申报超过此限额的货物价值，并在多式联运单据上注明，则赔偿责任限额应为所申报的货物价值。

2. 多式联运经营人的责任期间

规则规定，多式联运经营人的责任期间为从接管货物时起，至交付货物时为止的整个运输期间。

3. 多式联运经营人对货物运输延迟的责任

只有在确知发生延迟的运输区段时，多式联运经营人才有责任支付延迟赔偿金。赔偿金的限额为该运输区段的运费。但适用于该区段的国际公约或国内法另有规定时除外。

4. 货物灭失或损坏的通知与诉讼时效

收货人应在收货之前或当时，将货物灭失或损坏的一般性质书面通知多式联运经营人。如果货物灭失或损坏不明显，应在7日内提交通知，否则，便视为多式联运经营人按多式联运单据所述情况交付货物的初步证据。就货物灭失、损坏或运输延迟而向多式联运经营人提出索赔诉讼的时效期间为9个月，自货物交付之日或本应交付之日，或自收货人有权认为货物已灭失之日起计算。

（三）1991年《联合国国际贸易和发展会议/国际商会多式联运单证规则》

《联合国国际贸易和发展会议/国际商会多式联运单证规则》于1991年由联合国国际贸易和发展会议与国际商会共同制订，是一项民间规则，供当事人自愿采纳。规则共13条。主要内容如下：

（1）本规则经当事人选择后适用，一经适用就超越当事人订立的条款，除非这些条款增加多式联运经营人的义务。

（2）对一些名词做了定义。

（3）多式联运单证是多式联运经营人接管货物的初步证据，多式联运经营人不得以相反的证据对抗善意的单据持有人。

（4）多式联运经营人责任期间自接管货物时起到交付货物时止。多式联运经营人为其受雇人、代理人和其他人的行为或不行为承担一切责任。

（5）多式联运经营人的赔偿责任基础是完全责任制，并且对延迟交付应当承担责任。

（6）多式联运经营人的责任限制为每件或每单位666.67特别提款权，或者毛重每千克2特别提款权。

（7）如果货物的损坏或灭失的原因是多式联运经营人的行为或不行为造成的，则不得享受责任限制。

（8）如果货物的损坏或者灭失是由托运人的原因造成的，则多式联运经营人应先向单据的善意持有人负责，而后向托运人追偿。

（9）货物损坏明显，则收货人应立即向多式联运经营人索赔，如不明显，则在6日内索赔。

（10）诉讼时效为9个月。

（11）本规则无论是对侵权还是违约均有效。

（12）本规则适用于所有多式联运关系人。

本章小结

通过本章的学习，可以让学生了解到国际物流都有哪些运输方式，每种运输方式都是如何进行流程运作及所需单证。同时也能让学生了解国际物流运输方式的最一般定义和特点等，为以后的工作和学习提供有利支撑。

复习思考题

1. 国际物流运输方式一般都包括哪些？
2. 集装箱班轮货运流程及所需的单证是什么？
3. 国际航空运输的运价如何进行折算？
4. 什么是国际多式联运，国际多式联运都有哪些单证要求？

第三章　国际物流仓储

本章主要知识

- 国际物流货物仓储概述
- 保税区与保税仓库
- 国际物流仓储业务运作基本程序

教学目标与要求

国际物流仓储是新兴而重要的行业，应了解国际物流仓储的重要性主要体现在仓储是现代物流不可缺少的重要环节。仓储能对货物进入下一个环节前的质量起保证作用；仓储是保证社会再生产过程顺利进行的必要条件；仓储是加快商品流通，节约流通费用的重要手段；以及仓储能够为货物进入市场做好准备。了解保税区的重要作用，以及保税仓库的内涵及适用范围。同时，掌握国际物流货物仓储中商品入库业务流程以及商品出库业务流程。

第一节　国际物流货物仓储概述

仓储是指利用仓库及相关设施设备进行物品的进库、存储、出库的作业。外贸仓储工作同外贸运输一样，都是对外贸易及国际物流不可缺少的环节。不论是资本主义国家，还是社会主义国家，仓库在各国的国民经济中，在国际间的生产、分配、交换、消费过程中，或者说在一国范围和世界范围的商品生产和商品流通过程中，都有着重要的地位和作用。外贸仓库不仅负担着进出口商品保管存储的任务，而且还担负着出口的加工、挑选、整理、包装、刷唛、备货、组装和发运等一系列的任务。仓库还要根据库存商品货件变化和库存时间的长短、周转的快慢等资料，及时向有关单位提供信息，发现问题，并协助解决，从而起到促生产、促收购、促出口、促进外贸企业改善经营管理，以充分发挥仓库工作的能动作用。仓储在物流系统中的重要性主要体现在以下五个方面：

（一）仓储是现代物流中不可缺少的重要环节

从供应链的角度，物流过程可以看做是由一系列的"供给"和"需求"组成，当供给和需求节奏不一致，也就是两个过程不能够很好地衔接，出现生产的产品不能即时消费或者存在需求却没有产品满足时，就需要建立产品的储备，将不能即时消费的产品储存起来以备满足后来的需求。这时就需要仓储过程的存在。

（二）仓储能对货物进入下一个环节前的质量起保证作用

在货物仓储环节对产品质量进行检验能够有效地防止伪劣产品流入市场，保护了消费者权益，也在一定程度上保护了生产厂家的信誉。通过仓储来保证产品质量主要通过两个环节：一是在货物入库时进行质量检验，看货物是否符合仓储要求，严禁不合格产品混入库场；二是在货物的储存期间内，要尽量使产品不发生物理以及化学变化，尽量减少库存货物的损失。

（三）仓储是保证社会再生产过程顺利进行的必要条件

货物的仓储过程不仅是商品流通过程顺利进行的必要保证，也是社会再生产过程得以进行的保证。

（四）仓储是加快商品流通，节约流通费用的重要手段

虽然货物在仓库中进行储存时，是处于静止的状态，会带来时间成本和财务成本的增加，但事实上从整体上而言，它不仅不会带来时间的损耗和财务成本的增加，相反它能够帮助加快流通，并且节约运营成本。

（五）仓储能够为货物进入市场做好准备

仓储能够在货物进入市场前完成整理、包装、质检、分拣等程序，这样就可以缩短后续环节的工作时间，加快货物的流通速度。

第二节　保税区与保税仓库

一、保税区

1990 年，经国务院批准，我国借鉴国际通行做法，按照自由贸易区模式建立了中国第一个自由经济区——上海外高桥保税区，随后在短短几年里，又先后建立了深圳沙头角、深圳福田、烟台、青岛、天津港、大连大窑湾、张家港、宁波、厦门、福州、广州和海口等保税区，总启动面积达 17.6 平方千米。

兴建保税区是我国 20 世纪 90 年代实行全方位开放战略的新产物，其设立的目的是为了改善投资环境和吸引外资。保税区是我国目前开放度最大的地区，对所在地区和全国经济发展都起着重要的作用。它是我国发展外向型经济和对外开放纵深发展的必然产物，是对我国 20 世纪 80 年代建立的"经济特区"、"经济技术开发区"等开放形式的补充和发展。建区后的几年中，保税区在发挥招商引资、出口加工、国际贸易、转口贸易和仓储等功能和带动区域经济发展等方面显示出独特的优势。

我国保税区从其性质、功能以及运作方式上看，基本上类似于国外的自由贸易区这一自由经济区形式。我国现有的 13 个保税区英文名都译为"free trade zone"。这表明，我国保税区与国际上通行的促进对外贸易发展的自由贸易区具有本质上的共同性，是借鉴国际通行惯例，利用特殊关税政策促进外贸发展的自由经济区形式之一。

20 世纪 80 年代以来，自由经济区发展的一个重要特点是突破传统的自由港、自由贸易区、出口加工区的模式，由原来的单一功能向着多功能综合型方向发展，它们不仅

重视对外贸易，也重视出口加工，并把金融、保险、旅游等第三产业引入自由经济区。在这一点上，我国保税区和世界自由经济区的发展趋势是一致的。在大力发展对外贸易的同时，各保税区纷纷开展出口加工、仓储、金融、保险等业务，努力走出一条有中国特色的工贸结合的综合型自由之路。

我国目前批准设立的 13 个保税区，有依托港口的，如天津港、沙头角、上海外高桥、广州、青岛、宁波、汕头的保税区；有依托开发区的，如大连、厦门、福州的保税区；既不在开发区，又不临港口的有福田保税区；还有唯一依托内河港口的张家港保税区。为了达到吸引外资的目的，各保税区都投入了大量的资金用于保税区的基础设施建设。同时，参照国外自由贸易区的有关经验，结合我国具体情况，制订了一系列政策法规，以确保保税区按国际惯例办事，为投资者提供可靠的保障。自从保税区建立以来，就吸引了国内外大批投资者，招商势头良好，成绩显著。

二、保税仓库

（一）保税仓库的内涵及适用范围

随着国际贸易的不断发展，贸易方式日益多样化，如进口原材料、配件进行加工装配后复出口，补偿贸易、转口贸易、期货贸易等灵活贸易方式。如果进口时要征收关税，复出时再申请退税，手续过于烦琐，必然会加大货物的成本，增加国际贸易的风险，不利于发展对外贸易。建立保税仓库后，可大大降低进口货风险，有利于鼓励进口，鼓励外国企业在中国投资，是非常重要的投资环境的一部分。

保税仓库的设立需要专门批准，外国货物的保税期一般最长为两年，在这个时期中可存放在保税仓库中。这个期间，经营者可以找到最适当的销售时机，一旦实现销售，再办理关税等通关手续。如果两年之内未能销售完毕，则可再运往其他国家，保税库所在国不收取关税。

因此，保税仓库是指商品在进入国家海关的时候，暂时不缴纳"关税"，在实现销售的时候，再补缴"关税"。这项政策的制定，是为了鼓励短线（国家和人民生活需要的）产品、原料、物资、商品的进口，缓解销售单位的资金周转和经营风险。

保税仓库适用于存放供来料加工、进料加工复出口的料、件；经外经贸部门批准寄售维修的零备件；外商寄存、暂存、转口货物；供应国际航行船舶的燃料、零配件、免税品；以及在指定地区储存国际天然橡胶组织的天然橡胶。一般贸易进口货物不允许存入保税仓库。自 1996 年 4 月 1 日起，凡经我国港口转口至任何国家或地区的烟酒，一律不准作为转口货物存入海关保税仓库。保税货物在保税仓库所在地海关入境时，货主或其代理人应当填写进口货物报关单一式三份，加盖"保税仓库货物"印章并注意此货物系存入某保税仓库，并向海关申报。经海关查验放行后，一份由海关留存，两份随货单交保税仓库。保税仓库经理人应于货物入库后即在上述报关单上签收，一份留存，一份交回海关存查。货主在保税仓库所在地以外的其他口岸进口货物，应按海关对转关运输货物的规定办理转关运输手续。货物运抵后再按上述办法办理入库手续。保税货物经海关核准转为进入国内市场销售时，由货主或其代理人向海关递交进口货物许可证件、进口货物报关单和海关需要的其他单证并交纳关税和进口环节税后，由海关签印放行，将原进口货物报关单注销。对用于中、外国际航行船舶的保税油料和零备件以及用于在保修期限内免费维修有关外国产品的保税零备件，免征关税和进口环节税。备料保税仓库是专为储存来料加工、进料加工项下进口备用料、件的仓库。在加工复出口业务集中的地区，如果当地未设海关，也可申请建立备料保税仓库。从备料保税仓库提取料、件用于来料加工和进料加工的，海关按来料加工、进料加工的有关规定进行管理。对从来料加工、进料加工备料保税仓库提取的货物，货主应事先持批准文件、合同等有关单证向海关办理备案登记手续，并填写来料加工、进料加工专用报关单和《保税仓库领料核准单》一式三份，一份由批准海关备存，一份由领料人留存，一份由海关签盖放行章后交货主。仓库经理人凭海关签印的领料核准单交付有关货物并凭以向海关办理核销手续。

（二）保税仓库允许存放的货物范围

我国海关监管制度中，主要是保税仓库制度，保税仓库也是由海关批准并由海关监管的。我国规定，保税仓库制度允许存放的货物范围如下：

（1）缓办纳税手续的进口货物。这主要包括进口国工程、生产等需要，由于种种原因而造成的预进口货物，储存在保税仓库内，随需随提，并办理通关手续，剩余的货物免税退运。也包括进口国情况变化、市场变化，而暂时无法决定去向的货物，或是无法做出最后处理的进口货物，这些都需要将货物存放一段时间。如果条件变化，需要实际进口，再缴纳关税和其他税费，这就使进口商将纳税时间推迟到货物实际内销的时间。

（2）需做进口技术处置的货物。有些货物到库后，由于不适于在进口国销售，需换包装装潢，改包装尺寸或做其他加工处理，则可入保税仓库进行这一技术处置，待到符合进口国的要求后再内销完税，不符合的则免税退返。

（3）来料加工后复出的货物。为鼓励"两头在外"的国际贸易战略的实施，对有些来料加工，又是在保税区或保税仓库完成的，加工后，该货物复出口，则可存放于保税仓库。

（4）不内销而过境转口的货物。有些货物或内销无望而转口，或在该区域存放有利于转口，或无法向第三国直接进口而需转口，货物则可存放于保税仓库中。

保税仓库在国际物流中，不仅适于进口货物，也可用于出口货物。

（三）保税仓库的类型

（1）专业性保税仓库。是由有外贸经营权的企业，经海关批准而建立的自管自用的保税仓库。

（2）公共保税仓库。是具有法人资格的经济实体，经海关批准建立的综合性保税仓库。这类保税仓库一般不经营进出口商品，只为国内外保税货物持有者服务。

（3）保税工厂。是整个工厂或专用车间在海关监督管理下，专门生产进料加工、进件装配复出口产品的工厂。

（4）海关监管仓库。主要存放已进境而所有人未来提取的货物或行李物品，或者无证到货、单证不齐、手续不完备以及违反海关规程，海关不予放行，需要暂存海关监管仓库等候海关处理的货物。海关监管仓库的另一种类型是出口监管仓库，专门存储已对外成交，并已结汇，但海关批准暂不出境的货物。

第三节　国际物流仓储业务运作基本程序

一、商品入库业务

（一）商品接收的依据

商品入库是指接到商品入库通知单后，经过接运提货、装卸搬运、检查验收、办理入库手续等一系列作业环节构成的工作过程。商品入库的依据是仓库同货主企业签订的仓储合同、仓库上级管理部门下达的入库通知或物资入库计划。

（二）商品接运的方式

商品到达仓库的形式，除了一小部分由供货单位直接运到仓库交货外，大部分要经过铁路、公路、航运、空运和短途运输等运输工具转运。

1. 专用线接车

（1）接到专用线到货通知后，应立即确定卸货货位，力求缩短场内搬运距离；组织好卸车所需的机械、人员以及有关资料，做好卸车准备。

（2）车皮到达后，引导对位，进行检查，看车皮封闭情况是否良好（即车厢、车窗、铅封、苫布等有无异状）；根据运单和有关资料核对到货品名、规格、标志和清点件数；检查包装是否有损坏或有无散包；检查是否有进水、受潮或其他损坏现象。在检查中发现异常情况，应请铁路部门派人员复查，做出普通或商务记录，记录内容应与实际情况相符，以便交涉。

（3）卸车时要注意为商品验收和入库保管提供便利条件，分清车号、品名、规格，不混不乱；保证包装完好，不碰坏，不压伤，更不得自行打开包装。应根据商品的性质合理堆放，以免混淆，卸车后应在商品上标明车号和卸车日期。

（4）编制卸车记录，记明卸车货位、规格、数量，连同有关证件和资料，尽快向保管员交代清楚，办好内部交接手续。

2. 仓库自行接货

（1）仓库接受货主委托直接到供货单位提货时，应将这种接货与检验工作结合起来同时进行。

（2）仓库应根据提货通知，了解所提货物的性能、规格、数量，准备好提货所需的机械、工具、人员，配备保管员在供方当场检验质量、清点数量，并做好验收记录，使接货与验收合并一次完成。

3. 仓库内接货

存货单位或供货单位将商品直接运到仓库储存时，应由保管员或验收人员直接与送货人员办理交接手续，当面验收并做好记录。若有差错，应填写记录，由送货人员签字证明，据此向有关部门提出索赔。

（三）商品入库交接的程序

入库流程：订购→送货→点收检查→办理入库手续→物品放置到指定货位→填写物品标识卡标识。

（1）采购部门根据货源的情况，及时填写订购单，送部门经理批准，并送一份给仓库，作为核对货物以及单价的依据。订购单须注明品名、规格、数量、单价以及供应商名称。

（2）供应商须凭送货单将货物送至指定地点，送货单也须注明供应商名称、品名、数量、规格、单价、金额。

（3）仓库核对订购单、送货单无误后，将货物点收入库，如是货运公司送货，须将送货单随货同行，并在货运单上注明货单的存放位置。

（4）仓库填写入库单，送财务经理批准。

（5）仓库将货物放置到规定的货架并填写物品标识卡标识。

（四）商品入库的验收作业流程

商品验收是按照验收业务作业流程，核对凭证等规定的程序和手续，对入库商品进行数量和质量检验的经济技术活动的总称。凡商品进入仓库储存，必须经过检查验收，只有验收后的货物，方可入库保管。商品验收涉及多项作业技术。

商品验收作业包括验收准备、核对凭证和实物检验三个作业环节。

1. 验收准备

仓库接到到货通知后，应根据商品的性质和批量提前做好验收前的准备工作，大致包括以下内容：

（1）人员准备：安排好负责质量验收的技术人员或用料单位的专业技术人员，以及配合质量验收的装卸搬运人员。

（2）资料准备：收集并熟悉待验商品的有关文件，如技术标准、订货合同等。

（3）器具准备：准备好验收用的检验工具，如衡器、量具等，并检验其准确性。

（4）货位准备：确定验收入库时的存放货位，计算和准备堆码苫垫材料。

（5）设备准备：大批量商品的数量验收，必须要有装卸搬运机械的配合，应做设备的申请调用。此外，对于特殊商品的验收，如有毒物品、腐蚀品、放射品等，还要准备相应的防护用品。

2. 核对凭证

入库商品必须具备下列凭证：

（1）入库通知单和订货合同副本，这是仓库接收商品的凭证。

（2）供货单位提供的材质证明书、装箱单、磅码单、发货明细表等。

（3）商品承运单位提供的运单，若商品在入库前发现残损情况，还要有承运部门提供的货运记录或普通记录，作为向责任方交涉的依据。

（4）核对凭证，也就是将上述凭证加以整理全面核对。入库通知单、订货合同要与供货单位提供的所有凭证逐一核对，相符后，才可进行下一步——实物检验。

3. 实物检验

实物检验就是根据入库单和有关技术资料对实物进行数量和质量检验。

（五）入库中的问题处理

1. 商品验收中问题的处理

商品验收中，可能会发现诸如证件不全、数量短缺、质量不符合要求等问题，应区别不同情况，及时处理。

（1）验收中发现问题等待处理的商品，应该单独存放，妥善保管，防止混杂、丢失、损坏。

（2）数量短缺在规定磅差范围内的，可按原数入账；凡超过规定磅差范围的，应查对核实，做好验收记录。磅码单交主管部门，其会同货主向供货单位办理交涉。凡是实际数量多于原发料量的，可由主管部门向供货单位退回多发数，或补发货款。在商品入库验收过程中发生的数量不符情况，其原因可能是发货方面在发货过程中出现了差错，误发了商品，或者是在运输过程中漏装或丢失了商品。

（3）质量不符合规定时，应及时向供货单位办理退货、换货交涉，或征得供货单位同意进行修理，或在不影响使用前提下降价处理。商品规格不符或错发时，应先将规格对的予以入库，规格不对的做成验收记录交给主管部门办理换货。

（4）证件未到或不齐时，应及时向供货单位索取，到库商品应作为待检验商品堆放在待验区，待证件到齐后再进行验收。证件未到之前，不能验收，不能入库，更不能发料。

（5）属承运部门造成的商品数量短少或外观包装严重残损等，应凭接运提货时索取的"货运记录"向承运部门索赔。

（6）价格不符，供方多收部分应拒付，少收部分经过检查核对后，应主动联系，及时更正。

（7）"入库通知单"或其他证件已到，在规定的时间未见商品到库时，应及时向有关部门反映，以便查询处理。

2.处理商品验收中问题的注意事项

在商品验收过程中，如果发现商品数量或质量的问题，应该严格按照有关规章制度进行处理，这样有利于分清各方的责任，并促使有关责任部门吸取教训，改进今后的工作。所以，在对验收过程中发现的问题进行处理时应该注意以下几个方面：

（1）商品入库凭证未到齐之前不得正式验收。如果入库凭证不齐或不符，仓库有权拒收或暂时存放，等凭证到齐再验收入库。

（2）商品数量或质量不符合规定，要会同有关人员当场做出详细记录，交接双方应在记录上签字。如果是交货方的问题，仓库应该拒绝接收。如果是运输部门的问题就应该提出索赔。

（3）数量验收后，计件商品应及时验收，发现问题要按规定的手续、在规定的期限内向有关部门提出索赔要求。超过索赔期限，责任部门对形成的损失将不予负责。

二、商品出库业务

（一）商品出库的依据

商品必须依据货主开出的"商品调拨通知单"才能出库。任何情况下，仓库都不得擅自动用、变相动用或者外借货主的库存商品。"商品调拨通知单"的格式不尽相同，不论采用何种形式，都必须是符合财务制度要求的、有法律效力的凭证。坚决杜绝凭信誉或无正式手续的发货。

（二）商品出库的要求和出库形式

1. **商品出库的要求**

做到"三不三核五检查"。"三不"，即未接单据不登账，未经审单不备货，未经复核不出库；"三核"，即在发货时要核实凭证、核对账卡、核对实物；"五检查"，即对单据和实物要进行品名检查、规格检查、包装检查、件数检查、重量检查。具体地说，商品出库要求严格执行各项规章制度，提高服务质量，使用户满意，包括对品种规格的要求，积极与货主联系业务，为用户提货创造各种方便条件，杜绝差错事故。

2. **商品出库的形式**

（1）送货

仓库根据货主单位预先送来的"商品调拨通知单"，通过发货作业把应发商品交由运输部门送达收货单位，这种发货形式就是通常所称的送货制。仓库实行送货，要划清交接责任。仓储部门与运输部门的交接手续，是在仓库现场办理完毕的。运输部门与收货单位的交接手续，是根据货主单位与收货单位签订的协议，一般在收货单位指定的到货目的地办理。

送货具有"预先付货、按车排货、发货等车"的特点。仓库实行送货具有多方面的好处：仓库可预先安排作业，缩短发货时间；收货单位可避免因人力、车辆等不便而发生的取货困难；在运输上，可合理使用运输工具，减少运费。仓储部门实行送货业务，应考虑到货主单位不同的经营方式和供应地区的远近，既可向外地送货，也可向本地送货。

（2）自提

由收货人或其代理持"商品调拨通知单"直接到仓库提取，仓库凭单发货，这种发货形式就是仓库通常所用的提货制。它具有"提单到库，随到随发，自提自运"的特点。为划清交接责任，仓库发货人与提货人在仓库现场，对出库商品当面交接清楚并办理签收手续。

（3）过户

过户是一种就地划拨的形式，商品虽未出库，但是所有权已从原存货户转移到新存货户。仓库必须根据原存货单位开出的正式过户凭证，才予以办理过户手续。

（4）取样

货主单位出于对商品质量检验、样品陈列等需要，到仓库提取货样。仓库也必须根据正式取样凭证才发给样品，并做好账务记载。

（5）转仓

货主单位为了业务方便或改变储存条件，需要将某批库存商品自甲库转移到乙库，这就是转仓的发货形式。仓库也必须根据货主单位开出的正式转仓单，才予办理转仓手续。

（三）商品出库的程序

1. **出库流程**

内部流程：领料人填写领料单→主管签字→核对品名、规格、数量并发料。

外部流程：商务代表填写出库单→用户确认→收银→出库单送到装机处→装机人员

领料→仓库发料→装机人员核对规格、数量并签字。

如无须装机：商务代表填写出库单→用户确认→收银→仓库发料→领料人确认规格、数量无误后在领料人处签字；如果内部领料使用，由各部门开列领料单，经主管签字，凭三联单到仓库领料。

如果出售物品领料，商品代表将配置单送仓库，确认货物，确认无误后，开列出库单并将收银后的出库单送装机人员；装机人员凭出库单到仓库领料，核对货物无误后，仓管和装机人员同时签字。

如有赠品，须在出库单上注明名称、规格、数量。

2. 货物出库的方式

货物出库的方式主要有三种：客户自提、委托发货、仓储企业派自己的货车给客户送货。提货的车到达仓库后，出示出库单据，在库房协调下，按规定做好数量记录，检查人员按货位、品种、数量搬运货物装到车上。保管人员做好出库质量管理，严防散漏、破损，做好数量、重量记录，制作出库检查表，由复核人员核实品种、数量和提单，制作出仓库出门条。出库时交出库门卫，核实后放行。不同仓库在商品出库的操作程序上会有所不同，操作人员的分工也有粗有细，但就整个发货作业的过程而言，一般都是跟随着商品在库内的流向，或出库单的流转而构成各种衔接。

3. 出库程序

出库程序包括：核单→复核→包装→点交→登账→清理等过程。出库采用何种方式，主要决定于收货人。

（1）核单备料：发货商品必须有正式的出库凭证，严禁无单或白条发货。保管员接到出库凭证后，应仔细核对，这就是出库业务的核单（验单）工作。首先要审核出库凭证的真实性；其次核对商品的品名、型号、规格、单价、数量、收货单位、到站、银行账号；再次审核出库凭证的有效期等。如果属于自提商品，还需要检查有无财务部门准许发货的签单。

在对商品调拨通知单所列项目进行审查之后，才能开始备料工作。出库商品应附有质量证书或抄件、磅码单、装箱单等，机电设备等配件产品的说明书及合格证应随货同到。备料时应本着"先进先出，易霉易坏先出，接近失效期先出"的原则，根据领料数量备料。备料的计量实行"以收代发"，即利用入库检查时的一次清点数，不再重新过磅。备料后要及时变动料卡余额数量，填写实发数量和日期等。

（2）复核：为防止差错，备料后应立即进行复核。出库的复核形式主要有专职复核、交叉复核和环环复核三种。复核的主要内容包括：品种数量是否准确，商品质量是否完好，配套是否齐全，技术证书是否齐备，外观质量和包装是否完好等。复核后保管员和复核员应在"商品调拨通知单"上签字。

（3）包装：根据商品外形的特点，选用适宜的包装材料，其重量和尺寸，应便于装卸和搬运。出库商品包装，要求干燥、牢固，如有破损、潮湿、捆扎松散等不能保障商品在运输途中安全的，应负责加固整理，做到破包破箱不出门。此外，各类包装容器，见外包装上有水湿、油迹、污损，均不许出门。另外，在包装中，严禁互相影响或性能互相抵触的商品混合包装。包装后，要写明收货单位、到站、发货号、本批总件数、发货单位等。

（4）点交：商品经复核后，如果是本单位内部领料，将商品和单据当面点交给提货人，办清交接手续；如系送料或将商品调出本单位办理托运的，与送料人员或运输部门办理交接手续，当面将商品交点清楚。交清后，提货人员应在出库凭证上签章。

（5）登账：点交后，保管员应在出库单上填写实发数、发货日期等内容，并签名。然后将出库单连同有关证件资料，及时交货主，以便货主办理货款结算。保管员把留存的一联出库凭证交实物明细账登记人员做账。

（6）现场和档案的清理：现场清理包括清理库存商品、库房、场地、设备和工具等。档案清理是指对收发、保养、盈亏数量和垛位安排等情况进行分析。

在整个出库业务过程中，复核和点交是两个最为关键的环节。复核是防止差错的重要和必不可少的措施，而点交则是划清仓库和提货方两者责任的必要手段。

本章小结

通过本章学习，可以让学生了解什么是国际物流仓储及其相关业务，同时也能让学生分辨出什么是保税区，什么是保税仓库；进而让学生学习到国际物流仓储业务的最基本运作流程，让学生在还没踏入社会就先掌握国际物流仓储业务的最基本知识。

复习思考题

1. 简要回答什么是国际物流仓储业务。
2. 简述保税区与保税仓库。
3. 简述国际物流仓储业务的基本运作程序。

第四章 海关与进出口货物报关概述

本章主要知识

- 海关概述
- 报关概述

教学目标与要求

报关和海关的基本概念和相关的基础知识是必须了解的。通过学习，应当重点掌握报关的概念和分类；报关的范围和基本内容；海关的基本性质和任务；海关的权力；海关的组织机构和管理体制等相关内容。

第一节 海关概述

一、海关的起源和概念

（一）海关的起源

海关的产生和变化发展，经历了一个漫长的历史过程。海关是国家的出入境监督管理机关。海关的出现是以国家的产生为前提的。海关的产生根源是由于国家的产生，它是国家产生和发展的产物。有了国家才会有国与国之间的交往，才会有国与国之间的经济往来，才会有国与国之间的贸易关系。在这个基础上，国家为了维护自己的主权，同时为了维护自己的利益，才设立海关，对出入境的货物和人员进行监督管理。当然，在不同的历史时期，不同的国家，尽管海关的具体组织形式有所不同，或者有些任务也不同，但是海关的基本性质是有共同之处的，也就是海关是由于国家的需要而设立的。海关是随着国家商品生产的发展和对外商品交换的需要而逐步形成和发展起来的。一个国家社会生产的发展，必然会有对外贸易的需要。伴随着国际贸易关系发展，进出境的货物、运输工具、人员等日益增多，就需要进行监督管理和征税。海关的产生不仅与国家的对外贸易有密切关系，同时也与国家的外事活动、国际交往息息相关。为了管理国与国之间的人员来往，就需要建立海关。因此可以说，海关是国家形成后的产物，是随着对外贸易及国际交往的发展而逐步建立和发展起来的。

（二）海关的概念

海关是国家的进出关境监督管理机关，是国家设立的、代表国家对进出境的运输工具、货物、物品的进出境活动进行监督管理的行政执法机关。其行使国家权力的基本特点是主权性和强制性。海关履行国家行政制度的监督管理职能，是国家宏观管理的一个重要组成部分。

二、海关的基本任务与性质

《中华人民共和国海关法》以立法的形式明确表述了中国海关的性质与任务。《中华人民共和国海关法》第二条规定："中华人民共和国海关是国家的进出关境监督管理机关。海关依照本法和其他有关法律、行政法规，监管进出境的运输工具、货物、行李物品、邮递物品和其他物品，征收关税和其他税、费，查缉走私，并编制海关统计和办理其他海关业务。"

（一）海关的基本任务

《中华人民共和国海关法》明确规定海关有四项基本任务，即监管进出境的运输工具、货物、行李物品、邮递物品和其他物品；征收关税和其他税费；查缉走私；编制海关统计。

1. 监管进出境的运输工具、货物和物品

对进出境的运输工具、货物、行李物品、邮递物品和其他物品进行监管是海关最基本的任务，海关的其他任务都是在监管工作的基础上进行的。海关运用国家和法律赋予的权力，通过一系列管理制度与管理程序对进出境运输工具、货物、物品及相关人员的进出境活动实施行政管理。海关监管是一项国家职能，其目的在于保证一切进出境活动符合国家政策和法律的规范和要求，从而维护国家主权和利益。根据监管对象的不同，海关监管可分为运输工具监管、货物监管和物品监管三大类，每一类都有一套规范的监督管理程序与方法。

除了通过备案、审单、查验、放行、核销结案管理等环节和方式对运输工具、货物、物品的进出境活动进行监管外，海关还要执行或监督执行国家其他对外贸易管理制度的实施，如进出口许可制度、外汇管理制度、进出口商品检验检疫制度等，在政治、经济、文化道德、公众健康等方面维护国家利益。

2. 征收税费

海关的另一项重要任务是代表国家征收关税和其他税、费。关税是指由海关代表国家，按照《中华人民共和国海关法》和进出口税则，对准许进出口的货物、进出境物品征收的一种税。其他税、费指海关在货物进出口环节，按照关税征收程序征收的有关税、费，例如，增值税、消费税、船舶吨税等。

海关征税工作的基本法律依据是《中华人民共和国海关法》、《中华人民共和国进出口关税条例》。海关通过执行国家制定的关税政策，对进出口货物、进出境物品征收关税，起到保护国内工农业生产、调整产业结构、增加财政收入和调节进出口贸易活动的作用。

3. 查缉走私

查缉走私是海关为保证顺利完成监管和征税等任务而采取的保障措施。查缉走私是指海关依照法律赋予的权力在海关监管场所和海关附近的沿海沿边规定地区，为发现、制止、打击、综合治理走私活动而进行的一种调查和惩处活动。

走私是指进出境活动的当事人或相关人违反《中华人民共和国海关法》及有关法律、行政法规的规定，逃避海关监管偷逃应纳税款、逃避国家有关进出境的禁止性或者限制性管理，非法运输、携带、邮寄国家禁止、限制进出口或者依法应当缴纳税款的货物、物品进出境，或者未经海关许可并且未缴应纳税款、交验有关许可证件，擅自将保税货物、特定减免税货物以及其他海关监管货物、物品、进境的境外运输工具在境内销售的行为。走私以逃避监管、偷逃关税、牟取暴利为目的，扰乱经济秩序，冲击民族工业，腐蚀干部群众，毒化社会风气，引发违法犯罪，对国家危害性极大，必须予以严厉打击。

《中华人民共和国海关法》规定："国家实行联合缉私、统一处理、综合治理的缉私体制。海关负责组织、协调、管理查缉走私工作。"这一规定从法律上明确了海关打击走私的主导地位以及与有关部门的执法协调。海关是打击走私的主管机关，查缉走私是海关的一项重要任务。海关通过查缉走私，制止和打击一切非法进出境货物、物品的行为，维护国家进出口贸易的正常秩序，保障社会主义现代化建设的顺利进行，维护国家关税政策的有效实施，保证国家关税和其他税、费的依法征收，保证海关职能作用的发挥。为了严厉打击走私犯罪活动，根据党中央、国务院的决定，我国组建了专司打击走私犯罪的海关缉私警察队伍，负责走私犯罪案件的侦查、拘留、执行逮捕和预审工作。

根据我国的缉私体制，除了海关以外，公安、工商、税务、烟草专卖等部门也有查缉走私的权力，但这些部门查获的走私案件，必须按照法律规定，统一处理。各有关行政部门查获的走私案件，应当给予行政处罚的，移送海关依法处理。涉嫌犯罪的，应当移送海关侦查走私犯罪公安机关、地方公安机关依据案件管辖分工和法定程序办理。

4. 编制海关统计

海关是以实际进出口货物作为统计和分析的对象，通过搜集、整理、加工处理进出口货物报关单或经海关核准的其他申报单证，对进出口货物的品种、数（重）量、价格、国别（地区）、经营单位、境内目的地、境内货源地、贸易方式、运输方式、关别等项目分别进行统计和综合分析，全面、准确地反映对外贸易的运行态势，及时提供统计信息和咨询，实施有效的统计监督，开展国际贸易统计的交流和合作，促进对外贸易的发展。我国海关的统计制度规定，对于凡能引起我国境内物质资源储备增加或减少的进出口货物，均列入海关统计。对于部分不列入海关统计的货物和物品，则根据我国对外贸易管理和海关管理的需要，实施单项统计。

海关统计是国家进出口货物贸易统计，是国民经济统计的组成部分，是国家制定对外经济贸易政策、进行宏观经济调控、实施海关严密高效管理的重要依据，是研究我国对外贸易经济发展和国际经济贸易关系的重要资料。

1992年1月1日，海关总署以国际通用的《商品名称及编码协调制度》为基础，编制了《中华人民共和国海关统计商品目录》，把税则与统计目录的归类编码统一起来，规范了进出口商品的命名和归类，使海关统计进一步向国际惯例靠拢，适应了我国对外开放和建立社会主义市场经济体制的需要。

海关的四项基本任务是一个统一的、有机联系的整体。监管工作通过监管进出境运输工具、货物、物品的合法进出，保证国家有关进出口政策、法律、行政法规的贯彻实施，是海关四项基本任务的基础。征税工作所需的数据、资料等是在海关监管的基础上获取的，征税与监管有着十分密切的关系。缉私工作则是监管、征税两项基本任务的延伸，监管、征税工作中发现的逃避监管和偷漏税款的行为，必须运用法律手段制止和打击。编制海关统计是在监管、征税工作的基础上完成的，它为国家宏观经济调控提供了准确、及时的信息，同时又对监管、征税等业务环节的工作质量起到检验把关的作用。

除了这四项基本任务以外，近几年来国家通过有关法律、行政法规赋予了海关一些新的职责，比如海关对反倾销和反补贴的调查、知识产权海关保护等，这些新的职责也是海关的任务。随着我国对外经贸关系的不断深化发展，海关新的职责和任务也会不断增加。

（二）海关的性质

由海关的定义我们可以看出，海关的性质是国家行政机关，是进出关境活动的国家行政监督管理机关，海关对进出境活动的监督管理是国家权力，是国家主权的象征、是国家行政执法活动。

1. 海关是国家行政机关

我国海关是国家行政机关之一，从属于国家行政管理体制，是我国最高国家行政机关——国务院的直属机构。海关对内对外代表国家依法独立行使行政管理权。

2. 海关是国家进出境监督管理机关

海关履行国家行政制度的监督职能，是国家宏观管理的一个重要组成部分。海关依照有关法律、行政法规并通过法律赋予的权力，制定具体的行政规章和行政措施，对特定领域的活动开展监督管理，以保证其按国家的法律规范进行。海关实施监督管理的对象和范围是运输工具、货物、物品的进出关境及与之有关的活动。

3. 海关的监督管理是国家行政执法活动

海关执法的依据是《中华人民共和国海关法》和其他有关法律、行政法规。《中华人民共和国海关法》是管理海关事务的基本法律规范。其他有关法律是指由全国人民代表大会或者全国人民代表大会常务委员会制定的与海关监督管理相关的法律规范，主要包括《中华人民共和国宪法》，基本法律如《中华人民共和国刑法》、《中华人民共和国刑事诉讼法》、《中华人民共和国行政诉讼法》、《中华人民共和国行政复议法》、《中华人民共和国行政处罚法》、《中华人民共和国行政许可法》等，以及其他行政管理法律如《中华人民共和国对外贸易法》、《中华人民共和国进出口商品检验法》、《中华人民共和国固体废物污染环境防治法》等。行政法规是指由国务院制定的法律规范，包括专门适用于海关执法活动的行政法规和其他与海关管理相关的行政法规。

海关依据法律赋予的权力，对特定范围内的社会经济活动进行监督管理，并对违法行为依法实施行政处罚，以保证这些社会经济活动按照国家的法律规范进行。因此，海关的监督管理是保证国家有关法律、法规实施的行政执法活动。

海关事务属于中央立法事权，立法者为全国人大及其常委会以及国家最高权力机关的最高执行机关——国务院，除此以外，海关总署可以根据法律和国务院的法规、决定、命令制定规章，作为执法依据的补充。省、自治区、直辖市人民代表大会和人民政府不得制定海关法律规范，其制定的地方法规、地方规章也不是海关执法的依据。

三、海关的权力

《中华人民共和国海关法》在规定了海关任务的同时，为了保证任务的完成，赋予海关许多具体权力。海关权力，是指国家为保证海关依法履行职责，通过《中华人民共和国海关法》和其他法律、行政法规赋予海关的对进出境运输工具、货物、物品的监督管理权能。海关权力属于公共行政职权，其行使受一定范围和条件的限制，并应当接受执法监督。

（一）海关权力的特点

海关权力作为一种行政权力，除了具有一般行政权力的单方性、强制性、无偿性等基本特征外，还具有以下特点。

1. 特定性

《中华人民共和国海关法》规定"海关是国家的进出关境监督管理机关"，从法律上明确了海关享有对进出关境活动进行监督管理的行政主体资格，具有进出关境监督管理权。其他任何机关、团体、个人都不具备行使海关权力的资格，不拥有这种权力。海关权力的特定性也体现在对海关权力的限制上，即这种权力只适用于进出关境监督管理领域，而不能作用于其他场合。

2. 独立性

海关权力是国家权力的一种，为了确保海关实现国家权能的作用，必须保证海关拥有自身组织系统上的独立性和海关依法行使其职权的独立性。因此，《中华人民共和国海关法》第三条规定："海关依法独立行使职权，向海关总署负责。"这不仅明确了我国海关的垂直领导管理体制，也表明海关行使职权只对法律和上级海关负责，不受地方政府、其他机关、企事业单位或个人的干预。

3. 效力先定性

海关权力的效力先定性表现在海关行政行为一经做出，就应推定其符合法律规定，对海关本身和海关管理相对人都具有约束力。在没有被国家有关机关宣布为违法和无效之前，即使管理相对人认为海关行政行为侵犯其合法权益，也必须遵守和服从。

4. 优益性

海关权力的优益性是指海关在行使行政职权时，依法享有一定的行政优先权和行政收益权。行政优先权是国家为保障海关有效地行使权力而赋予海关职务上的优先条件。行政收益权是指海关享受国家所提供的各种物质收益权力。

（二）海关权力的内容

根据《中华人民共和国海关法》及有关法律、行政法规的规定，海关权力主要包括以下内容。

1. 行政法规制定权

行政法规制定权是指海关依照国家法律、法规的授权，针对海关业务制定和颁布具有行政约束力的规则、条例、办法的权力。

2. 行政许可权

行政许可权包括海关对报关企业注册登记许可、从事海关监管货物的仓储、转关运输货物的境内运输、加工贸易备案、变更和核销业务的许可以及报关员的报关从业资格的许可等权力。

3. 税费征收权

税费征收权是指海关代表国家依法对进出口货物、物品征收关税和其他税费。根据法律、行政法规及有关规定，依法对特定的进出口货物、物品减征或免征关税。对海关放行后的有关进出口货物、物品，发现少征或者漏征税款的，依法补征、追征税款的权力。

4. 行政监督检查权

行政监督检查权是海关履行其行使行政监督管理职能的基本权力。主要包括以下内容：

（1）检查权。海关有权检查进出境运输工具，检查有走私嫌疑的运输工具和有藏匿走私货物、物品嫌疑的场所，检查走私嫌疑人的身体。海关对进出境运输工具的检查不受海关监管区域的限制；对走私嫌疑人身体的检查，应在海关监管区和海关附近沿海沿边规定地区内进行；对于有走私嫌疑的运输工具和有藏匿走私货物、物品嫌疑的场所，在海关监管区和海关附近沿海沿边规定地区内，海关人员可直接进行检查，超过这个范围，在调查走私案件时，应经直属海关关长或其授权的隶属海关关长批准，才能进行检查，但不能检查公民住处。

（2）查验权。海关对进出境的货物、物品有权查验，以确定货物、物品申报是否属实。

（3）查阅、复制权。海关有权查阅进出境人员的证件，查阅、复制与进出境运输工具、货物、物品有关的合同、发票、账册、单据、记录、文件、业务函电、录音录像制品以及其他有关资料。

（4）查问权。海关有权对违反《海关法》或者其他有关法律、行政法规的嫌疑人进行查问。通过查问查明违法事实、核实案件材料、搜集定案证据；同时，通过查问听取当事人辩解，分辨是非，保护当事人合法权益。

（5）查询权。海关在调查走私违法案件时，经直属海关关长或者其授权的隶属海关关长批准，可以查询案件涉嫌单位和涉嫌人员在金融机构、邮政企业的存款、汇款。

（6）稽查权。海关根据《海关法》、《稽查条例》的有关规定，自进出口货物放行之日起3年内或者保税货物、减免税进出口货物的海关监管期限内及其后的3年内，海关可以对与进出口货物直接有关的企业、单位的会计账簿、会计凭证、报关单证以及其他有关资料和有关进出口实施稽查。

5. 行政强制权

海关行政强制权是《中华人民共和国海关法》及相关法律、行政法规得以贯彻实施的重要保障。海关行政强制权具体如下：

（1）扣留权

海关对违反《海关法》或者其他有关法律、行政法规的进出境运输工具、货物、物品以及有关的合同、发票、账册、单据、记录、文件、业务函电、录音录像制品和其他有关资料，可以扣留；在海关监管区和海关附近沿海沿边规定地区，对有走私嫌疑的运输工具、货物、物品和走私嫌疑人，经直属海关关长或者其授权的隶属海关关长批准，可以扣留。对走私犯罪嫌疑人，扣留时间不得超过 24 小时，在特殊情况下可以延至 48 小时。在海关监管区和海关附近沿海沿边规定地区以外，海关在调查走私案件时，对其中有证据证明有走私嫌疑的运输工具、货物和物品，可以扣留。

（2）滞报金、滞纳金征收权

海关对超过法定申报期限申报进出口的货物征收滞报金；有权对进出口货物的纳税义务人未按法定期限缴纳的进出口税费征收滞纳金。

（3）提取货样、施加封志权

根据《中华人民共和国海关法》规定，海关查验货物认为必要时，可以径行提取货样；海关对有违反《中华人民共和国海关法》或其他法律、行政法规嫌疑的进出境运输工具、货物、物品，对所有未办结海关手续、处于海关监管状态的进出境运输工具、货物、物品，有权施加封志，任何单位或个人不得损毁封志，或擅自提取、转移、动用在封的运输工具、货物、物品。

（4）提取货物变卖、先行变卖权

进口货物自进境之日起超过 3 个月未向海关申报的，海关可以提取依法变卖；进口货物收货人或其所有人声明放弃的货物，海关有权提取依法变卖；海关依法扣留的货物、物品不宜长期保存的，经直属海关关长或其授权的隶属海关关长批准，可以先行变卖；在规定期限内未向海关申报的以及误卸或溢卸的不宜长期保留的货物，海关可以按照实际情况提前变卖处理。

（5）强制扣缴和变价抵缴税款权

进出口货物的纳税义务人、担保人超过规定期限未缴纳税款的，经直属海关关长或其授权的隶属海关关长批准，海关可以采取下列强制措施：可以书面通知其开户银行或者其他金融机构在其存款内扣缴税款；将应税货物依法变卖，以变卖所得抵缴税款；扣留并依法变卖其价值相当于应纳税款的货物或其他财产，以变卖所得抵缴税款。

6. 税收保全

进出口货物的纳税义务人在规定的纳税期限内有明显的转移、藏匿其应税货物以及其他财产迹象的，海关可以责令纳税义务人提供担保；纳税义务人不能提供纳税担保的，经直属海关关长或者其授权的隶属海关关长批准，海关可以采取下列保全措施：书面通知纳税义务人开户银行或者其他金融机构暂停支付纳税义务人相当于应纳税款的存款；扣留纳税人价值相当于应纳税款的货物或者其他财产。

7. 海关行政处罚权

海关有权对尚未构成走私罪的违法当事人处以行政处罚，包括对走私货物、物品及违法所得处以没收，对有走私行为和违反海关监管规定行为的当事人处以罚款，对有违法情事的报关单位和报关员处以警告以及处以暂停或取消报关资格的处罚等。

（三）海关行使权力的基本原则

海关权力作为国家行政权的一部分，一方面起到了维护国家利益，维护经济秩序，实现国家权能的积极作用；另一方面，由于客观上海关权力的广泛性、自由裁量权较大等因素，以及海关执法者主观方面的原因，海关权力在行使时任何的随意性或者滥用都必然导致管理相对人的权益受到侵害，从而对行政法治构成威胁。因此，海关权力的行使必须遵循一定的原则。基本原则如下：

1. 合法原则

海关是国家行政执法机关，海关行政执法首先应遵循的基本原则是合法原则，也就是依法行政原则。主要包括：行使行政权力的主体资格合法，即行使权力的主体必须以法律授权；行使权力必须以法律规范为依据；行使权力的方法、手段、步骤、时限等应合法。

2. 适当原则

行政权力的适当原则是指权力的行使应该以公平、合理性为基础，以正义性为目标。因国家管理的需要，海关在行政执法过程中对进出口货物在验、放、征、减、免及对违反海关法规行为的处罚尺度上有较大的自由裁量权，所以海关在依法行政原则下，应当根据具体情况采取最合适的行为方式及内容行使职权。

3. 依法独立行使原则

海关实行高度集中统一管理体制和垂直领导方式。国务院设立海关总署，领导全国各地海关，代表国家依法独立行使职权，全国各地海关对海关总署负责，各地方、各部门应当支持海关依法行使权力，不得非法干预海关的执法活动。

4. 依法受到保障原则

海关权力是国家权力的一种，应受到保障，才能实现国家权能的作用。《海关法》规定：海关依法执行职务，有关单位和个人应当如实回答询问，并予以配合，任何单位和个人不得阻挠；海关执行职务受到暴力抗拒时，执行有关任务的公安机关和人民武装警察部队应当予以协助。

（四）海关权力的监督

海关权力的监督即海关执法监督，是指特定的监督主体依法对海关行政机关及其执法人员的行政执法活动实施的监察、检查、督促等，以此确保海关权力在法定范围内运行。

为确保海关能够严格依法行政，保证国家法律、法规正确实施，同时也使当事人的合法权益得到有效保护，《海关法》专门设立执法监督一章，对海关的行政执法实施监督。海关履行职责，必须遵守法律，依照法定职权和法定程序严格执法，接受监督。这是海关的一项法定义务。

海关执法监督主要有中国共产党的监督、国家最高权力机关的监督、国家最高行政机关的监督、监察机关的监督、审计机关的监督、司法机关的监督、管理相对人的监督、社会舆论监督以及海关上下级机构之间的相互监督、机关内部不同部门之间的相互监督、海关工作人员之间的相互监督等。

四、海关的体制与机构

海关机构是国务院根据国家改革开放的形势以及经济发展战略的需要，依照海关法律而设立的。以下主要介绍海关的领导体制、设关原则和海关的组织机构及其职责，便于以后的工作。

（一）海关的领导体制

《海关法》规定："国务院设立海关总署，统一管理全国海关"，"海关依法独立行使职权，向海关总署负责"，"海关的隶属关系，不受行政区划的限制"，明确了海关总署是国务院直属部门的地位，也明确了海关机构的隶属关系，把海关集中统一的垂直领导体制以法律的形式确立下来。海关集中统一的领导体制既适应了国家改革开放、社会主义现代化建设的需要，也适应了海关自身建设与发展的需要，有利地保证了海关各项监督管理职能的发挥。其主要职责是：

（1）研究拟定海关各项业务工作的方针、政策、法律、法规、规章，并检查、督促全国海关贯彻执行。

（2）参与制定和修订关税条例、进出口税则，并组织贯彻实施。

（3）领导全国海关依法监管进出境运输工具、货物和物品，严密制度，简化手续，加强后续管理，方便合法进出。

（4）统一管理关税征收的减免事项。

（5）组织领导全国海关的缉私工作。

（6）审议有关纳税争议和对海关处罚决定的复议申请。

（7）编制全国海关统计，开展统计分析和咨询服务。

（8）组织研制、引进和开发、应用海关技术设施。

（9）组织领导全国海关的思想政治工作，推动社会主义精神文明建设。

（10）管理全国海关经费、财务、车船、科技、固定资产和基本建设，并进行审计监督。

（二）海关的设关原则

《海关法》规定设立海关的原则是："国家在对外开放的口岸和海关监管业务集中的地点设立海关，海关的隶属关系不受行政区划的限制。"对外开放的口岸是指由国务院批准，运输工具及所载人员、货物、物品直接出入国（关）境的港口、机场、车站以及允许运输工具、人员、货物、物品出入国（关）境的边境通道。国家规定，在对外开放的口岸必须设立海关和出入境检验检疫机构。海关监管业务集中的地点是指虽然不是国务院批准的对外开放的口岸，但是海关某类或者某几类监管业务比较集中的地方，如转关运输监管、保税加工监管等。这一设关原则，为海关管理从口岸向内地、进而向全关境转化提供了法律依据。"海关的隶属关系不受行政区划的限制"，表明了海关管理体制与一般性的行政管理体制的区域划分无必然的联系，如果海关监督管理需要，国家可以在现有的行政区划之外考虑和安排海关的上下级关系和海关的相互关系。

（三）海关的组织机构

海关机构的设置为海关总署、直属海关和隶属海关三级。隶属海关由直属海关领导，直属海关由海关总署领导，向海关总署负责。

1. 海关总署

海关总署是国务院的直属机构，在国务院的领导下，统一管理全国海关机构、人员编制、经费物资和各项海关业务，是海关系统的最高领导部门。海关总署下设广东分署，作为其派出机构，协助其管理广东省内的海关。除此之外，海关总署在上海和天津还设立了海关总署特派员办事处以协助其工作。海关总署的基本任务是在国务院领导下，领导和组织全国海关正确贯彻实施《海关法》和国家的有关政策、行政法规，积极发挥依法行政为国把关的职能，服务、促进和保护社会主义建设。

2. 直属海关

直属海关是直接由海关总署领导，负责管理一定区域范围内海关业务的海关。目前直属海关共有 41 个，除中国香港、中国澳门、中国台湾地区外，分布在全国 30 个省、直辖市、自治区。直属海关对本关区内的海关事物独立行使职责，向海关总署负责。直属海关承担着在关区内组织开展海关各项业务和关区内集中审单作业，全面有效地贯彻执行海关各项政策、法律、法规、管理制度和作业规范的重要职责。在海关三级业务职能管理中发挥着承上启下的作用。主要职责有：

（1）对关区通关作业实施运行管理，包括执行海关总署业务参数、建立并维护审单辅助决策参数、对电子审单通道判别进行动态维护和管理、对通关数据进行有效监控和综合分析；

（2）实施关区集中审单，组织和指导隶属海关开展接单审核、征收税费、查验、放行等通关作业；

（3）组织实施对各类海关监管场所、进出口货物和运输工具的实际监控；

（4）组织实施贸易管制措施、税收征管、保税和加工贸易海关监管、企业分类管理和知识产权进出境保护；

（5）组织开展关区贸易统计、业务统计和统计分析；

（6）组织开展关区调查、稽查和侦查业务；

（7）按规定程序及权限办理各项业务审核、审批、转报和注册备案手续；

（8）开展对外执法协调和行政纠纷、争议的处理；

（9）开展关区各项业务的执法检查、监督和评估。

3. 隶属海关

隶属海关是指由直属海关领导，负责办理具体海关业务的海关，是海关进出境监督管理的基本执行单位。一般都设在口岸和海关监管业务集中的地点，隶属海关的实际监管职能，在直属海关指导下，尽下列主要职责：

（1）开展接单审核、征收税费、验估、查验、放行等通关作业；

（2）对辖区内加工贸易实施海关监管；

（3）对进出境运输工具及其燃料、物料、备件等实施海关监管，征收船舶吨税；

（4）对各类海关监管场所实施实际监控；

（5）对通关、转关及保税货物的存放、移动、放行或者其他处置实施实际监控；

（6）开展对运输工具、进出口货物、监管场所的风险分析，执行各项风险处置措施；

（7）办理辖区内报关单位通关注册备案业务；

（8）受理辖区内设立海关监管场所、承运海关监管货物业务的申请；

（9）对辖区内特定减免税货物的后续管理。

4. 海关缉私警察机构

海关缉私警察是专司打击走私犯罪活动的警察队伍。根据国务院决定，海关总署设立走私犯罪侦查局，2003年更名为海关总署缉私局，广东分署走私犯罪侦查分局更名为海关总署广东分署缉私局，各直属海关走私犯罪侦查局更名为直属海关缉私局，各隶属海关走私犯罪侦查支局更名为隶属海关缉私分局，已纳入公安序列，履行对辖区内的走私案件的调查及走私犯罪案件的侦查、拘留，执行逮捕、预审等职责。

第二节　报关概述

报关是履行海关进出境手续的必要环节之一。报关是指进出口货物收发货人、进出境运输工具负责人、进出境物品所有人或者他们的代理人向海关办理货物、物品或运输工具进出境手续及相关海关事务的过程。报关涉及的对象可分为进出境的运输工具和货物、物品两大类。由于性质不同，其报关程序各异。运输工具如船舶、飞机等通常应由船长、机长签署到达、离境报关单，交验载货清单、空运、海运单等单证向海关申报，作为海关对装卸货物和上下旅客实施监管的依据。而货物和物品则应由其收发货人或其代理人，按照货物的贸易性质或物品的类别，填写报关单，并随附有关的法定单证及商业和运输单证报关。如属于保税货物，应按"保税货物"方式进行申报，海关对应办事项及监管办法与其他贸易方式的货物有所区别。

一、报关的概念

在国际交流和经贸往来活动过程中，为维护国家主权和利益，保障对外经贸和交流活动顺利进行，各国海关都依法对运输工具、货物、物品的进出境实行报关管理制度。《中华人民共和国海关法》第8、第9和第14条分别规定："进出境运输工具、货物、物品，必须通过设立海关的地点进境或出境。""进出口货物，除另有规定的外，可以由进出口货物收发货人自行办理报关纳税手续，也可以由进出口货物收发货人委托海关准予注册登记的报关企业办理报关纳税手续。进出境物品的所有人可以自行办理报关纳税手续，也可以委托他人办理报关纳税手续。""进出境运输工具到达或者驶离设立海关的地点时，运输工具负责人应当向海关如实申报，交验单证，并接受海关监管和检查。"因此，由设立海关的地点进出境并办理规定的海关手续是运输工具、货物、物品进出境的基本原则，也是进出境运输工具负责人、进出口货物收发货人、进出境物品的所有人应履行的一项基本义务。

我们通常所说的报关就是与运输工具、货物、物品的进出境密切相关的一个概念，它是指进出境运输工具负责人、进出口货物收发货人、进出境物品的所有人或者其代理人向海关办理运输工具、货物或物品进出境手续及其他相关海关事务的全过程（见图4-1）。

在这里，需要注意"报关"概念与"通关"概念的区别。通关一方面包括海关管理相对人（包括进出境运输工具负责人、进出口货物收发货人、进出境物品的所有人或者他们的代理人）向海关办理运输工具、货物或物品的进出境手续；另一方面也包括海关根据管理相对人的申报，对进出境运输工具、货物、物品依法进行查验、征缴税费、直至核准其进出境的监督管理全过程。因此，报关和通关活动的对象虽然都是针对运输工具、货物、物品的进出境而言的，但二者所包括的内容和考察角度仍然存在一定区别。

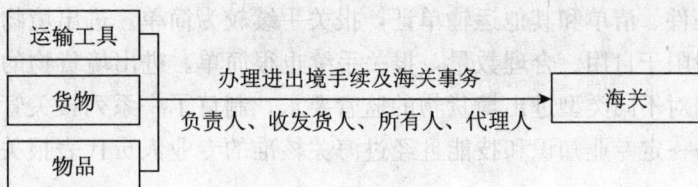

图 4-1 报关概念

二、报关的范围与分类

(一) 报关的范围

依照法律规定,所有进出境运输工具、货物、物品都需要办理报关手续。报关的具体范围如下 (见图 4-2)。

1. 进出境运输工具

主要包括用以载运人员、货物、物品进出境,在国际间运营的各种境内或境外船舶、车辆、航空器和驮畜等。

2. 进出境货物

主要包括一般进口货物,一般出口货物,保税货物,暂准进出口货物,特定减免税进出口货物,过境、转运和通运货物及其他进出境货物。

此外,一些特殊货物,如通过电缆、管道输送进出境的水、电等和无形货物,如附着在货品载体上的软件等也属报关的范围。

3. 进出境物品

主要包括进出境的行李物品、邮递物品和其他物品。以进出境人员携带、托运等方式进出境的物品为行李物品;以邮递方式进出境的物品为邮递物品;其他物品主要包括享有外交特权和豁免的外国机构或者人员的公务用品或自用物品以及通过国际速递企业进出境的快件等。

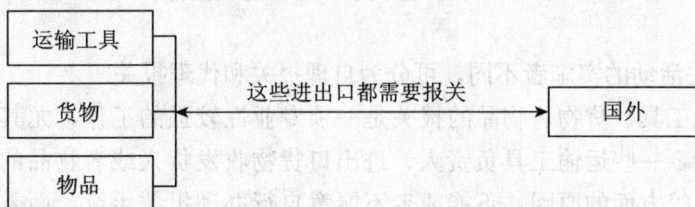

图 4-2 报关的范围

(二) 报关的分类

1. 按照报关的对象,可分为运输工具报关、货物报关和物品报关

进出境运输工具作为人员、货物、物品的进出境载体,其报关主要是向海关直接交验随附的、符合国际商业运输惯例、能反映运输工具进出境合法性及其所承运货物、物

品情况的合法证件、清单和其他运输单证，报关手续较为简单。进出境物品由于其非贸易性质，且一般限于自用、合理数量，报关手续也很简单。进出境货物的报关手续较为复杂，海关根据对不同类型进出境货物的监管要求，制订了一系列报关管理规范，并且要求必须由具备一定专业知识和技能且经过海关核准的专业人员代表报关单位专门办理（见图4-3）。

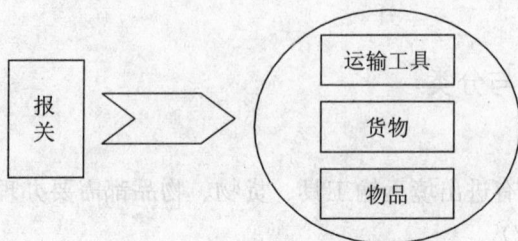

图4-3　报关的分类——按照报关对象

2. 按照报关的目的，可分为进境报关和出境报关

由于海关对运输工具、货物、物品的进出境有不同的管理要求，运输工具、货物、物品根据进境或出境的目的分别形成了一套进境和出境报关手续。另外，由于运输或其他方面的需要，有些海关监管货物需要办理从一个设关地点运至另一个设关地点的海关手续，在实践中产生了"转关"的需要，转关货物也需办理相应的报关手续（见图4-4）。

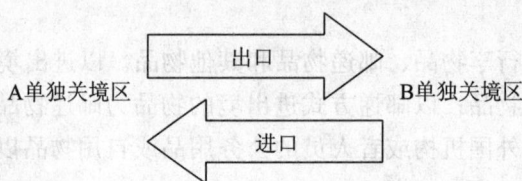

图4-4　报关的分类——按照报关的目的

3. 按照报关活动的实施者不同，可分为自理报关和代理报关

进出境运输工具、货物、物品的报关是一项专业性较强的工作，尤其是进出境货物的报关比较复杂，一些运输工具负责人、进出口货物收发货人或者物品的所有人由于经济、时间、地点等方面的原因，不能或者不愿意自行办理报关手续，而委托代理人代为办理报关手续，从而形成了自理报关和代理报关两种报关类型（见图4-5）。我国《海关法》对接受进出境物品所有人的委托代为办理进出境物品报关手续的代理人没有特殊要求，但对于接受进出口货物收发货人的委托代为办理进出境货物报关手续的代理人则有明确的规定。因此，通常所称的自理报关和代理报关主要是针对进出境货物的报关而言的。

（1）自理报关

进出口货物收发货人自行办理报关手续称为自理报关。根据我国海关目前的规定，自理报关单位必须具有对外贸易经营权和报关权。

（2）代理报关

代理报关是指接受进出口货物收发货人的委托代理其办理报关手续的行为。我国海关法律把有权接受进出口货物收发货人的委托代为办理报关纳税手续的企业称为报关企业。报关企业从事代理报关业务必须经过海关批准并且向海关办理注册登记手续。

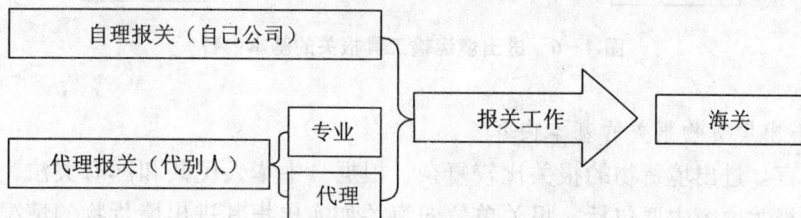

图 4-5 报关的分类——按照报关活动的实施者

三、报关的基本内容

（一）进出境运输工具报关的基本内容

国际贸易的交货任务、国际间人员往来及携带物品进出境，除经其他特殊运输方式外，都要通过各种运输工具的国际运输来实现。根据《中华人民共和国海关法》的规定，所有进出我国关境的运输工具必须经由设有海关的港口、空港、车站、国界孔道、国际邮件交换局（站）及其他可办理海关业务的场所申报进出境。进出境申报是运输工具报关的主要内容。根据海关监管的要求，进出境运输工具负责人或其代理人在运输工具进入或驶离我国关境时应如实向海关申报运输工具所载旅客人数、进出口货物数量、装卸时间等基本情况。

根据海关监管的不同要求，不同种类的运输工具报关时所需递交的单证及所要申明的具体内容也不尽相同。总的来说，运输工具进出境报关时须向海关申明的主要内容有：运输工具进出境的时间、航次；运输工具进出境时所载货物情况，包括过境货物、转运货物、通运、溢（短）装（卸）货物的基本情况；运输工具服务人员名单及其自用物品、货币、金银情况；运输工具所载旅客情况；运输工具所载邮递物品、行李物品的情况；其他需要向海关申报清楚的情况，如由于不可抗力原因，被迫在未设关地点停泊、降落或者抛掷、起卸货物、物品等情况。除此以外，运输工具报关时还需要提交运输工具从事国际合法性运输必备的相关证明文件，如船舶国籍证书、吨税证书、海关监管簿、签证簿等，必要时还需出具保证书或缴纳保证金（见图 4-6）。

进出境运输工具负责人或其代理人就以上情况向海关申报后，有时还需应海关的要求配合海关查验，经海关审核确认符合海关监管要求的，海关做出放行决定。至此，该运输工具报关完成，可以上下旅客、装卸货物或者驶往内地、离境。

①进出境时间、航次；
②载运货物情况；
③服务人员、自带物品等；
④运输工具所载物品情况；
⑤其他相关证件等。

运输工具 ——— 报关 ———→ 海关

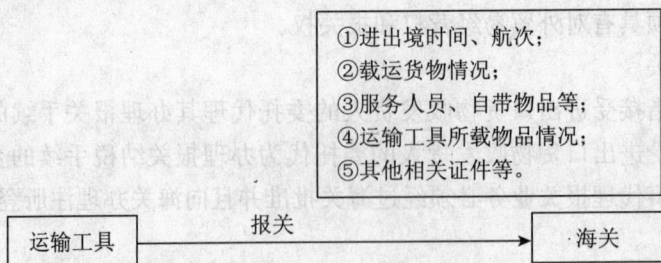

图 4-6 进出境运输工具报关的基本内容

（二）进出境货物报关的基本内容

相对而言，进出境货物的报关比较复杂。根据《中华人民共和国海关法》规定，进出境货物的报关内容主要包括：报关单位向海关如实申报其进出境货物的情况，配合海关查验货物，对部分货物还需缴纳进出口税费，最后海关放行货物。除此以外，根据海关监管的要求，对于保税货物、特定减免税货物以及暂准进出口货物在向海关申报前和海关放行后还需办理其他海关手续。

海关对不同性质的进出境货物规定了不同的报关程序和要求。一般来说，进出境货物报关时，报关人员要做好以下几个方面的工作：

（1）进出口货物收发货人接到运输公司或邮递公司寄交的"提货通知单"或根据合同规定备齐出口货物后，应当做好向海关办理货物进出境手续的准备工作，或者签署委托代理协议，委托报关企业向海关申报。

（2）准备好报关单证，在海关规定的报关地点和报关时限内以电子数据和书面方式向海关申报。《进（出）口货物报关单》或海关规定的其他报关单（证）是报关单位向海关申报货物情况的法律文书，申报人必须认真、如实填写，并对其所填制内容的真实性和合法性负责，承担相应的法律责任和经济责任。除此之外，还应准备与进出口货物直接相关的商业和货运单证（如发票、装箱单、提单等）；属于国家限制性的进出口货物，应准备国家有关法律、法规规定实行特殊管制的证件（如进出口货物许可证等）；还要准备好其他海关可能需要查阅或收取的单证和资料（如贸易合同、原产地证明等）。报关单证准备完毕后，报关人员要把报关单上的数据经电子计算机传送给海关，并在海关规定的时间、地点向海关递交书面报关单证。

（3）经海关对报关电子数据和书面报关单证进行审核后，在海关认为必要的情况下，报关人员要配合海关查验货物。

（4）属于应缴纳税费的进出口货物，报关单位应在海关规定的期限内缴纳进出口税费。

（5）以上手续完成、进出口货物经海关放行后，报关单位可以安排装卸货物。

除了上述工作外，对于保税货物、特定减免税货物和暂准进出口货物，在进出境前还需办理备案申请等手续；在进出境后还需在规定时间、以规定的方式向海关办理核销、结案等手续（见图 4-7）。

> ①准备工作；
> ②准备报关单证、证件等，以电子或书面形式申报；
> ③海关审核，必要时进行查验；
> ④属于应缴纳税的，进行缴税；
> ⑤货物放行，安排提取或装运货物。

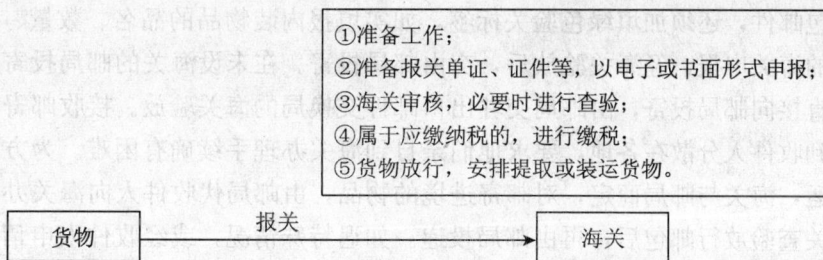

图4-7 进出境货物报关的基本内容

（三）进出境物品报关的基本内容

《中华人民共和国海关法》规定，个人携带进出境的行李物品、邮寄进出境的物品，应当以自用合理数量为限。所谓自用合理数量，对于行李物品而言，"自用"指的是进出境旅客本人自用、馈赠亲友而非为出售或出租；"合理数量"是指海关对进出境邮寄物品规定的征、免税限制。自用合理数量原则是海关对进出境物品监管的基本原则，也是对进出境物品报关的基本要求。

1. 进出境行李物品的报关

国际上许多国家的海关对进出境旅客行李物品普遍采用的通关制度是申报和无申报通道（也称红绿通道）通关制度。实施红绿通道通关制度的海关，在旅客行李物品检查场所设置通道，并用中英文分别标明申报通道（红色通道，Goods to Declare）和无申报通道（绿色通道，Nothing to Declare）。实施这一通关制度的目的是简化海关手续，方便旅客进出境。目前，我国大部分海关均已实施这种通关制度。进出境旅客在向海关申报时，可以在两种分别以红色和绿色作为标记的通道中进行选择。带有绿色标志的通道适用于携运物品在数量和价值上均不超过免税限额，且无国家限制或禁止进出境物品的旅客；带有红色标志的通道则适用于携运有上述绿色通道适用物品以外的其他物品的旅客。对于选择红色通道的旅客，旅客向海关申报时，应主动出示按规定填写的《中华人民共和国海关进/出境旅客行李物品申报单》或其他申报单证、本人有效进出境证件，另附中华人民共和国有关主管部门签发的准许有关物品进出境的证明、商业单证及其他单证。进出境旅客未按规定向海关申报，逃避海关监管，携带国家禁止、限制进出境或者依法应当缴纳税款的货物、物品进出境的，海关将依据《中华人民共和国海关法》和《中华人民共和国海关行政处罚实施条例》予以处罚。

2. 进出境邮递物品的报关

海关对进出境个人邮递物品的管理原则是：既方便正常往来，照顾个人合理需要，又要限制走私违法活动。进出境个人邮递物品应以自用、合理数量为限。根据这一原则，海关规定了个人每次邮寄物品的限值、免税额和禁止、限制邮寄物品的品种。对邮寄进出境的物品，海关依法进行查验，并按章征税或免税放行。

目前，我国海关对进出境个人邮递物品规定的限值是：寄自或寄往国外的个人邮包，每次允许进出境的限值为1000元人民币；寄自或寄往香港、澳门、台湾地区的邮包，每次允许进出境的限值为800元人民币。邮寄出境邮递物品，寄件人应填写报关单，如邮寄出境小包邮件，还须加填绿色验关标签，如实填报内装物品的品名、数量、价值，向派驻邮局的海关申报，经海关验放后，交由邮局投寄。在未设海关的邮局投寄时，可按上述手续直接向邮局投寄，由邮局交驻出口邮件交换局的海关验放。接收邮寄进境的物品，考虑到收件人分散在各地，要求他们亲自到海关办理手续确有困难。为方便收件人和加速邮运，海关与邮局商定，对邮寄进境的物品，由邮局代收件人向海关办理报关等手续。海关查验放行邮包后，再由邮局投递。如遇特殊情况，或经收件人申请要求，也可以由收件人到邮局向派驻邮局的海关办理邮包的进境报关手续。为照顾个人合理、正常的需要，海关现行规定：对寄自国外的邮包，每次税额在 500 元人民币以内的；对寄自香港、澳门、台湾地区的邮包，每次税额在 400 元人民币以内的，均予以免税放行。超过免税额的仅对超出部分征税（见图 4-8）。

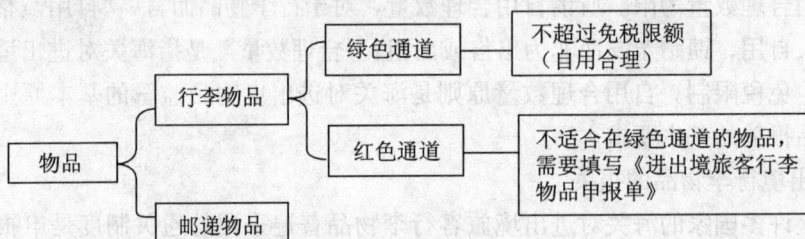

图 4-8　进出境物品报关的基本内容

四、报关单位

（一）报关单位的概念

报关单位是指依法在海关注册登记或经海关批准，向海关办理进出口货物报关纳税等海关事务的境内法人或其他组织。

《海关法》第 11 条规定："进出口货物收发货人、报关企业办理报关手续，必须依法经海关注册登记，报关人员必须依法取得报关资格。未依法经海关注册登记的企业和未依法取得报关从业资格的人员，不得从事报关业务。"

法律明确规定了对向海关办理进出口货物报关手续的进出口货物收发货人、报关企业实行注册登记管理制度。因此，依法向海关注册登记是法人、其他组织或个人成为报关单位的法定要求（见图 4-9）。

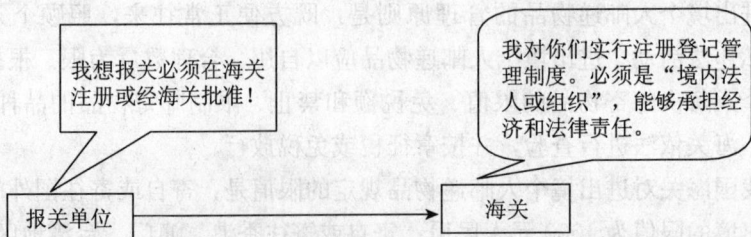

图 4-9　报关单位的概念

（二）报关单位的类型

《海关法》将报关单位划分为进出口货物收发货人和报关企业两种类型（见图4－10）。

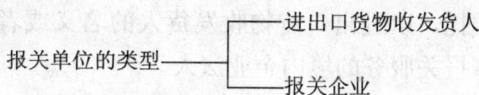

报关单位的类型————进出口货物收发货人

报关单位的类型————报关企业

图4－10 报关单位的类型

1. 进出口货物收发货人

我国进出口货物的收发货人是指依照《中华人民共和国对外贸易法》，向国务院对外经贸主管部门或其委托机构办理备案登记，并直接进口或出口有关货物的中华人民共和国关境内的法人、其他组织或个人。简单地讲，就是有进出口经营权并对外成交的、依法准予进出口货物的境内法人、其他组织或个人。

值得注意的是，这里所称的"进出口货物收发货人"与国际贸易运输单据上的"收发货人"可能会有不同。运输单据上的收货人（Consignee）有时是进口人，但根据国际惯例，有时发货人指定自己为收货人，如采用《INCOTERMS2000》中的D组贸易术语；也有些信用证开证行为了控制自己的风险，要求运输单据上的抬头为开证行。对于出口货物，运输单据上的发货人（Consignor，Shipper）有时会是境外的买方，比如采用FOB或FCA等贸易术语成交的情况。另外，这里所称的收发货人也不同于进出口货物报关单上的收货单位和发货单位。根据报关单填制规范的规定，进出口货物的收货单位是指在境内的最终消费、使用单位；发货单位是指出口货物的生产单位或者销售单位，包括已经取得对外贸易经营权的单位，也包括尚未取得对外贸易经营权，委托有对外贸易经营权的单位进口或出口货物的单位。

对于由境内企业留购的展览品、样品和广告品等，其购买人为收货人。

根据我国现行法律的规定，没有进出口经营权的企业、单位不得进口或出口货物。所以，海关原则上不接受这样的企业、单位报关。但考虑到某些单位的特殊需要，依照国家有关规定可以从事进出口活动的单位，经海关批准可以向海关办理报关纳税手续。例如，境内某学校接受境外某学校赠送的教学设备等。在这种情况下，这些单位经向海关注册登记后也可以是报关单位。

我国进出口货物的收发货人主要有贸易型、生产型、仓储型的企业等。这些企业一般都有进出口经营权，进出口货物收发货人经海关注册登记，取得报关资格后，只能为本企业的进出口货物办理报关纳税等事宜。我们称这些报关单位为自理报关企业。

上面所讲的进出口货物收发货人中的贸易型的有进出口经营权的企业，是指流通型的各类进出口公司，他们从境外购买货物进口以后，将货物在境内销售；或者在境内购买商品销售到境外。生产型的有进出口经营权的企业是指，经向外经贸主管部门备案登记，然后向海关进行报关注册登记，报关出口本企业生产的自产产品；或者经向外经贸主管部门备案登记，经营加工贸易，然后向海关进行报关注册登记，进口料件，由本企业生产产品出口；仓储型的有进出口经营权的企业一般是指，经向外经贸主管部门备案登记，然后向海关进行报关注册登记，经营中转贸易的保税仓库或者保税区的企业。

2. 报关企业

报关企业是指按照海关规定向海关申请报关注册登记许可，经海关准予注册登记，接受进出口收发货人的委托，以进出口货物收发货人的名义或者以自己的名义，向海关办理代理报关业务、从事报关服务的境内企业法人。

进出口货物报关是一项专业性很强的工作。有些进出口货物收发货人由于经济、时间、地点等方面的原因不能或者不愿自行办理报关手续，在实践中产生了委托报关的需要。报关企业正是为进出口货物收发货人提供报关服务的企业。作为报关企业，必须符合以下条件：

(1) 经营规模、管理人员素质、报关员数量、守法状况、管理制度等几个方面符合海关规定的设立条件；

(2) 经海关注册登记行政许可；

(3) 向海关办理注册登记。

目前，我国的报关企业主要有，主营报关服务兼营其他有关业务的企业，如各类报关公司或报关行；还有主要经营国际货物运输代理和国际运输工具代理业务同时兼营报关服务的企业，如国际货物运输代理公司、国际运输工具代理公司、国际货物快递运输公司、进出口物流公司等。这些报关企业从事代理报关业务必须经海关批准许可，并向海关办理注册登记手续（见图 4 - 11）。

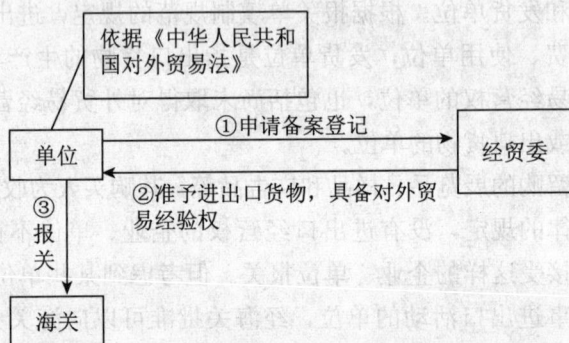

图 4 - 11　报关企业向海关办理注册登记流程

五、报关活动相关人

(一) 报关活动相关人的概念

报关活动相关人主要指的是经营海关监管货物仓储业务的企业、保税货物的加工企业、转关运输货物的境内承运人等。这些企业、单位虽然不具有报关资格，也不直接参与进出境报关纳税活动，但与报关活动密切相关，承担着相应的海关义务和法律责任。

(二) 报关活动相关人的类型

1. 海关监管货物仓储企业

经营海关监管货物仓储业务的企业，目前主要有以下几种类型：

（1）在海关监管区内存放海关监管货物的仓库、场所，一般存放海关尚未放行的进口货物和已办理申报、放行手续尚待装运离境的出口货物。

（2）保税仓库，主要存放经海关监管现场放行后按海关保税制度继续监管的货物。

（3）出口监管仓库，主要存放已向海关办理完全部出口手续并已对外卖断结汇的出口货物。

（4）其他经海关批准存放海关监管货物的仓库、场所。

经营海关监管货物仓储的企业必须经海关批准，办理海关注册登记手续。其仓库的海关监管货物必须按照海关的规定收存、交付。在保管期间造成海关监管货物损毁或者灭失的，除不可抗力外，仓储企业应承担相应的纳税义务和法律责任。

2. 从事加工贸易生产加工的企业

从事加工贸易的加工企业是指具有法人资格的企业，接受加工贸易经营单位的委托，将进口料件按经营单位与外商签订的加工贸易合同规定加工为成品后，交由其委托人即经营单位办理成品出口手续的生产加工企业。这一类企业虽然没有报关权，但因其从事保税料件的加工，也需向海关办理登记手续，接受海关监管。

3. 转关运输货物的境内承运人

转关运输货物的境内承运人须经海关批准，并办理海关注册登记手续。其从事转关运输的运输工具和驾驶人员也须向海关注册登记。运载转关运输货物的运输工具、装备应具备密封装置和加封条件。在运输期间转关运输货物损毁或者灭失的，除不可抗力外，承运人应承担相应的纳税义务和法律责任。

（三）报关活动相关人的法律责任

报关活动相关人在报关及与之有关的活动中，应当遵守《海关法》和有关法律、行政法规，履行规定的海关义务，否则由海关责令改正，可以给予警告、暂停其从事有关业务，直至撤销注册。

六、报关员与报关行业协会

（一）报关员

由于进出口货物的报关手续比较复杂，办理人员需要熟悉法律、税务、外贸、商品知识，精通海关法律、法规、规章和掌握办理海关手续的技能，为此，我国海关规定进出口货物的报关业务应由海关批准的专业人员，代表进出口货物收发货人或者报关企业向海关办理。这些专业人员就是报关员。

1. 报关员的概念

报关员是指依法取得报关员从业资格，并在海关注册登记，代表所属企业（单位）向海关办理进出口货物报关业务的人员。报关员是联系报关单位与海关之间的桥梁，其报关行为在海关工作中起着重要的作用。报关员报关质量的好坏和业务水平的高低，不仅影响着正常通关速度，也影响着海关的工作效率。

我国海关规定，只有向海关办理报关注册登记手续的进出口货物收发货人和报关企业才可以向海关办理报关纳税手续。因此，报关员只能受雇于一个从事进出口业务、有对外贸易经营权的企业或者报关企业，并代表该企业办理报关纳税手续。我国海关法律规定报关员不能非法接受他人委托从事报关业务。

2. 报关员资格

根据《海关法》第 11 条的规定:"未依法取得报关从业资格的人员,不得从事报关业务",以法律的形式明确了报关员资格审查制度。报关员资格是海关的一项行政许可。

我国报关员资格审查是通过全国报关员资格统一考试的形式进行的。海关对符合报考条件的人员进行全面、系统的专业知识考试,检验其是否符合报关职业的基本要求。报关员资格全国统一考试由海关总署统一组织和管理,具体考务工作由海关总署授权有关主管海关组织实施,对达到规定分数的人员颁发《报关员资格证书》。《报关员资格证书》是可以从事报关工作的专业技术资格证书。取得《报关员资格证书》的人员,必须受雇于一个有报关权的企业(单位),并向海关注册登记,经海关批准签发《报关员证》才能成为报关员,代表所属企业(单位)办理报关业务。

(1) 报关员资格考试报名条件

①年满 18 岁,具有完全的民事行为能力;

②具有大专及以上学历;

③具有中华人民共和国国籍。

有下列情形之一的,不得报名参加考试,已经办理报名手续的报名无效。

①因故意犯罪,受到刑事处罚的;

②因在报关活动中发生走私或严重违反海关规定的行为,被海关依法取消报关从业资格的;

③因向海关工作人员行贿,被海关依法撤销报关注册登记、取消报关从业资格的;

④曾被宣布考试成绩无效,并被撤销报关员资格、吊销资格证书,不满 3 年的。

(2) 报关员资格考试报名手续

报关员资格全国统一考试实行网上报名与现场确认相结合。考生应当在网上报名后,自行打印准考证主证,并按照公告规定时间到有关海关进行现场确认。考生进行现场确认时,应当如实向海关交验下列证件:

①准考证主证;

②学历证书原件及复印件;

③本人有效身份证件(居民身份证、军官证、士兵证)原件及复印件。

经现场确认后的考生,应当于考试前 1 个月自行从网上打印准考证副证。考生凭准考证主证、副证及身份证件参加考试。

(3) 报关员资格的申请

报关员资格全国统一考试后,海关总署核定并公布全国统一合格分数线。各直属海关及受委托的隶属海关根据统一合格分数线,公布成绩合格、可以申请报关员资格的考生名单。

根据海关公布的名单可以申请报关员资格的考生,应当自名单公布之日起 6 个月内向原报名海关申请报关员资格。向海关申请报关员资格的,应当提交下列材料:①《报关员资格证书申请表》;②准考证主证;③学历证书;④身份证件。

申请人委托代理人代为提出报关员资格申请的,应当出具《授权委托书》。《授权委托书》应当由委托人签章并注明委托日期。

（4）报关员资格证书的授予和证书的颁发

海关依据《中华人民共和国行政许可法》、《中华人民共和国海关行政处罚实施条例》、《中华人民共和国海关实施〈中华人民共和国行政许可法〉办法》等法律、行政法规、海关总署规章规定的程序，对申请人授予报关员资格的申请进行受理、审查、做出决定。除当场做出决定外，海关应当自受理申请之日起 20 个工作日内，做出是否授予报关员资格的决定。

海关决定不授予申请人报关员资格的，应当向申请人制发不授予报关员资格的决定书。海关决定授予报关员资格的，应当自做出决定之日起 10 个工作日内颁发《报关员资格证书》。《报关员资格证书》由海关总署统一制作，《报关员资格证书》是可以从事报关工作的专业资格证明，在全国范围内有效。持有资格证书者需按规定申请注册方能成为报关员。

3. 报关员的权利和义务

通过报关员资格考试取得《报关员资格证书》者，必须受雇于一个有报关权的企业（单位），并向海关注册登记，经海关批准签发《报关员证》方能成为报关员，代表所属企业向海关办理报关业务。报关员的权利和义务如下：

（1）报关员的权利

根据《中华人民共和国海关法》和《中华人民共和国海关报关员执业管理办法》的规定，报关员享有下列权利：

①以所在报关单位名义执业，办理报关业务；

②有权拒绝海关人员的不合法要求；

③向海关查询其办理的海关业务情况；

④对海关对其做出的处理决定享有陈述、申辩、申诉的权利；

⑤参加执业培训。

（2）报关员的义务

根据《中华人民共和国海关法》和《中华人民共和国海关报关员执业管理办法》的规定，报关员享有下列义务：

①熟悉所申报货物的基本情况，对申报内容和有关材料的真实性、完整性进行合理审查；

②提供齐全、正确、有效的单证，准确、清楚、完整填制海关单证，并按有关规定向海关申请办理报关业务及相关手续；

③海关查验进出口货物时，配合海关查验；

④配合海关稽查和对涉嫌走私违规案件的查处；

⑤按照规定参加直属海关或者直属海关授权组织举行的报关业务岗位考核；

⑥持《报关员证》办理报关业务，海关核对时，应当出示；

⑦妥善保管海关核发的《报关员证》和相关文件；

⑧协助落实海关对报关单位管理的具体措施。

4. 报关员的行为规范

除了上述需要履行的义务之外，《中华人民共和国海关报关员执业管理办法》还规定了报关员需要遵守的行为规范：

（1）报关员应当在一个报关单位执业；

（2）报关企业及其跨关区分支机构的报关员，应当在所在报关企业或者跨关区分支机构的报关服务的口岸或者海关监管业务集中的地点执业；

（3）报关人员应持有效的报关员证件办理报关业务，其签字应在海关备案；报关员证件不得转借、涂改；报关企业的报关员办理报关业务，应交验委托单位的委托书；

（4）调往其他单位从事报关工作的报关员，应持调出、调入双方单位的证明文件以及有效的《报关员资格证书》，向调入单位所在地海关申请办理重新注册手续；

（5）遗失报关员证件后，应自证件遗失之日起15日内向海关递交情况说明，并登报声明作废。海关于声明作废之日起3个月后予以补发，期间不得办理报关业务。

5. 报关员的法律责任

《中华人民共和国海关报关员执业管理办法》规定，报关员有下列情形之一者，海关予以警告，责令其改正，并可以处人民币2000元以下罚款：

（1）故意制造海关与报关单位、委托人之间的矛盾和纠纷；

（2）假借海关名义，以明示或者暗示的方式向委托人索要委托合同约定以外的酬金或者其他财物、虚假报销；

（3）同时在两个或者两个以上报关单位执业；

（4）私自接受委托办理报关业务，或者私自收取委托人酬金及其他财物；

（5）将《报关员证》转借或者转让他人，允许他人持本人《报关员证》执业；

（6）涂改《报关员证》；

（7）其他利用执业之便谋取不正当利益的行为。

（二）报关行业协会

1. 报关行业与报关服务市场

报关行业与报关服务市场都是随着报关活动的发展而产生的。报关行业是一项专业性和技术性很强的行业，是进出口贸易中重要的中介服务机构。近年来，随着我国对外经济贸易的飞速发展，报关业务量迅速增长。报关业务量的增长带动了我国报关行业的迅速发展。目前，报关行业在我国对外经济贸易的快速发展中发挥越来越重要的作用。

随着报关行业的发展，以报关企业为主体，以代理报关纳税为内容的报关服务市场也得到了较快的发展。所谓报关服务市场，是指由特定的企业组成，在货物进出口时提供代理报关及相关事宜的社会环境。报关服务市场是市场经济的组成部分，是社会中介服务机构的一个组成部分，是对外贸易发展到一定阶段，伴随着海关监管的客观需要而出现的。随着我国海关业务制度改革的不断深化，报关无论在内容形式上、还是在方法手段上，都发生了深刻的变化，报关服务作为进出口贸易的中介环节发挥的作用越来越大，代理报关在报关总量中所占的份额越来越重。

在报关行业的发展过程中，由于管理体制的不适应和与市场机制不协调等原因，一些报关企业和报关人员违规经营，甚至参与走私违法活动，严重扰乱了报关服务市场，影响了进出境的正常秩序，给报关行业的健康发展带来了很大的负面影响。我国加入WTO后，中国报关企业将直接或间接地面临国外同行的激烈竞争。同时，随着我国国民经济和社会信息化的发展，政府部门广泛推行电子政务，海关也加快了"电子海关"、"电子口岸"的建设，推行"无纸通关"，这对如何进一步提高和改进报关服务质量提出了新的要求。因此，建立一个全国统一、公平竞争、规范有序的报关服务市场体系已成为报关行业发展的必然要求。

2. 报关行业协会

报关行业协会是海关与企业沟通的桥梁，也是对报关服务市场进行管理的行业组织。报关行业协会一方面贯彻海关的行政法规，监督企业按照法律、法规和行业规则从事营业活动，为企业提供优质服务，推动企业间的横向联系，协调企业间的利益关系，创造公平竞争、相互协作的市场环境，促进全行业的健康发展；另一方面，可以协调报关企业与海关及其他行政部门的关系，对海关通关制度、报关体系、管理规范等意见或建议。

（1）报关行业协会的性质、宗旨

中国报关协会（China Customs Brokers Association，CCBA）是经海关总署和国家民政部批准的从事报关的企业和个人自愿结成的非盈利性质的具有法人资格的全国性行业组织。

中国报关协会是全国唯一的全国性报关行业组织。协会成员包括专业报关企业、货运代理企业、自理报关企业和报关员。中国报关协会受民政部和海关总署双重管理，其登记管理机关是民政部，业务主管单位是海关总署。

中国报关协会的宗旨是配合政府部门加强对我国报关行业的管理，维护、改善报关市场的经营秩序，促进会员间的交流与合作，并代表本行业的利益保护会员的合法权益，促进我国报关服务行业的健康发展。

（2）报关行业协会的权利和义务

①会员享有下列权利：有选举权、被选举权和表决权；有权参加协会组织的各项活动；有权享有协会提供的书刊、信息资料及业务咨询、人员培训等各项服务；有权要求协会帮助协调解决有关的业务问题；有权对协会的工作进行监督，提出意见和建议；入会自愿、退会自由。

②会员应尽的义务：遵守国家法律、法规，严格按照《海关法》的有关规定进行报关活动；遵守协会章程，执行协会决议和规定；服从协会的协调和管理；维护行业的信誉和权益；认真接受计分考核及企业换证；参加协会组织的各项活动；按规定交纳会费；承办协会交办的工作。

（3）报关行业协会的业务范围

报关行业协会的业务范围是：监督指导、沟通协调、行业自律、培训考试、出版刊物、交流合作、创办实体，具体内容如下：

①贯彻《海关法》及国家有关法律、法规和政策，协调政府部门加强对报关行业的管理；

②调查研究各有关方面对报关行业的要求，综合分析报关市场的供求关系和发展趋

势，为会员提供信息咨询服务，为政府制定发展规划和管理政策提供建议；

③负责制订行业自律准则，规范报关行为和作业程序，制止非法经营和不正当竞争；

④代表本行业协调与有关业务主管部门、企业的工作关系；反映会员的建议要求，协调解决有关问题，维护会员的合法权益；

⑤负责组织报关行业经理人的培训、报关人员的资格培训、考试、颁发资格证书、组织编写或指定培训教材、提高报关人员素质及经理人的经营管理水平；

⑥提出成立报关行和代理报关业务注册登记的初审意见，报主管部门核批；

⑦协助海关或受海关委托实施对报关企业的年审，并向海关总署提交行业年审报告；

⑧收集、整理、发送报关行业信息，组织相关的业务研讨，根据国家规定出版会刊及专业刊物；

⑨代表本行业参加国际性同行业组织，出席有关国际会议，与国际和地区的同行业建立业务联系，促进国际间的合作与交流；

⑩承担政府部门、相关团体和会员委托的工作。

3. 报关行业自律及报关员公约

2003年12月21日，中国报关协会第一届理事会第二次会议审议通过了《报关行业自律准则（试行）》和《报关员公约》，对行业自律机制的创建打下了较好的基础。

(1)《报关行业自律准则（试行）》

《报关行业自律准则（试行）》共7章29条，第一章总则，主要包括宗旨、适用范围、部分专业术语的含义等内容；第二章一般原则，主要包括对报关单位和报关从业人员的一般要求；第三章报关业务规范，明确报关单位从业人员开展报关业务的具体要求；第四章对委托人的责任，主要规定了报关企业和报关从业人员接受委托人的委托代理报关时应尽的责任；第五章对同行的责任，主要规定了同行之间的关系准则；第六章奖励与惩戒，主要规定了奖惩的程序和方式；第七章附则，主要包括适用地域、解释权等内容。

(2)《报关员公约》

《报关员公约》的主要内容是：依法报关、照章纳税；资格有效、手续完备；公平竞争、透明收费；履行承诺、服务到位；自律自强、提高素质；维权倡廉、诚信为贵。

本章小结

通过本章的学习，可以让学生了解到海关的起源和海关的基本常识，同时也能让学生掌握报关的范围及报关的基本业务。让学生知道海关的权力属于公共行政职权，其行使过程中不仅要有一定的范围和条件的限制，还应当接受执法监督。而报关又是履行海关进出境手续的必要环节之一。

复习思考题

1. 什么是报关?
2. 简答报关的范围。
3. 简答报关的分类。
4. 简答报关的基本内容。
5. 报关和通关有什么区别?
6. 我国海关的基本任务有哪些?
7. 为保证海关履行职责,我国法律赋予海关哪些权力?

第五章　报关与对外贸易管制

本章主要知识

● 对外贸易管制概述
● 我国货物、技术进出口许可证管理制度
● 其他贸易管制制度

教学目标与要求

我国对外货物进出口贸易管理制度中有关货物和技术的管制制度、措施以及在执行这些贸易管制措施过程中所涉及保管规范的相关内容是非常重要的。通过本章的学习，应当掌握对外贸易管制的基本内容；货物、技术进出口许可证管理制度；对外贸易经营者管理制度；出入境商品检验检疫制度；进出口货物收付汇管理制度；进出口贸易管理相关技术的管制制度、措施以及在执行这些贸易管制措施过程中所涉及保管规范的相关内容。

第一节　对外贸易管制概述

对外贸易管制，也称进出口货物的贸易管制或进出口货物的国家管制，是指一国政府为了国家的宏观经济利益、国内外政策需要以及履行所缔结或加入国际条约的义务，确立实行各种贸易政策、制度或措施，设立相应管理机构和规范对外贸易活动的总称。

从宏观上讲，一个国家对外贸易管制制度体系是多视角全方位的，它涉及工业、农业、商业、军事、技术、卫生、环保、税务、资源保护、质量监督、外汇管理以及金融、保险、信息服务等诸多领域。贸易管制类别形式按照其不同的需求有着多种分类，目前国际上通常有两种分类形式：一种是按照管理目的分为进口贸易管制和出口贸易管制；另一种则是按其管制手段分为关税措施和非关税措施。我国的贸易管制则是按管制对象分为货物进出口贸易管制、技术进出口贸易管制和国际服务贸易管制。我国贸易管制制度日益完善，目前这一制度由对外贸易经营者资格管理制度、进出口许可制度、出入境检验检疫制度、进出口货物收付汇管理制度、贸易救济制度以及其他有关的管理制度所组成。

一、对外贸易管制的定义、渊源及其管理

对外贸易管制，是指一国政府为了国家的宏观经济利益、国内外政策需要以及履行

所缔结或加入国际条约的义务，确立实行各种贸易政策、制度或措施，设立相应管理机构和规范对外贸易活动的总称。

政府对对外贸易进行管理由来已久，自从有了国家，有了对外贸易，就出现了政府对外贸易管制，一国对外政策体现了对外贸易管制这一显著特点，各国都要根据其不同时期的不同经济利益或军事和政治形势需要，随时调整其对外贸易管制政策。

海关执行国家贸易管制政策是通过对进出口货物的监督管理，即通过海关监管来实现对外贸易的国家管制，是建立在国家各行政管理部门之间合理分工的基础上，通过各尽其责的通力合作来实现的。我国《海关法》规定："中华人民共和国海关是国家的进出关境监督管理机关。海关依照本法和其他有关法律、行政法规，监管进出境的运输工具、货物、行李物品、邮递物品和其他物品，征收关税和其他税、费，查缉走私，并编制海关统计和办理其他海关业务。"所以海关是国家贸易管制政策的执行者，外经贸及国家其他行业主管部门则是相关贸易管制措施的制定者。国家进出口贸易管制政策是通过外经贸及国家其他行业主管部门依据国家贸易管制政策发放各类许可证件，最终由海关依据许可证件对实际进出口货物合法性的监督管理来实现的。缺少海关监管这一环节，任何对外贸易管制政策都不可能充分发挥其效力。

经过近几十年的努力，我国已基本建立并逐步健全了以《中华人民共和国对外贸易法》为核心的对外贸易管理与管制的法律体系，并依照这些法律制度和我国履行国际公约的有关规定，自主实行对外贸易管制。

进口许可证制度是对外贸易管制的一项具体措施之一，是国际贸易中的数量限制措施，也是为关贸总协定和世界贸易组织禁止的非关税壁垒措施。进口许可证制度是指一国为加强对外贸易管制，规定某些商品的进口需由进口商向进口国有关当局提出申请，经过审查批准获得许可证后，方可进口的一种制度。这是很多国家限制进口的一种重要措施。许可管理制度是国家通过签发许可证件，准许货物、技术进出境的管理程序；是以国家各类许可为条件的其他行政管理手续。我国货物进出口许可管理范围包括禁止进出口、限制进出口货物和自由进出口货物。其中，对于部分自由进出口货物，国家实行自动进出口许可管理。

为了鼓励对外经济贸易的发展，发挥各方面的积极性，保障对外贸易经营者的对外自主权，国务院对外贸易主管部门和相关部门制定了一系列法律、行政法规、部门规章，对对外贸易经营活动中涉及的相应内容做出了规范，对外贸易经营者在进出口经营活动中必须遵守相应的法律、行政法规、部门规章。这些法律、行政法规、部门规章的总和构成了我国对外贸易管理制度。

同时，出入境检验检疫制度是我国贸易管制制度重要的组成部分，其目的是为了维护国家声誉和对外贸易有关当事人的合法权益，保证国内的生产，促进对外贸易健康发展，保护我国的公共安全和人民生命财产安全等，是国家主权的具体体现。

二、对外贸易管制的特点及目的

（一）对外贸易管制的特点

不同国家或同一国家的不同时期的贸易管制政策是各不相同的。这种贸易管制会因时因势而变化的性质，是贸易管制的一大特点。

各国对外贸易管制的重点一般放在对进口的管制上，这是由于进口管制的目的在于通过保护本国国内市场的途径，保护本国的经济利益。关税措施和非关税措施，在进口管制中通常又被称为关税壁垒和非关税壁垒。之所以称之为壁垒，是因为不论是通过对外国进口商品征收高额进口关税，以提高进口商品成本，达到提高本国同类商品的竞争力的进口关税措施，还是通过进口许可或配额制，以及其他如外汇管制，制定烦琐苛刻的卫生、安全、质量、规格标准等手段限制进口的非关税措施，其目的均是通过这些措施，将国内市场保护起来，从而形成一组"保护墙"。但我们应该辩证地看待贸易管制这组"保护墙"，虽然贸易管制有效地保护了本国国内市场和本国的经济利益，但从某种意义上讲，贸易管制在一定程度上阻碍了世界经济交流，抑制了国际贸易的发展。因此，如何充分发挥贸易管制的有利因素，尽量减少其带来不利因素，变被动保护为主动、积极的保护，是衡量一个国家管理贸易水平的标志。因此，对外贸易管制的另一个显著的特点就是能否合理运用贸易管制手段，这一点也是衡量一国管理贸易水平的标志。

（二）对外贸易管制的目的

对外贸易管制所遵循的法律与制度是各国政府或为保护和促进国内生产，增加出口，限制进口而采取的鼓励或限制措施；或为政治目的，对进出口采取禁止或限制的措施。目前，对外贸易管制已成为各国不可或缺的一项重要政府职能，是一个国家对外经济政策的具体体现。虽然各国所实行的对外贸易管制措施在形式上有许多不同，但是其实行对外贸易管制的目的往往又是相同的。主要表现在：①为了发展其本国经济，保护本国经济利益；②为了达到其国家政治或军事目的；③为了行使其国家职能。

三、对外贸易管制目标的实现

既然对外贸易管制是对外贸易的国家管制，因此它所涉及的法律制度，均属于强制性法律范畴，任何从事对外贸易活动者都必须无条件予以遵守。国家实现对外贸易管制目标就是以对外贸易管制法律、法规为保障，依靠有效的政府行政管理手段来最终实现的。

（一）海关监管是实现贸易管制的重要手段

海关执行国家贸易管制政策是通过对进出口货物的监督管理，即海关监管来实现的。我国《对外贸易法》将对外贸易划分为货物进出口、技术进出口和国际服务贸易，而这些贸易，尤其是货物进出口贸易以及以货物为表现形式的技术进出口贸易，都是最终要通过进出境行为来实现的。作为我国进出关境监督管理机关的海关，依据《海关法》所赋予的权力，代表国家在口岸行使进出境监督管理职能，这种特殊的管理职能决定了海关监管是实现我国这类贸易管制目标有效的行政管理手段。

海关执行国家进出口贸易管制政策是海关监管工作的重要组成部分。《海关法》赋予了海关在口岸实施贸易管制的基本权力，《海关法》第24条规定"进口货物的收货人、出口货物的发货人应当向海关如实申报，交验进出口许可证件和有关单证。国家限制进出口的货物，没有进出口许可证件的，不予放行"。该条款是海关对有关进出境货物、物品实施禁止性或限制性贸易管制措施管理程序的条款。其意义旨在明确进出境货物、物品的禁止性或限制性规定的立法主体和立法程序，规范海关执行对进出境货物、物品的禁止性或限制性规定的执法行为，维护国家利益和保护当事人权益。该条款也是海关为执行国家贸易管制政策制定相关监督管理程序的法律依据的条款。

《海关法》第40条规定"国家对进出境货物、物品有禁止性或限制性规定的，海关依据法律、行政法规、国务院的规定或者国务院有关部门依据法律、行政法规授权做出的规定实施监管"，该条款不仅赋予了海关对进出口货物依法实施监督管理的权力，还明确了国家对外贸易管制政策所涉及的法律法规，是海关进行进出口货物监管工作的法律依据。根据我国行政管理职责分工，与对外贸易管制相关的法律法规分别由国务院及其所属各部、委（局）负责制定颁发，海关则是贸易管制政策在货物进出口环节的具体执行机关。因此，海关对进出口货物实施监管或制定有关监管程序时，必须以贸易管制政策所涉及的法律法规为依据，充分重视这些法律法规与海关实际工作之间的必然联系，以准确贯彻和执行政策作为海关开展各项管理工作的前提和原则，制定合法、高效的海关监督管理程序，充分利用《海关法》赋予的权力，确保国家各项贸易管制目标的实现。

（二）执行贸易管制政策是海关监管方式

海关监管是全方位、多角度、立体式的，包括合法运用各种监管手段和程序对商品属性、数量、外观、内容等实物式管理和依法审核与进出口货物相关的发票、箱单、合同、手册、批件等单证式管理。前者是对物的管理，是物流监控的范围，后者是对单证的管理，也就是对海关管理相对人进出口行为合法性的管理。海关管理是两者的有机结合，是互为因果，互相制约，相互联系，缺一不可的。如何准确、有效地执行贸易管制政策及国家其他法律、法规，是这两种海关管理所要达到的共同目标，也是实现二者有机结合最基本的出发点。这种有机的结合表现为：代表合法进出口的各类进出口许可证件（包括一些临时性贸易管制措施）是海关监管货物合法进出的书面证明，通过上述各个环节对单证的管理，确定做到单单相符、单证相符，从而实现在查验放行环节验证单证是否相符的目的。因此说对物流的监控管理是海关确保货物合法进出的基础和前提条件，对单证审核的管理是海关确定货物合法进出结果的依据，二者共同构成了海关对货物合法进出口的管理。

通俗地讲，由于国家进出口贸易管制政策是通过外经贸及国家其他行业主管部门依据国家贸易管制政策发放各类许可证件，最终由海关依据许可证件及其他单证（提单、发票、合同等）对实际进出口货物合法性的监督管理来实现的，因此执行贸易管制海关管理也就离不开"单"即包括报关单在内的各类报关单据、"证"即各类许可证件、"货"即实际进出口货物这三大要素。"单"、"证"、"货"互为相符，是海关确认货物合法进出口的充分必要条件，也就是说对进出口受国家贸易管制的货类，只有确认达到"单单相符"、"单货相符"、"单证相符"、"证货相符"的情况下，海关才可放行相关货物。

（三）报关是海关确认进出口货物合法性的先决条件

报关作为一种程序，实际上是指进出口货物收发货人或其代理人依法向海关进行进出口申报，并办理有关海关手续的过程，是履行海关手续的必要环节之一。通过前文的介绍我们了解到执行贸易管制政策海关监管是通过对"单"、"证"、"货"这三要素来确认货物进出口的合法性，而这三要素中的"单"和"证"正是通过报关环节中的申报手续向海关递交的。从法律意义上来说，申报意味着向海关报告进出口货物的情况，申请按其申报的内容放行进出口货物。《海关法》第24条规定，"进口货物的收货人、出口货物的发货人应当向海关如实申报，交验进出口许可证件和有关单证。国家限制进出口的货物，没有进出口许可证件的，不予放行，具体处理办法由国务院规定；进口货物的收货人应当自运输工具申报进境之日起14日内，出口货物的发货人除海关特准的外应当在货物运抵海关监管区后、装货的24小时以前，向海关申报"。该条款是关于收发货人在办理进出口货物海关手续时关于申报环节法律义务的规定，也是我们前文所阐述的有关"单、证、货互为相符，是海关确认货物合法进出口的充分必要条件"之法律依据条款。因此，报关不仅是进出口货物收、发货人或其代理人必须履行的手续，也是海关确认进出口货物合法性的先决条件。

四、我国对外贸易管制基本框架与法律体系

对外贸易管制所遵循的法律与制度是各国政府或为保护和促进国内生产，增加出口，限制进口而采取的鼓励或限制措施；或为政治目的，对进出口采取禁止或限制的措施。目前，对外贸易管制已成为各国不可或缺的一项重要政府职能，是一个国家对外经济政策的具体体现。

我国对外贸易管制制度是一种综合制度，主要由海关制度、关税制度、对外贸易经营者的资格管理制度、进出口许可制度、出入境检验检疫制度、进出口货物收付汇管理制度以及贸易救济制度等构成。为保障贸易管制各项制度的实施，我国颁布了大量涉及对外贸易管制的法律和行政法规以及部门规章，经过近几十年的努力，我国已基本建立并逐步健全了以《中华人民共和国对外贸易法》为核心的对外贸易管理与管制的法律体系，并依照这些法律制度和我国履行国际公约的有关规定，自主实行对外贸易管制。

（一）我国实行对外贸易管制的意义

我国在新中国成立初期就开始实行对外贸易管制，1949年9月，中国人民政治协商会议上通过、起临时宪法作用的《共同纲领》中就规定，"我国实行对外贸易管制，并采取保护贸易的政策"。我国实行对外贸易管制是由我国的社会制度和经济发展需要所决定的，几十年的实践证明，实行对外贸易管制对我国的经济建设和对外贸易发展具有极其重要的意义。

实行对外贸易管制是保护和扶植我国的民族工业、建立与巩固我国社会主义经济体系、防止外国产品冲击国内市场、保障我国有限的外汇储备能有效地发挥最大作用等方面的有效手段；实行贸易管制可以集中力量对国际市场的价格波动及世界经济危机做出迅速反应，防止这些因素对我国经济建设产生不良影响；实行对外贸易管制有利于加强我国在国际市场竞争中的斗争能力，增强国际贸易中的谈判地位；实行贸易管制还有助于更好地实现国家职能，政府通过对外贸易管制，对外可以及时根据我国在国际斗争中的政策和策略，调整外贸结构和格局，全面发展与世界各国的贸易往来，为维护世界和平、促进全球经济繁荣做出贡献；对内则可以达到维护正常的国内经济秩序，保障经济建设的顺利进行，不断提高人民生活水平，丰富人民不断增长的物质文化生活需要的目的。

（二）我国对外贸易管制的法律体系

由于贸易管制是一种国家管制，其法律渊源不包括地方性法规、地方性规章及各民族自治区政府的地方条例和单行条例，所以贸易管制所涉及的法律渊源只限于宪法、法律、行政法规、部门规章以及相关的国际条约。

1. 法律

法律是指由国家最高权力机关全国人民代表大会或它的常务委员会制定，由国家主席颁布的规范性文件的总称。我国现行的与贸易管制有关的行政法律主要有：①《中华人民共和国对外贸易法》；②《中华人民共和国海关法》；③《中华人民共和国进出口商品检验法》；④《中华人民共和国进出境动植物检疫法》；⑤《中华人民共和国固体废物污染环境防治法》；⑥《中华人民共和国国境卫生检疫法》；⑦《中华人民共和国野生动物保护法》；⑧《中华人民共和国药品管理法》；⑨《中华人民共和国文物保护法》；⑩《中华人民共和国食品卫生法》等。

2. 行政法规

行政法规是指国务院为了实施宪法和其他相关法律，在自己职权范围内，制定的基本行政管理规范性文件的总和。涉及贸易管制范畴的行政法规很多，除国务院依据上述法律制定颁布的各类实施条例、实施细则或实施办法以外，其中具有代表性的其他行政法规还包括下列各项：

①《中华人民共和国货物进出口管理条例》；②《中华人民共和国技术进出口管理条例》；③《中华人民共和国进出口关税条例》；④《中华人民共和国知识产权海关保护条例》；⑤《保税区海关监管办法》；⑥《中华人民共和国海关对出口加工区监管暂行办法》；⑦《中华人民共和国核出口管制条例》；⑧《中华人民共和国野生植物保护条例》；⑨《中华人民共和国军品出口管理条例》；⑩《中华人民共和国外汇管理条例》等。

3. 部门规章

部门规章是国务院各部委根据法律和国务院的行政法规、决定和命令，在本部门权限范围内发布的规范性文件的总和，其效力低于国务院制定的行政法规。我国现行的涉及对外贸易管制属行政规章范畴的规范性文件很多，涉及的范围也很广，同时也是包括海关在内的国家各有关行政管理机关在日常行政执法中最直接、最广泛的法律依据。举例如下：

①《中华人民共和国海关关于报关资格考试的管理规定》；②《机电产品进口管理办法》；③《机电产品进口配额管理实施细则》；④《机电产品自动进口许可管理实施细则》；⑤《特定机电产品进口管理实施细则》；⑥《进口药品管理办法》；⑦《麻醉药品管理办法》；⑧《中华人民共和国精神药品管理法》；⑨《中华人民共和国放射性药品管理法》；⑩《进口兽药管理办法》；⑪《外商投资企业自动进口许可管理实施细则》；⑫《货物自动进口许可管理办法》；⑬《重要工业品自动进口许可管理实施细则》等。

4. 国际条约

国际条约是指国家及其他国际法主体间所缔结的以国际法为准，并确定其相互关系中的权利和义务的一种国际书面协议。这也是国际法主体间相互交往的一种最普遍的法律形式。

由于各国在通过国内立法实施本国进出口贸易管理和管制的各项措施的同时，必然要与其他国家协调立场，确定相互之间在国际贸易活动中的权利与义务关系，以实现其外交政策和对外贸易政策所确立的目标，因此，国际贸易条约与协定便成为各国之间确立国际贸易关系立场的重要的法律形式。

我国目前所签订生效的各类国际条约，虽然不属于我国国内法的范畴，但就其效力而言可将其视为我国的法律渊源之一。

目前我国所加入或缔结的涉及贸易管制的国际条约主要有：

①我国加入世界贸易组织（WTO）所签订的有关双边或多边的各类贸易协定；②《京都公约》——关于简化和协调海关制度的国际公约；③《濒危野生动植物种国际公约》；④1987年《蒙特利尔议定书》——关于消耗臭氧层物质的国际公约；⑤1971年《精神药物国际公约》；⑥《伦敦准则》——关于化学品国际贸易资料交流的国际公约；⑦《鹿特丹公约》——关于在国际贸易中对某些危险化学品和农药采用事先知情同意程序的国际公约；⑧《巴塞尔公约》——关于控制危险废物越境转移及其处置；⑨《国际纺织品贸易协定》；⑩《建立世界知识产权组织公约》等。

第二节　我国货物、技术进出口许可证管理制度

对外贸易管制作为一项综合制度，所涉及的管理规定繁多。了解我国对进出口贸易进行管理的各项措施所涉及的具体规定，是报关从业人员必备的专业知识。本节主要介绍我国进出口贸易管理的主要工具、具体措施和报关规范。

进出口许可是国家对进出口的一种行政管理程序，既包括准许进出口的有关证件的审批和管理制度本身的程序，也包括以国家各类许可为条件的其他行政管理手续，这种行政管理制度称为进出口许可制度。

进口许可证制度是国际贸易中的数量限制措施，是为关贸总协定和世界贸易组织禁止的非关税壁垒措施。进口许可证制度是指一国为加强对外贸易管制，规定某些商品的进口需由进口商向进口国有关当局提出申请，经过审查批准获得许可证后，方可进口的一种制度。这是很多国家限制进口的一种重要措施。

各国实行的进口许可证制度通常分为两种：一是自动进口许可证制度，即把进口许可证毫无数量限制地签发给进口商。二是非自动进口许可证制度，也称为特种进口许可证制度，对列入信用证项下的商品，进口商必须向有关当局提出申请，经逐笔审核批准并发给许可证后，才得以进口。

一、禁止进出口管理

为了维护国家安全和社会公共利益，为了保护人民的生命健康，为了履行中华人民共和国所缔结或者参加的国际条约和协定，国务院对外贸易主管部门会同国务院有关部门，依照国家相关法律、法规对禁止进出口目录商品实施监督管理。

（一）禁止进口

通常来说，对列入国家公布的禁止进口目录以及其他法律、法规明令禁止或停止进口的货物、技术，任何对外贸易经营者不得经营进口。

1. 禁止进口货物管理规定

（1）列入《禁止进口货物目录》的商品

我国政府明令禁止进口的货物主要包括：列入由国务院对外贸易部门或由其会同国务院有关部门制定的《禁止进口货物目录》的商品、国际有关法律和法规明令禁止进口的商品以及其他各种原因停止进口的商品。

①《禁止进口货物目录》（第一批、第六批）是根据我国所缔结或者参加的与保护世界生态环境相关的一系列国际条约和协定而发布的，其目的是为了保护我国自然生态环境和生态资源。例如：四氯化碳、犀牛角和虎骨等。

②《禁止进口货物目录》（第二批）均为旧机电产品类，是国家对涉及生产安全、人身安全和环境保护的旧机电产品所实施的禁止进口管理。

③《禁止进口货物目录》（第三批、第四批、第五批）所涉及的是对环境有污染的固体废物类。包括城市垃圾、医疗废物、含铅汽油余渣等废弃物。

（2）国家有关法律法规明令禁止进口的商品

①来自动植物疫情流行的国家和地区的有关动植物及其产品和其他检疫物；

②动植物病原及其他有害生物、动物尸体；

③带有违反"一个中国"原则内容的货物及其包装；

④以氯氟羟物质为制冷剂、发泡剂的家用电器产品和以氯氟羟物质为制冷工质的家用电器用压缩机。

（3）其他

①停止进口以 CFC‐12 为制冷工质的汽车及以 CFC‐12 为制冷工质的汽车空调压缩机（含汽车空调器）；

②停止进口属右置方向盘的汽车；

③停止进口旧服装、Ⅷ因子制剂等血液制品、黑人牙膏等；

④停止国产手表复进口。

2. 禁止进口技术管理

根据《对外贸易法》、《技术进出口管理条例》以及《禁止进口、限制进口技术管理办法》的有关规定，国务院外经贸主管部门会同国务院有关部门，制定、调整并公布禁止进口的技术目录。属于禁止进口技术的，不得进口。

目前《中国禁止进口限制进口技术目录》（第一批）所列明的禁止进口的技术涉及钢铁冶金技术、有色金属冶金技术、化工技术、石油炼制技术、石油化工技术、消防技术、电子技术、轻工技术、印刷技术、医药技术、建筑材料生产技术等 11 个技术领域的 26 项技术。

（二）禁止出口

对列入国家公布禁止出口目录的以及其他法律、法规明令禁止或停止出口的货物、技术，任何对外贸易经营者不得经营出口。

1. 禁止出口货物管理

我国政府明令禁止出口的货物主要指列入《禁止出口货物目录》的商品，国家有关法律、法规明令禁止出口的商品以及其他各种原因停止出口的商品。主要包括：

（1）列入《禁止出口货物目录》的商品

①《禁止出口货物目录》（第一批、第三批），根据我国所缔结或者参加的国际条约、协定，需要禁止出口的货物名称，是为了保护我国自然生态环境和生态资源，禁止出口的商品。如：四氯化碳、犀牛角、虎骨、麝香等，有防风固沙作用的发菜和麻黄草等植物。

②《禁止出口货物目录》（第二批），主要是为了保护我国的森林资源，例如禁止出口木炭。

③《禁止出口货物目录》（第四批），主要包括硅砂、石英砂及其他天然砂。

（2）国家有关法律法规明令禁止出口的商品

例如，依据《中华人民共和国野生植物保护条例》，禁止出口未定名的或者新发现并有重要价值的野生植物。

2. 禁止出口技术管理

根据《对外贸易法》、《技术进出口管理条例》以及《禁止出口限制出口技术管理办法》的有关规定，国务院对外贸易主管部门会同国务院有关部门，制定、调整并公布禁止出口的技术目录。属于禁止出口技术，不得出口。

二、限制进出口管理

为维护国家安全和社会公共利益，保护人民的生命健康，履行中华人民共和国所缔结或者参加的国际条约和协定，国务院对外贸易主管部门会同国务院有关部门，依照《对外贸易法》的规定，制定、调整并公布各类限制进出口货物、技术目录。海关依据国家相关法律、法规对限制进出口目录货物、技术实施监督管理。

（一）限制进口管理

国家对货物或技术实行限制进口管理的货物、技术，必须依照国家有关规定取得国务院对外贸易主管部门或者其会同国务院有关部门的许可，方可进口。

根据《对外贸易法》、《技术进出口管理条例》以及《禁止进口、限制进口技术管理办法》的有关规定，国务院外经贸主管部门会同国务院有关部门，制定、调整并公布禁止出口的技术目录。属于禁止出口技术的不得出口。

1. 限制进口货物管理

目前，我国限制进口货物管理按照其限制方式划分为许可证管理和关税配额管理。

（1）许可证管理

许可证管理是指在一定时期内根据国内政治、工业、农业、商业、军事、技术、卫生、环保、资源保护等领域的需要，以及为履行我国所加入或缔结的有关国际条约的规定，以经国家各个主管部门签发许可证的方式来实现各类限制进口的措施。

许可证管理主要包括进口许可证、濒危特种进口、可利用废物进口、进口药品、进口音像制品、黄金及其制品进口等管理。

（2）关税配额管理

关税配额管理指一定时期内，国家对部分商品的进口制定关税配额税率并规定该商品进口数量总额，在限额内，经国家批准后允许按照关税配额税率征税进口，如超出限额则按照配额外税率征税进口的措施。关税配额管理是一种相对管理的限制。一般情况下，关税配额税率优惠幅度很大。有的商品如小麦，关税配额税率与最惠国税率相差达65倍。例如，2007年实施进口关税配额管理的农产品有小麦、大米、玉米、棉花、食糖、羊毛及羊条；实施进口关税配额管理的工业品有：尿素、磷酸氢二铵等。

2. 限制进口技术管理

限制进口技术实行目录管理。根据《对外贸易法》、《技术进出口管理条例》以及《禁止进口、限制进口技术管理办法》的相关规定，国务院对外贸主管部门会同国务院有关部门，制定、调整并公布限制进口的技术目录。属于目录范围内的限制进口技术，实行许可证管理，未经国家许可，不得进口。经营限制进口技术的经营者在向海关申报进口手续时，必须主动提交由国务院商务主管部门颁发的"中华人民共和国技术进口许可证"，凭以向海关办理进口通关手续。目前，列入《中国禁止进口、限制进口技术目录》中属于限制进口的技术主要涵盖6个技术领域中的16项技术。它们是生物技术、化工技术、石油炼制技术、石油化工技术、生物化工技术和造币技术。

（二）限制出口管理

1. 限制出口货物管理

《货物进出口管理条例》规定：国家规定有数量限制的出口货物，实行配额管理；其他限制出口货物，实行许可证件管理；实行配额管理的限制出口货物，由国务院对外贸易主管部门和国务院有关经济管理部门按照国务院规定的职责划分进行管理。

目前，我国货物限制出口按照其限制方式划分为出口配额限制、出口非配额限制。

（1）出口配额限制

出口配额许可证管理是国家对部分商品的出口，在一定时期内规定数量总额，经国家批准获得配额的允许出口，否则不准出口的配额管理措施。它是国家通过行政管理手段对一些重要商品以规定绝对数量的方式来实现限制出口的目的。

出口配额招标管理是国家对部分商品的出口，在一定时期内规定数量总额，采取招标分配原则，经招标获得配额的允许出口，否则不准出口的管理配额措施。国家各配额主管部门对中标者发放各类配额证明，中标者取得配额证明后，到国务院对外贸易主管部门及其授权发证机关，凭配额证明申领出口许可证。

（2）出口非配额限制

以签发许可证的方式来实现的各类限制出口措施，目前我国非配额限制管理主要包括出口许可证、濒危物种、敏感物项出口及军品出口等许可管理。

2. 限制出口技术管理

根据有关规定，我国限制出口技术实行目录管理，国务院对外贸易主管部门会同国务院有关规定，制定、调整并公布限制出口的技术目录。属于目录范围内的限制出口技术，实行许可证管理；未经国家许可，不得出口。我国目前限制出口技术目录也会依据《核出口管制清单》、《生物两用品及相关设备和技术出口管制清单》、《导弹及相关物项和技术出口管制清单》等制定《敏感项目和技术出口许可证管理目录》以及《中国禁止出口限制出口技术目录》。

对于出口属于列入限制出口技术的，应当向商务主管部门提出技术出口申请，获得审核批准后取得技术出口许可证件，凭以向海关办理通关手续。

三、自由进出口管理

另外，除了国家禁止、限制进口货物、技术外的其他货物，均属于自由进口范围，不受限制。但基于监测进口情况的需要，国家对部分属于自由进口的货物实行自动进口许可管理，对所有自由进口的技术实行进口技术合同登记管理。

自由进出口管理范围除上述国家禁止、限制进出口货物外的其他货物，均属于自由进出口范围。但基于监测进口情况的需要，国家对部分属于自由进口的货物实行自动进口许可管理，对所有自由进出口的技术实行进出口技术合同登记管理。

货物自动进出口许可管理是在任何情况下对进口申请一律予以批准的进口许可证制度。这种进口许可实际上是一种在进口前的自动登记性质的许可制度，通常用于国家对这类货物的统计和监督目的。它是我国进出口许可管理制度中的重要组成部分，是目前被各国普遍使用的一种进口管理制度。进口属自动进口许可管理的货物，经营者应在报关前，向有关主管部门提交自动进口许可申请，主管部门在收到申请后，立即发放自动进口许可证明，经营者凭此向海关办理报关验收手续。

国务院对外贸易主管部门为我国自动进口许可证制度的国家管理部门，负责制定并调整管理目录并签发相关自动进口许可证明，目前涉及的管理目录有原外经贸部公布的《自动许可管理目录》、国家经贸委公布的《重要工业品自动进口许可管理税号目录》，签发的证件相应为《自动进口许可证》、《重要工业品自动进口许可证明》。

第三节　其他贸易管制制度

一、对外贸易经营者管理制度

对外贸易经营管理制度是我国进出口贸易管理制度的重要组成部分。为了鼓励对外经济贸易的发展，发挥各方面的积极性，保障对外贸易经营者的对外自主权，国务院对外贸易主管部门和相关部门制定了一系列法律、行政法规、部门规章，对对外贸易经营活动中涉及的相应内容做出了规范，对外贸易经营者在进出口经营活动中必须遵守相应的法律、行政法规、部门规章。这些法律、行政法规、部门规章的总和构成了我国对外贸易管理制度。对外贸易经营者管理制度是我国对外贸易管理制度之一。

对外贸易经营者，是指依法办理工商登记或者其他执业手续，依照《对外贸易法》和其他有关法律、行政法规、部门规章的规定从事对外贸易经营活动的法人、其他组织或者个人。目前，我国对外贸易经营者的管理，实行备案等级制。《中华人民共和国对外贸易法》和商务部发布的《对外贸易经营者备案登记办法》对对外贸易经营者进行备案登记的管理机构和程序等方面都做出了明确规定。备案登记的具体实施办法由国务院对外贸易主管部门规定。对外贸易经营者未按照规定办理备案登记的，海关不予办理进出口货物的报关验收手续；对外贸易经营者可以接受他人的委托，在经营范围内代为办理对外贸易业务。

（一）对外贸易经营者备案登记的管理机构

《中华人民共和国对外贸易法》和《对外贸易经营者备案登记办法》规定，商务部是我国对外贸易经营者备案登记工作的主管部门。从事货物进出口或者技术进出口的对外贸易经营者，应当向商务部或商务部委托的机构办理备案登记。但是，法律、行政法规和国务院规定不需要备案登记的除外。从事货物进出口或者技术进出口的对外贸易经营者，应当向国务院对外贸易主管部门或者其委托的机构办理备案登记；但是，法律、行政法规和国务院对外贸易主管部门规定不需要备案登记的除外。对外贸易经营者未按照规定办理备案登记的，海关不予以办理进出口的报关验放手续。

（二）对外贸易经营者备案登记的程序

对外贸易经营者在本地区备案登记机关办理备案登记，程序如下：

（1）领取《对外贸易经营者备案登记表》。

（2）填写《对外贸易经营者备案登记表》。

（3）向备案登记机关提交如下备案登记材料：①按要求填写《对外贸易经营者备案登记表》；②营业执照复印件；③组织机关代码证书复印件；④对外贸易经营者为外商投资企业的，还应提交外商投资企业批准证书复印件；⑤依法办理工商登记的个体工商户，须提交合法公证机构出具的财产公证证明。

（三）对外贸易经营者备案登记的变更和撤销

《对外贸易经营者备案登记办法》规定，对外贸易经营者不得伪造、变造、涂改、出租、出借、转让和出卖《对外贸易经营者备案登记表》。《对外贸易经营者备案登记表》上的任何登记事项方式变更时，对外贸易经营者都应按照有关规定，在 30 日内办理《对外贸易经营者备案登记表》变更手续，逾期未办理变更手续的，其《对外贸易经营者备案登记表》自动失效。

二、出入境检验检疫制度

出入境检验检疫制度是指国家出入境检验检疫部门依据我国有关法律和行政法规以及我国政府所缔结或者参加的国际条约、协定，对出入境的货物、物品及其包装物、交通运输工具、运输设备和出入境人员实施检验检疫监督管理的法律依据和行政手段的总和。其国家主管部门是国家质量监督检验检疫总局（国家质检总局）。国家质检总局设在省、自治区、直辖市以及进出口商品的口岸、集散地的出入境检验检疫局及其分支机构，管理所负责地区的进出口商品检验工作。

出入境检验检疫制度是我国贸易管制制度重要的组成部分，其目的是为了维护国家声誉和对外贸易有关当事人的合法权益，保证国内的生产、促进对外贸易健康发展，保护我国的公共安全和人民生命财产安全等，是国家主权的具体体现。

（一）出入境检验检疫管理的规定

1. 出入境检验检疫的范围

依据《中国人民共和国进出口商品检验法》及《中华人民共和国进出口商品检验法实施条例》、《中华人民共和国国境卫生检疫法》及《中华人民共和国国境卫生检疫法实施细则》、《中华人民共和国进出境动植物检疫法》及《中华人民共和国进出境动植物检疫法实施条例》、《中华人民共和国食品卫生法》、《中华人民共和国认证认可条例》、《中华人民共和国进出口货物原产地条例》等法律法规的有关规定，实施出入境检验检疫的范围包括：

（1）国家法律、法规规定必须由出入境检验检疫机构检验检疫的；

（2）输入国家和地区规定必须凭检验检疫机构出具的证书方准入境的；

（3）有关国际条约规定须经检验检疫的；申请签发原产地证明书及普惠制原产地证明书的；

（4）对外贸易关系人申请的鉴定业务和委托检验；

（5）对外贸易合同、信用证规定由检验检疫机构或官方机构出具证书的；

（6）未列入《出入境检验检疫机构实施检验检疫的进出境商品目录》的入境货物经收、用货单位验收发现质量不合格或残损、短缺、需检验检疫局出证索赔的涉及出入境检验检疫内容的司法和行政机关委托的鉴定业务。

2. 出入境检验检疫管理的其他规定

（1）进出口化妆品必须经过标签审核，取得《进出口化妆品标签审核证书》后方可报检。进出口化妆品原料及半成品，亦需报检。

（2）进出口食品经营者或其代理人在进出口前，应当向指定检验检疫机构提出食品标签审核申请。经审核符合要求的食品标签，由国家质量监督检验检疫局办理《进出口食品标签审核证书》。

（3）进出口药品的质量检验、计量器具的量值鉴定、锅炉压力容器的安全监督检验、船舶和集装箱的规范检验、飞机的适航检验以及核承压设备的安全检验等项目，由有关法律、行政法规规定的机构实施检验。

（4）进出境的样品、礼品、暂准进出境的货物以及其他贸易性物品，免予检验。但是法律、行政法规另有规定的除外。

（5）国家对出口煤炭实行出口质量许可制度。

（6）国家对进出口食品生产企业实施卫生注册登记管理。

（7）对于动植物病原体、害虫及其他有害生物，动植物疫情流行的国家和地区的有关动植物、动植物产品和其他检疫物，动物尸体以及土壤，国家规定一律禁止进境。

（二）出入境检验检疫管理的手续

1. 报检单位和报检员

依据《中华人民共和国进出口商品检验法》和《中华人民共和国进出口商品检验法实施条例》的规定，进出口商品的收货人或者发货人可以自行办理报检手续，也可以委托代理报检企业办理报检手续；采用快件方式进出口商品的，收货人或者发货人应当委托出入境快件运营企业办理报检手续。

进出口商品的收货人或者发货人办理报检手续，应当依法向出入境检验检疫机构备案。报检企业、出入境快件运营企业从事报检业务，应当依法经出入境检验检疫机构注册登记。未依法经出入境检验检疫机构注册登记的企业，不得从事报检业务。

办理报检业务的人员应当通过报检员资格全国统一考试，获得《报检员资格证》，向检验检疫机构申请报检员注册，经检验检疫机构进行审核合格的，予以注册，颁发《报检员证》，实行凭证报检。未依法办理报检从业注册的人员，不得从事报检业务。

2. 检验手续

（1）进口商品检验手续

列入《出入境检验检疫机构实施检验检疫的进出境商品目录》的进口商品，以及法律、行政法规规定须经出入境检验检疫机构检验的其他进口商品的收货人应当持合同、发票、装箱单、提单等必要的凭证和相关批准文件，向海关报关地的出入境检验检疫机构报检；海关放行后 20 日内，收货人应当按照规定向出入境检验检疫机构申请检验。

法定检验的进口商品应当在收货人报检时申报的目的地检验。大宗散装商品、易腐烂变质商品、可用作原料的固定废物以及已发生残损、短缺的商品，应当在卸货口岸检验。对上述进口商品，国家质检总局也可出于便利对外贸易和进出口商品检验工作的需要，指定在其他地点检验。进口实行验证管理的商品，收货人应当向海关报关地的出入境检验检疫机构申请验证。

（2）出口商品检验手续

法定检验的出口商品的发货人应当在国家质检总局统一规定的地点和期限内，持合同等必要的凭证和相关批准文件向出入境检验检疫机构报检。

出入境检验检疫机构在出口商品的生产地进行检验。国家质检总局可以根据便利对外贸易和进出口商品检验工作的需要，指定在其他地点检验。出口实行验证管理的商品，发货人应当向出入境检验检疫机构申请验证。出入境检验检疫机构按照国家质检总局的规定实施验证。

在商品生产地检验的出口商品需要在口岸换证出口的，有商品生产地的出入境检验检疫机构按照规定签发检验换证凭单。发货人应当在规定的期限内持检验凭证单和必要的凭证，向口岸出入境检验检疫机构申请查验。经查验合格的，由口岸出入境检验检疫机构签发《出境货物通关单》。

三、进出口货物收付汇管理制度

进出口货物收付汇管理制度是我国实施外汇管理的主要手段，也是我国外汇管理制度的重要组成部分。

（一）出口货物收付汇管理制度

我国对出口收汇管理采取的是外汇核销形式。国家为了防止出口单位将外汇截留境外，提高收汇率，国家外汇管理局先后颁布了《出口收汇核销管理办法》和《出口收汇核销管理办法实施细则》，规定了出口外汇核销单管理的方式，对出口货物实施直接收汇控制。"出口外汇核销单"是跟踪、监督出口单位出口后收汇核销和出口单位办理货物出口手续的重要凭证之一。此种控制方式的主要内容：国家外汇管理局制发出口外汇核销单，由货物的发货人或其代理人填写，外汇管理部门凭海关签注的出口外汇核销单和出口货物报关单出口收汇核销联收汇核销。

（二）进口货物收付汇管理制度

进口货物付汇管理与出口货物收汇管理均采取外汇核销形式，国家为了防止汇出外汇而实际不进口商品的逃汇行为的发生，通过海关对进口货物的实际监管来监督进口付汇情况。具体程序表现为：进口企业在进口付汇前需向付汇银行申请国家外汇管理局统一制发的"贸易进口付汇核销单"，凭此办理付汇。货物进口后，进口单位或其代理人凭海关出具的进口货物报关单付汇证明向国家外汇管理局指定银行办理付汇核销。

四、对外贸易救济措施

我国2001年年底正式成为世界贸易组织成员国，世界贸易组织允许成员方在进口产品倾销、补贴和进口激增给其国内产业造成损害的情况下，可以使用反倾销、反补贴和保障措施手段以保护国内产业不受损害。

反补贴、反倾销和保障措施都属于贸易救济措施。反补贴和反倾销措施实施针对的是价格歧视这种不公平贸易行为，而保障措施针对的则是进口产品激增的情况。

（一）反倾销措施

1. 临时反倾销措施

临时反倾销是指进口方主管机构经过调查，初步认定被指控产品存在倾销，并对国内同类产业造成损害，据此可以依据WTO所规定的程序进行调查，在全部调查结束之前，采取临时性的反倾销措施，以防止在调查期间国内产业继续受到损害。

临时反倾销措施有两种形式：一是征收临时反倾销税；二是要求提供现金保证金、包含或者其他形式的担保。

征收临时反倾销税，由商务部提出建议，国务院关税税则委员会根据其建议做出决定，由商务部予以公告。要求提供现金保证金、包含或者其他形式的担保，由商务部做出决定并予以公告。海关自公告规定实施之日起执行。

2. 最终反倾销措施

对终裁决定确定倾销成立并由此对国内产业造成损害的，可以在正常海关税费之外征收反倾销税。征收反倾销税，由商务部提出建议，国务院关税税则委员会根据其建议做出决定，由商务部予以公告。海关自公告规定实施之日起执行。

（二）反补贴措施

1. 临时反补贴措施

初裁决定确定补贴成立并由此对国内产业造成损害的，可以采取临时反补贴措施。临时反补贴措施采取担保或征收临时反补贴税的形式。

采取临时反补贴措施，由商务部提出建议，国务院关税税则委员会根据其建议做出决定，由商务部予以公告。海关自公告规定实施之日起执行。

2. 最终反补贴措施

在为完成磋商的努力没有取得效果的情况下，最终裁决确定补贴成立并由此对国内产业造成损害的，可以在正常海关税费之外征收反倾销税。征收反倾销税，由商务部提出建议，国务院关税税则委员会根据其建议做出决定，由商务部予以公告。海关自公告规定实施之日起执行。

（三）保障措施

1. 临时保障措施

临时保障措施是指，在紧急情况下，如果延迟会造成难以弥补的损失，进口国与成员国之间可不经磋商而采取临时性保障措施。临时保障措施的实施期限不得超过 200 天，通常讲，此期限计入保障措施总期限。

2. 最终保障措施

最终保障措施可以采取提高关税、纯粹的数量限制和关税配额形式。但保障措施应仅在防止或救济严重损害的必要限度内实施。

保障措施的实施期限不超过 4 年，如果仍需以保障措施防止损害或救济损害的产业，或有证据表明该产业正在进行调整，则可延长实施期限。但保障措施全部实施期限不得超过 8 年。

本章小结

通过本章学习，可以让学生了解对外贸易管制与海关之间的联系，掌握我国货物、技术进出口许可证管理制度，同时还可以让学生分辨出什么是外贸易经营者管理制度，什么是出入境检验检疫制度，进出口货物收付汇管理制度，进而让学生了解对外贸易管制的目的在于通过保护本国国内市场的途径，保护本国的经济利益。

复习思考题

一、简答题

1. 贸易管制的含义、目的和作用。

2. 我国贸易管制的主要内容。

3. 简答海关监管是实现贸易管制的重要手段和重要环节。

4. 简述我国对外贸易管制基本框架与法律体系相关内容。

5. 简述贸易管制和海关监管的关系。

6. 进出口许可制度的基本概念。

7. 我国货物进出口许可管理制度及其范围。

8. 简述禁止进口、出口货物管理规定。

9. 简述禁止进口、出口技术管理规定。

二、选择题

1. 我国目前对外贸易经营者的管理实行（　　）。

A. 自由进出制　　　　　　　　B. 审批制

C. 备案登记制　　　　　　　　D. 登记和核准制

2. 有权签发进出口许可证的机构包括（　　）。

A. 商务部配额许可证事务局

B. 商务部驻各地特派员办事处

C. 省、自治区、直辖市的商务主管部门

D. 计划单列市和经商务部授权的其他省会城市的商务主管部门

3. 货物、技术进出口许可管理制度是我国进出口许可管理制度的主体，其管理范围包括（　　）。

A. 禁止进出口货物和技术

B. 限制进出口货物和技术

C. 自由进出口货物和技术

D. 自由进出口中部分实行自动许可管理的货物

第六章 报关程序与申报

本章主要知识

- 报关程序概述
- 一般进出口货物报关
- 保税货物报关
- 特定减免税货物报关
- 暂准进出境货物报关
- 其他进出境货物报关
- 货物的转关运输

教学目标与要求

介绍了不同类型货物的报关程序和海关管理规范。通过本章的学习，初步了解进出口业务的报关程序与电子报关清单录入及其流程；应当掌握一般进出口货物、保税货物、特定减免税货物以及暂准进出口货物的报关程序和规范、其他一些进出境货物（如转关运输货物，快件货物，过境、转运、通运货物，无代价抵偿货物，误卸、误载货物，放弃货物，超期未报关货物，退运货物和退关货物）的报关程序和海关管理规范的相关内容。

第一节 报关程序概述

一、报关程序

（一）报关程序定义

报关程序是指进出口货物收发货人、运输工具负责人、物品所有人或其代理人按照海关的规定，办理货物、物品、运输工具进出境及相关海关事务的手续和步骤。

在我国，海关规定进出境货物经过审单、查验、征税、放行四个海关作业环节即完成通关。与之相适应，进出口货物收、发货人或其代理人应当按程序办理相对应的进出口申报、配合查验、缴纳税费、提取或装运货物等手续，货物才能进出境，但是，这些程序还不能满足海关对所有进出境货物的实际监管要求。比如加工贸易方式的原材料进口，国家外贸主管部门要求事先审批，海关要求事先备案。不能在"申报"和"审单"

这一阶段完成上述工作，必须有一个前期办理手续的阶段。如果上述原材料进口加工成为成品后出口，也不能在"放行"和"装运货物"并离境时完成所有的工作，必须有一个后期办理核销等手续的工作阶段。因此，从海关对进出境货物进行监管的全过程来看，报关程序按时间先后分为三个阶段：前期阶段、进出境阶段、后续阶段。

（二）报关基本程序

1. 前期阶段

前期阶段是指根据海关对保税货物、特定减免税货物、暂准进出口货物等的监管要求，进出口货物收、发货人或其代理人在货物进出境以前，向海关办理上述拟进出口货物合同、许可证等的备案手续的过程。

在前期阶段中，进出口货物收、发货人或其代理人应当按照以下三大类货物，完成相应的工作：

（1）保税货物中的保税加工货物进口之前，进出口货物收、发货人或其代理人应当办理加工贸易备案手续，申请建立电子的或纸质的登记手册手续。

（2）特定减免税货物在进口之前，进口货物收货人或其代理人应当办理企业的减免税申请和申领减免税证明的手续。

（3）暂准进出境货物中的展览品实际进境之前，进出境货物收发货人或其代理人应当办理展览品进境备案申请的手续。

（4）其他进出境货物中的出料加工货物实际出境之前，出境货物发货人或其代理人应当办理出料加工的备案手续。

2. 进出境阶段

进出境阶段是指根据海关对进出境货物的监管制度，进出口货物收、发货人或其代理人在进口货物进境时、出口货物出境时，向海关办理进出口申报、配合查验、缴纳税费、提取或装运货物手续的过程。

在进出境阶段中，进出口货物收发货人或其代理人应当按照步骤完成以下四个环节的工作：

（1）进出口申报

进出口申报是指进出口货物的收发货人或其代理人在海关规定的期限内，按照海关规定的形式，向海关报告进出口货物的情况，提请海关按其申报的内容放行进出口货物的工作环节。

（2）配合查验

配合查验是指申报进出口的货物经海关决定查验时，进口货物的收货人、出口货物的发货人或者办理进出口申报具体手续的报关员应到达查验现场，配合海关查验货物，并负责按照海关的要求搬移、开拆、重封和被查验货物的工作环节。

（3）缴纳税费

缴纳税费即进出口货物的收发货人或其代理人接到海关发出的税费缴纳通知书后，向海关指定的银行办理税费款的缴纳手续，由银行将税费款项缴入海关专门账户的工作环节。

（4）提取或装运货物

提取货物即提取进口货物，装运货物即装运出口货物。提取货物是指进口货物的收货人或其代理人，在办理了进口申报、配合查验、缴纳税费等手续，海关决定放行后，持凭海关加盖"放行章"的进口提货凭证或海关通过计算机系统发送的放行通知书，提取进口货物的工作环节。

装运货物是指出口货物的发货人或其代理人，在办理了出口申报、配合查验、缴纳税费等手续，海关决定放行后，持凭海关加盖"放行章"的出口装货凭证或海关通过计算机系统发送的放行通知书，通知港区、机场、车间及其他有关单位装运出口货物的工作环节。

3. 后续阶段

后续阶段是指根据海关对保税货物、特定减免税货物、暂准进出口货物等的监管要求，进出口货物收、发货人或其代理人在货物进出境储存、加工、装配、使用维修后，在规定的期限内，按照规定的要求，向海关办理上述进出口货物核销、销案、申请解除监管等手续的过程。

（1）对保税货物，进口货物收货人或其代理人应当在规定期限内办理核销手续。

（2）对特定减免税货物，进口货物收货人或其代理人应当在海关监管期满后或者在海关监管期内经海关批准出售、转让、退运、放弃并办妥有关手续后，向海关申请办理解除海关监管的手续。

（3）对暂准进出境货物，收发货人或其代理人应当在暂准进出境规定期限内，或者在经海关批准延期暂准进出境期限到期前，办理复运出境或复运进境或正式进出口手续，然后申请办理销案手续。

（4）对其他进出境货物中的出料加工货物、修理货物、部分租赁货物等，进出境货物收发货人或其代理人应当在规定的期限内办理销案手续。

（三）适用范围

1. 前期阶段适用范围

前期阶段适用于保税储存进境货物、保税加工进境货物、特定减免税进口货物、暂准进口货物、暂准出口货物。

2. 后续阶段适用范围

后续阶段适用于前期阶段中经过备案、申领登记手册或减免税证明的货物。前期阶段中的货物在进境时有条件减免进口各税，进境完成特定的使用目的后，都有一个最终的去向。在后续阶段中，进出口货物收、发货人或其代理人应当向海关报告原进境货物的特定使用情况和最终去向，申请办结海关手续。

3. 进出境阶段适用范围

进出境阶段适用所有的进出境货物。从申报进出境货物的性质来看，主要有以下几大类（见下表进出境货物的类别的报关流程）：①一般进出口货物；②保税进出口货物；③特定减免税进口货物；④暂准进出口货物；⑤其他进出境货物。

进出境货物的报关流程

报关阶段 ＼ 货物的类别	前期阶段（进出境前办理相应的海关手续）	进出境阶段（进出境时需要实际办理的海关基本手续的四个环节）	后续阶段（进出境后需要继续办理才能结关的海关手续）
一般进出口货物	/	进出口申报（海关决定是否受理申报） 配合查验（海关决定是否查验、决定查验的形式和查验方法） 缴纳税费（海关决定征、减、缓、免税费） 提取或装运货物（海关签印放行）	/
保税进出口货物	加工贸易备案和申领手册		核销
特定减免税货物	申领减免税证明		解除海关监管
暂准进出境货物	展览品进境备案		销案
出料加工等其他	"出料加工"备案		销案

二、电子报关与通关系统

（一）电子报关

电子报关是指进出口货物收发货人或其代理人通过计算机系统，按照《中华人民共和国海关进出口货物报关单填制规范》的有关要求，向海关传送报关单电子数据，并备齐随附单证的申报方式。

《海关法》规定："办理进出口货物的海关申报手续，应当采用纸质报关单和电子数据报关单的形式。"这一规定确定了电子报关的法律地位，使电子数据报关单和纸质报关单具有同等的法律效力。

在一般情况下，进出口货物收到发货人或其代理人应当采用纸质报关单形式和电子数据报关单形式向海关申报，即进出口货物收发货人或其代理人先向海关计算机系统发送电子数据报关单，接收到海关计算机系统发送的"接受申报"电子报文后，凭以打印纸质报关单，并随附有关单证，向海关提交。

在一些还没有实现海关业务计算机化管理的边远地区海关，或者在某些特殊情况下，进出口货物收发货人或其代理人可以单独使用纸质报关单向海关申报；在特定条件下，进出口货物收发货人或其代理人可以单独使用电子数据报关单向海关申报。

（二）电子通关系统

我国海关已经在进出境货物通关作业中全面使用计算机，进行信息化管理，成功开发运用了多个电子通关系统。

1. 海关 H883/EDI 通关系统

H883/EDI 通关系统是中国海关报关自动化系统的简称，是我国海关利用计算机对进出口货物进行全面信息化管理，实现监管、征税、统计三大海关业务一体化管理的综合性信息利用项目。

2. 海关 H2000 通关系统

H2000 通关系统是对 H883/EDI 通关系统进行全面更新换代的升级项目。

H2000 通关系统在集中式数据库的基础上建立了全国统一的海关信息作业平台，不但提高了海关管理的整体效能，而且使进出口企业真正享受到简化报关手续的便利。进出口企业可以在其办公场所办理加工贸易登记备案、特定减免税证明申领、进出境报关等各种海关手续。

3. 中国电子口岸系统

中国电子口岸系统又称口岸电子执法系统，简称电子口岸，是与进出口贸易管理有关的国家 12 个部委利用现代计算机信息技术，将各部委分别管理的进出口业务信息电子底账数据集中存入在公共数据中心，向政府管理机关提供跨部门、跨行业联网数据核查，向企业提供网上办理各种进出口业务的国家信息系统。

电子口岸系统和海关通关系统，尤其是和 H2000 通关系统连接起来，构成了覆盖全国的进出口贸易服务和进出口贸易管理的信息网络系统。进出口企业在其办公室就可以上网向海关及国家其他有关部委办理与进出口贸易有关的各种手续；与进出口贸易有关的海关部门及国家各有关部委也能在网上对进出口贸易进行有效的管理。

三、电子报关清单录入/申报

为了让读者更直观地了解电子报关录入流程，本部分以进口业务申报为例介绍其流程。此部分主要从功能介绍、流程介绍和按钮功能及快捷键三个部分进行。

（一）功能介绍

在清单界面下，用户可进行进口业务的清单录入/申报和出口业务的清单录入/申报。这里以进口业务为例，出口业务请参照进口业务。

（二）流程介绍

在系统界面上方的功能菜单上，点击 清单 ，即进入"清单"菜单。再点击 进口业务 ，进入"进口业务"界面，如图 6-1 所示。

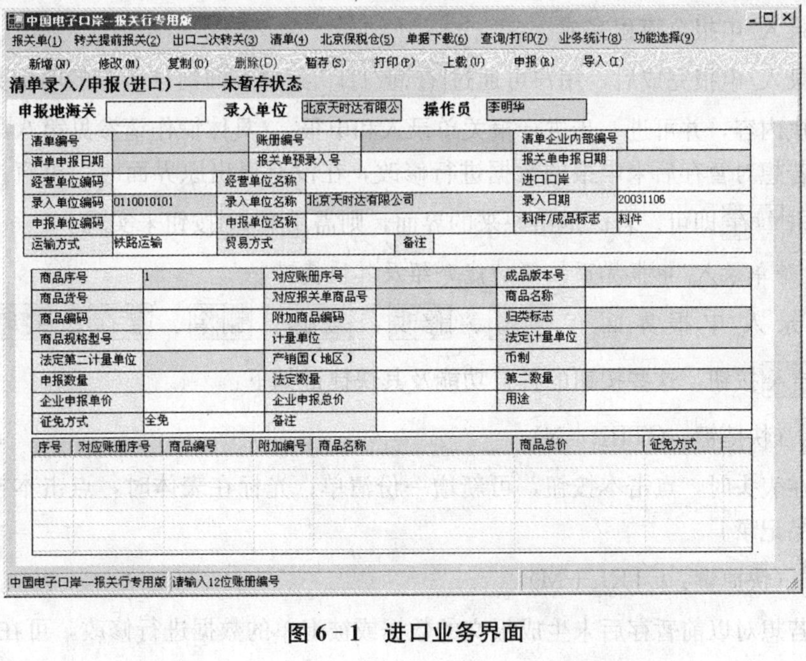

图 6-1 进口业务界面

清单录入界面分为表头、表体两部分。表头部分录入清单的基本信息；表体部分录入每一项商品的具体信息。

操作员需依次录入表头、表体部分。表头部分没录完时，不能进入表体部分进行录入。

表头部分中："账册编号"、"清单企业内部编号"、"报关单预录入号"、"经营单位编码"、"进口口岸"、"录入单位编码"、"申报单位编码"、"备注"各项当鼠标光标停留在各项时，界面底部有系统提示。"经营单位名称"在输入"经营单位编码"后由系统自动调出。"录入单位名称"在输入"录入单位编码"后由系统自动调出。"录入日期"由系统自动调出。"申报单位名称"在输入"申报单位编码"后由系统自动调出。"料件/成品标志"由系统自动生成。"运输方式"、"贸易方式"两项可敲空格键调出相应代码，选中代码即可显示相关内容。其他底色为灰色的项目不可填。

表体部分中："对应账册序号"、"成品版本号"、"商品货号"、"对应报关单商品号"、"附加商品编码"、"归类标志"、"商品名称"、"商品规格型号"、"申报数量"、"法定数量"、"第二数量"、"企业申报单价"、"企业申报总价"、"备注"各项当鼠标光标停留在各项时，界面底部有系统提示。"商品序号"由系统自动生成。"商品编码"、"计量单位"、"法定计量单位"、"法定第二计量单位"在输入"商品名称"后由系统自动调出。也可先输入"商品编码"，调出相应的"商品名称"、"计量单位"、"法定计量单位"、"法定第二计量单位"。"产销国（地区）"、"币制"、"用途"、"征免方式"各项可敲空格键调出相应代码，选中代码即可显示相关内容。

输入完各项目后，点击 暂存 ，数据即保存成功。

点击 上载 ，数据即上载到数据中心。

点击 申报 ，即实现向海关申报。

清单录入/申报全流程完成。

清单录入/申报完成后，用户可通过 查询/打印 菜单查询到该清单的明细数据、申报状态和回执内容，并可进一步进行报关单录入和申报。（具体操作请参见第八章）

用户若想对暂存后未申报的数据进行修改，在没有退出原界面时，可直接修改，修改后再点击 暂存 即可。若已退出原来的界面，则需用 修改 按钮来实现。

（三）清单录入/申报界面按钮功能介绍及其快捷键

清单录入/申报界面有 新增 、 修改 、 复制 、 删除 、 暂存 、 打印 、 上载 、 申报 、 导入 按钮，这些按钮的各自功能及其快捷键如下：

新增 （快捷键：CTRL＋N）

光标在表头时，点击本按钮，可新增一份清单；光标在表体时，点击本按钮，可新增一项商品记录。

修改 （快捷键：CTRL＋M）

用户若想对以前暂存后未生成报文的数据或被退单的数据进行修改，可在清单录入/

申报界面下点击 修改，进入修改查询界面；输入查询条件后点击 查询，所有符合查询条件的清单即显示在下方的列表框中；在列表框中选中欲修改的清单，再点击该界面下的 修改，即可调出欲修改的明细数据，进行修改。

光标在表头时，可修改表头内容；光标在表体录入框时，可新增一项商品记录；光标在表体列表框中某项时，可修改该项商品记录。

对已生成报文（即已点击 申报）且未被退单的数据，用户不能进行修改。

复制 （快捷键：CTRL＋O）

用户若想复制某份清单，可在清单录入/申报界面下点击 复制，进入复制查询界面；输入查询条件后点击 查询，所有符合查询条件的清单即显示在下方的列表框中；在列表框中选中欲复制的清单，再点击该界面下的 复制，即可复制该份清单。用户可在复制清单的界面上，再进行新增、修改、暂存、申报等操作。

删除 （快捷键：CTRL＋D）

光标在表头时，点击本按钮，在系统提示下，可删除整份清单；光标在表体中某项时点击本按钮，在系统提示下，可删除该项商品记录。

暂存 （快捷键：CTRL＋S）

点击本按钮，可暂存该清单录入信息。

打印 （快捷键：CTRL＋P）

点击本按钮，可打印该清单。

上载 （快捷键：CTRL＋U）

点击本按钮，可将清单数据上载到数据中心。

申报 （快捷键：CTRL＋R）

在表头、表体部分的必填项都填完后，点击本按钮，可生成报文，实现申报。

导入 （快捷键：CTRL＋I）

点击本按钮，可将企业的 ERP 系统等中的数据文件直接导入清单中。

四、电子报关申报功能及流程

为了让读者更清晰地了解电子报关申报，本部分也主要从电子报关申报功能介绍、申报流程及功能快捷键按钮三个层面展开。

（一）功能介绍

数据中心按归并关系和其他归并条件（如"备案序号"、"商品编码"、"成品版本号"、"币制"、"征免规定"、"产终地"、"计量单位"都一致的可归并）对企业申报的大清单进行归并和拆分，生成报关单，并向企业发出清单回执信息（包含报关单统一编号）。企业通过 查询/打印 菜单中的 清单查询/打印 子菜单，查出数据中心给出的报关单统一编号。企业再进入 查询/打印 菜单中的 单据查询/打印 子菜单，填入"统一编号"，即可调出拆分后的报关单信息。企业继续填写完报关单中的剩余各项后，即可生成完整的报关单，向海关进行申报。

（二）流程介绍

在系统界面上方的功能菜单上，点击 查询/打印 ，则进入"查询/打印"菜单，再点击 清单查询/打印 ，进入"清单查询/打印"界面，如图 6-2 所示。

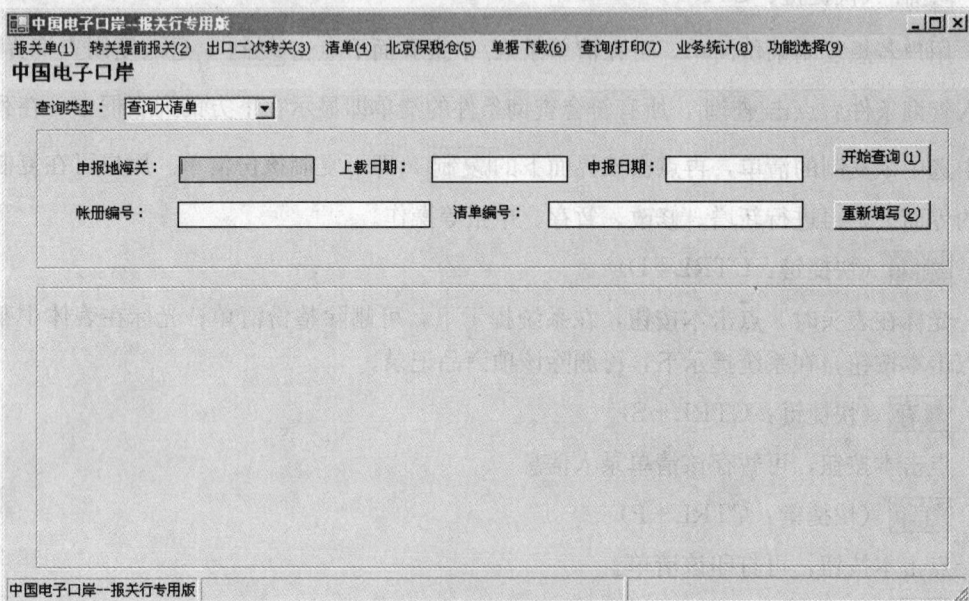

图 6-2　清单查询/打印界面

首先在"查询类型"中选择查询大清单（即报关清单）；然后在"申报地海关"、"上载日期"、"申报日期"、"账册编号"、"清单编号"中的任一项或几项中设定查询条件。点击 开始查询 ，即得到所有符合查询条件的数据资料的列表，如图 6-3 所示。

若报关清单（即大清单）在数据中心已经过归并拆分，"回执详细信息"中将给出报关单统一编号。

在查询结果列表中选中需进一步查询的内容，点击 查看明细 或 小清单列表 或 清单报关单列表 ，即可看到相应的内容。点击打印，即可打印查询到的数据。点击 刷新 ，即可查到最新更新的数据。

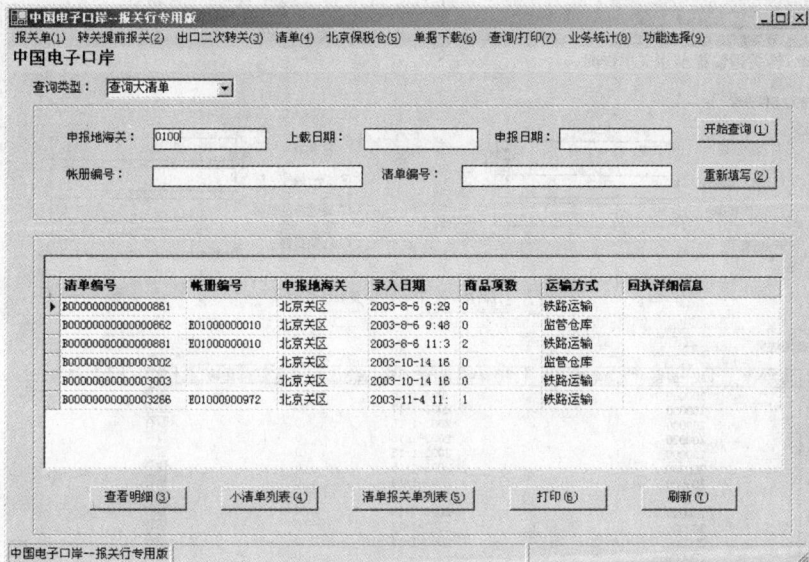

图6-3 查询界面

点击 重新填写 ，可重新设定查询条件。

用户得到了报关单统一编号后，再点击 查询/打印 ，选择 单据查询/打印 ，进入"单据查询/打印"界面，如图6-4所示。

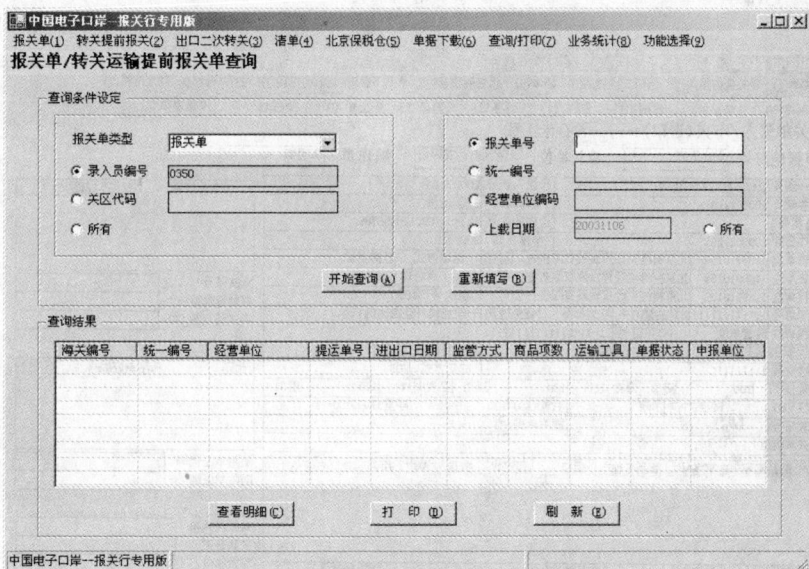

图6-4 单据查询/打印界面

用户在"查询条件设定"中的"统一编号"后录入报关单统一编号，点击 开始查询 ，即得到所有符合查询条件的数据资料的列表，如图6-5所示。

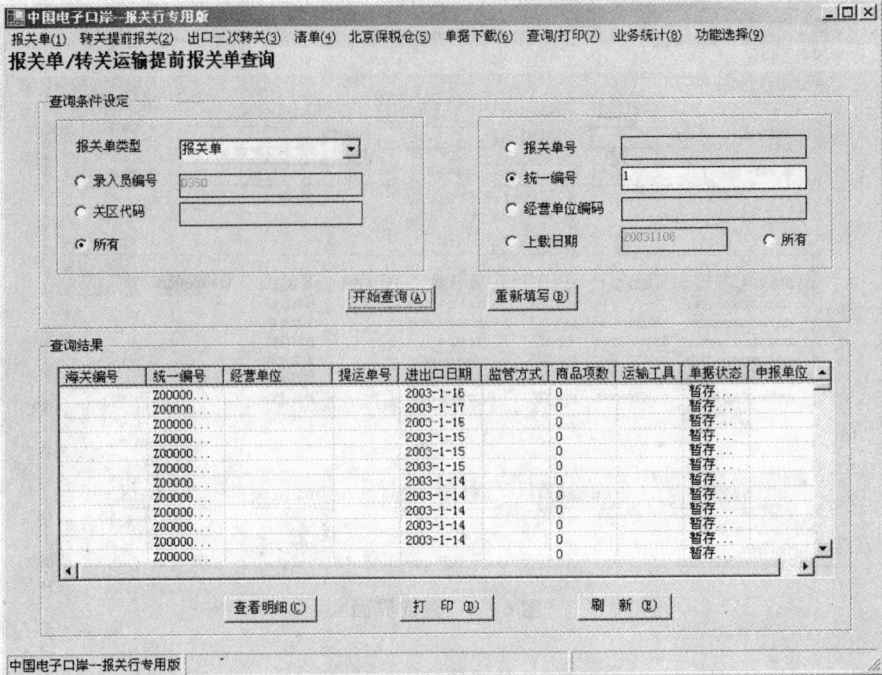

图 6-5 数据查询界面

在查询结果列表中选中需进一步查询的内容，点击 查看明细 ，即可看到相应的内容，如图 6-6 所示。

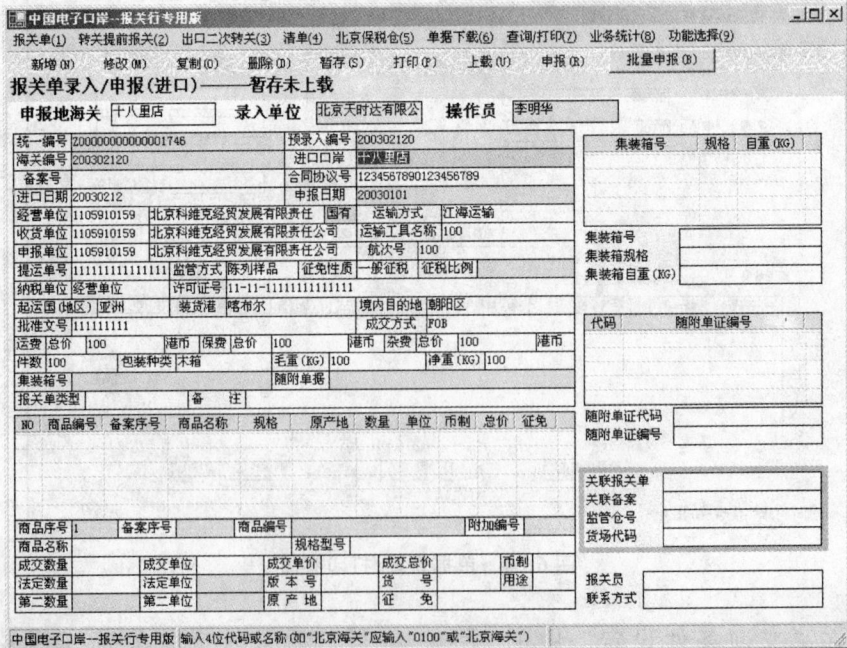

图 6-6 数据查询结果界面

用户录入完剩余各项后（报关单的填写规范请参见《报关单操作手册》），点击申报，即实现向海关进行报关单申报。

（三）功能快捷键提示

"清单查询/打印"界面提供了7个功能按钮的快捷键。

开始查询：CTRL＋1，同时按下CTRL和数字1键即实现开始查询功能。

重新填写：CTRL＋2，同时按下CTRL和数字2键即实现重新填写功能。

查看明细：CTRL＋3，同时按下CTRL和数字3键即实现查看明细功能。

小清单列表：CTRL＋4，同时按下CTRL和数字4键即实现小清单列表功能。

清单报关单列表：CTRL＋5，同时按下CTRL和数字5键即实现清单报关单列表功能。

打印：CTRL＋6，同时按下CTRL和数字6键即实现打印功能。

刷新：CTRL＋7，同时按下CTRL和数字7键即实现刷新功能。

"单据查询/打印"界面提供了5个功能按钮的快捷键。

开始查询：CTRL＋A，同时按下CTRL和字母A键即实现开始查询功能。

重新填写：CTRL＋B，同时按下CTRL和字母B键即实现重新填写功能。

查看明细：CTRL＋C，同时按下CTRL和字母C键即实现查看明细功能。

打印：CTRL＋D，同时按下CTRL和字母D键即实现打印功能。

刷新：CTRL＋E，同时按下CTRL和字母E键即实现刷新功能。

第二节 一般进出口货物报关

一、概述

（一）概念

一般进出口货物是指在进出境环节缴纳了应征的进出口税费并办结了所有必要的海关手续，海关放行后不再进行监管的进出口货物。

（二）特征

一般进出口货物具有以下特征：

1. 进出境环节缴纳进出口税费

"进出境环节"是指进口货物办结海关手续提取以前、出口货物已向海关申报尚未装运离境时，处于海关监管之下的状态。在这一环节，进口货物的收货人、出口货物的发货人按照海关法和其他有关法律、法规的规定，向海关缴纳关税、海关代征税、费及其他费用。

2. 进出口时提交相关的许可证件

货物进出口时受国家法律、法规管制的，进出口货物收发货人或其代理人应当向海关提交相关的进出口许可证件。

3. 海关放行即办结海关手续

海关征收了全额的税费，审核了相关的进出口许可证件以后，按规定签印放行。这时，进出口货物收发货人或其代理人才能办理提取进口货物或者装运出口货物的手续。对一般进出口货物来说，海关放行即意味着海关手续已经全部办结，就不再是海关的监管货物。

二、报关程序

一般进出口货物报关的程序不需要经过前期阶段，也不需要经过后续阶段。只需要经过进出境阶段，包括四个环节：进出口申报、配合查验、缴纳税费、提取或装运货物。

（一）进出口申报

"申报"是指进出口货物的收发货人、受委托的报关企业，依照《中华人民共和国海关法》以及有关法律、行政法规和规章的要求，在规定的期限、地点，采用电子数据报关单和纸质报关单形式，向海关报告实际进出口货物的情况，并接受海关审核的行为。如前所述，进出口货物的收发货人，可以自行向海关申报，也可以委托报关企业向海关申报。向海关办理申报手续的进出口货物的收发货人、受委托的报关企业办理申报手续的人员，应当是取得报关员资格并在海关注册的报关员。

1. 申报地点

在一般情况下，进口货物的收货人或其代理人应当在货物的进境地向海关申报；出口货物的发货人或其代理人应当在货物的出境地向海关申报。

当进出口货物申请办理转关运输手续时，进口货物的收货人或其代理人应当在设有海关的货物指运地申报；出口货物的发货人或其代理人应当在设有海关的货物启运地申报。

以报税、展览及其他特殊使用目的等方式进境后，因故改变性质，或者改变使用目的转为实际进口的货物，进口货物的收货人或其代理人应当向货物的主管海关申报。

2. 申报期限

进口货物的收货人、受委托的报关企业应当自运输工具申报进境之日起 14 天内向海关申报。

进口转关运输货物的收货人、受委托的报关企业应当自运输工具申报进境之日起 14 天内，向进境地海关办理转关运输手续，有关货物应当自运抵指运地之日起 14 天内向指运地海关申报。

出口货物发货人、受委托的报关企业应当在货物运抵海关监管区后、装货的 24 小时以前向海关申报。

超过规定时限未向海关申报的，海关按照《中华人民共和国海关征收进口货物滞报金办法》征收滞报金。进口货物自装载货物的运输工具申报进境之日起超过 3 个月仍未向海关申报的，货物由海关依照《中华人民共和国海关法》的规定提取变卖处理。对属于不宜长期保存的货物，海关可以根据实际情况提前处理。

3. 申报日期

指申报数据被海关接受的日期。

（1）无论以电子数据报关单方式申报，还是以纸质报关单申报，海关接受申报数据的日期即为申报日期。

（2）以电子数据报关单方式申报的，申报日期为海关计算机系统接受申报数据时记录的日期。电子申报被退回，重新申报的，申报日期为海关接受重新申报的日期。

（3）先采用电子数据报关申报，后提交纸质报关单申报的情况，海关接受申报的时间以接受电子数据报关单申报的日期为准。

（4）直接使用纸质报关单的，海关工作人员在报关单上做登记处理的日期为海关接受申报的日期。

4. 滞报金

没有按规定的期限申报的，由海关按规定征收滞报金。

（1）计征起始日为运输工具申报进境之日起第15日为起始日，海关接受申报之日为截止日。

（2）被海关撤单，需重新申报的。计征起始日为以撤销原电子数据报关单之日起第15日为起始日，以海关重新接受申报之日为截止日。起始日和截止日均计入滞报期间。

（3）超期3个月未向海关申报的，由海关变卖处理。申请人要发还余款的，要扣除相关的费用。例如说仓储费，滞报金等。滞报金的征收以运输工具申报进境之日起第15日为起始日，以该3个月期限的最后一日为截止日。

滞报金按日征收金额，为完税价格的0.5‰征收；以元为单位，不足一元的部分免征；起征点为50元。

5. 申报单证及进出口纸制报关单申报流程

进出口货物的收发货人、受委托的报关企业到海关现场办理接单审核、征收税费及验放手续时，应当递交与电子数据报关单内容相一致的纸质报关单、国家实行进出口管理的许可证件以及海关要求的随附单证等。进口货物纸质报关单一式五联：海关作业联、海关留存联、企业留存联、海关核销联、证明联（进口付汇用）。出口货物纸质报关单一式六联：海关作业联、海关留存联、企业留存联、海关核销联、证明联（出口收汇用）、证明联（出口退税用）。进、出口货物报关单应当随附的单证包括：合同、发票、装箱清单、载货清单（舱单）、提（运）单、代理报关授权委托协议、进出口许可证件等（见图6-7）。

6. 申报方式

申报采用电子数据报关单申报形式和纸质报关单申报形式。电子数据报关单和纸质报关单均具有法律效力。电子数据报关单申报形式是指进出口货物是收发货人、受委托的报关企业，通过计算机系统按照《中华人民共和国海关进出口货物报关单填制规范》的要求，向海关传送报关单电子数据并备齐随附单证的申报方式。纸质报关单申报形式是指进出口货物的收发货人、受委托的报关企业，按照海关的规定填制纸质报关单、备齐随附单证，向海关当面递交的申报方式。在一般情况下，进出口货物收、发货人或其代理人按先后顺序，先以电子数据报关单的形式向海关申报，后提交纸质报关单。在某些边远地区，海关没有配备电子通关系统的，进出口货物收、发货人或其代理人可以单独以纸质报关单形式向海关申报。在实行无纸通关项目的海关，进出口货物的收、发货人或其代理人也可以单独以电子数据报关单形式向海关申报（见图6-8）。

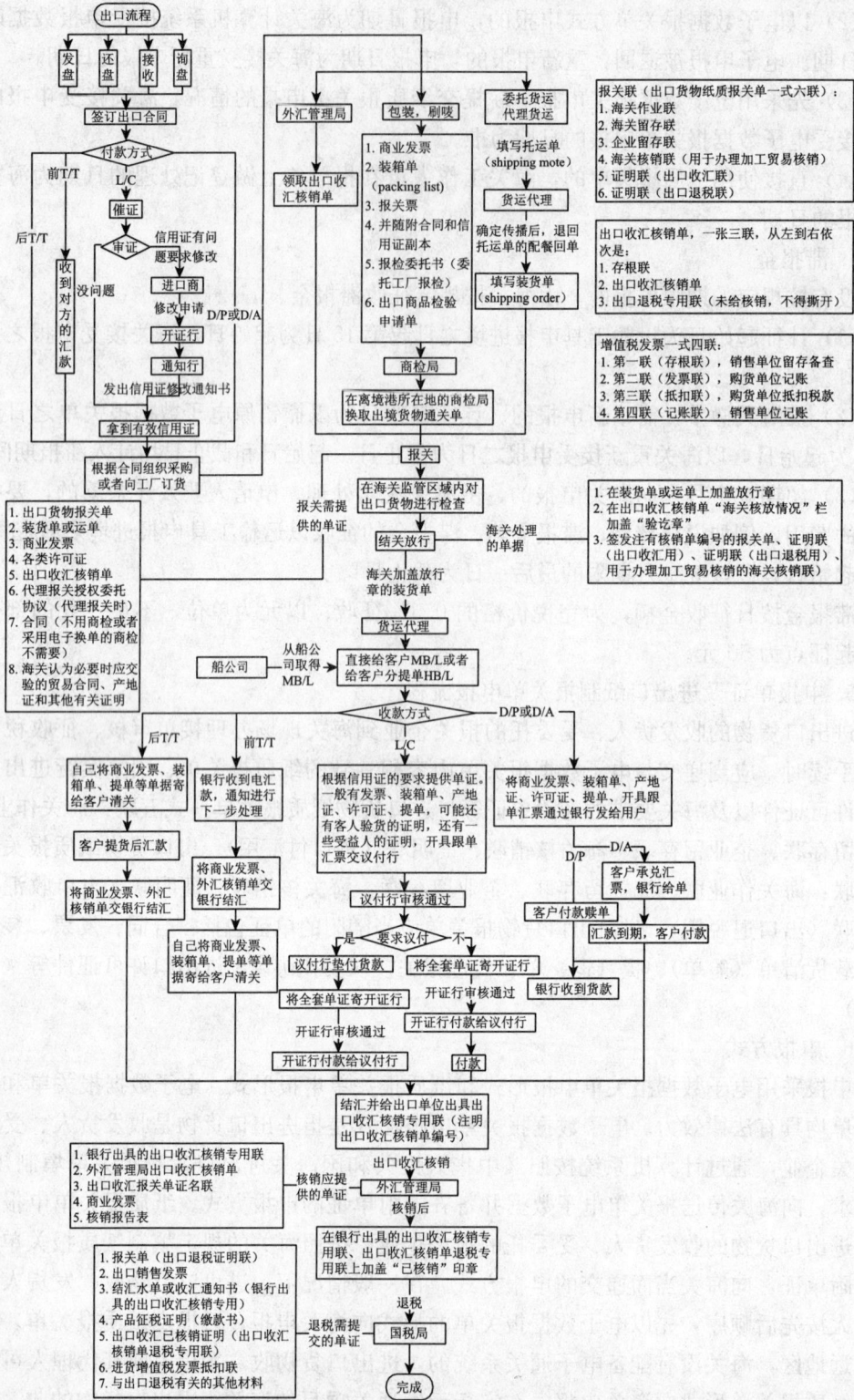

图6-7 外贸单证与进出口货物纸质报关单流程

根据海关下发的填写规范到口岸通系统进行录入（填写规范详见附件一）

企业录入申报核放单　　向海关辅助管理系统发送电子核放单申请报文　　系统自动发送接收回执（入库回执）

根据海关下发的填写规范到口岸通系统进行录入

向海关辅助管理系统发送电子出区作业单申请报文　　企业录入出区卡口作业单　　企业接收核放单海关监控科电子审批回执

1. 向监管场站递交盖有卡口放行章的进区《核放作业单》、《车辆放行单》
2. 必须提供打印出来的《核放作业单》，并保持平整清洁，不接受传真件和复印件
3. 由区内企业在进区《核放作业单》加盖区外企业公章或专用章
4. 空车出区时凭证有监控科放行章和企业收货确认章并签字的《车辆放行单》

系统自动发送接收回执（入库）　　送货至监管场站　　企业接收进区作业单海关卡口电子放行回执

1. 凭盖有监控科放行章的《车辆放行单》确认海关放行
2. 区内企业门卫必须确认进厂货物为海关放行才能放行入厂

1. 送货去企业时凭盖有监控科放行章的《车辆放行单》
2. 收货企业必须在《车辆放行单》上加盖收货确认章并签字

监管场站现场理货

企业接收进区和出区作业单海关监控科电子放行回执　　送货去企业　　监管场站理货

1. 系统根据企业预设情况自动进行汇总
2. 企业人工确认汇总数据
3. 生成集中报关数据
4. 打印集中报关证，根据企业本身情况自行申报或交代理申报

按月汇总分批送货数据　　进入报关作业环节

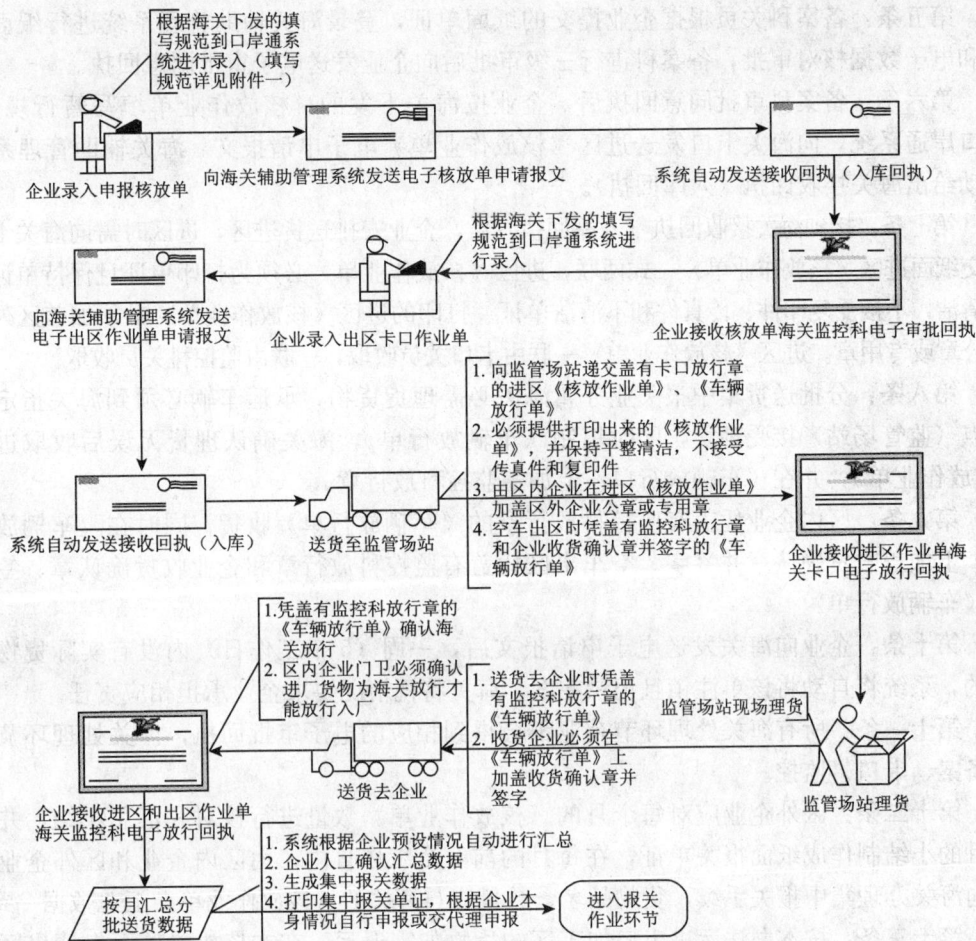

图 6-8　分批送货集中报关电子申报纸面放行作业流程

海关电子申报纸面放行作业流程说明——分批送货集中报关（企业版）

第一条：为促进出口加工区管理，方便企业快捷通关和配合海关电子化申报纸面放行特制定本管理办法。

第二条：分批送货、集中报关是指区外企业向区内报关出口货物时，可以采用在海关监管下先分批送货，后定期集中报关的办法通关。本方法仅适用于区外企业出口至出口加工区区内企业的情况，包括区外企业用加工贸易手册向区内出口和区外企业一般贸易向区内企业出口这两种贸易方式。

第三条：欲采用分批送货、集中报关方式报关的区外企业应会同相应的区内企业向海关发送《核放单》申请，区外企业按海关下发的《核放作业单填写暂行规范》到口岸通系统由区内企业确认后，向海关备案科发送资质申请的电子申请报文。

第四条：企业在收到海关接收回执（入库回执）后方能到海关备案科提交纸面单证。向海关备案科提交的纸面单证是：①分批送货集中报关申请书；②月度送货明细；③区外企业说明；④区外企业营业执照复印件。

第五条：备案科关员根据企业提交的纸面单证，登录海关辅助管理系统进行纸面单证和电子数据核对审批，备案科进行三级审批后向企业发送电子审批同意回执。

第六条：备案科审批同意回执后，企业按海关下发的《核放作业单填写暂行规范》到口岸通系统，向海关卡口发送进区《核放作业单》电子申请报文。海关辅助管理系统自动给出海关接收回执（入库回执）。

第七条：接到海关接收回执（入库回执）后，企业安排送货进区，进区时需向海关卡口递交纸面进区《核放作业单》一式两联，进区《核放作业单》必须为打印单证且保持单证平整清洁，不接受复印件、传真件和不清洁单证。打印的进区《核放作业单》必须加盖区外企业公章或专用章。进区《核放作业单》一联由卡口关员收取，一联由监控科关员收取。

第八条：分批送货集中报关业务属海关必需理货货物，承运车辆必须到海关指定理货点（监管场站）接受理货，同时填制《车辆放行单》，海关确认理货无误后收取进区《核放作业单》，并在《车辆放行单》上加盖监控科放行章。

第九条：区内企业凭盖有监控科放行章的《车辆放行单》收货，同时在《车辆放行单》上加盖收货确认章并签字。空车出区凭盖有监控科放行章和企业收货确认章、签字的《车辆放行单》。

第十条：企业向海关发送电子申请报文后，一周（5个工作日）内没有实际货物进出的，系统将自动将该单注销且记录在案，海关将视情况要求企业承担相应责任。

第十一条：所有海关处理环节企业都会得到相应的电子审批回执，海关处理环节分为备案、卡口、监控。

第十二条：区外企业应对每个月的《核放作业单》数量进行核对和汇总小结，并将每月的小结制作成纸面报关单证，在每月的前5个工作日内，由区内企业和区外企业共同向海关办理集中报关手续，货物品名、数量应与海关的《核放作业单》汇总数据一致。

第十三条：按本办法运进出口加工区的货物如需退运，在本核放单项下申请出区作业单。每个区内企业接受区外送货企业送货，每月的可退运次数由海关核准确定。

第十四条：企业凭《核放作业单》内容向海关卡口申放货物的行为视同向海关正式报关，企业应承担相关法律责任。

第十五条：如遇网络问题或其他非可抗因素，不能进行电子申报时，需在取得海关同意的前提下先以手填纸制单证进行作业，等网络恢复后补录电子数据，并在电子单证的备注栏内注明后补单证原因。如事后未及时补录相关数据，经海关查证后予以停止该企业分批送货集中报关业务，直至企业补全所缺数据为止。

不论以电子数据报关单方式申报还是以纸质报关单方式申报，海关以接受申报的日期为接受申报的日期。以电子数据报关单方式申报的，申报日期为海关计算机系统接收申报数据时记录的日期，日期将反馈给原数据发送单位，或公布于海关业务现场，或通过公共信息系统发布。以纸质报关单方式申报的，申报日期为海关接受纸质报关单并对报关单进行登记处理的日期。在采用电子和纸质报关单申报的一般情况下，海关接受申报的时间以海关接受电子数据报关单申报的时间为准。

海关审结电子数据报关单后，进出口货物的收发货人、委托的报关企业应当自接到海关"现场交单"或"放行交单"通知之日起10日内，持打印出的纸质报关单，备齐规定的随附单证并签名盖章，到货物所在地海关递交书面单证，并办理相关海关手续。

7. 申报的修改或撤销

（1）允许修改或撤销的申报

海关接受进出口货物的申报后，申报内容不得修改，报关单证不得撤销；确有如下正当理由的，收发货人、受委托的报关企业向海关递交书面申请，经海关审核批准后，可以进行修改或撤销，包括：

①由于保管人员操作或者书面失误造成所申报的报关单内容有误，并且未发现有走私违规或者其他违法嫌疑的；

②出口货物放行后，由于装运、配载等原因造成原申报货物部分或者全部退关，变更运输工具的；

③进出口货物在装载、运输、存储过程中因溢短装、不可抗力的灭失、短损等原因造成原申报数据与实际货物不符的；

④根据贸易先例先行采用暂时价格成交、实际结算时按商检品质认定或者国际市场实际价格付款方式需要修改申报内容的；

⑤由于计算机、网络系统等方面的原因导致电子数据申报错误的；

⑥其他特殊情况经海关核准同意的。

（2）申报修改或撤销应提交的单证

海关已经决定布控、查验的以及涉案的进出口货物的报关单证，在办结前不得修改或者撤销。进出口货物收发货人或者其代理人申请修改或者撤销进出口货物报关单证的，应当提交《进出口货物报关单修改/撤销申请表》，并相应提交下列有关单证：

①可以证明进出口实际情况的合同、发票、装箱单等相关单证；

②外汇管理、国税、检验检疫、银行等有关部门出具的单证；

③应税货物的海关专用缴款书、用于办理收汇付汇和出口退税的进出口货物报关单证明联等海关出具的相关单证。

8. 特殊申报

经海关批准，进出口货物的收发货人、受委托的报关企业可以在取得提（运）单或载货清单（舱单）数据后，向海关提前申报。

特殊情况下，经海关批准，进出口货物的收发货人、受委托的报关企业可以自装载货物的运输工具申报进境之日起一个月内向指定海关办理集中申报手续。集中申报企业应当向海关提供有效担保，并在每次货物进、出口时，按照要求向海关报告货物的进出口日期、运输工具的名称、提（运）单号、税号、品号、规格型号、价格、原产地、数量、重量、收（发）货单位等海关监管所必需的信息，海关可准许先予查验和提取货物。集中申报企业提取货物后，应当自装载货物的运输工具申报进境之日起一个月内向海关办理集中申报及征税、放行等海关手续。超过规定期限未向海关申报的，按照《中华人民共和国海关征收进口货物滞报金办法》征收滞报金。集中申报采用向海关进行电子数据报关单申报的方式。

经电缆、管道、输送带或者其他特殊运输方式输送进出口的货物，经海关同意，可以定期向指定海关申报。

9. 电子报关流程

下面结合中国电子口岸 QuickPass 版报关单系统操作手册（中国电子口岸数据中心

2008 年 9 月版），介绍电子报关流程。

实例：中国电子口岸 QuickPass 版报关程序

（1）进入 WINDOWS 系统，将操作员 IKEY 卡或 IC 卡插入读卡器中。从 WIN-DOWS 桌面上点击快捷方式"预录入 4.0"进入，如图 6－9 所示。

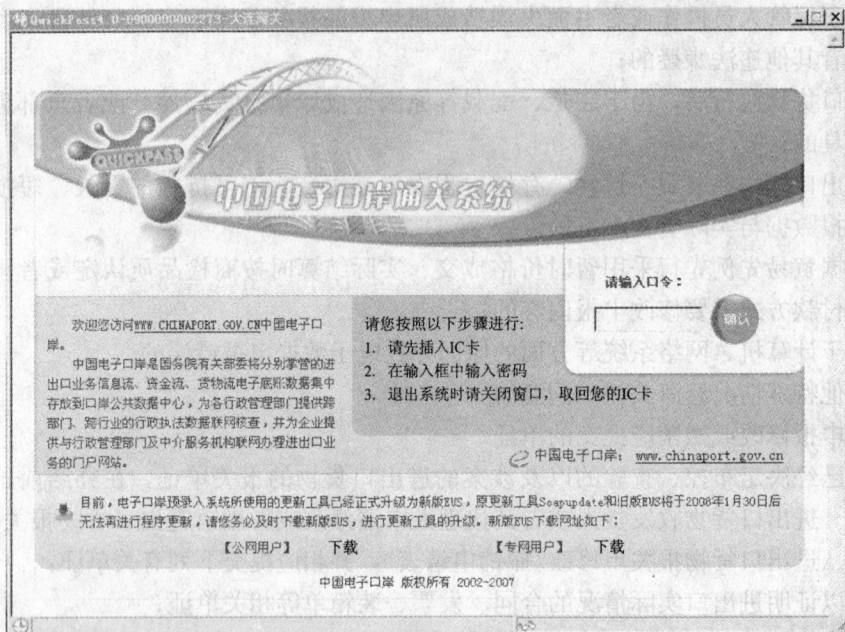

图 6－9　电子口岸登录界面

（2）输入用户口令后，点击确认，进入下一级页面，如图 6－10 所示。

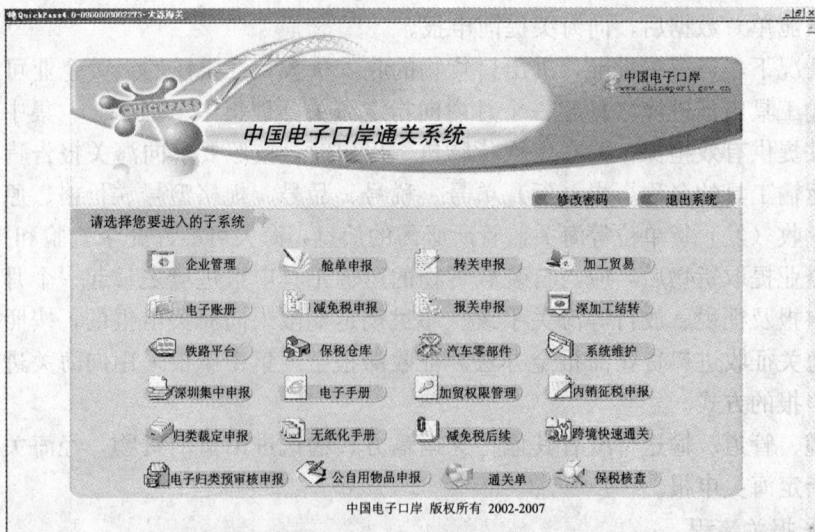

图 6－10　电子口岸系统页面

（3）点击报关申报，进入"报关单预录入/申报子系统"页面。

（4）普通报关单录入/申报流程图（如图6-11所示）。

| 工作站 | 局域网服务器 | 数据中心 | 海关 |

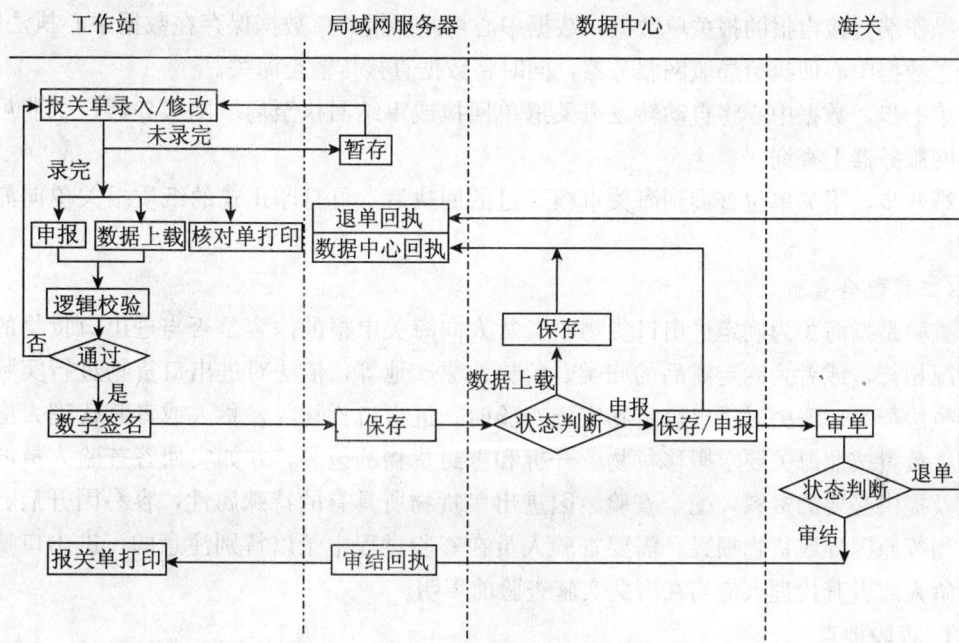

图6-11　报关单录入/申报业务流程

报关单的录入申报业务是指预录入公司或报关公司按照海关有关规定，将报关单位提供的进出口货物原始单据相关数据输入到计算机，并通过网络向海关申报的过程。其中，需要录入申报的数据包括：经营单位、合同号、进出口日期、商品名称及编号、许可证、有关批准文件等，具体流程分以下几个步骤：

第一步，录入操作人员在局域网工作站通过IKEY或IC卡身份认证后登陆到报关单录入系统。根据报关单位提供的有关进出口业务单据，向录入端计算机录入相关数据。

第二步，未录完的报关单，可暂存在本地服务器的数据库中，想继续录入时可通过查询界面，输入预录入号，随时调出此票报关单。

第三步，一票报关单录入完毕后，首先对录入完整的"报关单＋转关运输申报单"的数据执行暂存操作，将转关运输提前报关单数据保存在本地服务器的数据库中，同时系统给予提示："是否打印核对单"。选择"确定"，打印核对单，然后继续选择申报或上载操作；选择"否"，则系统不执行打印核对单的功能，直接执行上载或申报操作。

第四步，系统将对申报或上载的报关单自动进行逻辑校验，通过系统提供的报关单查询功能查看申报或上载的报关单是否通过逻辑校验。

第五步，通过逻辑校验的报关单在工作站上进行数字签名后，其数据自动存入局域网服务器，并向数据中心发送，同时系统自动调出一张空白报关单录入表。未通过逻辑校验的报关单，通过系统提供的修改、下载等功能，对该票报关单修改后继续执行上载或申报。

第六步，数据中心将对局域网服务器报关单数据进行状态判断，若报关单数据为上载，数据中心将保存此票报关单数据至预暂存库，并发送数据中心回执给局域网服务器；对于操作端直接申报的报关单数据，数据中心将此票报关单数据保存在数据中心执法库，并发送数据中心回执给局域网服务器，同时将数据直接传输至海关。

第七步，数据中心将自动转发海关退单回执或审结回执至局域网服务器，企业可在局域网服务器上查询。

第八步，报关单位查询到海关审核通过的回执后，可打印正式的纸质报关单向海关申报。

（二）配合查验

查验是指海关为确定进出口货物收发货人向海关申报的内容是否与进出口货物的真实情况相符，或者为确定商品的归类、价格、原产地等，依法对进出口货物进行实际核查的执法行为。海关对进出口货物实施查验时，进出口货物收发货人或者其代理人应当到场，负责按照海关要求搬移货物、开拆和重封货物的包装，并如实回答查验人员的询问以及提供必要的资料，配合查验。因进出口货物所具有的特殊属性，容易因开启、搬运不当等原因导致货物损毁、需要查验人员在查验过程中予以特别注意的，进出口货物收发货人或者其代理人应当在海关实施查验前声明。

1. 查验地点

查验应当在海关监管区内实施。因货物易受温度、静电、粉尘等自然因素的影响，不宜在监管区内实施查验，或者因其他特殊原因，需要在海关监管区外查验的，经进出口货物收发货人或者其代理人的书面申请，海关可以派员到海关监管区外实施查验。

2. 查验方式

海关实施查验可以彻底查验，也可以抽查。彻底查验，是指逐件开拆包装、验核货物实际状况的查验方式。抽查，是指按照一定比例有选择的对一票货物中的部分货物验核实际状况的查验方式。外形查验，是指对外部特征直观、易于判断基本属性的货物的包装、唛头和外观等状况进行验核的查验方式。按照操作方式，查验可以分为人工查验和机检查验，人工查验包括外形查验、开箱查验等方式。机检查验，是指利用技术检查设备为主，对货物实际情况进行验核的查验方式。开箱查验，是指将货物从集装箱、货柜车箱等箱体中取出并拆除外包装后，对货物实际状况进行验核的查验方式。

海关可以根据货物情况以及实际执法需要，确定具体的查验方式。实际查验时需要提取货样、化验，以进一步确定或者鉴别进出口货物的品名、规格等属性的，海关依照《中华人民共和国海关对进出口货物实施化验鉴定的规定》等有关规定办理。

3. 查验记录

查验结束后，查验人员应当如实填写查验记录并签名。查验记录应当由在场的进出口货物收发货人或者其代理人签名确认。进出口货物收发货人或者其代理人拒不签名的，查验人员应当在查验记录中予以注明，并由货物所在监管场所的经营人签名证明。查验记录作为报关单的随附单证由海关保存。

4. 优先查验、复验和径行开验

（1）优先查验

《中华人民共和国海关进出口货物查验管理办法》规定，对于危险品或者鲜活、易腐、易烂、易失效、易变质等不宜长期保存的货物，以及因其他特殊情况需要紧急验放的货物，经进出口货物收发货人或者其代理人申请，海关可以优先安排查验。

（2）复验

有下列情形之一的，海关可以对已查验货物进行复验：

①经初次查验未能查明货物的真实属性，需要对已查验的某种性状做进一步确认的；

②货物涉嫌走私违规，需要重新查验的；

③进出口货物收发货人对海关查验结论有异议，提出复验要求并经海关同意的；

④其他海关认为必要的情形。

复验按照规定办理，查验人员在查验记录上应当注明"复验"字样。已经参加过查验的查验人员不得参加对同一票货的复验。

（3）径行开验

有下列情形之一的，海关可以在进出口货物收发货人或者其代理人不在场的情况下，对进出口货物进行径行开验：

①进出口货物有违法嫌疑的；

②经海关通知查验，进出口货物收发货人或者其代理人届时未到场。

海关径行开验时，存放货物的海关监管场所经营人、运输工具负责人应当到场协助，并在查验记录上签名确认。

5. 查验费用

海关在监管区内实施查验不收取费用。对集装箱、货柜车或者其他货物加施海关封志的，按照规定收取封志工本费。因查验而产生的进出口货物搬移、开拆或者重封包装等费用，由进出口货物收发货人承担。在海关监管区外查验货物，进出口货物收发货人或者其代理人应当按照规定向海关缴纳费用。

6. 法律责任

进出口货物收发货人或者其代理人违反《中华人民共和国海关进出口货物查验管理办法》规定的，海关依照《中华人民共和国海关法》、《中华人民共和国行政处罚实施条例》等有关规定予以处理。

海关在查验进出口货物时造成被查验货物损坏的，由海关按照《中华人民共和国海关法》、《中华人民共和国海关行政赔偿办法》的规定承担赔偿责任。

（三）缴纳税费

进出口货物收发货人或者其代理人进行申报，海关对报关单进行审核，对需要查验的货物先由海关进行查验，然后计算应缴纳的关税、进出口环节增值税、消费税、滞纳金、滞报金等税费，开具关税和代征税款书等收费专用票据。进出口货物收、发货人或者其代理人在规定时间内，持缴款书或收费票据向海关指定银行办理缴纳税费手续，由银行将税费缴入海关专用账户。在部分试行中国电子口岸网上缴税和付费的海关，进出口货物收发货人或者其代理人可以通过电子口岸接收海关发出的税款缴款书和收费票据，在网上向签有协议的银行进行电子支付税费。一旦收到银行缴款成功的信息，即可报请海关办理货物放行手续。

（四）提取或装运货物

对于一般进出口货物而言，海关在接受进出口货物的申报、审核电子数据报关单和纸质报关单及随附单证、查验货物、征收税费或接受担保之后，对进出口货物做出结束海关进出境现场监管决定，在进口货物提货凭证或者出口货物装货凭证上签盖"海关放行章"，进出口货物收发货人或其代理人签收进口提货凭证或者出口装货凭证，即可凭以提取进口货物或将出口货物装运到运输工具上离境。因此，对于一般进出口货物，海关放行即等于办结海关手续，就不再是海关监管货物了。

根据国家外汇、税务、海关对加工贸易等管理的要求，进出口货物的收发货人、受委托的报关企业办结海关手续后，可以向海关申请签发下列报关单证明联：

（1）用于办理出口退税的出口货物报关单证明联；

（2）用于办理付汇的进口货物报关单证明联；

（3）用于办理收汇的出口货物报关单证明联；

（4）用于加工贸易核销单的海关核销联。

海关签发报关单证明联，应当在打印出的报关单证明联的右下角规定处加盖已在有关部门备案的"验讫章"。进出口货物的收发货人、受委托的报关企业在申领报关单证明联、海关核销联时，应当提供海关要求的有效证明。海关已签发的报关单证明联、核销联因遗失、损毁等特殊情况需要补签的进出口货物的收发货人、受委托的报关企业，应当自原证明联签发之日起1年内向海关提出书面申请，并随附有关证明材料，海关审核同意后，可予以补签。海关在证明联、核销联上注明"补签"字样，并按规定收取工本费。

第三节　保税货物报关

保税制度是一种国际上通行的海关制度，对国际贸易活动的发展起着重要的促进作用。下面介绍一下有关保税进出口货物的通关。保税制度在国际贸易中的广泛应用，使这一制度涉及的保税货物成为进出口货物中的一个重要内容。保税货物的通关程序与一般进出口货物有着明显区别。

一、概述

（一）概念

根据《中华人民共和国海关法》的规定，保税货物是指经海关批准未办理纳税手续进境，在境内储存、加工、装配后复运出境的货物。这就是说保税即海关对保税货物进境时暂缓征税，待货物进境储存或加工后的去向确定，再决定征税或免予征税。如储存或加工的成品在海关规定的期限内复运出境则免税；如转为在境内销售，海关则补征税款，这就是保税货物的含义。根据这一定义可以看出，保税货物是一种有别于一般进出口货物的类型，是一种海关监管货物。

（二）保税货物的范围

保税进出口货物主要包括保税加工货物和保税物流货物，如图 6 - 12 所示。

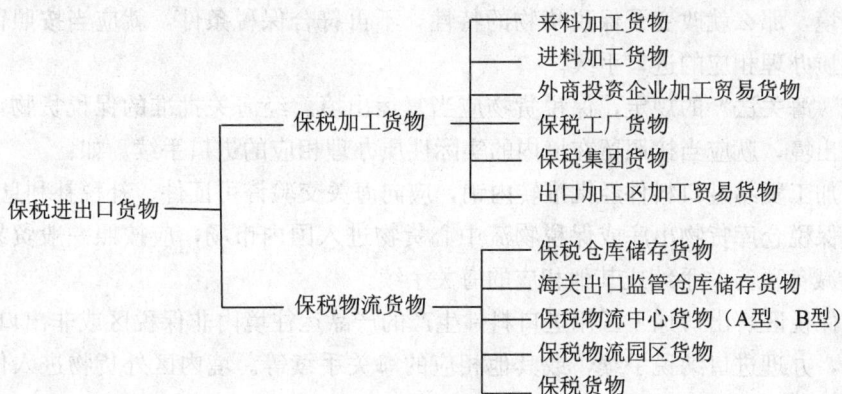

```
                                    ┌── 来料加工货物
                                    ├── 进料加工货物
                                    ├── 外商投资企业加工贸易货物
                          保税加工货物 ┤── 保税工厂货物
                                    ├── 保税集团货物
                                    └── 出口加工区加工贸易货物
   保税进出口货物 ┤
                                    ┌── 保税仓库储存货物
                                    ├── 海关出口监管仓库储存货物
                          保税物流货物 ┤── 保税物流中心货物（A型、B型）
                                    ├── 保税物流园区货物
                                    └── 保税货物
```

图 6 - 12 保税货物的范围

（三）保税货物的特征

从海关法的保税货物的定义可看出，保税货物具有以下三个特征：

1. 保税货物必须经海关批准

任何货物，不经过海关批准，都不能成为保税货物。不论是批准设立保税仓库、保税工厂和保税集团，还是加工贸易合同备案，以及保税区和出口加工区某些进口货物的保税，都是海关在行使批准保税的权力和职责。只有海关批准保税，货物在进境时才可以暂不办理纳税手续。

海关按照海关法和相关法规、规章的规定对符合保税货物条件的，给予批准保税，也就是在办理进口手续时，暂缓纳税，待货物去向明确，如复运出口，则免予纳税；如果留在境内使用或销售则照章纳税。

海关批准保税的范围包括：海关对符合保税货物条件的，批准加工贸易合同备案，包括来料加工合同备案、进料加工合同备案和外商投资企业加工贸易合同备案，核发《加工贸易手册》；批准设立保税仓库、出口监管仓库、保税物流中心（A 型、B 型）、保税工厂、保税集团，以及核准保税仓库、出口监管仓库、保税物流中心（A 型、B 型）、保税区、出口加工区、保税物流园区的保税业务等。

2. 保税货物是海关监管货物

由于保税货物是"未办理纳税手续进境"的货物，因此，保税货物属于海关监管货物，自进境之日起就必须置于海关的监管之下，它在境内的储存、加工、装配等活动都必须接受海关监管，直到复运出境或改变性质办理正式进口手续为止。当保税货物失去保税条件时，海关则有权依法对该保税货物进行处理。

在保税货物中，有一部分货物的所有权并没有转移，如加工装配业务（来料加工）进口料件及其制成品等，进境后仍属于境外客商，但是，该进口料件和加工制成品仍是海关监管货物，不经海关批准不得擅自处置。

3. 保税货物应复运出境（如转为在境内销售使用，应办理相应的进口报关手续）

由于保税货物未按一般货物办理进口纳税手续，因此它在境内经过储存、加工、装配后应当复运出境。相反，如果海关批准保税进境的货物经过储存、加工、装配后最终不复运出境，那么就改变了保税货物的特性，不再符合保税条件，就应当按照留在境内的实际性质办理相应的进口手续。

按照《海关法》的规定，保税货物应当复运出境。经海关批准的保税货物，如果决定不复运出境，就应当按照留在境内的实际性质办理相应的进口手续。如：

（1）加工贸易进口料件经批准转内销，应向海关交验许可证件、补税补利息。

（2）保税仓库货物出库或保税物流中心货物进入国内市场，应按照一般贸易办理进口征税或减免税海关手续或其他相应的海关手续。

（3）保税区、出口加工区用进口料件生产的产品运往境内非保税区或非出口加工区，视同进口，办理进口纳税手续，或其他相应的海关手续等。境内区外货物进入保税区或出口加工区视同出口，向海关办理出口报关手续。

（4）保税物流园区从境外进口的货物出区运往境内销售或使用的应向海关办理相应的报关手续。

（5）保税物流园区货物运往境内非物流园区视同进口，向海关办理进口报关手续。

（6）境内区外货物进入保税物流园区视同出口，向海关办理出口报关手续。

（四）保税货物与减免税货物的区别

由于保税货物进境时暂缓纳税，容易与减免税货物相混淆，从而发生违法违规等情况，所以报关员应该掌握这两类货物的海关规定，并注意区分。

下面我们从四个方面讲一下这两种货物的区别：

1. 性质不同

减免税货物是按照《中华人民共和国海关法》、《中华人民共和国进出口关税条例》、《中华人民共和国进出口税则》和国务院发布的减免税规定实施的税收优惠，货物进口时海关按照规定免征或减征进口税，货物进口后在境内使用和消费，不再复运出境。

保税货物是以在境内保税储存和加工成品复运出境为前提条件，未在境内最终使用和消费。另外保税货物进境时是"暂缓纳税"，如果最终去向是复出口则免予征税；如果最终去向是在境内销售或使用，则应在转为正式进口时，按照一般进口货物征税及办理其他相应的海关手续。所以，保税是国家为了鼓励出口和对进出口企业提供便利而实行的保税优惠措施。

2. 货物范围不同

减免税货物是按照《中华人民共和国海关法》、《中华人民共和国进出口关税条例》、《中华人民共和国海关进出口税则》和国务院发布的减免税规定范围内的进出口货物，即法定减免税货物、特定减免税货物和临时减免税货物。

保税货物是进口后缓办纳税手续，保税储存或加工成品复出口的货物。

3. 海关手续不同

减免税货物中，"法定减免税"货物，只要符合《中华人民共和国海关法》、《中华人民共和国进出口关税条例》和《中华人民共和国海关进出口税则》规定范围内的减免税货物，不需要收发货人在货物进口前办理审批手续，由海关直接办理减免税；"特定减免税"货物，必须在货物进口前，由享受减免税的单位按照规定的程序办理减免税审批手续，由主管海关签发"征免税证明"，货物进境时，凭此证明向进境地海关办理减免税手续。

保税货物中，保税仓库、出口监管仓库、保税物流中心在储存保税货物前，应经海关批准并获得海关签发的《保税仓库登记证书》或《保税物流中心登记证书》方可经营保税货物的经营业务；加工贸易企业的保税加工料件进口前，必须向海关办理合同登记备案手续，由海关签发《加工贸易手册》方能进口。保税区、出口加工区、保税物流园区是经国务院批准设立的海关特殊监管区域，加工贸易和物流货物享受保税待遇，海关实行计算机联网管理。

4. 海关监管方式不同

减免税货物中，属于"法定减免税"货物，海关按规定办理了减免税手续，查验放行后，即为结关；"特定减免税"货物，海关按规定办理了减免税手续后，并未结关，海关仍进行后续管理，海关监管年限期满，办理解除监管手续才是结关。

保税货物中，保税仓库储存货物及保税物流货物进口时，海关放行存入保税仓库储存及保税物流仓库，不是结关，海关仍进行监管。货物在储存期间不可进行实质性加工，待最终去向确定，办结相应的海关手续，经海关核销后，才是结关；保税加工进口料件，海关按保税货物放行后，海关即进入后续管理，待加工产品复出口，经海关核销后才是结关。

（五）保税货物的类型

按照海关实施监管的形式，保税货物可以划分为储存出境类保税货物、加工生产类保税货物和区域保税货物三种类型。

1. 储存出境类保税货物

储存出境类保税货物是指经海关批准保税进境，经过一段时间储存又复运出境的货物，主要包括保税仓库货物、保税物流中心货物等。

2. 加工生产类保税货物

加工生产类保税货物是指专门为加工、装配、生产出口产品而从境外进口，经海关批准保税的原材料、零部件，加工成本成品、成品后再复运出境的货物，主要包括加工贸易货物、保税工厂货物、保税集团货物等。

3. 区域保税货物

区域保税货物主要是指进出保税区、出口加工区、保税物流园区等海关特殊监管区域的货物。

保税货物按照海关监管的形式分为三大类，即加工贸易保税货物、仓储保税货物、区域保税货物。

（六）保税货物通关的基本程序

包括四个环节：合同备案——进口货物——复运出口——核销结案。

1. 备案申请保税

经国家批准的保税区域，包括保税区、出口加工区从境外运入区内储存、加工、装配后复运出境的货物，已经整体批准保税，备案阶段与报关阶段合并，省略了按照每一个合同或每一批货物备案申请保税的环节。

经海关批准的保税仓库，在每一批货物进境入库之前必须按照每一批货物为单位进入备案申请保税的环节：仓库经营人向主管海关提出保税申请，主管海关审核后批准保税，仓库经营人凭海关批准保税的单证办理申报货物进境入库手续。

加工贸易进口料件，包括来料加工、进料加工、外商投资企业履行产品出口合同、保税工厂、保税集团进口料件，则必须按照每一个合同为单位进入备案申请保税阶段。加工贸易进口料件备案批准保税阶段的具体环节是：企业合同备案、海关批准保税、设立或不设立银行台账、海关核发《加工贸易手册》。

2. 进出境报关

所有经海关批准保税的货物，包括区域保税货物、仓储保税货物和加工贸易经海关批准准予保税的货物，在进出境时都必须和其他货物一样进入进出境报关阶段；与一般进出口货物报关阶段不同的是，保税货物暂缓纳税，不进入纳税环节，但应当收取监管手续费。

进出境报关阶段的具体环节是：申报、配合查验、缴纳或免纳监管手续费、提取货物或装运货物。

3. 报核申请结案

报核申请结案阶段的具体环节是：企业报核、海关受理、实施核销、结关销案。

所有经海关批准保税的货物，包括区域保税货物、仓储保税货物和加工贸易经海关批准准予保税的货物，都必须按规定由保税货物的经营人向主管海关报核，海关受理报核后进行核销，核销后视不同情况，分别予以结关销案。

（1）区域保税货物因为没有规定具体的保税期限，所以最终的结案应当以进区货物最终全部出境或出区办结海关手续为结案标志。本期核销该批保税货物没有全部出境或出区办结海关手续的，则不能结案，结转到下期继续监管，直到能够结案。

（2）仓储保税货物应当以该货物在规定的保税期限内最终全部出境或出库办结海关手续为结案标志。每月报核一次。本期核销该批保税货物没有全部出境或出库办结海关手续的，则不能结案，结转到下期继续监管，直到能够结案或者到期变卖处理。

（3）加工贸易经海关批准准予保税的货物应当以该加工贸易合同项下产品在规定期限内全部出口或者部分出口，不出口部分全部得到合法处理为结案标志。海关受理报核后，在规定的核销期限内实施核销，对不设立台账的，予以结案；对设立台账的，应当到银行撤销台账，然后结案。

二、加工贸易保税货物的报关

（一）定义

加工贸易是指经营企业进口全部或者部分原辅材料、零部件、元器件、包装物料，经加工或者装配后，将制成品复出口的经营活动，包括来料加工和进料加工。加工贸易货物是指加工贸易项下的进口料件、加工成品以及加工过程中产生的边角料、残次品、副产品等。

（二）形式

为了适应加工贸易转型升级的需要，海关对加工贸易保税货物的监管创建了多种模式。以下主要介绍其中的联网监管模式和常规监管模式。

1. 加工贸易联网监管

（1）加工贸易联网监管是海关对加工贸易保税货物实施监管的一项创新举措，海关对加工贸易企业联网监管是指海关通过计算机网络从实行全过程计算机管理系统相连接，从而实施对保税货物监管的一种模式。

（2）实现加工贸易联网监管的加工贸易保税货物的海关手续具有以下特点：

①建立电子账册，取代加工贸易纸质登记手册，实行电子账册管理；

②根据实际需要办理进出口货物的备案，取代以合同为单元的备案手续；

③不实行银行保证金台账制度；

④电子账册备案的料件全额保税。

（3）通常讲，准予联网监管的企业应当具备的条件是：

①独立法人资格，具备加工贸易资格，在海关注册，以出口生产为主；

②守法经营，资信可靠，内部管理规范，对采购、生产、库存、销售等实行全程计算机管理；

③能按照海关的要求提供真实、准确、完整并具有被核查功能的数据；

④被海关审定为 A 类管理企业；

⑤有足够的资产或资本为本企业实行联网监管承担的经济责任提供总担保。

2. 常规监管模式

（1）常规监管模式是指以合同为单元的监管模式。目前海关对加工贸易保税货物的监管大量采用的还是此种模式。

（2）范围。常规监管模式适用于来料加工、进料加工、外商投资企业履行产品出口合同、保税工厂、保税集团等五种形式下进出口的保税货物，其基本程序是合同备案、进出口报关、报核结案。此处仅以合同备案阐述如下：

①合同备案的含义。合同备案是指加工贸易企业持合法的加工贸易合同，到主管海关备案，申请保税并领取加工贸易登记手册或其他准予备案凭证的行为。

海关受理合同备案，是指海关根据国家规定，在接受加工贸易企业合同备案后，批准合同约定的进口料件保税，并把合同内容转化为登记手册内容或作必要的登记，然后核发登记手册。

海关受理合同备案要求，合同必须合法有效（商务部门审批通过，加工贸易合同所涉及的料件是否受国家贸易管制，如果是受管制的，是否已经获得了许可，也就是说是否有许可证等）。对于符合备案要求的合同，海关将在规定日期内予以备案，并核发加工贸易登记手册；不能备案的合同，海关将书面告知申请企业。

②合同备案的企业。国家规定开展加工贸易业务应当由经营企业到加工企业的所在地主管海关办理加工贸易合同备案手续。经营企业和加工企业有可能是同一个企业，也可能不是同一个企业。

经营企业是指对外负责签订加工贸易合同的各类进出口企业和外商投资企业，以及经批准获得来料加工经营许可的对外加工装配服务公司。

加工企业是指受经营企业的委托，负责对进口料件进行加工或者装配，具有法人资格的企业，以及由经营企业设立的虽然不具有法人资格，但实行相对独立核算并已经办理工商营业证的工厂。

③合同备案步骤。企业办理加工贸易合同备案的步骤主要为：合同审批；需要领取许可证件的，领取许可证；合同内容预录入计算机系统；海关审批（需要开设台账的，领取台账开设联系单）；银行开设台账（领取台账开设通知单）；凭台账登记通知单到海关领取加工贸易登记手册。

④合同备案内容。合同备案内容主要包括：备案单证、备案商品、保税额度、台账制度、合同备案的凭证、合同备案的变更、与合同备案相关的事项。

（三）加工贸易保税货物报关

1. 加工贸易保税货物进出境报关

加工贸易货物进出境由加工贸易经营单位或其代理人申报。

加工贸易保税货物进出境申报必须持有加工贸易登记手册（电子的或纸质的）或其他准予合同备案的凭证。

2. 加工贸易保税货物深加工结转报关

加工贸易保税货物深加工结转是指加工贸易企业将保税进口料件加工的产品转至另一海关关区内的加工贸易企业，进一步加工后复出口的经营活动。其程序分为计划备案、收发货登记、结转报关三环节。

（1）计划备案

转出企业在申请表中填写本企业的转出计划并签章，凭申请表向转出地海关备案；

转出地海关备案后，留存申请表第一联，其余三联退转出企业交转入企业；

转入企业自转出地海关备案之日起 20 日内，持申请表其余三联，填制本企业的相关内容后，向转入地海关办理报备手续并签章；

转入地海关审核后，将申请表第二联留存，第三、第四联交转入、转出企业，凭以办理结转收发货登记及报关手续。

（2）收发货登记

转出、转入企业办理结转计划申报手续后，应当按照经双方海关核准后的申请表进行实际收发货；

转入、转出企业的每批次收发货记录应当在保税货物实际结转情况登记表上进行如实登记，并加盖企业结转专用名章；

结转货物退货的，转入、转出企业应当将实际退货情况在登记表中进行登记，同时注明"退货"字样，并各自加盖企业结转专用名章。

（3）结转报关

转出、转入企业实际收发货后，应当按照相关规定办理结转报关手续。

（四）加工贸易其他保税货物的报关

加工贸易其他保税货物是指加工贸易合同过程中产生的剩余料件、边角料、残次品、副产品、受灾保税货物和其他经批准不再出口的加工贸易成品、半成品、料件等。

1. 内销报关

加工贸易保税货物因需转内销的应经商务主管部门审批，加工贸易企业凭加工贸易保税进口料件内销批准证办理内销料件正式进口报关手续，缴纳进口税和缓税利息。

2. 结转报关

加工贸易企业可以向海关申请将剩余料件结转至另一个加工贸易合同生产出口，但必须在同一经营单位、同一加工厂、同样的进口料件和同一加工贸易方式的情况下结转。

3. 退运报关

加工贸易企业因故申请将剩余料件、边角料、残次品、副产品等退运出境的，应持登记手册等有关单证向口岸海关报关，办理出口手续，留存有关报关单证以备报核。

4. 放弃报关

企业放弃剩余料件、边角料、残次品、副产品等交由海关处理，应当提交书面申请，经海关核定，有下列情形的将做出不予放弃的决定，并告知企业按规定将有关货物做退运、征税内销、在海关或者有关主管部门监督下予以销毁或者进行其他妥善处理。

①申请放弃的货物属于国家禁止或限制进口的；②申请放弃的货物属于对环境造成污染的；③法律、行政法规、规章规定不予放弃的其他情形。

5. 销毁

被海关做出不予结转决定或不予放弃决定的加工贸易货物或涉及知识产权等原因企业要求销毁的加工贸易货物，企业可以向海关提出销毁申请，海关经核实同意销毁的，由企业按规定销毁，必要时海关可以派员监销。货物销毁后，企业应当收取有关部门出具的销毁证明材料，以备报核。

6. 受灾保税货物的报关

对于受灾保税货物，加工贸易企业应当在灾后 7 日内向主管海关书面报告，并提供如下证明材料，海关可视情况派员核查取证：

①商务主管部门的签注意见；②有关主管部门出具的证明文件；③保险公司出具的保险赔款通知书或检验检疫部门出具的有关检验检疫证明文件。

受灾保税货物灭失或虽未灭失但已完全失去使用价值且无法再利用的，可由海关审定，并予以免税。

受灾保税货物需销毁处理的同其他加工贸易保税货物的销毁处理一样。

受灾保税货物虽失去原使用价值但可再利用的，应按海关审定的受灾保税货物价格，按对应的进口料件适用的税率，缴纳进口税和缓税利息。因不可抗力因素造成的受灾保税货物，其对应进口料件属于实行关税配额管理的，按照关税配额税率计征税款，非不可抗力因素造成的受灾保税货物，其对应进口料件属于实行关税配额管理的，如无关税配额证，应当按适用的税率计征税款。

因不可抗力造成的受灾保税货物对应的原进口料件，如属进口许可证件管理的，免交许可证件，反之，应当交验进口许可证件。

三、保税仓库货物的报关

（一）保税仓库货物

保税仓库，是指经海关批准设立的专门存放保税货物及其他未办结海关手续货物的仓库。经海关批准可以存入保税仓库的货物包括：加工贸易进口货物，转口货物，供应国际航行船舶和航运器的油料、物料和维修用零部件，供维修外国产品所进口寄售的零配件，外商暂存货物，未办结海关手续的一般贸易货物，经海关批准的其他未办结海关手续的货物。

保税仓库应当按照海关批准的存放货物范围和商品种类开展保税仓储业务。保税仓库不得存放国家禁止进境货物，不得存放未经批准的影响公共安全、公共卫生或健康、公共道德或秩序的国家限制进境货物以及其他不得存入保税仓库的货物。

（二）保税仓库类型

保税仓库按照使用对象、范围可以分为公用型保税仓库、自用型保税仓库和专用型保税仓库。公用型保税仓库由主管仓储业务的中国境内独立企业法人经营，专门向社会提供保税仓储服务；自用型保税仓库由特定的中国境内独立企业法人经营，仅存储本企业自用的保税货物；专用型保税仓库是专门用来存储具有特定用途或特殊种类商品。专用型保税仓库包括液体危险品保税仓库、备料保税仓库、寄售维修保税仓库和其他专用型保税仓库。液体危险品保税仓库是指符合国家关于危险化学品仓储规定的，专门提供石油、成品油或者其他散装液体危险化学品保税仓储服务的保税仓库。备料保税仓库是指加工贸易企业存储为加工复出口产品所进口的原材料、设备及其零部件的保税仓库，所存保税货物仅限于供应本企业。寄售维修保税仓库，是指专门存储为维修外国产品所进口寄售零部件的保税仓库。

（三）保税仓库的设立条件

根据《中华人民共和国海关对保税仓库及所存货物的管理规定》，保税仓库应当设立在设有海关机构、便于海关监管的区域。经营保税仓库的企业，应当具备下列条件：

（1）经工商行政管理部门注册登记，具有企业法人资格；

（2）注册资本最低限额为 300 万元人民币；

（3）具备向海关缴纳税款的能力；

（4）经营特殊许可商品存储的，应当持有规定的特殊许可证件；

（5）经营备料保税仓库的加工贸易企业，年出口额最低为 1000 万美元；

（6）具有专门存储保税货物的营业场所；

（7）符合海关对保税仓库布局的要求；

（8）具备符合海关监管要求的安全隔离设施、监管设施和办理业务必需的其他设施；

（9）具备符合海关监管要求的保税仓库计算机管理系统并与海关联网；

（10）具备符合海关监管要求的保税仓库管理制度、符合会计法要求的会计制度；

（11）符合国家土地管理、规划、交通、消防、安全、质检、环保等方面的法律、行政法规及有关规定；

（12）公用型保税仓库面积最低为 2000 平方米；液体危险品保税仓库面积最低为

5000 平方米；寄售维修保税仓库面积最低为 2000 平方米；法律、行政法规、海关规章规定的其他条件。

保税仓库由直属海关审批，报海关总署备案。企业申请设立保税仓库的，应当向仓库所在地主管海关提交书面申请，并备齐《中华人民共和国海关对保税仓库及所存货物的管理规定》中规定的设立条件的相关证明材料。申请材料齐全有效的，主管海关予以受理。申请材料不齐全或者不符合法定形式的，主管海关在 5 个工作日内一次性告知申请人需要补正的全部内容。主管海关自受理申请之日起 20 个工作日内提出初审意见并将有关材料报送直属海关审批。直属海关自接到报送材料之日起 20 个工作日内审查完毕，对符合条件的，出具批准文件，批准文件的有效期为 1 年；对不符合条件的，书面告知申请人理由。

申请设立保税仓库的企业自海关出具保税仓库批准文件 1 年内向海关申请保税仓库验收，由直属海关按照《中华人民共和国海关对保税仓库及所存货物的管理规定》中规定的条件进行审核验收。申请企业无正当理由逾期未申请验收或者保税仓库验收不合格的，该保税仓库的批准文件自动失效。保税仓库验收合格后，经海关注册登记并核发《中华人民共和国海关保税仓库注册登记证书》，即可投入正式运营。

（四）保税仓库货物的报关程序

保税仓库货物的报关程序可以分为进库报关和出库报关。

1. 进库报关

保税仓储货物入库时，除"易制毒"化学品、监控化学品、消耗臭氧层物质外免领许可证件，由收发货人或其代理人持有关单证向海关办理货物报关入库手续，海关根据核定的保税仓库存放货物范围和商品种类对报关入库货物的品种、数量、金额进行审核，并对入库货物进行核注登记，海关进境现场放行存入保税仓库。入库货物的进境口岸不在保税仓库主管海关的，经海关批准，按照海关转关的规定或者在口岸海关办理相关手续。

下列情形的保税仓储货物，经海关批准可以办理出口手续，海关按照相应的规定进行管理和验放：①运往境外的；②运往境内保税区、出口加工区或者调拨到其他保税仓库继续实施保税监管的；③转为加工贸易进口的；④转入国内市场销售的；⑤海关规定的其他情形。

下列保税仓储货物出库时依法免征关税和进口环节代征税：①用于在保修期限内免费维修有关外国产品并符合无代价抵偿货物有关规定的零部件；②用于国际航行船舶和航空器的油料、物料；③国家规定免税的其他货物。

2. 出库报关

保税仓库货物出口可能出现进口报关和出口报关两种情况。保税仓库货物出口视情形可以单批报关，亦可集中报关。

（1）进口报关

①保税仓库货物出库用于加工贸易的，由加工贸易企业或其代理人按加工贸易货物的报关程序办理进口报关手续；

②保税仓库货物出库用于可以享受特定减免税的特定地区、特定企业和特定用途的，由享受特定减免税的企业或其代理人按特定减免税的报关程序办理进口报关手续；

③保税仓库货物出库进入国内市场或使用于境内其他方面，由收货人或其他代理人按一般进口货物的报关程序办理进口报关手续。

（2）出口报关

保税仓库货物出库转口或退运，由保税仓库经营企业或其代理人按一般出库货物的报关程序办理出口报关手续，但免纳出口税，免予交验出口许可证件。

（3）集中报关

保税货物出库批量少、批次频繁的，经海关批准可以办理定期集中报关手续。

（五）保税仓库货物报关要点

（1）保税仓库所存货物的存储期限为1年。

（2）保税仓库所存货物是海关监管货物，未经海关批准并按规定办理有关手续，任何人不得出售、转让、抵押、质押、留置、移作他用或者进行其他处置。

（3）货物在仓库储存期间发生损毁或者灭失，除不可抗力原因外，保税仓库应当依法向海关缴纳损毁、灭失货物的税款，并承担相应的法律责任。

（4）保税仓库货物可以进行包装、分级、加刷唛码、分拆、拼装等简单加工，不得进行实质性加工。

（5）保税仓库经营企业应于每月5日之前以电子数据和书面形式向主管海关申报上一个月仓库收、付、存情况，并随附有关的单证，由主管海关核销。

（六）海关对保税仓库的管理措施

（1）保税仓库不得转租、转借给他人经营，不得下设分库。

（2）海关对保税仓库实施计算机联网管理，并可以随时派员进入保税仓库检查货物的收、付、存情况及有关账册。海关认为必要时，可以会同保税仓库经营企业双方共同对保税仓库加锁或者直接派员驻库监管，保税仓库经营企业应当为海关提供办公场所和必要的办公条件。保税仓库经营企业负责人和保税仓库管理人员应当熟悉海关有关法律法规，遵守海关监管规定，接受海关培训。

（3）保税仓库经营企业应当如实填写有关单证、仓库账册，真实记录并全面反映其业务活动和财务状况，编制仓库月度收、付、存情况表和年度财务会计报告，并定期以计算机电子数据和书面形式报送主管海关。

（4）保税仓库经营企业需变更企业名称、注册资本、组织形式、法定代表人等事项的，应当在变更前向直属海关提交书面报告，说明变更事项、事由和变更时间；变更后，海关按照《中华人民共和国海关对保税仓库及所存货物的管理规定》中规定的条件对其进行重新审核。保税仓库需变更名称、地址、仓储面积（容积）、所存货物范围和商品种类等事项的，应当经直属海关批准。直属海关将保税仓库经营企业及保税仓库的变更情况报海关总署备案。

（5）保税仓库无正当理由连续6个月未经营保税仓储业务的，保税仓库经营企业应当向海关申请终止保税仓储业务。经营企业未申请的，海关注销其注册登记，并收回《中华人民共和国海关保税仓库注册登记证书》。保税仓库不参加年审或者年审不合格的，海关注销其注册登记，并收回《中华人民共和国海关保税仓库注册登记证书》。保税仓库因其他事由终止保税仓储业务的，由保税仓库经营企业提出书面申请，经海关审核后，交回《中华人民共和国海关保税仓库注册登记证书》，并办理注销手续。

（七）法律责任

（1）保税仓储货物在存储期间发生毁损或者灭失的，除不可抗力外，保税仓库应当依法向海关缴纳损毁、灭失货物的税款，并承担相应的法律责任。

（2）保税仓储货物在保税仓库内存储期满，未及时向海关申请延期或者延长期限届满后既不复运出境也不转为进口的，海关应当按照《中华人民共和国海关关于超期未报关进口货物、误卸或者溢卸的进境货物和放弃进口货物的处理办法》第5条的规定处理，征收滞报金，超过3个月仍未办理相关手续的，货物由海关提取依法变卖处理。

（3）海关在保税仓库设立、变更、注销后，发现原申请材料不完整或者不准确的，应当责令经营企业限期补正，发现企业有隐瞒真实情况、提供虚假资料等违法情形的，依法予以处罚。

（4）保税仓库经营企业有下列行为之一的，海关责令其改正，可以给予警告，或者处1万元以下的罚款；有违法所得的，处违法所得3倍以下的罚款，但最高不得超过3万元。

①未经海关批准，在保税仓库擅自存放非保税货物；

②私自设立保税仓库分库；

③保税货物管理混乱，账目不清；

④经营事项发生变更，未按规定办理海关手续。

四、保税区和出口加工区货物的报关

（一）保税区货物的报关

1. 含义和功能

保税区是指经国务院批准在中华人民共和国境内设立的由海关进行监管的特定区域。

保税区具有多种功能：出口加工、转口贸易、商品展示、仓储运输等，也就是说既有保税加工的功能，又有保税物流的功能。但是，主要的功能是保税物流。保税区内仅设置保税区行政机构和企业。

2. 保税区享受的免税优惠

为了支持保税区的发展，保税区享有以下免税优惠：

①区内生产性的基础设施建设项目所需的机器、设备和其他基建物资，予以免税；②区内企业自用的生产、管理设备和自用合理数量的办公用品及其所需的维修配件，生产用燃料，建设生产厂房、仓储设施所需的物资、设备，除交通车辆和生活用品外，予以免税；③保税区行政管理机构自用合理数量的管理设备和办公用品及其所需的维修零配件，予以免税。

3. 报关程序

保税区货物报关分进出境报关和进出区报关。

（1）进出境报关

进出境报关采用报关制和备案制相结合的运行机制，即保税区与境外之间进出境货物，属自用的，采取报关制，填写进出口报关单；属非自用的，包括加工出口、转口、仓储和展示，采取备案制，填写进出境备案清单。

（2）进出区报关

进出区报关要根据不同的情况按不同的报关程序报关。

①保税加工货物进出区

进区，报出口，要有"加工贸易登记手册"或者"加工贸易电子账册"，填写出口报关单，提供有关的许可证件，海关不签发"出口货物报关单"退税证明联。

出区，报进口，按不同的流向填写不同的进口货物报关单：

● 出区进入国内市场的，按一般进口货物报关，填写"进口货物报关单"，提供有关的许可证件。

● 出区用于加工贸易的，按加工贸易货物报关，填写加工贸易"进口货物报关单"，提供"加工贸易登记手册"或者"加工贸易电子账册"。

● 出区用于可以享受特定减免税企业的，按特定减免税货物报关，提供"进出口货物征免税证明"和应当提供的许可证件，免缴进口税。

②进出区外发加工

保税区企业货物外发到区外加工，或区外企业货物外发到保税区加工，需经主管海关核准；进区提交外发加工合同向保税区海关备案，加工出区后核销，不填写进出口货物报关单，不缴纳税费；出区外发加工的，须由区外加工企业在加工企业所在地海关办理加工贸易备案手续，需要建立"银行保证金台账"的应当设立台账，加工期限最长6个月，情况特殊，经海关批准可以延长，延长的最长期限是6个月；备案后按加工贸易货物出区进行报关。

③设备进出区

不管是施工还是投资设备，进出区均需向保税区海关备案，设备进区不填写报关单，不缴纳出口税，海关不签发"出口货物报关单"退税证明联，设备系从国外进口已征进口税的，不退进口税；设备退出区外，也不必填写报关单申报，但要报保税区海关销案。

4. 监管和报关要点

（1）保税区与境外之间进出的货物，除"易制毒"化学品、监控化学品、消耗臭氧层物质等国家规定的特殊货物外，不实行进出口许可证件管理，免交验许可证件。

（2）国家明令禁止进出口的货物和列入加工贸易禁止类商品目录的商品在保税区内不准开展加工贸易。

（3）从非保税区进入保税区的货物，按照出口货物办理手续。企业在办结海关手续后，可办理结汇、外汇核销、加工贸易核销等手续。出口退税必须在货物实际报关离境后才能办理。

（4）保税区内的转口货物可以在区内仓库或者区内其他场所进行分级、挑选、印刷运输标志、改换包装等简单加工。

（5）区内加工企业加工的制成品及其在加工过程中产生的边角余料运往境外时，应当按照国家有关规定向海关办理手续，除法律、行政法规另有规定外，免征出口关税。

（6）区内加工企业将区内加工贸易料件及制成品、加工过程中产生的副产品、残次品、边角料，运往非保税区时，应当依照国家有关规定向海关办理进口报关手续，并依法纳税，免交付缓税利息。

（7）用含有境外保税进口料件加工的制成品销往非保税区时，海关对其制成品按照所含进口料件数量征税；对所含进口料件的品名、数量、价值申报不实的，海关按照进口制成品征税。

（二）出口加工区货物的报关

1. 出口加工区概述

出口加工区是指国务院批准在中华人民共和国境内设立的由海关对加工贸易进出口货物进行封闭式监管的特定区域。

出口加工区的主要功能是加工贸易以及为区内加工贸易服务的储运业务。与保税区相比，出口加工区功能较为单一。

从境外运入出口加工区的加工贸易货物全额保税。

出口加工区内企业从境外进口的自用的生产、管理所需设备、物资，除交通车辆和生活用品外，予以免税。

出口加工区运往区外的货物，海关按照对进口货物的有关规定办理报关手续，并按制成品征税。

境内区外进入出口加工区的货物视同出口，办理出口报关手续，可以办理出口退税手续。

2. 出口加工区货物的报关程序（见图 6-13）

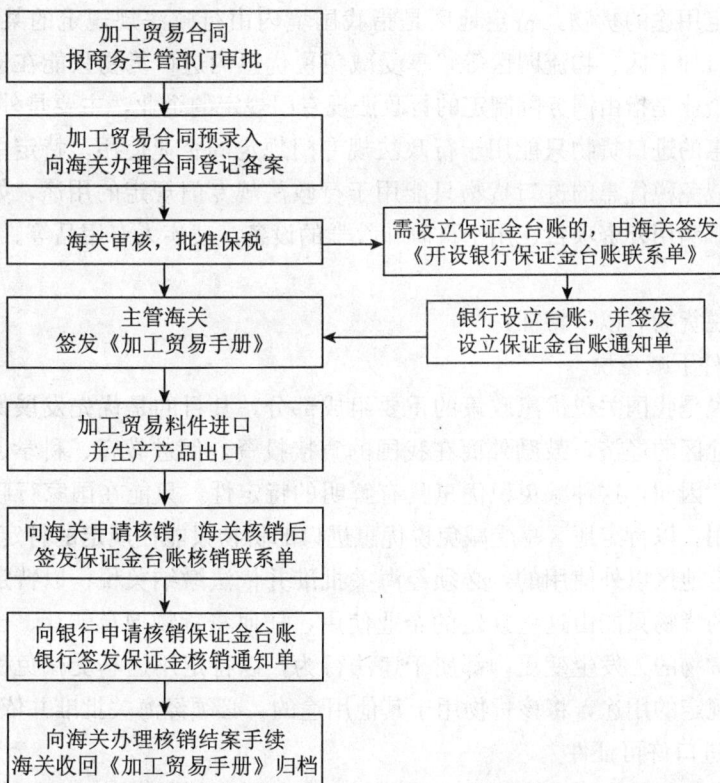

图 6-13 加工贸易保税货物的报关程序

（1）对转入其他出口加工区、保税区等海关特殊监管区域的，转入企业凭其所在区管委会的批复办理结转手续，对转入特殊区域外加工贸易企业的，转入企业凭商务主管部门的批复办理结转手续。

（2）对转入特殊监管区域的，转出、转入企业分别在自己的主管海关办理结转手续，对转入特殊监管区域外加工贸易企业的，转出、转入企业在转出地主管海关办理结转手续。

（3）对转入特殊监管区域外加工贸易企业的货物，区内企业和区外企业应当比照加工贸易深加工结转的办法办理结转和报关手续，但有三点不同：

①计划申报先转入，再转出；不是先转出，再转入；

②转入备案后，30 天内转出企业备案，不是 20 天；

③收发货登记后 30 天内报关，不是 90 天。

第四节　特定减免税货物报关

一、概述

（一）概念

特定减免税货物是指海关根据国家的政策规定，准予减免税进境，使用于特定地区特定企业、特定用途的货物。特定地区是指我国境内由行政法规规定的某一特定区域，如保税区、出口加工区、物流园区等，享受减免税优惠的进口货物只能在这一特定区域内使用。特定企业是指由国务院制定的行政法规专门规定的企业，主要是外商投资企业，享受减免税优惠的进口货物只能用于行政法规专门规定的企业使用。特定用途是指国家规定可以享受减免税优惠的进口货物只能用于行政法规专门规定的用途，如鼓励发展的国内投资项目、利用外资项目、用于科研和教学的设备、残疾人专用品等。

（二）特征

特定减免税货物有以下特征：

1. 特定条件下减免税

特定减免税是我国关税优惠政策的重要组成部分，其目的是优先发展保税区、出口加工区等特定地区的经济，鼓励外商在我国的直接投资，促进教育、科学、文化、卫生事业的发展等。因而，这种减免税优惠具有鲜明的特定性，只能在国家行政法规规定的特定条件下使用。以特定地区享受减免税优惠进口的货物只能在规定的特定地区里使用，将货物移至特定地区以外使用的，必须经海关批准并依法缴纳关税；以特定企业享受减免税优惠进口的货物只能由这些规定的企业使用，任何将货物擅自转让、出售的，只要占有并使用该货物的人发生变更，都属于违法行为；以特定用途享受减免税优惠进口的货物只能用于规定的用途，将该货物用于其他用途的，必须经海关批准并依法缴纳关税。

2. 不豁免进口许可证件

特定减免税货物是实际进口货物。按照国家有关进出境管理的法律法规，凡属于进口配额许可证管理、进口自动许可管理等进口管制的，以及纳入国家检验检疫范围的进口货物，进口收货人或其他代理人都应当在进口申报时向海关提交进口许可证件。

3. 特定的海关监管期限

海关放行特定减免税进口货物，该货物进入关境后有条件地在境内使用。进口货物享受特定减免税的条件之一就是在规定的期限内，只能在规定的地区、企业、用途范围内使用，并接受海关的监督。《中华人民共和国海关进出口货物征税管理办法》规定，特定地区、特定企业或者有特定用途的特定减免税进口货物的海关监管年限为：船舶、飞机——8年；机动车辆——6年；其他货物——5年。在特定减免税进口货物的监管年限内，纳税义务人应当自减免税货物放行之日起每年一次向主管海关报告减免税货物的状况；除经海关批准转让给其他享受同等税收优惠待遇的项目单位外，纳税义务人在补缴税款并办理解除监管手续后，方可转让或者进行其他处置。

（三）报关要点

特定减免税货物主要包括特定地区、特定企业或者有特定用途的进口货物。

1. 特定地区进口货物

（1）保税区进口区内生产性的基础设施建设项目所需的机器、设备和其他基建物资；区内企业自用的生产、管理设备和自用合理数量的办公用品及其所需的维修零配件，生产用燃料，建设生产厂房、仓储设施所需的物资、设备，以及保税区行政管理机构自用合理数量的管理设备和办公用品及其所需的维修零配件，均予以免税。

（2）出口加工区进口区内生产性的基础设施建设项目所需的机器、设备和建设生产厂房、仓储设施所需的基建物资；区内企业生产所需的机器、设备、模具及其维修用零配件，以及区内企业和行政管理机构自用合理数量的办公用品，均予以免税。

（3）从境外进入保税物流园区的货物，包括园区的基础设施建设项目所需的设备、物资等；园区企业为开展业务所需的机器、装卸设备、仓储设施、管理设备及其维修用消耗品、零配件及工具，以及园区行政管理机构及其经营主体和园区企业自用合理数量的办公用品等，海关予以办理免税手续。

2. 特定企业进口货物

特定企业进口货物主要指外商投资企业按规定在投资总额以及经批准追加的投资额内进口的货物，可以享受海关给予的减免税优惠。

（1）中外合资经营企业进口按照合同规定作为外国合营者出资的机器设备、零部件和其他物料，以投资总额内的资金进口的机器设备、零部件和其他物料，以及以增加资本进口的国内不能保证生产供应的机器设备、零部件和其他物料，免征进口关税和工商统一税。

（2）外商独资企业进口上述货物以及生产管理设备，免征进口关税和工商统一税。

（3）中外合作开采海洋石油进口直接用于勘探、开发作业的机器、设备、备件和材料；为制造开采作业用的机器、设备所需进口的零部件和材料以及利用外资进口属于能源开发，铁路、公路、港口的基本建设，工业、农业、林业、牧业和养殖业，深海渔业捕捞，科学研究，教育及医疗卫生方面的项目，按照合同规定进口的机器设备以及建厂（场）和安装、加固机器设备所需材料，免征进口关税和工商统一税。

（4）外商投资企业在投资总额内根据国家规定进口本企业自用合理数量的交通工具、

生产用车辆、办公用品（设备），免征进口关税和工商统一税。

3. 特定用途进口货物

（1）国内投资项目。符合《当前国家重点鼓励发展的产业、产品和技术目录》（2000年修订）的国内投资项目，在投资总额内进口的自用设备以及按照合同规定随设备进口的技术及配套件、备件，除《国内投资项目不予免税的进口商品目录》（2000年修订）所列商品外，免征关税和进口环节增值税。

（2）利用外资项目。对符合《外商投资产业指导目录》（2004年修订）鼓励类，并转让技术的外商投资项目，在投资总额内进口的自用设备以及按照合同规定随设备进口的技术及配套件、备件，除《外商投资项目不予免税的进口商品目录》所列商品外，免征关税和进口环节增值税。外国政府贷款和国际金融组织贷款项目进口的自用设备、加工贸易外商提供的不作价进口设备，除《外商投资项目不予免税的进口商品目录》所列商品外，免征关税和进口环节增值税。外商投资项目不予免税的进口商品目录为：电视机、摄像机、录像机、放像机、音响设备、空调器、电冰箱、电冰柜、洗衣机、照相机、复印机、程控电话交换机、微型计算机及外设、电话机、无线寻呼机、传真机、电子计算器、打字机及文字处理机、汽车、摩托车、其他（包括《中华人民共和国海关进出口税则》中第1章至第83章、第91章至第97章的所有税号）等。

（3）自有资金项目。对已设立的鼓励类和限制乙类外商投资企业、外商投资研究开发中心、先进技术型和产品出口型外商投资企业（简称五类企业）技术改造，在原批准的生产经营范围内，利用投资总额以外的自有资金（即企业储备基金、发展基金、折旧和税后利润）进口国内不能生产或性能不能满足需要的自用设备及其配套的技术、配件、备件，可免征关税和进口环节增值税。对符合《中西部地区外商投资优势产业目录》的项目，在投资总额内或在投资总额外利用自有资金进口国内不能生产或性能不能满足需要的自用设备及其配套的技术、配件、备件，可免征关税和进口环节增值税。

（4）外国政府、国际组织的无偿援助项目、扶贫、救灾、慈善捐款项目进口的物资。

（5）科研单位和学校在自用合理数量范围内进口国内不能生产的、直接用于教学和科研的设备和用品。

（6）进口的残疾人专用物品和专用设备。

二、报关程序

（一）减免税备案申请

1. 特定地区

（1）备案登记

①保税区

保税区企业向保税区海关办理减免税备案登记时，应当提交企业批准证书、营业执照、企业合同、章程等，并将有关企业情况输入海关计算机系统。海关审核后准予备案的，即签发企业征免税登记手册，企业凭以办理货物减免税申请手续。

②出口加工区

出口加工区企业向出口加工区海关办理减免税备案登记时，应当提交出口加工区管理委员会的批准文件、营业执照等，并将有关企业情况输入海关计算机系统。海关审核后批准建立企业设备电子账册，企业凭以办理货物减免税申请手续。

（2）"进出口货物征免税证明"的申请

①保税区申请

企业在进口特定减免税机器设备等货物以前，应向保税区海关提交企业征免税登记手册、发票、装箱单等，并将申请出口货物的有关数据输入海关计算机系统。海关核准后签发"进出口货物征免税证明"交申请企业。

②出口加工区

企业在进口特定减免税机器设备等货物以前，向出口加工区海关提交发票、装箱单等，海关核准后在企业设备电子账册中进行登记，不核发"进出口货物征免税证明"。

2. 特定企业申请

（1）备案登记

特定企业主要是指外商投资企业。外商投资企业向企业主管海关办理减免税备案登记，提前商务主管部门的批准文件、营业执照、企业合同、章程等，海关审核后准予办案的，即签发"外商投资企业征免税登记手册"，企业凭以办理货物减免税申请手续。

（2）"进出口货物征免税证明"申领

外商投资企业在进口特定减免税及其设备等货物以前，向主管海关提交《外商投资企业征免税登记手册》、发票、装箱单等，并将申请进口货物的有关数据输入海关计算机系统。经海关核准后签发"进出口货物征免税证明"交申请企业。

3. 特定用途

（1）国内投资项目减免税申请

国内投资项目批准以后，减免税货物进口企业应当持国务院有关部门或省、市人民政府签发的"国家鼓励发展的内外资项目确认书"、发票、装箱单等单证向项目主管直属海关提出减免税申请。海关审核后签发"进出口货物征免税证明"交申请企业。

（2）利用外资项目减免税申请

利用外资项目批准以后，减免税货物进口企业应当持国务院有关部门或省、市人民政府签发的"国家鼓励发展的内外资项目确认书"、发票、装箱单等单证向项目主管直属海关提出减免税申请。海关审核后签发"进出口货物征免税证明"交申请企业。

（3）教科用品减免税进口申请

教科单位办理科学研究和教学用品免税进口申请时，应当持有关主管部门的批准文件，向单位所在地主管海关申请办理资格认定手续。经海关审核批准的，签发科教用品免税登记手册。

科教单位在进口特定减免税科教用品以前，向主管海关提交科教用品免税登记手册、合同等单证，并将申请进口货物的有关数据输入海关计算机系统。海关核准后签发"进出口货物征免税证明"。

（4）残疾人专用品减免税申请

残疾人在进口特定减免税专用品以前，要向主管海关提交民政部门的批准文件。海关审核批准后签发"进出口货物征免税证明"。

民政部门或中国残疾人联合会所属单位批量进口残疾人专用品，应当向所在地直属海关申请，提交民政部（包括省、自治区、直辖市的民政部门）或中国残疾人联合会（包括省、自治区、直辖市的残疾人联合会）出具的证明函，海关凭以审核签发"进出口货物征免税证明"。

4. "进出口货物征免税证明"的使用

"进出口货物征免税证明"的有效期为 6 个月，持证人应当在自海关签发该征免税证明的 6 个月内进口经批准的特定减免税货物。

"进出口货物征免税证明"实行"一证一批"的原则，即一份征免税证明上的货物只能在一个进口口岸一次性进口。如果一批特定减免税货物需要分两个口岸进口，或者分两次进口的，持证人应当事先分别申领征免税证明。

（二）进出口报关

特定减免税货物报关程序，可参见一般进出口货物的报关程序中的相关内容。但特定减免税货物进口报关的有些具体手续与一般进出口货物的报关有所不同，具体如下：

（1）特定减免税货物进口报关时，进口货物收货人或其代理人除了向海关提交报关单及随附的基本单证以外，还应当向海关提交"进出口货物征免税证明"。海关在审单时从计算机系统中调阅征免税证明的电子数据，核对纸质的"进出口货物征免税证明"。

（2）特定减免税货物一般应提交进口许可证件，但对某些企业和某些许可证件种类，国家规定有特殊优惠政策，可以豁免进口许可证件。

（3）填制特定减免税货物进口报关单时，报关员应当特别注意报关单上"备案号"栏目的填写。"备案号"栏内填写"进出口货物征免税证明"上的 12 位长编号，错写 12 位编号将不能通过海关计算机系统逻辑审核，或者在提交纸质报关单证时无法顺利通过海关审单。

（三）申请减除监管

特定减免税货物根据不同的品种，在海关监管期限届满后，原特定减免税货物"进出口货物征免税证明"的申请人应当向原签发减免税证明的海关提出解除监管申请。特定减免税货物在海关监管期限以内，因特殊原因要求出售、转让、放弃，或者企业破产清算的，必须向海关提出有关解除监管的申请，办理海关的结关手续。

1. 监管期满申请解除监管

特定减免税货物监管期满，原减免税申请人应当向主管海关申请解除海关对减免税进口货物的监管。主管海关经审核批准，签发"减免税进口货物解除监管证明"。至此，特定减免税进口货物办结了全部海关手续。

2. 监管期内申请解除监管

特定减免税货物在海关监管期内要求解除监管的，主要是为了在国内销售、转让，放弃或退运境外。

特定减免税货物，因特殊原因需要在海关监管期内销售、转让的，企业应当向海关办理缴纳进口税费的手续。海关按照使用时间核查确定完税价格征税后，签发解除监管证明书，企业即可将原减免税货物在国内销售、转让。

企业如果将货物转让给同样享受进口减免税优惠企业，接受货物的企业应当向主管海关申请"进出口货物征免税证明"，凭以办理货物的结转手续。

企业要求将特定减免税货物退运出境的，应当向出境地海关办理货物出口退运申报手续。出境地海关监管货物出境后，签发出口货物报关单，企业持该报关单及其他有关单证向主管海关申领解除监管证明。

企业要求放弃特定减免税货物的，应当向主管报关提交放弃货物的书面申请，经海关核准后，按照海关处理放弃货物的有关规定办理手续。海关将货物拍卖，所得款项上缴国库后签发收据，企业凭以向主管海关申领解除监管证明。

3. 企业破产清算时特定减免税货物的处理

破产清算、变卖、拍卖处理其尚在海关监管期限内的特定减免税货物，企业应当事先向主管海关申请，主管海关审批同意并按规定征收税款后，签发解除监管证明；如该货物已经改变其进口时状态，经海关实际查验并做查验记录后，也可照此办理解除监管手续。只有在解除监管后，有关货物才可以进入破产清算、变卖、拍卖程序。

对进入法律程序清算、变卖、拍卖的特定减免税货物，如属于许可证件管理的原进口时未申领许可证件的，海关凭人民法院的判决或国家法定仲裁机关的仲裁证明，免予补办进口许可证件。

4. 保税区内企业免税进口货物未满海关监管年限，申请提前解除监管的，应按规定照章征税。其中涉及国家实行许可证件管理的商品还需向海关提交有效的许可证件。

第五节　暂准进出境货物报关

一、概述

（一）定义

暂准进出境货物是指为了特定的目的，经海关批准暂时进境或暂时出境，并在规定的期限内复运进境或复运出境的货物。

按照《关税条例》的规定，暂准进出境货物分为两大类：一类是指经海关批准暂时进境或者暂时出境，在进境或者出境时纳税义务人向海关缴纳相当于应纳税款的保证金或者提供其他担保可以暂不缴纳税款，并在规定的期限内复运出境或复运进境的货物；另一类则应当按照该货物的完税价格和其在境内滞留时间与折旧时间的比例计算按月或者在规定期限内货物复运出境或者复运进境时征收进出口税的暂准进出境货物。

前一类暂准进出境货物的范围是：

（1）在展览会、交易会、会议及类似活动中展示或者使用的货物；

（2）文化、体育交流活动中使用的表演、比赛用品；

（3）进行新闻报道或者摄制电影、电视节目使用的仪器、设备及用品；

（4）开展科研、教学、医疗活动使用的仪器、设备及用品；

（5）上述四项所列活动中使用的交通工具及特种车辆；

（6）暂时进出境的货样；

（7）供安装、调试、检测设备时使用的仪器、工具；

（8）盛装货物的容器；

（9）其他暂时进出境用于非商业目的的货物。

后一类暂准进出境货物是指上述九项货物以外的其他暂准进出境货物。

以下介绍的暂准进出境货物是指前一类暂准进出境货物。

（二）特征

暂准进出境货物有以下特征：

1. 有条件暂时免予缴纳税费

暂准进出境货物在向海关申报进出境时，不必缴纳进出口税费，但收发货人须向海关提供担保。

2. 除另有规定外，免予提交进出口许可证件

暂准进出境货物不是实际进出口货物，只要按照暂准进出境货物的有关法律、行政法规办理进出境手续，可以免予提交进出口许可证件。但是，涉及公共道德、公共安全、公共卫生所实施的进出境管制制度的暂准进出境货物，应当凭许可证件进出境。

3. 规定期限内按原状复运进出境

暂准进出境货物应当自进境或者出境之日起 6 个月内复运出境或者复运进境；经收发货人申请，海关可以根据规定延长复运出境或者复运进境的期限。

4. 按货物实际使用情况办结海关手续

海关对暂准进出境货物都有后续监管要求，所有的暂准进出境货物都必须在规定期限内，由货物的收发货人根据货物不同的情况向海关办理核销结关手续。

二、报关程序

上述 9 种暂准进出境货物按照我国海关的监管方式可以归纳为：使用《暂准进口单证册》（或称《ATA 单证册》）、报关的暂准进出境货物、进出口展览品、进出境集装箱箱体、暂时进出口货物。

（一）使用《ATA 单证册》报关的暂准进出境货物

1. ATA 单证册在我国的适用范围

在我国，目前使用 ATA 单证册的范围仅限于展览会、交易会、会议及类似活动项下的货物。除此之外的货物，我国海关不接受持 ATA 单证册办理进出口申报手续。

2. ATA 单证册制度

（1）ATA 单证册的含义

"暂准进口单证明"，简称 ATA 单证册，是指世界海关组织通过的《货物暂准进口公约》及其附约 A 和《关于货物暂准进口的 ATA 单证册海关公约》（简称《ATA 公约》）中规定使用的、用于替代各缔约方海关暂准进出口货物报关单和税费担保的国际性通关文件。

（2）ATA 单证册的格式

一份 ATA 单证册由若干页 ATA 单证组成，单证的具体数目依其经过的国家数目而定。一般由以下 8 页组成：一页绿色封面单证、一页黄色出口单证、一页白色进口单证、一页白色复出口单证、两页蓝色过境单证、一页黄色复进口单证、一页绿色封底。

（3）ATA 单证册在我国的适用范围

我国于 1993 年加入《ATA 公约》及与其相关的《展览会、交易会公约》、《货物暂准进口公约》及其附约 A《关于暂准进口单证的附约》和附约 B1《关于在展览会、交易会、会议及类似活动中供陈列或使用的货物的附约》。因此，在我国，目前使用 ATA 单证册的范围仅限于展览会、交易会、会议及类似活动项下的货物。除此之外的货物，我国海关不接受持 ATA 单证册办理进出口申报手续。我国海关只接受用中文或英文填写的 ATA 单证单。

（4）ATA 单证册的使用

ATA 单证册的担保协会和出证协会一般是由国际商会国际局和各国海关批准的各国国际商会。中国国际商会是我国 ATA 单证册的担保协会和出证协会。

（二）进出境展览品

进出境展览品海关监管有使用 ATA 单证册的，也有不使用 ATA 单证册直接按展览品监管的。以下介绍的是最后一种情况。

不使用 ATA 单证册报关的展览品有：

1. 进出境展览品范围

（1）进境展览品

进境展览品包含在展览会中展示或示范用的货物、物品，为示范展出的机器或器具所需用的物品，展览者设置临时展台的建筑材料及装饰材料，供展览品做示范宣传用的电影片、幻灯片、录像带、录音带、说明书、广告、光盘、显示器材等。

下列在境内展览会期间供消耗、散发的用品（以下简称展用用品），由海关根据展览会性质、参展商规模、观众人数等情况，对其数量和总值进行核定，在合理范围内的，按照有关规定免征进口关税和进口环节税：①在展览活动中的小件样品，包括原装进口的或者在展览期间用进口的散装原料制成的食品或者饮料的样品；②为展出的机器或者器件进行操作示范被消耗或者损坏的物料；③布置、装饰临时展台消耗的低值货物；④展览期间免费向观众散发的有关宣传品；⑤供展览会使用的档案、表格及其他文件。

上述货物、物品应当符合下列条件：①由参展人免费提供并在展览期间专供免费分发给观众使用或者消费的；②单价较低，作广告样品用的；③不适用于商业用途，并且单位容量明显小于最小零售包装容量的；④食品及饮料的样品虽未包装分发，但确实在活动中消耗掉的。

展览用品中的酒精饮料、烟草制品及燃料不适用有关免税的规定。

展览会期间出售的小卖品，属于一般进口货物范围，进口时应当缴纳进口关税和进口环节海关代征税，属于许可证件管理的商品，应当交验许可证件。

（2）出境展览品

①出境展览品包含国内单位赴国外举办展览会或参加博览会、展览会而运出的展览品，以及与展览活动有关的宣传品、布置品、招待品及其他公用物品。

与展览活动有关的小卖品、展卖品。可以按展览品报关出境，不按规定期限复运进境的办理一般出口手续，交验出口许可证件，缴纳出口关税。

②展览品的暂准进出境期限。

进境展览品的暂准进境期限为 6 个月，即自展览品进境之日起 6 个月内复运出境。

出境展览品的暂准出境期限为自展览品出境之日起 6 个月内复运进境。超过 6 个月的，进出境展览品的收发货人可以向海关申请延期。延期最多不超过 3 次，每次延长期限不超过 6 个月。延长期届满应当复运出境、进境或者办理进出口手续。

展览品申请延长复运出境、进境期限的，展览品收发货人应当在规定期限届满 30 个工作日前向货物暂准进出境申请核准地海关提出延期申请，并提交"货物暂时进/出境延期申请书"以及相关申请材料。

直属海关受理延期申请的，应当于受理申请之日起 20 个工作日内制发"中华人民共和国海关货物暂时进/出境延期申请批准决定书"或者"中华人民共和国海关货物暂时进/出境延期申请不予批准决定书"。

参加展期在 24 个月以上展览会的展览品，在 18 个月延长期届满后仍需要延期的，由主管地直属海关报海关总署审批。

2. 展览品的进出境申报

（1）进境申报

境内展览会的办展人或者参加展览会的办展人、参展人（以下称办展人、参展人）应当在展览品进境 20 个工作日前，向主管地海关提交有关部门备案证明或者批准文件及展览品清单等相关单位办理备案手续。

展览会不属于有关部门行政许可项目的，办展人、参展人应当向主管地海关提交展览会邀请函、展位确认书办理备案手续。

展览品进境申报手续可以在展出地海关办理。从非展出地海关进境，可以申请在进境地海关办理转关运输手续，将展览品在海关监管下从进境口岸转运至展览会举办地主管海关办理申报手续。

展览会主办单位或其代理人应当向海关提交报关单、展览品清单、提货单、发票、装箱单等。展览品中涉及检验检疫等管制的，还应当向海关提交有关许可证件。

展览会主办单位或其代理人应当向海关提供担保。在海关指定场所或者海关派专人监管的场所举办展览会的，经主管地直属海关批准，参展的展览品可以免予向海关提供担保。

海关一般在展览会举办地对展览品进行开箱查验。展览品开箱前，展览会主办单位或其代理人应当通知海关。海关查验时，展览品所有人或其代理人应当到场，并负责搬移、开拆、封装货物。

展览会展出或使用的印刷品、音像制品及其他需要审查的物品，还要经过海关的审查，才能展出或使用。对我国政治、经济、文化、道德有害的以及侵犯知识产权的印刷品、音像制品不得展出，由海关没收、退运出境或责令更改后使用。

（2）出境申报

境内出境举办或者参加展览会的办展人、参展人应当在展览品出境 20 个工作日前，向主管地海关提交有关部门备案证明或者批准文件及展览品清单等相关单证办理备案手续。

展览会不属于有关部门行政许可项目的，办展人、参展人应当向主管地海关提交有关部门展览会邀请函、展位确认书等其他证明文件以及展览品清单，办理备案手续。

展览品出境申报手续应当在出境地海关办理。在境外举办展览会或者参加国外展览会的企业，应当向海关提交国家主管部门的批准文件、报关单、展览品清单（一式两份）等单证。

展览品属于应当缴纳出口关税的，向海关缴纳相当于税款的保证金；属于核用品、核两用品及相关技术的出口管制商品的，应当提交出口许可证。

海关对展览品进行开箱查验，核对展览品清单。查验完毕，海关留存一份清单，另一份封入"关封"，交还给发货人或其代理人，凭以办理展览品复运进境申报手续。

3. 进出境展览品的核销结关

（1）复运进出境

进境展览品按规定期限复运出境，出境展览品按规定期限复运进境后，海关分别签发报关单证明联，展览品所有人或其代理人凭以向主管海关办理核销结关手续。

异地复运出境、进境的展览品，进出境展览品的收发货人应当持主管地海关签章的海关单证向复运出境、进境地海关办理手续。货物复运出境、进境后，主管地海关凭复运出境、进境地海关签章的海关单证办理核销结案手续。

展览品未能按规定期限复运进出境的，展览会主办单位或出国举办展览会的单位应当向主管海关申请延期，在延长期内办理复运进出境手续。

（2）转为正式进出口

进境展览品在展览期间被人购买的，由展览会主办单位或其代理人向海关办理进口申报、纳税手续，其中属于许可证件管理的，还应当提交进口许可证件。

出口展览品在境外参加展览会后被销售的，由海关核对展览品清单后要求企业补办有关正式出口手续。

（3）展览品放弃或赠送

展览会结束后，进口展览品的所有人决定将展览品放弃交由海关处理的，由海关依法变卖后将款项上缴国库。

展览品的所有人决定将展览品赠送的，受赠人应当向海关办理进口手续，海关根据进口礼品或经贸往来赠送品的规定办理。

（4）展览品损坏、丢失、被窃

进境展览品因损坏、丢失、被窃等原因不能复运出境的，展览会主办单位或其代理人应当向海关报告。对于毁坏的展览品，海关根据毁坏程度估价征税；对于丢失或被窃的展览品，海关按照进口同类货物征收进口税。

进出境展览品因不可抗力的原因受损，无法原状复运出境、进境的，进出境展览品的收发货人应当及时向主管地海关报告，可以凭有关部门出具的证明材料办理复运出境、进境手续；因不可抗力的原因灭失或者失去使用价值的，经海关审查后可以视为该货物已经复运出境、进境。

进出境展览品因不可抗力以外其他原因灭失或者受损的，进出境展览品的收发货人应当按照货物进出口的有关规定办理海关手续。

（三）进出境集装箱箱体

1. 范围

集装箱箱体既是一种运输设备，又是一种货物。当货物用集装箱装载进出口时，集装箱箱体就作为一种运输设备；当一个企业购买进口或者销售出口集装箱时，集装箱箱体就是普通的进出口货物。

集装箱箱体作为货物进出口是一次性的，而在通常情况下，是作为运输设备暂准进出境。这里介绍的是后一种情况。

2. 报关程序

暂准进出境的集装箱箱体报关有以下两种情况：

（1）境内生产的集装箱及我国营运人购买进口的集装箱在投入国际运输前，营运人应当向其所在地海关办理登记手续。

海关准予登记并符合规定的集装箱箱体，无论是否装载货物，海关准予暂时进境和异地出境，营运人或其代理人无须对箱体单独向海关办理报关手续，进出境时也不受规定的期限限制。

（2）境外集装箱箱体暂准进境，无论是否装载货物，承运人或其代理人应当对箱体单独向海关申报，并应当于入境之日起 6 个月内复运出境。如因特殊情况不能按期复运出境的，营运人应当向暂准进境地海关提出延期申请，经海关核准后可以延期，但延长期最长不得超过 3 个月，逾期应按规定向海关办理进口报关纳税手续。

（四）暂时进出口货物

1. 范围

可以暂不缴纳税款的上述 12 项暂准进出境货物，除使用 ATA 单证册报关的货物，不使用 ATA 单证册报关的展览品、集装箱箱体按各自的监管要求由海关进行监管外，其余的均按其他暂准进出境货物进行监管，均属于其他暂准进出境货物的范围。

2. 期限

其他暂准进出境货物应当自进出境之日起 6 个月内复运出境或复运进境。超过 6 个月的，收发货人可以向海关申请延期。延期最多不超过 3 次，每次延长期限不超过 6 个月。延长期届满应当复运出境、进境或者办理进出口手续。

国家重点工程、国家科研项目使用的暂准进出境货物，在 18 个月延长期届满后仍需要延期的，由主管地直属海关报海关总署审批。

3. 管理

其他暂准进出境货物进出境核准属于海关行政许可事项，应当按照海关行政许可的程序办理。

（1）暂时进出境申请和审批

暂时进出境货物收发货人向海关提出货物暂准进出境申请时，应当按照海关要求提交"货物暂时进/出境申请书"、暂时进出境货物清单、发票、合同或者协议以及其他相关单据。

海关就暂准进出境货物的暂准进出境申请做出是否批准的决定后，应当制发"中华人民共和国海关货物暂时进/出境申请批准决定书"或者"中华人民共和国海关货物暂时进/出境申请批准决定书"。

（2）延期申请和审批

暂准进出境货物申请延长复运出境、进境期限的，收发货人应当在规定期限届满 30 个工作日前，向货物暂准进出境申请核准地海关提出延期申请，并提交"货物暂时进/出境延期申请书"以及相关申请材料。直属海关做出决定并制发相应的决定书。申请延长超过 18 个月的由海关总署做出决定。

4. 报关程序

（1）进出境申报

①进境申报

其他暂准进境货物进境时，收货人或其代理人应当向海关提交主管部门允许货物为特定目的而暂时进境的批准文件、进口货物报关单、商业及货运单据等，向海关办理暂时进境申报手续。

其他暂准进境货物不必提交进口货物许可证件，但对国家规定需要实施检验检疫的，或者为公共安全、公共卫生等实施管制措施的，仍应当提交有关的许可证件。

其他暂准进境货物在进境时，收货人或其代理人免予缴纳进口税，但必须向海关提供担保。

②出境申报

其他暂准出境货物出境，发货人或其代理人应当向海关提交主管部门允许货物为特定目的而暂时出境的批准文件、出口货物报关单、货运和商业单据等，向海关办理暂时出境申报手续。

其他暂准进境货物，除易制毒化学品、监控化学品、消耗臭氧层物质、有关核出口、核两用品及相关技术的出口管制条例管理的商品以及其他国际公约管制的商品外，不需交验许可证件。

③异地复运出境、进境申报

异地复运出境、进境的其他暂准进出境货物，收发货人应当持主管地海关签章的海关单证向复运出境、进境地海关办理手续。货物复运出境、进境后，主管地海关凭复运出境、进境地海关签章的海关单证办理核销结案手续。

（2）结关

①复运进出境

其他暂准进境货物复运出境、其他暂准出境货物复运进境，进出口货物收、发货人或其代理人必须留存由海关签章的复运进出境的报关单，准备报核。

②转为正式进出口

其他暂准进出境货物因特殊情况，改变特定的暂准进出境目的转为正式进出口，收发货人应当在货物复运出境、进境期限届满 30 个工作日前向主管地海关申请，经主管地直属海关批准后，按照规定提交有关许可证件，办理货物正式进口或者出口的报关纳税手续。

③放弃

其他暂准进境货物在境内完成暂时进境的特定目的后，如货物所有人不准备将货物复运出境的，可以向海关声明将货物放弃，海关按放弃货物的有关规定处理。

④不可抗力

因不可抗力的原因受损，无法原状复运出境、进境的，收发货人应当及时向主管地海关报告，可以凭有关部门出具的证明材料办理复运出境、进境手续；因不可抗力的原因灭失或者失去使用价值的，经海关核实后可以视为该货物已复运出境、进境。因不可抗力以外其他原因灭失或者受损的，收发货人应当按照货物进出口的有关规定办理海关手续。

其他暂准进出境货物复运出境或进境，或者转为正式进口或出口，或者放弃后，收发货人向海关提交经海关签注的进出口货物报关单，或者处理放弃货物的有关单据，以及其他有关单证，申请报核。海关经审核，情况正常的，退还保证金或办理其他担保销案手续，予以结关。

第六节　其他进出境货物报关

一、过境、转运、通运货物

（一）过境货物

1. 过境货物的概念

是指从境外启运，在我国境内不论是否换装运输工具，通过陆路运输，继续运往境外的货物。

2. 准予过境的范围

（1）在我国签有过境货物协定的国家的过境货物；

（2）在同我国签有铁路联运协定的国家收、发货过境货物；

（3）未与我国签有过境货物协定但经国家商务、运输主管部门批准，并向入境地海关备案后准予过境的货物。

3. 禁止过境的范围

（1）来自或运往我国停止或禁止贸易的国家和地区的货物；

（2）各种武器、弹药、爆炸品及军需品（通过军事途径运输的除外）；

（3）各种烈性毒药、麻醉品和鸦片、吗啡、海洛因、可卡因等毒品；

（4）我国法律、法规禁止过境的其他货物、物品。

4. 过境货物报关程序

（1）过境货物的进出境报关

①过境货物进境报关

过境货物进境时，过境货物经营人或报关企业应当向海关递交过境货物报关单以及海关规定的其他相关单证，办理过境手续；过境货物经进境地海关审核无误后，进境地海关在提运单上加盖"海关监管货物"的戳记，并将过境货物报关单和过境货物清单制作关封后加盖"海关监管货物"专用章，连同上述提运单并交经营人或报关企业。

②过境货物复出境

过境货物经营人或报关企业应当及时向出境地海关申报，并递交进境地海关签发的关封和其他单证。

（2）过境货物的过境期限

过境货物的过境期限为 6 个月，因特殊原因，可以向海关申请延期，经海关同意后，可延期 3 个月。

（3）过境货物在境内暂存和运输

过境货物进境因换装运输工具等原因需卸地储存时，应当经海关批准并在海关监管下存入海关指定或同意的仓库或场所；过境货物在进境以后、出境之前，应当按照运输主管部门规定的路线运输。运输部门没有规定的，由海关指定。

（二）转运货物

1. 转运货物含义

是指由境外启运，通过我国境内设立海关的地点换装运输工具，不通过境内陆路运输，继续运往境外的货物。

2. 转运货物范围

①持有转运或联运提货单的货物；

②进口载货清单上注明是转运货物的；

③持有普通提货单，但在卸货前向海关声明转运的；

④误卸下的进口货物，经运输工具经理人提供确实证件的；

⑤因特殊原因申请转运，获海关批准的。

3. 转运货物的报关程序及期限

程序：申报进境→换装运输工具→规定时间内运送出境。载有转运货物的运输工具进境后，承运人应当在进口载货清单上列明转运货物的名称、数量、启运地和到达地，并向主管海关申报进境；申报经海关同意后，在海关指定的地点换装运输工具，在规定时间内运送出境。

期限：转运货物必须在 3 个月内办理海关手续并转运出境，超过 3 个月仍未转运出境或办理其他海关手续的，海关将依法提取变卖处理。

（三）通运货物的含义及报关手续

1. 通运货物的含义

通运货物是指从境外启运，不通过我国境内陆路运输，运进境后由原运输工具载运出境的货物。

2. 通运货物的报关手续

①运输工具进境时，运输工具的负责人应凭注明通运货物名称和数量的船舶进口报告书或过境民航机使用的进口载货舱向进境地海关申报；

②进境地海关在接受申报后，在运输工具抵、离境时对申报的货物予以核查，并监管货物实际离境。运输工具因装卸货物需搬运或倒转货物时，应向海关申请并在海关的监管下进行。

二、进出境快件

（一）进出境快件的定义及分类

1. 进出境快件的定义

进出境快件是指进出境快件营运人，以向客户承诺的快速商业运作方式承揽、承运的进出境的货物、物品。

2. 进出境快件的分类

进出境快件分为文件类、个人物品类和货物。

（1）文件类进出境快件是指《海关法》规定予以免税且无商业价值的文件、单证、单据及资料。

（2）个人物品类进出境快件是指海关规定自用合理数量范围内的进出境旅客分离运输行李物品、亲友间相互馈赠物品和其他个人物品。

（3）货物类进出境快件是指文件类、个人物品类进出境快件以外的进出境快件。

（二）进出境快件的申报

（1）进出境快件的营运人应当按照海关的要求，用纸质文件方式和电子数据交换方式向海关办理进出境快件的报关手续。

（2）进境快件应当自运输工具申报进境之日起 14 日内，出境快件在运输工具离境 3 小时之前，向海关申报。

（3）不同的进出境快件应执行不同的报关手续。

①文件类进出境快件报关时，营运人应当向海关提交"中华人民共和国出境快件 KJ1 报关单、总运单（副本）和海关需要的其他单证。②个人物品类进出境快件报关时，营运人应当向海关提交"中华人民共和国进出境快件个人物品报关单"、每一进出境快件的分运单、进境快件收件人或出境快件发件人身份证件影印件和海关需要的其他单证。③货物类进境快件报关时，营运人应当按下列情形分别向海关提交报关单证；货物类出境快件，一律按进口货物的报关程序报关。

（三）进出境快件的查验

（1）海关查验进出境快件时，营运人应派人员到场，并负责进出境快件的搬移、开拆和重封包装。

（2）海关对进出境快件中个人物品实施开拆查验时，营运人应通知进境快件的收件人或出境快件的发件人到场，收件人或发件人不能到场的，运营人应向海关提交其委托书，代理收、发件人的义务，并承担相应的法律责任。

（3）海关认为必要时，可对进出境快件予以径行开验、复验或者提取货样。

三、无代价抵偿货物

（一）定义

无代价抵偿货物是指进出口货物在海关放行后，因残损、短少、品质不良或者规格不符原因，由进出口货物的发货人、承运人或者保险公司免费补偿或者更换的与原货物相同或者与合同规定相符的货物。

（二）特征

无代价抵偿货物海关监管的基本特征是：

（1）进出口无代价抵偿货物免予交验进出口许可证件。

（2）进口无代价抵偿货物，不征收进口关税和进口代征税；出口无代价抵偿货物，不征收出口关税。

（3）现场放行后，海关不再进行监管。

（三）报关程序

无代价抵偿大体上可以分为两种，一种是短少抵偿，一种是残损、品质不良或规格不符抵偿。对两种抵偿引起的两类进出口无代价抵偿货物在报关程序上有所区别。

（1）残损、品质不良或规格不符引起的无代价抵偿货物进出口前，应当办理被更换的原进出口货物中残损、品质不良或规格不符货物的有关海关手续。

①退运进出境。原进口货物的收发货人或其代理人应当办理更换的原进口货物中的残损、品质不良或规格不符货物的退运出境或退运进境的报关手续。被更换的原进口货物退运出境时不征收出口关税；被更换的原出口货物退运进境时不征收进口关税和进口代征税。

②放弃交由海关处理。被更换的原进口货物中残损、品质不良或规格不符货物不退运出境，但原进口货物的收货人愿意放弃、交由海关处理，海关应当依法处理并向收货人提供依据，凭以申报进口无代价抵偿货物。

③不退运出境也不放弃或不退运进境。被更换的原进口货物中残损、品质不良或规格不符货物不退运出境且不放弃交由海关处理的，或者被更换的原出口货物中残损、品质不良或规格不符的货物不退运进境，原进出口货物的收发货人应当按照海关接受无代价抵偿货物申报进出口之日适用的有关规定申报出口或进口，并缴纳出口关税或进口关税和进口代征税，属于许可证件管理的商品还应当交验相应的许可证件。

（2）向海关申报办理无代价抵偿货物进出口手续的期限。

向海关申报进出口无代价抵偿货物，应当在原进出口合同规定的索赔期内、且不超过原货物进出口之日起 3 年。

（3）无代价抵偿货物报关应当提供的单证。

收发货人向海关申报无代价抵偿货物进出口时，除应当填制报关单和提供其他必需的报关单证外，还应当提供以下特殊单证：

进口要提供：①原进口货物报关单；②原进口货物退运出境的出口货物报关单或者原进口货物由海关处理的货物放弃处理证明或者已经办理纳税手续的单证；③原进口货物税款缴纳书或者"进出口货物免税证明"；④买卖双方签订的索赔协议。

出口要提供：①原出口货物报关单；②原出口货物退运进境的进口货物报关单或者已经办理纳税手续的单证；③原出口货物税款缴纳书；④买卖双方签订的索赔协议。

四、进出境修理货物

(一) 定义

进出境修理货物是指运出境或运进境进行维护修理后复运进境或复运出境的机械器具、运输工具或者其他货物以及为维修这些货物需要进出口的原材料、零部件。包括原进出口货物运出境或运进修理和其他货物的运进或运出境修理两种情况。

(二) 特征

进出境维修货物的海关监管特征为:

(1) 进境维修货物免纳进口关税和进口代征税,但要向海关提供担保,并接受海关后续监管。

(2) 出境修理货物进境时,在保修期内并由境外免费维修的,可以免征进口关税和进口代征税;在保修期外的或者虽在保修期内但境外维修收费的,应当按照境外修理费和料件审定完税价格计征进口关税和进口代征税。

(3) 进出境修理货物免予交验许可证件。

(三) 报关程序

1. 进境修理货物

货物进境后,收货人或其代理人凭维修合同或者含有保修条款的原出口合同及申报进口需要的所有单证办理货物进口申报手续,并提供进口税款担保。货物进口后在境内维修的期限为进口之日起 6 个月,可以申请延长,延长的期限最长不超过 6 个月。在境内维修的期限间受海关监管。修理货物复出境后应当申请销案,正常销案的,海关应当退还保证金或撤销担保。未复出境部分货物应当办理进口申报纳税手续。

2. 出境修理货物

发货人在货物出境时,向海关提交维修合同或含有保修条款的原进口合同以及申报出口需要的所有单证,办理出境申报手续。

货物出境后,在境外维修的期限为出境之日起 6 个月,可以申请延长,延长的期限最长不超过 6 个月。

货物复运进境时应当向海关申报在境外实际支付的修理费和料件费,由海关审查确定完税价格,计征进口关税和进口代征税。

五、出料加工货物

(一) 概念

出料加工货物是指我国境内企业运到境外进行技术加工后复运进境的货物。

出料加工的目的是为了借助国外先进的加工技术提高产品的质量和档次,因此,只有在国内现有的技术手段无法或难以达到产品质量要求,而必须运到境外进行某项工序加工的情况下,才可开展出料加工业务。

出料加工原则上不能改变原出口货物的物理形态。对完全改变原出口货物物理形态的出境加工,属于一般出口。

（二）报关程序

1. 备案

开展出料加工，经营企业凭出料加工合同到主管海关办理登记备案手续，由海关根据出料加工的有关规定审核决定是否受理备案，受理备案的应当核发出料加工登记手册。

2. 境外加工的期限

出料加工货物自运出境之日起 6 个月应当复运进境；因正当理由不能在海关规定期限内将出料加工货物复运进境的，应当在到期之前以书面形式向海关说明情况，申请延期。经海关批准可以延期，延长的期限最长不得超过 3 个月。

3. 进出境申报

（1）出境账申报

出料加工货物出境，发货人或其代理人应当向海关提交登记手册、出口货物报关单、货运单据及其他海关需要的单证申报出口，属许可证件管理的商品，免交许可证件；属应征出口税的，应提供担保。

（2）进境申报

出料加工货物复运进口，收货人或其代理人应当向海关提交登记手册、进口报关单、货运单据及其他海关需要的单证申报进口，海关对出料加工复进口货物根据境外加工费和料件费以及复运进境的运输及其相关费用和保险费；审查确定完税价格征收进口税。

4. 核销

出料加工货物全部复运进境后，经营人应当向海关报核，海关进行核销，提供担保的，应当退还保证金或者撤销担保。

出料加工货物未在海关允许期限内复运进境，海关按照一般进出口货物办理，将货物出境时收取的税款担保金转为税款，货物进境时按一般进口货物征收进口关税和进口代征税。

六、溢卸货物、误卸货物、放弃货物、超期未报关货物

（一）溢卸货物和误卸货物

1. 溢卸货物和误卸货物的含义

溢卸进境货物是指未列入进口载货清单、提单或运单的货物，或者多于进口载货清单、提单或运单所列数量的货物。

误卸进境货物是指将指运境外港口、车站或境内其他港口、车站而在本港卸下的货物。

2. 溢卸货物和误卸货物的报关程序

（1）溢卸进境货物由原收货人接收的，原收货人或者代理人应填写进口货物报关单向进境地海关申报，并提供相关的溢卸货物证明。

（2）对运输工具负责人或其代理人要求以溢卸货物抵补短卸货物的，应与短卸货物原收货人协商同意，并限于同一运输工具、同一品种的货物。

（3）误卸进境货物，如属于应运往国外的，运输工具负责人或其代理人要求退运至境外时，经海关核实后可退运至境外；如属于运往国内其他口岸的，可由原收货人或其

他代理人就地向进境地海关办理进口申报手续，也可以经进境地海关同意按转关运输管理办法办理转运手续。

（4）对溢卸、误卸进境货物，原收货人不接受或不办理退运手续的，运输工具负责人或其代理人可以要求在国内进行销售，由购货单位向海关办理相应的进口手续。

（5）溢卸、误卸进境货物，经海关审定确实的，由载运该货物的原运输工具负责人，自该运输工具卸货之日起3个月内，向海关申请办理退运出境手续；或者由该货物的收发货人，自该运输工具卸货之日起3个月内，向海关申请办理退运或者申报进口手续。

（6）溢卸和误卸进境货物属于危险品或者鲜活、易腐、易烂、易失效、易变质、易贬值等不宜长期保存的货物的，海关可以根据实际情况，提前提取、依法变卖处理，变卖所得价款按规定做出相应处理。

（二）放弃货物

1. 定义

放弃货物是指进口货物的收货人或其所有人声明放弃，由海关提前依法变卖处理的货物。

2. 范围

（1）没有办结海关手续的一般进口货物；

（2）保税货物；

（3）在监管期内的特定减免税货物；

（4）暂准进境货物；

（5）其他没有办结海关手续的进境货物。

3. 放弃进口货物变卖价款的处理

由海关提取依法变卖处理的放弃进口货物所得的价款，优先拨付变卖处理实际支出的费用后，再扣除运输、装卸、储存等费用。所得价款不足以支付运输、装卸、储存等费用的，按比例支付。

（三）超期未报关货物

1. 定义

超期未报关货物是指在规定的期限未办结关手续的海关监管货物。

2. 范围

（1）自运输工具申报进境之日起，超过3个月未向海关申报的进口货物；

（2）海关批准的延长期满仍未办结海关手续的溢卸、误卸进境货物；

（3）超过规定期限3个月未向海关办理复运出境或者其他海关手续的保税货物；

（4）超过规定期限3个月未向海关办理复运出境或者其他海关手续的暂准进境货物；

（5）超过规定期限3个月未运输出境、转运和通运的货物。

3. 处理

（1）变卖得款，在优先拨付变卖处理实际支出的费用后，按照运输、装卸、储存等费用，进口关税，进口环节海关代征税，滞报金的顺序扣除相关费用和税款。所得价款不足以支付同一顺序的相关费用的，按照比例支付。

（2）按照规定扣除相关费用和税款后，尚有余款的，自海外依法变卖之日起1年内，经进口货物收货人申请，予以发还。

（3）被决定变卖处理的货物如属于《法检目录》范围的，由海关在变卖前提请出入境检验检疫机构进行检验检疫，检验检疫的费用与其他变卖处理实际支出的费用从变卖款中支付。

（4）经海关审核符合变卖进口货物收货人资格的发还余款申请人，应当按照海关对进口货物的申报规定，补办进口申报手续。

七、退运货物和退关货物

（一）退运货物

1. 一般退运货物

（1）一般退运货物的含义

一般退运货物是指已办理申报手续且海关已经放行出口或进口，因各种原因造成退运进口或退运出口的货物。

（2）一般退运货物的报关程序

①退运进口

原出口货物退运进境时，若该批出口货物已收汇、核销，原发货人或其代理人应填写进口货物报关单向进境地海关申报，并提供原货物出口时的出口报关单，现场海关应凭加盖有已核销专用章的外汇核销单出口退税专用联正本或国税局"出口商品退运已补税证明"，保险公司证明或承运人溢装、漏卸的证明等有关资料办理退运进口手续，同时签发一份进口货物报关单。

②退运出口

因故退运出口的进口货物，原收货人或其代理人应填写出口货物报关单申报出境，并提供原货物进口时的进口报关单、保险公司证明或承运人溢装、漏卸的证明等有关资料，经海关核实无误后，验放有关货物出境。

2. 直接退运货物

（1）含义

直接退运货物是指进口货物在进境后、办结海关放行手续前，进口货物收发货人、原运输工具负责人或其代理人（以下统称当事人）申请直接退运境外，或海关根据国家有关规定责令直接退运境外的全部或部分货物。

（2）范围

①海关按国家规定责令直接退运的货物。

②货物进境后正式向海关申报进口前，由于下列原因之一，可以由收发货人向海关申请办理直接退运批准手续：

● 合同执行期间，因国家贸易管理政策调整，收发货人无法提供相关证件的；

● 属错发、误卸或溢卸货物，能提供收发货人或承运人书面证明文书的；

● 收发货人双方协商一致同意退运，提供双方同意退运书面证明文书的；

● 有关贸易发生纠纷，未能办理报关进口手续，并能提供法院判决书、仲裁机构决定书或无争议的有效货物所有权凭证的；

● 货物残损或国家检验检疫不合格，能提供国家检验检疫部门根据收货人申请而出具的相关检验证明文书的；

● 收货人因故不能支付进口税费，或收货人未按时支付货款致使货物所有权已发生转移，并能提供发货人同意退运的书面证明的；

③经海关审核上述情况真实无讹且无走私违规嫌疑后，当事人申请可予批准直接退运的货物。

收、发货人应当按照海关要求提交"进口货物直接退运申请书"、证明进口实际情况的合同、发票、装箱清单、已报关货物的原报关单、提运单或载货清单等相关单证、符合申请条件的相关证明文书以及海关要求当事人提供的其他文件。海关按行政许可程序受理或不予受理，受理并批准直接退运的，制发"准予直接退运决定书"，并向当事人制发"中华人民共和国海关责令进口货物直接退运通知书"。

当事人办理进口货物直接退运手续时，应先填写出口货物报关单向海关申报，再填写进口货物报关单，并在进口货物报关单的"标记唛头及备注"栏填报关联报关单（出口报关单）号。

（3）报关程序

①申请直接退运一般应在载运该批货物的运输工具申报进境之日起或自运输工具卸货之日起 3 个月内，由货物所有人或其代理人向进境地海关提出正式书面申请，并填写"直接退运货物审批表"；

②直接退运一般先申报出口，再申报进口；

③出口报关单，在相关栏目内填报进口报关单编号；进口报关单，在相关栏目内填报出口报关单编号，并应分别注明海关审批件编号。

（二）退关货物

1. 定义

退关货物，又称出口退关货物，是指向海关申报出口并获准放行，但因故未能装上运输工具，经发货单位请求，退运出海关监管区域不再出口的货物。

2. 退关货物的期限和税管规定

出口货物未装上运输工具，并决定不再出口之日起 3 天内，向海关申请退关。

已缴纳出口关税的退关货物，可以自缴纳税款之日起 1 年内，提出书面申请，向海关申请退税。

3. 报关程序

（1）出口货物的发货人及其代理人应当在得知出口货物未装上运输工具、并决定不再出口之日起 3 日内，向海关申请退关；

（2）经海关核准且撤销出口申报后方能将货物运出海关监管场所；

（3）已缴纳出口税的退关货物，可以在缴纳税款之日起 1 年内，提出书面申请，向海关申请退税；

（4）出口货物的发货人及其代理人办理出口货物退关手续后，海关应对所有单证予以注销，并删除有关报关电子数据。

第七节　货物的转关运输

一、转关运输概述

（一）含义

（1）转关运输是指海关为加速口岸进出口货物的疏运，方便收、发货人办理海关手续，依照有关法律规定，允许海关监管货物从一个关境内——设关地点转运到另一设关地点办理进出口海关手续的行为。

（2）"转关运输货物"是海关监管货物，包括：

①由进境地入境后，运往另一设关地点办理进口海关手续的货物；

②在启运地已办理出口海关手续运往出境地，由海关监管放行的货物；

③由国内一设关地点转运到另一设关地点的应受海关监管的货物。

（二）办理转关运输货物的条件

进口货物经收货人或其代理人向进境地海关提出申请，并具备下列条件者，可核准办理转关运输：

（1）指运地和启运地设有海关机构的；

（2）转关的指运地和启运地应当设有经海关批准的监管场所；

（3）运载转关运输货物的运输工具和装备，具备密封装置和加封条件的（超高、超长及无法封入运输装置的除外）；

（4）承运转关运输货物的企业是经海关核准的运输企业；

（5）不具备以上条件，但有特殊情况，经进出口货物收发人申请，海关核准的，也可办理转关运输。

（三）不得申请转关运输的货物

（1）动物废料、冶炼渣、木制品废料、纺织品废物、贱金属及其制成品的废料、各种废旧五金、电机电器产品等、废运输设备、特殊需进口的废物、废塑料和碎料及下脚料；

（2）易制毒化学品、监控化学品、消耗臭氧层物质、氯化钠；

（3）汽车类，包括成套散件和二类底盘。

（四）办理转关运输手续时应提交的文件

办理转关运输手续时，申请人应向海关如实申报，并递交下列单证。

（1）进口转关应向进境地海关填报《中华人民共和国海关进口转关运输货物申报单》（以下简称"申报单"）一式三份（国际铁路联运货物为货车装载清单三份），并交验有关证件和货运单证。申请办理属于需申领进口许可证的转关运输货物，应事先向指运地海关交验进口许可证，经审核后由指运地海关核发进口转关运输货物联系单并封交申请人带交进境地海关。另外，申请人或承运人应当负责将进境地海关签发的关封，完整、及时地带交指运地海关，并在海关规定的期限内办理进口手续。空运转关运输货物的指运地与国际运单的目的地相同的，可免填"申报单"，由海关在运单上加盖"海关监管货物"印章。

（2）出口转关应向启运地海关填报《中华人民共和国海关出口转关运输货物申报单》一式两份和《中华人民共和国海关出口货物报关单》，办理报关纳税手续，出境地海关在货物出口后按规定向启运地海关退寄回执。

（五）转关运输的方式

转关运输主要有三种方式。

1. 提前报关的转关

提前报关的转关是指进口货物在指运地先申报，再到进境地办理进口转关手续，出口货物在货物未运抵启运地监管场所前先申报，货物运抵监管场所后再办理出口转关手续的方式。

2. 直转方式的转关

进口直转方式的转关是指进境货物在进境地海关办理转关手续，货物运抵指运地再在指运地海关办理报关手续的进口转关。

出口直转方式的转关是指出境货物在货物运抵启运地海关监管场所报关后，在启运地海关办理出口转关手续的出口转关。

3. 中转方式的转关

中转转关是指在收发货人或其代理人向指运地或启运地海关办理进出口报关手续后，由境内承运人或其代理人统一向进境地或启运地海关办理进口或出口转关手续。

具有全程提运单，须换装境内运输工具的进口中转货物适用中转方式转关运输。

（六）报关要点

1. 办理转关运输的限制

国家规定，对以一般贸易方式进口的下列 8 种配额机电产品以及它们的成套散件、关键件或配套设备一律实行口岸征税验放。它们是：汽车及其关键件，摩托车及其关键件，收、录音机（音响）及其机芯，电子计算机及其外部设备，彩色电视机及其显像管，录像设备及其关键件，电冰箱及其压缩机，空调器及其压缩机等。

但是，对国家批准的汽车、摩托车定点生产企业进口的汽车、摩托车关键件、零部件，可按规定办理转关运输手续。对上述其余 6 种机电产品，属铁路运输的，只要内地国家定点企业向指运地海关提出书面申请且符合加封条件，指运地海关向进境地海关出具证明，进境地海关免收保证金予以办理转关手续。对上述其余 6 种机电产品，铁路转关运输整车或专列货物的指运地与运单的目的地一致并且中途不改变运输方式、指运地设有海关机构或海关派有监管人员的，进境地海关在货物运单上加盖"海关监管货物"章，直接转关至指运地海关办理征税验放等手续。对上述 8 种机电产品，属空运的，只要国家定点企业向指运地海关提出书面申请且符合加封条件、指运地海关向进境地海关出具证明，进境地海关免收保证金予以办理转关手续。对上述 8 种机电产品，空运转关运输货物的指运地与国际航空货运单的目的地相同、且不改变运输方式，指运地设有海关机构或海关派有人员的，可在运单上加盖"海关监管货物"印章，直接办理转关手续。

2. 转关运输申报单证的法律效力

转关货物申报的电子数据与书面单证具有同等的法律效力，对确实属于填报或传输错误的数据，有正当的理由并经海关同意，可作适当的修改或者撤销。对海关已决定查验的转关货物，则不再允许修改或撤销申报内容。

二、转关运输的报关程序

（一）进口货物的转关

1. 提前报关的转关

进口货物收货人或其代理人（货主）在进境地海关办理进口货物转关手续前，向指运地海关传送进口货物报关单电子数据。指运地海关提取受理电子申报，同时由计算机自动生成进口转关货物申报单，并传输至进境地海关。

提前报关的转关货物收货人（货主）或其代理人应向进境地海关提供进口转关货物申报单编号，5日内向进境地海关申请办理转关手续，逾期未办，指运地海关撤销已经录入的电子数据。办理转关运输手续需提交下列单证：

（1）进口转关运输货物核放单（广东省内公路运输的，提交"进境汽车载物清单"）；

（2）汽车载货登记簿或船舶监管簿；

（3）提货单。

提前报关的进口转关货物应在电子数据申报之日起5日内，向进境地海关办理转关手续。超过期限仍未到进境地海关办理转关手续的，指运地海关撤销提前报关的电子数据。

2. 直转方式的转关

货物的收货人或其代理人在进境地海关录入转关申报数据，持有关单证直接办理转关手续：

（1）进口转关运输货物申报单；

（2）汽车载货登记簿或船舶监管簿。

进口货物的收货人或代理人自运输工具申报进境之日起14天内在进境地海关录入转关申报数据，办理转关手续；逾期缴纳滞报金。

直转的转关货物应当在海关限定的时间内运抵指运地，自货物到达指运地之日起14天内，进口货物的收货人或代理人向指运地海关办理申报；逾期申报的缴纳滞报金。

3. 中转方式的转关

中转方式的进口转关一般采用提前报关转关。

（1）具有全程提运单，需换装境内运输工具的中转转关货物，其收货人或代理人向指运地海关办理进口报关手续；

（2）5日内由承运人向进境地海关提交进口转关货物申报单、"进口货物中转通知书"、运输工具纸质舱单（空运方式提交联程舱单）。

（二）出口货物的转关

1. 提前报关的转关

（1）发货人或代理人在货物运抵启运地海关监管场所前，先向启运地海关传送出口货物报关单电子数据，由启运地海关提前受理电子申报，生成出口转关货物申报单数据，传输至出境地海关。

（2）货物在电子申报之日起5日内，运抵启运地海关的监管场所并办理转关手续。

（3）所需单证。

①出口货物报关单；

②汽车载货登记簿或船舶监管簿；

③广东省内公路运输的，提交《出境汽车载货清单》。

（4）运抵出境地，办理出境手续，要提交的单证。

①启运地海关签发的出口货物报关单；

②出口转关货物申报单；

③汽车载货登记簿或船舶监管簿。

2. 直转方式的转关

（1）发货人或代理人在货物运抵启运地海关监管场所后，进入报关程序，向启运地海关申报录入《出口货物报关单》电子数据，由启运地海关提前受理电子申报，生成《出口转关货物申报单》数据，传送到出境地海关。

（2）在启运地办理转关手续，所需单证如下（与提前报关转关所提交的单证是一样的）。

①出口货物报关单；

②汽车载货登记簿或船舶监管簿；

③广东省内运输的出境汽车，提交《出境汽车载货清单》。

（3）货物到达出境地时，办理出境手续所需单证包括：

①出口货物报关单；

②出口转关货物申报单；

③汽车载货登记簿或船舶监管簿。

3. 中转方式的转关

具有全程提运单、需换装境内运输工具的出口中转转关货物，其发货人或代理人向启运地海关办理出口报关手续后，由承运人或其代理人向启运地海关传送并提交出口转关货物申报单及其他单证，向启运地海关办埋货物出口转关手续。

经启运地海关核准后，签发"出口货物中转通知书"，承运人或其代理人凭以到出境地海关办理中转货物的出境手续。

（三）海关监管货物的转关

海关监管货物的转关运输，除加工贸易深加工结转按有关规定办理外，均应按进口转关方式办理，即：

1. 提前申报转关

由转入地货物收货人，向转入地海关提前录入进口货物申报单电子数据报关，生成"进口转关货物申报单"，并将电子数据传输到转出地海关；由转入地海关提前受理电子申报，并生成进口转关货物申报单，传输至转出地海关；转入地货物收货人或其代理人应持"进口转关货物核放单"、"汽车载货登记簿"或"船舶监管簿"，并提供进口转关货物申报单编号，向转出地海关办理转关手续。

2. 直接转关

由转入地货物收货人或其代理人在转出地海关录入转关申报数据，持"进口转关货物申报单"和"汽车载货登记簿"或"船舶监管簿",直接向转出地海关办理转关手续。货物运抵转入地后,海关监管货物的转入地收货人或其代理人向转入地海关办理货物的报关手续。

本章小结

报关程序是指进出口货物收发货人、运输工具负责人、物品所有人或其代理人按照海关的规定,办理货物、物品、运输工具进出境及相关海关事务的手续和步骤。

通过本章学习,可以让学生在了解报关基本程序及申报相关事宜的前提下,分辨出保税货物的通关程序与一般进出口货物的明显区别,同时还可以让学生更加关注暂准进出境货物和特定减免税货物的差异,进而让学生在接触实际业务时,能够尽快进入角色。

复习思考题

1. 简述报关程序的前期阶段、进出境阶段、后续阶段在适用范围上的区别。
2. 简述电子数据报关和纸质报关单报关的区别。
3. 简述加工贸易保税货物的报关程序。
4. 简述保税区与出口加工区的区别。
5. 保税货物和特定减免税货物各自具有哪些特征?
6. 简述加工贸易合同备案的步骤。
7. 简述特定减免税货物的海关监管期限。
8. 简述暂准进出境货物的特征和报关程序。
9. 简述过境货物、转运货物、通运货物的异同。

第七章　进出口商品归类

- 协调制度归类的总规则
- 我国海关进出口商品分类目录介绍
- 进出口商品归类的海关行政管理

教学目标与要求

介绍了进出口商品归类的基础知识，通过本章学习，初步了解协调制度归类的总规则、我国海关进出口商品分类的目录以及进出口商品归类的海关行政管理相关内容。应当掌握《商品名称和编码协调制度》的基本框架和特征，能够很好地运用进出口商品归类规则，对常见的大类商品比如动、植物产品、食品、矿产品、化工产品、纺织品、机械电子产品等进行正确归类。

第一节　协调制度归类的总规则

《商品名称和编码协调制度》（以下简称《协调制度》，也称 H. S 编码制度），是当今国际贸易中用途最广泛、应用国家最多、最新、最完整的国际贸易商品分类体系。《协调制度》的总体结构包括三部分内容：商品归类总规则，按顺序编排与子目编码及条文，类、章及子目注释。

《协调制度》的归类总则规定了对商品进行归类时应遵循的原则，以保证归类标准统一，规范合理，确保每一种商品都能明确地、准确地归入一个税目号下。归类总规则由六条组成，是《协调制度》的有机组成部分。

一、规则一

（一）规则一的原文

类、章及分章的标题，仅为查找方便而设。具有法律效力的归类，应按税（品）目条文和有关类注或章注确定，如税（品）目、类注或章注无其他规定，按以下规则确定。

（二）规则一的解释

(1)《协调制度》系统地列出了国际贸易的货品，将这些货名分为类、章及分章，每类、章或分章都有标题，尽可能确切地列明所包括货品种类的范围。但是要将数以万计的商品归入编码表中的几千个子目之内并非易事，为便于寻找适当的税（品）目号，便将一类或一章商品加以概括，列出该类或该章的标题。由于现实中的商品种类繁多，通常情况下一类或一章标题很难准确地对本类、章商品加以概括，所以类、章及分章的标题仅为查找方便而设，不是进行归类的法律依据。

（2）本规则第二部分规定，商品应按以下两条规则进行归类：

第一，按税（品）目条文及任何相关的类注或章注的规定办理；

第二，如税（品）目和类、章注释无其他规定，则可根据规则二、三、四、五的规定办理。

（3）以上（2）中的第一所规定的已很明确，许多货品可直接按目录条文的规定进行归类，而类注、章注的作用在于限定类、章和税目的商品范围。以上（2）中第二所称"如税（品）目和类、章注释无其他规定"旨在明确税（品）目条文如何相关类、章注释似乎是最重要的，换言之，它们是在确定归类时应首先考虑的规定。只有在税目、类注和章注中无专门规定、而商品的归类又不能确定的情况下，才可按照归类总规则的其他规则归类。

二、规则二

（一）规则二的原文

（1）税（品）目所列货品，应视为包括该项货品的不完整品或未制成品，只要在进口或出口时该项不完整品或未制成品具有完整品或制成品的基本特征；还应视为包括该项货品的完整品或制成品（或按本款可作为完整品或制成品归类的货品）在进口或出口时的未组装件或拆散件。

（2）税（品）目所列某种材料或物质构成的货品，应视为包括该种材料或物质与其他材料或物质混合或组合的物品，税（品）目所列某种或物质构成的货品，应视为包括全部或部分由该种材料或物质构成的货品。由一种以上材料或物质构成的货品，应按规则三归类。

（二）规则二的解释

规则二旨在扩大货品税（品）目条文适用的范围。

规则二（1）的第一部分将所有列出某一些物品的税目范围扩大为不仅包括完整的物品，而且还包括该物品的不完整品或未制成品，只要报验时它们具有完整品或制成品的基本特征。本款规则的规定也适用于毛坯，除非该毛坯已在某一税目具体列名。所称"毛坯"，是指具有制成品或制成零件的大概形状或轮廓，但还不能直接使用的物品。除极个别的情况外，它们须经进一步完善方可作为制成品或制成零件使用。尚未具有制成品基本形状的半制成品不应作为"毛坯"对待。

规则二（1）的第二部分规定，完整品或制成品的未组装件或拆散件应归入已组装物品的同一税目。货品以未组装或拆散形式报验，通常是由于包装、装卸或运输上的需要，或是为了便于包装、装卸或运输。本款规则也适用于以未组装或拆散形式报验的不完整品或未制成品，只要按照本规则第一部分的规定，它们可作为完整品或制成品看待。本款规则所称"报验时的未组装件或拆散件"是指其零件可通过紧固件，或通过铆接、焊接等组装方法便可装配起来的物品。组装方法的复杂性可不予考虑，但其零件必须是无需进一步加工的制成品。某一物品的组装零件如超出组装成品所需数量的，超出部分应单独归类。

规则二（2）是关于混合及组合的材料或物质，以及由两种或多种材料或物质构成的货品。它所适用的税目是列出某种材料或物质的税目或列出某种材料或物质制成的货品的税目。但应注意的是，仅在税目条文和类、章注释无其他规定的条件下才能运用本款规则。

在类、章注释或税目条文列为调制品的混合物，应按规则一的规定进行归类。

本款规则旨在将任何列出某种材料或者物质的税目扩大为包括该种材料或物质与其他材料或物质的混合品或组合品，同时，还将任何列出某种材料或物质构成的货品的税目扩大为包括部分由该种材料或物质构成的货品。然而，本款规则绝不意味着将税目范围扩大到不按照规则一的规定，将不符合税目条文的货品也包括进来，即由于添加了另外一种材料或物质，使货品丧失了原税目所列货品特征的情况。

本规则最后规定，混合及组合的材料或物质，以及由一种以上材料或物质构成的货品，如果看起来可归入两个或两个以上税目的，必须按规则三的原则进行归类。

三、规则三

（一）规则三的原文

当货品按规则二（2）部分或由于其他原因看起来可归入两个或两个以上税（品）目时，应按以下规则归类。

（1）列名比较具体的税（品）目，优先于列名一般的品目。但是，如果两个或两个以上税（品）目都仅述及混合或组合货品所含的某部分材料或物质，或零售的成套货品中的某些货品，即使其中某个税（品）目对该货品描述得更为全面、详细，这些货品在有关税（品）目的列名应视为同样具体。

（2）混合物、不同材料构成或不同部件组成的组合物以及零售的成套货品，如果不能按规则三（1）归类时，在本款可适用的条件下，应按构成货品基本特征的材料或部件归类。

（3）货品不能按规则三（1）或（2）归类时，应按号列顺序归入其可归入的最末一个税（品）目。

（二）规则三的解释

（1）对于根据规则二（2）或由于其他任何原因看起来可归入两个或两个以上税（品）目的货品，本规则规定了三条归类办法。这三条办法应按照其在本规则的先后顺序加以运用。据此，只有在不能按照规则三（1）和规则三（2）两款归类时，才能运用规则三（3）。因此，他们优先权的次序为：具体列名；基本特征；从后归类。同样，只有在税目条文和类、章注释无其他规定的条件下，才能运用本规则。

（2）规则三（1）是本规则的第一条归类办法，它规定列名比较具体的税目应优先于列名比较一般的税目。通过制定几条一刀切的规则来确定哪个税目就比其他税目列名更为具体是行不通的。但作为一般原则可以这样说：

①列出品名比列出类名更为具体。比如，电动剃须刀及电动理发推子应归入税（品）目 85.10，而不应作为本身装有电动机的手提式工具归入税目 84.67；或作为家用电动机械器具归入税目 85.09。

②如果某一个税（品）目所列名称更为明确地述及某一货品，则该税（品）目要比所列名称不那么明确述及该货品的其他税（品）目更为具体。

但是，如果两个或两个以上税（品）目都仅述及混合或组合货品所含的某部分材料或物质，或零售成套货品中的某些货品，即使其中某个税（品）目比其税（品）目对该货品描述得更为全面、详细，这些货品在有关税（品）的列名应视为同样具体。在这种情况下，货品应按规则三（2）或规则三（3）的规定进行归类。

（3）下面是对规则三（2）部分解释：

①本款归类原则适用条件如下：

对不能按以上规则归类的混合物，不同材料的组合货品，不同部件的组合货品，零售的成套货品。如能确定构成其主要特征的材料和部件，则应按这种材料或部件归类。但是，不同的货品，确定其基本特征的基本运输会有所不同，需要具体情况作具体分析，既可根据其所含材料或部件的性质、价值、重量、体积等来确定货品的基本特征，也可根据其所含材料、货品的主要用途等诸多因素综合考虑来确定货品的基本特征。

此外，还必须注意只有在不能按照规则三（1）归类时，才能运用本款。也只有在可适用本款规定的条件下，货品才可按构成货品基本特征的材料或部件归类。

②不同货品确定其基本特征的因素有所不同，一般来说确定商品的主要特征，可根据商品的外观形态、使用方式、主要用途、购买目的、价值比例、贸易习惯、商业习惯、生活习惯等诸多因素进行综合考虑分析来确定。

③本款所称的"零售的成套货品"，是指同时符合以下三个条件的货品：至少由两种看起来可归入不同编码的不同物品构成的，为了适应某一项活动的特别需要而将几件产品或物品包装在一起的，其包装形式适于直接销售给用户而货物无须重新包装的。

规则三（3）只能用于不能按规则三（1）或规则三（2）归类的货品。它规定商品应归入同样值得考虑的品目中的顺序排列为最后的税（品）目内。但相互比较的编码或税（品）目只能同级比较。也就是说如果看起来一个商品可以归入两个或两个以上税（品）目时，比较起来每个税（品）目都同样具体，那么就按在商品编码表中位置靠后的那个税（品）目进行归类。

四、规则四

（一）规则四的原文

根据上述规则无法归类的货品，应归入与其最相类似的货品的税目。

（二）规则四的解释

在按照规则四归类时，必须将报验货品与类似货品加以比较以确定其与哪种货品最类似，然后所报验的货品应归入与其最相类似的货品的同一税目。当然，货品"最相类似"要看诸多因素，如货物的名称、特征、功能、用途或结构等，因此，这条规则实际应用起来有一定的困难。如不得不使用这条规则时，其归类方法是先列出最相似的税

（品）目号，然后从中选择一个最为合适的税（品）目号。

五、规则五

（一）规则五的原文

除上述规则外，本规则适用于下列货品的归类：

（1）制成特殊形状仅适用于盛装某个或某套物品并适合长期使用的，如照相机套、乐器盒、枪套、绘图仪器盒、项链盒及类似容器，如果与所装物品同时进口或出口，并通常与所装物品一同出售的，应与所装物品一并归类。但本款不适用于本身构成整个货品基本特征的容器。

（2）除规则五（1）规定的以外，与所装货品同时进口或出口的包装材料或包装容器，如果通常是用来包装这类货品的，应与所装货品一并归类。但明显可重复使用的包装材料和包装容器可不受本款限制。

（二）规则五的解释

规则五中的第一部分仅适用于同时符合以下各条规定的容器：

（1）制成特定形状或形式，专门盛装某一物品或某套物品的，即专门设计的。有些容器还制成所装物品的特殊形状。

（2）适合长期使用的，容器的使用期限与所盛装某一物品使用期限是相称的。在物品不使用期间，这些容器还起保护作用。

（3）与所装物品一同进口或出口，不论其是否为了运输方便而与所装物品分开包装；单独进口或出口的容器应归入其应归入相应的税（品）目。

（4）通常与所装物品一同出售的。

（5）包装物本身并不构成整个货品的基本特征，即包装物本身无独立使用价值。

本款规则不适用于本身构成整个商品基本特征的容器。例如，装有茶叶的银质茶叶罐，银罐本身价值昂贵，远远超出茶叶的价格，并已构成整个货品的基本特征，因此，应按银制品归入税（品）目 7114；又如装有糖果的成套装饰性瓷碗应按瓷碗归类而不是按糖果归类。

规则五（2）实际上是对规则五（1）规定的补充。当包装材料或包装容器不符合规则五（1）条件时，如果通常是用来包装某类货品的，则应与所装货品一同归类。但本款不适用于明显可以重复使用的包装材料或包装容器，例如，装有压缩液化气体的钢瓶应按钢铁制品和液化气分别归类。

六、规则六

（一）规则六的原文

货品在某一税（品）目项下各子目的法定归类，应按子目条文或有关的子目注释以及以上各条规则来确定，但子目的比较只能在同一数级上进行。除《协调制度》条文另有规定的以外，有关的类注、章注也适用于本规则。

（二）规则六的解释

（1）以上规则一至规则五在必要的地方加以修改后，可适用于同一税（品）目下的各级子目。

（2）规则六中所称的"同一数级"子目，是指同为五位数级子目或同为六位数级的子目。据此，当按照规则三（1）规定考虑某一物品在同一税（品）目项下的两个及两个以上五位数级子目的归类时，只能依据有关的五位数级子目条文确定了哪个五位数级子目所列名称更为具体或更为类似。只有确定了哪个五位数级子目列名更为具体后，而且该子目项下又再细分了六位数级子目时，才能根据有关六位数级子目条文考虑物品应归入这些六位数级子目中的哪个子目。

（3）"除《协调制度》条文另有规定的以外"，是指类、章注释与子目条文或子目注释不相一致的情况。例如，第71章注释四（2）所规定的"铂"的范围，与第71章子目注释二所规定的"铂"的范围不相同。因此，在解释子目号7110.11及7110.19的商品范围时，应采用子目注释二，而不应考虑该章注释四（2）的规定。即类、章注释与子目注释的应用次序为：子目注释——章注释——类注释。

（4）六位数级子目的货品范围不得超出其所属的五位数级子目的商品范围；同样，五位数级子目的范围也不得超出其所属的税（品）目范围，因此，只有在货品归入适当的四位数级税（品）目后方可考虑将其归入合适的五位数级或六位数级子目，并且在任何情况下，应优先考虑五位数级、再考虑六位数级子目范围或子目注释。

总之，规则六表明，只有在货品归入适当的四位数级品目后，方可考虑将它归入合适的五位数级或六位数级子目，并且在任何情况下，应优先考虑五位数级子目后再考虑六位数级子目的范围或子目注释。此外，规则六注明只有属同一级别的子目才可作比较并进行归类选择，以决定哪个子目较为合适，比较方法为同级比较、层层比较。

第二节　我国海关进出口商品分类目录介绍

海关进出口商品分类目录是进出口商品归类的基本依据。我国的海关进出口商品分类目录是指根据海关征税和海关统计工作的需要，分别编制的《中华人民共和国海关进出口税则》和《中华人民共和国海关统计商品目录》。这两个分类目录品目号列在第1章至第97章完全一致，均是以《商品名称和编码协调制度》为基础，结合我国进出口货物的实际情况和特点编制而成的。

一、进出口商品分类目录概况

我国现行的《中华人民共和国海关进出口税则》和《中华人民共和国海关统计商品目录》是以2006年版《商品名称和编码协调制度》为基础编制的。《中华人民共和国海关进出口税则》和《中华人民共和国海关统计商品目录》第1章至第97章（其中第77章为空章）的前6位数码及其商品名称与《协调制度》完全一致，第7、8两位数码是根据我国关税、统计和贸易管理的需要细分的。2006年版《中华人民共和国进出口税则》税目总数为7605个。

《中华人民共和国进出口税则》中的商品号列称为税号，为征税需要，每项税号后列出了该商品的税率。《中华人民共和国海关统计商品目录》中的商品号列称为商品编号，为统计需要，每项商品编号后列出了该商品的计量单位，并增加了第二十二类"特殊交易品及未分类商品"（内分第 98 和第 99 章）。

以《协调制度》为基础的海关进出口商品分类目录对商品的分类和编排是有一定规律的。从类来看，基本上按社会生产的分工（或称生产部类）划分的，即将属于同一生产部类的产品归在同一类里。从章来看，基本上按商品的属性或功能、用途划分。而每章中各税（品）目的排列顺序一般按照动物、植物、矿物质产品或原材料、半制品、制成品的顺序编排。

进出口商品分类目录采用结构号列，即税（品）目的号列不是简单的顺序号，而是有一定含义的编码。我国进出口商品编码的表示方法如下例所示：

商品编码：	03	06	2 4 9 1	——大闸蟹
位数含义：	章	税（品）目	5 6 7 8 位 位 位 位 数 数 数 数 级 级 级 级 子 子 子 子 目 目 目 目	

其中，章、税（品）目、5、6 位数级子目号列为《协调制度》原有的编码，7、8 位数级子目号列为我国增加的编码。

二、各类、章的主要内容、结构、编排方法简介

《中华人民共和国进出口税则》中的商品目录分为 21 类、97 章。《中华人民共和国海关统计商品目录》中的商品目录分为 22 类、99 章，其中前 21 类、前 97 章的商品目录与《中华人民共和国进出口税则》中的完全相同。其主要内容和结构如下：

（一）第一类

第一类包括活动物；动物产品（第 1 章至 5 章）。

除某些例外情况外，本类包括所有种类活动物以及未加工或经过有限简单加工的动物产品。共分 5 章，其范围大致分 3 部分：活动物主要集中在第 1、3 章；可食用动物产品集中在第 2、4 章；不可食用动物产品主要集中在第 5 章。

某些加工程度较高的动物产品及作为一些生产行业的原材料的动物产品不归入本类。归入本类的动物产品与归入其他类的动物产品，主要是根据加工程度来区分的，而各章对不同动物产品的加工程度都有不同的标准，因此，对动物产品进行归类时，应根据有关各章的注释和税（品）目条文的规定来确定。

第一类中各章的具体内容为：

第 1 章：活动物；第 2 章：肉及食用杂碎；第 3 章：鱼、甲壳动物、软体动物及其他水生无脊椎动物；第 4 章：乳品、蛋品、天然蜂蜜、其他食用动物产品；第 5 章：其他动物产品。

第1章 活动物

本章包括所有活动物，但下列各项除外：

（1）鱼、甲壳动物、软体动物及其他水生无脊椎动物［税（品）目号 0301、0306、0307］；

（2）培养微生物及其他产品［税（品）目号 3002］；

（3）流动马戏团、动物园或其他类似巡回展出用的动物［税（品）目号 9508］。

除此之外，在运输途中死亡的动物也不归入本章，而应按其鲜度是否适合供人食用分别归入第2章或第5章。需要注意的是，鲸、海豚、海豹、海狮、海象等水生哺乳动物，以及龟、甲鱼、蛙等应归入本章。

第2章 肉及食用杂碎

本章包括可供人食用的各种动物肉及食用杂碎，但鱼、甲壳动物、软体动物和其他水生无脊椎动物除外。

本章动物产品的加工程度仅限于鲜、冷、冻、盐腌、盐渍、干制、熏制或在面上撒糖或糖水的。若进一步加工，如经煮、蒸、烤、炸、炒等，一般就归入第16章。但是，供人食用的肉及食用杂碎的细粉或粗粉，不论是否经过烹煮均归入本章。

本章不包括：

（1）不适合供人食用的肉及食用杂碎［税（品）目号 0511］及其制成的细粉、粗粉［税（品）目号 2301］；

（2）不论是否可供人食用的动物胃、肠、膀胱［税（品）目号 0504］和动物血［税（品）目号 0511 或 3002］；

（3）［税（品）目号 0209］以外的动物脂肪（第15章）。

第3章 鱼、甲壳动物、软体动物及其他水生无脊椎动物

本章包括所有活的或死的鱼、甲壳动物（如大螯虾、小虾、对虾、蟹）、软体动物（如扇贝、贻贝、牡蛎、章鱼、鱿鱼、墨鱼、蜗牛、螺）和其他水生无脊椎动物（如海胆、海蜇、海参）。这些动物可供直接食用、工业用（制罐头等）、产卵用或观赏用。但不包括因其种类或鲜度不适合供人食用的上述死动物。本章产品允许的加工程度同第2章。但熏制前或熏制过程中烹煮了的熏鱼及蒸过或水煮过的带壳甲壳动物仍归本章。

第4章 乳品、蛋品、天然蜂蜜、其他食用动物产品

本章包括乳品、蛋品、天然蜂蜜及其他税（品）目未列名食用动物产品。本章的乳品包括：乳（如全脂乳、半脂乳和全脱脂乳）及奶油；酪乳、凝结的乳及奶油、酸乳、酸乳酒及其他发酵或酸化的乳和奶油；乳清；天然乳为基本成分的未列名产品；黄油及其他乳制得的脂和油；乳酪及凝乳。本章的蛋品包括禽蛋及蛋黄。可以是鲜、干、蒸煮的、模制成型、冰冻或用其他方法保藏的。

本章不包括：

（1）以乳品为原料制得的食品（第19章或21章）；

（2）分离蛋品（卵清蛋白）［税（品）目号 3502］；

（3）天然蜂蜜与人造蜂蜜的混合物［税（品）目号 1702］及加蜂王浆的天然蜂蜜［税（品）号 2106］。

第5章 其他动物产品

本章包括各种未加工或仅经简单加工的各种未列名的动物产品，通常不作为食品（但某些动物肠、膀胱、胃及动物血除外），而且目录的其他章也未包括它们。归入本章的产品有：未加工的人发、猪鬃、马毛、骨、角、蹄、爪、壳及供配药用的动物产品等。

本章不包括：

(1) 食用动物产品（本章列名的除外）（第2至4章）；

(2) 马毛及废马毛以外的动物纺织原料（第十一类）；

(3) 供制帚、刷用的成束、成簇的材料［税（品）目号9603］；

(4) 第41、43章的生皮及毛皮。

（二）第二类

第二类包括植物产品（第6章至14章）。

本类包括绝大多数未加工或仅做了有限加工的植物产品。本类共分9章，本类的植物产品也可分为3部分，即活植物（第6章）；食用植物产品（第7章至第12章）；非食用植物产品（第13章和第14章）。归入本类的植物产品与归入其他类的植物产品，主要也是根据加工程度来区分的。

第6章 活树及其他活植物、鳞茎、根及类似品、插花及装饰用簇叶

本章包括通常由苗圃或花店供应，为种植或装饰用的各种活植物以及菊苣植物及其根。上述植物包括乔木、灌木、植物幼苗以及药用植物。还包括插花、花束、花圈、花篮及类似的花店制品。

本章不包括：

(1) ［税（品）目号1212］中未焙制的菊苣根；

(2) 马铃薯、洋葱、青葱、大蒜及第7章的某些鳞茎、块茎、球茎、根颈或根茎；

(3) 拼贴画或类似的装饰板［税（品）目号9701］。

第7章 食用蔬菜、根及块茎

本章包括食用蔬菜（例如，马铃薯、番茄、洋葱、卷心菜、莴苣、胡萝卜、黄瓜、蘑菇及豆类蔬菜）。这些蔬菜可以是鲜、冷、冻、经临时保藏处理或干制的。但作进一步加工的则归第20章。本章包括的蔬菜可以加工成各种形状，如整的、切块、切片、破碎或制成粉的。

本章不包括：

(1) 菊苣植物及其根［税（品）目号0601、1212］；

(2) 某些用作食品工业原料的植物产品。例如，谷物（第10章）、甜菜及甘蔗［税（品）目号1212］；

(3) ［税（品）目号1214］的草饲料；

(4) 姜［税（品）目号0910］；

(5) 马铃薯细粉、粗粉、颗粒及团粒［税（品）目号1105］；

(6) 豆制细粉、粗粉［税（品）目号1106］；

(7) 辣椒干、辣椒粉［税（品）目号0904］。

第 8 章 食用水果及坚果、甜瓜或柑橘属水果的果皮

本章包括通常供人食用的水果、坚果及柑橘属果皮或甜瓜皮。它们可以是鲜、冷、冻、经暂时保藏处理或干制的。若做进一步加工则主要归入第 20 章。

本章的水果和坚果可以是完整的，也可以切片、切丝、去核、捣浆、磨碎、去皮或去壳。加工成粉状的应归入第 11 章。不属于食用果品范围的植物果实、子仁均不归入本章，例如，第 7 章的油橄榄、番茄、黄瓜等；第 9 章的咖啡、香子兰豆、杜松子等；第 12 章的花生及其他含油果实、干椰子肉、刺槐豆、杏仁等；第 18 章的可可豆。

本章不包括：

(1) 果粉［税（品）目号 1106］；

(2) 用于榨油而不适于人食用的干椰子肉［税（品）目号 1203］；

(3) 非供食用的坚果或果实。

第 9 章 咖啡、茶、马黛茶及调味香料

本章包括咖啡、含咖啡的咖啡代用品、茶、马黛茶及调味香料。这类产品可以是完整的，也可以捣碎或制成粉末。

本章不包括：

(1) 芥子［税（品）目号 1207］和芥末粉［税（品）目号 2103］；

(2) 啤酒花［税（品）目号 1210］；

(3) 虽能作调味香料，但多用于制造香水及药物的［税（品）目号 1211］产品；

(4) 混合调味品［税（品）目号 2103］；

(5) 咖啡、茶、马黛茶的浓缩精汁，不含咖啡的烘焙咖啡代用品［税（品）目号 2101］。

第 10 章 谷物

本章仅包括谷物，不论是否成穗或带秆。除稻谷外，其余谷物的加工程度不能超出脱粒加工的范围，即已去壳或经其他加工的谷物应归入第 11 章。但去壳、碾磨、磨光、上光、半熟、改良或破碎的大米仍归入本章。

第 11 章 制粉工业产品、麦芽、淀粉、菊粉、面筋

本章包括制粉工业产品，用碾磨或经其他方法加工第 10 章的谷物及第 7 章的甜玉米所得的产品（例如，粗粉、细粉、粗粒、团粒以及经去壳、滚压、制片、制成粒状、切片或粗磨加工的谷物）；将第 10 章的谷物按本章所列方法，如麦芽发芽、提取淀粉或面筋等加工的产品，以及其他章的原料（干豆、马铃薯、果实等）用类似上述两种方法加工的细粉、粗粉或粉片。这些产品如果再进一步加工，一般归入第 19 章。

第 12 章 含油子仁及果实，杂项子仁及果实，工业用或药用植物，稻草、秸秆及饲料

本章包括下列有特殊用途的植物产品：包括主要用作工业原料，例如，榨油用含油子仁及果实，种植用的种子，酿啤酒用的啤酒花及蛇麻腺，榨糖用甜菜及甘蔗，稻草、秸秆及植物性饲料，工业用或药用植物，海草及其他藻类；以及主要供食用的未列名果核、果仁及其他植物产品。

第13章 虫胶，树胶、树脂及其他植物液、汁

本章包括虫胶、天然树胶、树胶脂、含油树脂、香树脂和其他植物液汁、浸膏、果胶等，以及从植物产品制得的琼脂及其他胶液和增稠剂。

此外，本章增加了一条本国注释，即我国禁止进口的鸦片（子目1302.1100）。

第14章 编结用植物材料、其他植物产品

本章包括各种非供食用的植物产品。主要用于编结、制帚、制刷或作填塞、衬垫用的未加工或简单加工的植物材料，供雕刻、制扣及制其他花哨小商品用的子、核、壳、果，棉短绒及未列名的其他植物产品。

本章不包括：

（1）主要供纺织用的植物材料和植物纤维（第十一类）；

（2）供制帚、制刷用成束、成簇的植物材料［税（品）目号9603］。

（三）第三类

第三类包括动、植物油、脂及其分解产品，精制的食用油脂，动、植物蜡（第15章）。

第15章 动、植物油、脂及其分解产品，精制的食用油脂，动、植物蜡

本类（章）既包括原材料，经部分加工或完全加工的产品，也包括处理油脂物质或动、植物蜡所产生的残渣。

（四）第四类

第四类包括食品，饮料、酒及醋，烟草、烟草及烟草代用品的制品（第16章至24章）。

本类包括加工程度超过第一类和第二类允许的范围，通常供人食用的动物或植物产品，本类还包括动、植物原料制饲料以及烟草及烟草代用品的制品。共分9章（第16章至24章），可分为5组产品：主要以动物产品为原料的食品（第16章），主要以植物产品为原料的食品（第17章至第21章），饮料、酒及醋（第22章），食品工业残渣及配制的动物饲料（第23章），烟草及其制品（第24章）。

第16章 肉、鱼、甲壳动物、软体动物及其他水生无脊椎动物的制品

本章包括肉、食用杂碎、血、鱼、甲壳动物、软体动物及其他水生无脊椎动物的制品，是采用超出第2章、第3章［税（品）目号0504］所列的加工方法（如蒸、煎烤、炸、炒、均化、混合、加调味料等），进一步加工制作或保藏的产品。

本章的食品按重量计，必须含有20%以上的香肠、肉、食用杂碎、动物血、鱼、甲壳动物、软体动物或其他水生无脊椎动物及其混合物，但［税（品）目号1902的包馅食品和税（品）目号2103及2104］的食品除外。

第17章 糖及糖食

本章包括糖、糖浆、人造蜜、焦糖、提取或精炼糖后所剩下的糖蜜以及糖食。人造蜜和天然蜂蜜的混合物，以及化学提纯的蔗糖、乳糖、麦芽糖、葡萄糖和果糖也归入本章。本章固体糖及糖蜜可含添加香料和色料。但加香料或着色剂的糖浆归入［税（品）目号2106］。

第18章 可可及可可制品

本章包括各种形态的可可、可可脂、可可油以及任何含量的可可食品。

本章不包括由可可脂、糖、香料及奶粉组成的白巧克力［税（品）目号1704］。

第19章 谷物、粮食粉、淀粉或乳的制品，糕饼点心

本章包括通常用谷物、粮食粉、淀粉、果粉等植物质食物粉或乳品调制的食品、糕饼点心以及不论是否蒸熟的面食、包馅面食。

本章除了税（品）目1902的包馅面食外，其他食品如含有肉、鱼等动物产品，其含量不得超过总重量的20％。

第20章 蔬菜、水果、坚果或植物其他部分的制品

本章包括蔬菜、水果、坚果或植物其他部分的制品。其制作或保藏方法超过了第7章、第8章、第11章所列的加工范围。如用醋或醋酸制作或保藏的，用糖保藏的，蒸熟加工而成的，经均化制作的，经压榨制得的水果汁、蔬菜汁等，以及税（品）目0714、1105或1106所列的商品制成的产品。

本章所包括的水果汁和蔬菜汁，一般通过压榨新鲜的水果或蔬菜而得。这些液汁可以浓缩，也可以为结晶体或粉末状，但必须保持原有的基本特性。这些液汁在保持原有特征的条件下，可加入糖或甜味剂、保鲜剂等，蔬菜汁还可加入盐、调味料及香料。如果水果汁或蔬菜汁（包括浓缩汁）中加入的水超出复制原天然汁所需的量，则应作为饮料归入第22章。

第21章 杂项食品

本章包括咖啡、茶及马黛茶的浓缩品及其制品；烘焙咖啡代用品（例如，烘焙大麦、麦芽、菊苣根），酵母和发酵粉，调味汁及其制品，混合调味品，芥子粉及其调制品，汤料及其制品，均化混合食品，冰淇淋及其他冰制食品和其他税（品）目未列名的食品。

第22章 饮料、酒及醋

本章包括水、其他无酒精饮料及冰，经发酵的酒精饮料（啤酒、葡萄酒、苹果酒等），经蒸馏制得的酒和酒精饮料（利口酒、烈性酒等）、乙醇、醋及其代用品。

本章不包括：

（1）蒸馏水等纯净水（即使供饮用）［税（品）目号2851］；

（2）中药酒［税（品）目号3004］；

（3）按重量计、浓度超过10％的醋酸［税（品）目号2915］；

（4）海水［税（品）目号2501］。

第23章 食品工业的残渣及废料、配制的动物饲料

本章包括食品加工业所剩的残渣及废料，以及配制的动物饲料。这些产品大多数是植物质的，也有一些动物产品，但已改变了原料的基本特性。主要供饲养动物用，但有的用作其他工业原料。

本章不包括：

（1）谷物脱粒后所得的谷壳［税（品）目号1213］；

（2）提纯油类所剩的油脚［税（品）目号1522］；

（3）精炼糖后所剩下的糖蜜［税（品）目号1703］；

（4）可可荚、壳及废料［税（品）目号1802］。

第 24 章　烟草、烟草制品及烟草代用品的制品

本章包括烟草、烟草制品及烟草代用品的制品。不包括药用卷烟（第 30 章），然而用专门配制的某些不具药物性质的产品制成的戒烟用卷烟仍归入本章。

（五）第五类

第五类包括矿产品（第 25 章至 27 章）。

本类包括从陆地或海洋里直接提取的原产状态或只经过洗涤、粉碎或机械物理方法精选的矿产品及残渣、废料，而其加工后的制品则归入以后的类章。本类共分 3 章。

第 25 章　盐，硫黄，泥土及石料，石膏料、石灰及水泥

本章一般包括天然的或经洗涤（包括用化学品清除杂质而不改变矿物本身结构的）砸碎、磨碎、研粉、淘洗、细筛、粗筛以及用浮选、磁选或其他机械或物理方法（不包括结晶法）精选的矿产品（冶金用金属矿砂除外）。

如果通过再结晶使矿产品提纯、制作成形或雕刻等其他方法加工的上述产品一般归入以后有关章内（如第 28 章、第 68 章等）。本章还包括一些其天然状态或加工状态已超出上述允许范围的具体列名的矿产品如纯氯化钠［税（品）目号 2501］、精制硫［税（品）目号 2503］、熔凝和烧结的镁氧矿［税（品）目号 2519］等。

本章不包括的货品主要有：

（1）升华硫黄、沉淀硫黄及胶态硫黄［税（品）目号 2802］；

（2）宝石或半宝石［税（品）目号 7102、7103］；

（3）台球用粉块［税（品）目号 9504］。

第 26 章　矿砂、矿渣及矿灰

本章包括各种冶金工业用的金属矿砂、矿渣及矿灰。也就是在商业上，用于提取第 71 章所列的贵金属（银、金、铂、铱、锇、钯、铑、钌）、第十五类所列的贱金属（铁、铜、镍、铅、锌、锡、钨、钼、钽、钴、铋、镉、钛、锑、锰、铬、锗、钒、铝、镁、锆、铍、镓、铪、铟、铌、铼、铊）、汞及税（品）目号 2844 所列金属的矿砂。即使这些矿砂不用于冶金工业，也包括在本章内。但税（品）目号 2601 至 2617 不包括不是以冶金工业正常加工方法处理的各种矿物，如：

（1）未焙烧的黄铁矿［税（品）目号 2502］；

（2）菱镁矿［税（品）目号 2519］；

（3）碱金属或碱土金属的矿物（如第 25 章的盐、重晶石、毒重石、菱锶矿、天青石、冰洲晶石等）；

（4）从脉石或杂矿石中分选出来的天然金属和天然合金（第十四、十五类）；

（5）稀土金属矿［税（品）目号 2530］。

本章还包括含铅汽油的淤渣及含铅抗震化合物的淤渣（子目号 262021）及焚化城市垃圾所产生的灰、渣（子目号 262110）。

第 27 章　矿物燃料、矿物油及其蒸馏产品、沥青物质、矿物蜡

本章包括煤及其他矿物燃料、石油和从沥青矿物提取的油及其蒸馏产品和类似品，还包括矿物蜡及天然沥青物质。

本章还包括废油，主要包括：

（1）不再适于作为原产品使用的废油（如用过的润滑油、液压油及变压器油）；

（2）石油储罐的淤渣油；

（3）水乳浊液状或与水混合的废油，例如，浮油、清洗油罐所得的油或机械加工中已用过的切削油。

（六）第六类

第六类包括化学工业及相关工业的产品（第28章至38章）。

本类包括化学工业产品及以化学工业产品为原料进一步加工的相关工业产品。总体上讲，本类可分为两大部分：第一部分由第28章的无机化学品及第29章的有机化学品构成，为基本化工原料，是单独的已有化学定义的化学品（少数产品除外），用于合成或制造其他相关工业的各种制成品。第二部分由第30章至第38章构成，基本上为各种制成品，是非单独的已有化学定义的化学品（少数除外）。

第六类中各章的具体内容为：

第28章　无机化学品，贵金属、稀土金属、放射性元素及其同位素的有机及无机化合物

本章包括绝大部分无机化学品及少数有机化学品。其编目结构按商品的分子结构从简单到复杂排列。即按元素、非金属化合物、金属化合物、杂项产品顺序排列。下分6个分章，第1分章，元素；第2分章，无机酸及非金属氧化物；第3分章，非金属卤化物及硫化物；第4章，无机碱和金属氧化物、氢氧化物及过氧化物；第5分章，无机酸盐、无机过氧酸、盐及金属酸盐、金属过氧酸盐；第6分章，杂项产品。

第29章　有机化学品

本章分成13个分章，共有42个4位数税（品）目号。本章按商品分子结构从简单到复杂排列。即按烃（第1分章）；含氧基化合物（第2分章至第8分章）；含氮基化合物（第9分章）；有机—无机化合物、杂环化合物、核酸、磺酰胺（第10分章）；从动植物料提取的初始物质（第11分章至12分章）；其他有机物（第13分章）排列。总的来说，除少数税（品）目条文另有规定的以外，本章仅包括单独的已有化学定义的有机化合物。

不是所有的单独的已有化学定义的有机化合物均归入第29章，也不是所有的非单独的已有化学定义的有机化合物便不归入本章。例如，激素（非化学定义）归入税（品）目号2937，乙醇（已有化学定义）归入税（品）目号2207或2208。

本章所称"单独的已有化学定义的化合物"是指由一分子种类（例如，通过共价键或离子键结合）组成的物质，此种物质的各种组成元素的比例是固定的，而且可以用确定的结构图来表示。

所称"杂质"仅适用于在制造（包括纯化）过程中直接产生的物质。如果此种物质是故意残留下来，并使产品适于特殊用途而不适于一般性用途，则不能视为所允许的杂质。杂质的主要类型有：①未转化原料；②存在于原料中的杂质；③所用试剂；④副产品。

第30章　药品

本章仅包括药品及用于医疗、外科、牙科或兽医用的某些其他物质或物料。本章还包括因超过有效保存期等原因而不适于作原用途的废药品。

本章不包括营养品、糖尿病食品、强化食品、保健食品、滋补饮料及矿泉水等食品及饮料。

第 31 章　肥料

本章包括通常作天然或人造肥料的绝大多数产品。

本章不包括虽能改良土壤，但不能增加肥力的物质。例如，石灰［税（品）目号2522］、泥灰及腐殖质土，也不包括已制成的植物生长培养介质，例如，盆栽土［税（品）目号 2530］，尽管这些产品可含有少量的氮、磷或钾肥料要素。

本章产品可分成 3 类：

（1）动、植物肥料［税（品）目号 3101］；

（2）单一肥效成分矿物或化学肥料［税（品）目号 3102、3103 及 3104］；

（3）含有多种肥效成分的矿物或化学肥料；动植物肥料与矿物或化学肥料的混合物；制成片状及类似形状或每包毛重不超过 10 千克的本章各类货品［税（品）目号 3105］。

第 32 章　鞣料浸膏及染料浸膏，鞣酸及其衍生物，染料、颜料及其他着色料，油漆及清漆，油灰及其他类似胶黏剂，墨水、油墨

本章包括用于鞣料及软化皮革的制剂、植物鞣膏、合成鞣料（不论是否天然鞣料混合）以及人造脱灰碱液。也包括植物、动物或矿物着色料及有机合成着色料；以及用这些着色料制成的大部分制剂，还包括清漆、干燥剂及油灰等各种其他制品。本章不包括由已有化学定义的化学元素或化合物构成的货品，这些产品一般归入第 28 章或第 29 章。

第 33 章　精油及香膏、芳香料制品及化妆盥洗品

本章包括：

（1）芳香物质［税（品）目号 3301 及 3302］；

（2）某些芳香物质的制品［税（品）目号 3303 至 3307］。

税（品）目号 3303 至 3307 的产品可以含有起辅助作用的药物或消毒成分，也可以是具有辅助治疗或预防作用的，而室内除臭剂即使其消毒性能已超出辅助作用，仍应归入税（品）目号 3307。

第 34 章　肥皂、有机表面活性剂、洗涤剂、润滑剂、人造蜡、调制蜡、光洁剂、蜡烛及类似品、塑型用膏、"牙科用蜡"及牙科用熟石膏制剂

本章主要包括通过工业处理油、脂或蜡而得的具有共同特点的各种产品（例如，肥皂、某些润滑剂、调制蜡、光洁剂及蜡烛）。

而本章不包括已有化学定义的单独化合物，也不包括未混合或未经处理的天然产品。

第 35 章　蛋白类物质、改性淀粉、胶、酶

本章包括蛋白类及蛋白质衍生物、糊精及其他改性淀粉以及酶。还包括从这些物质中的某些物质或其他物质制得的胶水及酶制品。

第 36 章　炸药、烟火制品、火柴、引火合金、易燃材料制品

本章包括发射药及配制炸药，即以本身含有燃烧所必需的氧气并在燃烧中产生大量高温气体为特征的混合物。

本章还包括引爆时所需的辅助产品（即雷管、火帽、引爆管等）。

用爆炸、发火、易燃或可燃材料制的用以产生光、声、烟、火焰或火花的制品（即

烟火制品、火柴、各种形状的铈铁及其他引火合金及某些特定的易燃材料制品）也归入本章中。

本章不包括单独的已有化学定义的化合物，这些物品通常归入第 28 章或第 29 章［例如，税（品）目号 2838 的雷酸汞及税（品）目号 2904 的三硝基甲苯（TNT）］。

本章不包括闪光灯材料［税（品）目号 3707］，也不包括通过化学发光现象产生光效应的物品［税（品）目号 3824］、硝化纤维素［税（品）目号 3912］及［税（品）目号 9306］的物品（如军火等）。

第 37 章　照相及电影用品

本章包括照相感光硬片、软片、纸、纸板及纺织品，不论是否已曝光或已冲洗，还包括照相用的各种化学制剂及某些未混合产品。本章不包括废碎料，它们应按其构成材料归入相应税（品）目号。例如，回收金属用的照相或电影胶片废碎料。这些废料已不属照相及电影用品，应按材料属性归入相应章节。

第 38 章　杂项化学产品

本章是第六类的最后一章。包括广泛的化学产品及相关工业产品。除章注另有规定的以外，本章不包括单独的已有化学定义的化学元素及化合物，也不包括其他类、章已列名的产品。

本章还包括各类城市垃圾、下水道淤泥、医疗废物、废有机溶剂、废的金属酸洗液、液压油、制动液和防冻液以及其他化学及相关工业废物。

（七）第七类

第七类包括塑料及其制品、橡胶及其制品（第 39 章至 40 章）。

本类只包括两章，概括地讲，第 39 章和第 40 章所包括的都是高分子量聚合物，但这两章并不包括所有的聚合物。

第 39 章　塑料及其制品

本章包括高分子化合物及其制品，有人造树脂、合成树脂、塑料、纤维素酯、纤维素醚及其他一些具有树脂特性的人造高聚物以及塑料材料及制品，其中包括初级形状的高聚物。本章不包括部分天然高分子化合物，例如，天然树脂归在第 13 章；酯树胶、再熔胶归在第 38 章。另外，本章包括的制品有卫生洁具、机械用塑料制品、铺地制品、塑料糊墙纸、塑料衣服及衣着零件、装饰品等。

第 40 章　橡胶及其制品

本章包括天然橡胶，而且包括与天然橡胶物理性质相似的产品。例如，具有一定弹性的天然胶、合成橡胶、油膏等。

本章所称的橡胶是指天然橡胶与合成橡胶。

本章章注四对"合成橡胶"的概念及范围做了限定。

（八）第八类

第八类包括生皮、皮革、毛皮及其制品；鞍具及挽具；旅行用品、手提包及类似品；动物肠线（蚕胶丝除外）制品（第 41 章至 43 章）。

第 41 章　生皮（毛皮除外）及皮革

本章包括生皮（毛皮除外）及皮革。按商品的加工程度顺序排列，先生皮，后皮革，最后是皮革的边角废料、粉末和再生皮革。

本章不包括：

（1）生皮边角废料［税（品）目号 0511］；

（2）税（品）目号 0505 或 6701 的带羽绒的整张或部分鸟皮；

（3）除了在章注一（3）中列举的动物带毛生皮外，其他带毛生皮或已鞣的带毛皮张归第 43 章。税（品）目号 4101 至 4103 不包括可食用的动物皮（如猪皮、鱼皮等）。可食用的动物皮未蒸煮的归入第 2 章或第 3 章，已蒸煮的归入第 16 章。

第 42 章　皮革制品，鞍具及挽具，旅行用品、手提包及类似容器，动物肠线（蚕胶丝除外）制品

本章主要包括皮革或再生皮革的制品，各种材料制的鞍具、挽具，旅行用品、手提包及类似容器，动物肠线。

［税（品）目号 4202］包括两组物品，列在分号之前的物品为一组，列在分号之后的物品另一组。

第一组：衣箱、提箱、小手袋、公文箱、公文包、书包、眼镜盒、望远镜盒、照相机、乐器盒、枪套及类似容器。这组容器可用任何材料制成（除章注一、章注二另有规定的以外）。

第二组：旅行包、食品或饮料保温包、化妆包、帆布包、手提包、购物袋、钱夹、钱包、地图盒、烟袋、工具包、运动包、瓶盒、首饰盒、粉盒、刀叉餐具盒及类似容器。与上述第一组容器不同，这组容器必须用皮革或再生皮革、塑料片、纺织材料、钢纸或纸板制成，或者全部或主要用上述材料或纸包覆制成的。

第 43 章　毛皮、人造毛皮及其制品

本章包括生毛皮和已鞣的各种动物的带毛毛皮、人造毛皮及它们的制品。

章注已规定了"人造毛皮"的定义。整个目录所称"人造毛皮"是指以毛、发或其他纤维黏附或缝合于皮革、织物或其他材料之上而构成的仿毛皮，但不包括以机织或针织方法制得的仿毛皮，一般归入［税（品）目号 5801 或 6001］。

（九）第九类

第九类包括木及木制品、木炭；软木及软木制品；稻草、秸秆、针茅或其他编结材料制品、篮筐及柳条编结品（第 44 章至 46 章）。

第 44 章　木及木制品、木炭

本章包括未加工的木、木的半制品及木制品，木炭。

本章是按产品的加工程度排列的。

章注六规定，除章注一（1）及章注一（6）另有规定的以外，本章所称"木"，也包括竹及其他木质材料。

第 45 章　软木及软木制品

本章包括天然软木、压制软木及它们的制品。

第 46 章　稻草、秸秆、针茅或其他编结材料制品、篮筐及柳条编结品

本章包括稻草、秸秆、针茅或其他编结材料制品、篮筐及柳条编结品，还包括丝瓜络制品。

编结材料是指其状态或形态适于编结、交织或类似加工的材料，这些材料主要包括：

（1）稻草、秸秆、柳条、竹子、灯芯草、藤、芦苇、木条片（即薄木条）、其他植物材料扁条（如酒椰叶、狭叶或阔叶切成的条）或树皮条，这些材料的状态或形状适于编结、交织或类似加工；

（2）未纺制的天然纺织纤维；

（3）截面尺寸超过 1 毫米的塑料单丝及宽度超过 5 毫米的塑料扁条及类似品（如人造草）；

（4）纸带等。

（十）第十类

第十类包括木浆及其他纤维状纤维素浆，回收（废碎）纸或纸板，纸、纸板及其制品（第 47 章至 49 章）。

第 47 章　木浆及其他纤维状纤维素浆、回收（废碎）纸或纸板

本章包括木浆及其他纤维素浆，纸及纸板的废碎品。本章包括用各种纤维素含量高的植物材料或某些植物质纺织物废料制得的纤维素浆。

第 48 章　纸及纸板，纸浆、纸或纸板制品

本章包括纸及纸板；纸浆、纸或纸板制品，排列顺序如下：

（1）成卷或成张的各类纸、纸板、纤维素絮纸及纤维素纤维网纸；

（2）纸浆制的滤块、滤板及滤片［税（品）目号 4812］，卷烟纸［税（品）目号 4813］，不论规格尺寸，壁纸和窗用透明纸［税（品）目号 4814］，以纸及纸板为底制成的铺地用品［税（品）目号 4815］；

（3）不属于以上两项的纸、纸板、纤维素絮纸及纤维素纤维网纸。

第 49 章　书籍、报纸、印刷图画及其他印刷品，手稿、打字稿及设计图纸

本章包括书籍、报纸、印刷图画及其他印刷品，手稿、打字稿及设计图纸。

本章所称"印刷"，不仅包括以普通手工印刷（如雕版印刷）或机械印刷（例如，胶版印版平版印刷、照相凹版印刷等）几种方法的印制，还包括用胶版复印机、油印机印制，在自动数据处理设备控制下打印绘制，压印、冲印、感光复印、热敏复印或打字。

（十一）第十一类

第十一类包括纺织原料及纺织制品（第 50 章至 63 章）。

第十一类纺织原料及纺织制品由 13 条类注、两条子目注释和 14 章构成。除注释规定除外的商品外，其余各种纺织原料及制品均归入本类。

第十一类分为两大部分。第一部分包括第 50 至 55 章，共 6 章。包括普通纺织原料、纱线和织物，是按原料性质顺序排列的，排列顺序为动物纺织原料，植物纺织原料，然后是化学纺织原料，各种纺织原料一般又根据纤维长度按先长后短的顺序排列。每章中，再按原料、废料、普通机织物顺序排列。

第二部分是第 56 章至 63 章，共 8 章。包括了除第一部分货品以外的纺织物及制品。是按加工程度，从絮胎、特种纱线、特种织物、针织或钩编织物、服装、其他纺织制品和废旧纺织品，按章顺序排列。归入第 50 至 55 章及税（品）目号 5809 或 5902 的由两种或两种以上不同纺织材料混合制成的货品，应按其中重量最大的那种纺织材料归类。

当没有一种纺织材料按重量计是占主要地位时，应按可归入的有关税（品）目中最后一个税（品）目所列的纺织材料归类。

在运用本规定时，要注意以下4点：

（1）马毛粗松螺旋花线［税（品）目号5110］和含金属纱线［税（品）目号5605］，均应作为单一的纺织材料对待。

（2）同一章或同一税（品）目号所列的不同的纺织材料应作为单一的纺织材料对待。

（3）在机织物归类中，金属线应作为一种纺织材料。

（4）当归入第54章及第55章的货品与其他章的货品进行比较时，应将这两章视为同一章对待。也就是说，化学纤维不论长丝还是短纤应合并计算。上述规定适用于纱线、织物、服装及纺织制品的归类。

第50章　蚕丝

本章所称"丝"，包括家蚕丝、野蚕丝、蜘蛛丝、海丝及贝足丝等。本章包括丝的原料、普通纱线和机织物以及作为丝归类的混纺材料和蚕胶丝。

第51章　羊毛、动物细毛或粗毛，马毛纱线及其机织物

本章包括羊毛、动物细毛或粗毛的原料、普通纱线和机织物，以及作为羊毛、动物毛归类的混纺材料。马毛纺纱及机织物也归在本章。

本章不包括：

（1）马毛及废马毛［税（品）目号0503］；

（2）经药物浸渍或供零售用的绷带［税（品）目号3005］；

（3）加工后供制假发或类似品的羊毛［税（品）目号6703］。

第52章　棉花

本章包括籽棉、原棉、废棉、普通棉纱线和机织物，以及作为棉归类的混纺材料。

本章不包括：

（1）棉短绒［税（品）目号1404］；

（2）经药物浸渍或零售用的药棉和绷带［税（品）目号3005］。

第53章　其他植物纺织纤维、纸纱线及其机织物

本章包括除棉以外的植物纺织材料的原料、普通纱线和机织物，以及纸纱线及其机织物。

本章不包括：

（1）从打麻工序所得的破碎木质碎片［税（品）目号4401］；

（2）经药物浸渍或制成零售包装的医疗或外科用短纤［税（品）目号3005］。

第54章　化学纤维长丝

本章包括化学纤维长丝、普通纱线和机织物，以及作为化纤长丝归类的混纺材料。但长丝废料归第55章。

本章不包括：

（1）碳化纤维长丝制成的碳纤维及其未列名制品［税（品）目号6815］；

（2）化学纤维长丝丝束［税（品）目号5501至5504］；

（3）消毒的合成纤维单丝和经药物浸渍或零售用的绷带［税（品）目号3006，

3005〕；

(4) 截面尺寸（如是非圆形，以最小截面计）超过 1 毫米的化纤单丝或表观宽度超 5 毫米的扁条及类似品（第 39 章）及其编结织物〔税（品）目号 4601〕；

(5) 带鱼钩或以其他方式制成的钓鱼线的合成纤维单丝〔税（品）目号 9507〕；

(6) 供制刷用的成束或成簇的材料〔税（品）目号 9603〕。

第 55 章　化学纤维短纤

本章包括短纤（即切段纤维）状或某些长丝丝束状的化学纤维及其普通纱线和机织物作为化纤短纤归类的混纺材料也包括在内。化学纤维长丝或短纤的废料（包括落棉、废纱拉松的废碎化学纤维布）也归入本章。

本章不包括：

(1) 长度不超过 5 毫米的化纤屑〔税（品）目号 5601〕；

(2) 碳纤维及其制品〔税（品）目号 6815〕；

(3) 经药物浸渍或供零售用的绷带〔税（品）目号 3005〕。

第 56 章　絮胎、毡呢及无纺织物，特种纱线，线、绳、索、缆及其制品

本章包括一些具有专门特性的非织造类纺织品，例如，絮胎、毡呢及无纺织物，特种纱线，线、绳、索、缆及其制品。

本章不包括：

(1) 用各种物质或制剂浸渍、涂层、包覆的絮胎、毡呢及无纺织物，其中纺织材料仅作为承载介质；

(2) 税（品）目号 5811 的被褥状纺织产品；

(3) 以毡呢及无纺织物为底的砂布及类似品〔税（品）目 6805〕，粘聚云母〔税（品）目 6814〕以及金属箔（第 15 类）。

第 57 章　地毯及纺织材料的其他铺地制品

本章包括使用时以纺织材料为面的地毯及其他纺织材料铺地用品，也包括具有上述铺地用品特征但作其他用途（如挂在墙上或铺在桌上的等）的物品。归入本章的物品可以是制成的，也可以是大段供剪裁铺设的。还可以是经浸渍或用机织物、无纺织物、海绵橡胶或泡沫塑料衬背。

本章不包括：

(1) 铺地用品衬垫（按其材料归类）；

(2) 列诺伦（油漆布）及其他以织物为底布加以涂层或盖面的铺地用品〔税（品）目号 5904〕。

第 58 章　特种机织物、簇绒织物、花边、装饰毯、装饰带、刺绣品

本章包括各种纺织材料制的特种机织物、簇绒织物、花边、壁毯、装饰带、刺绣品以及金属线制的用于衣着、装饰和类似用途的机织物和物品。

本章中税（品）目号 5811 的被褥状纺织品，是指：

(1) 一层通常是针织或机织的织物及一层胎料（例如，絮胎、毡呢、化纤）；

(2) 两层织物夹一层胎料。它通常用于生产衍缝外套，被褥、床罩、褥垫、衣服等出口产品。

第59章 浸渍、涂布、包覆或层压的纺织物，工业用纺织制品

本章包括用浆料、塑料或橡胶浸渍、涂布、包覆或层压的纺织物和工业或技术用纺织制品。

本章所称"纺织物"仅适用于第50章至55章，税（品）目号5803和5806的机织物、5808的成匹编带和装饰带以及税（品）目6002至6006的针织物或钩编织物。归入第56章的毡呢及无纺织物，经浸渍、涂层、包覆或层压的，不归入本章。

第60章 针织物及钩编织物

本章包括不论使用何种纺织材料，也不论是否有弹性纱线或橡胶线制成的针织物和钩编织物，有纬编针织物、经编针织物、用纺织纱线构成链式线圈的缝编织物和钩编织物。

本章不包括：

（1）钩编花边［税（品）目号5804］；

（2）针织地毯［税（品）目号5705］；

（3）针织或钩编的标签、徽章及类似品［税（品）目号5807］；

（4）归入第59章的浸渍、涂层、包覆或层压的针织物以及钩编织物。

第61章 针织或钩编的服装及衣着附件

本章包括以纺织材料针织或钩编的男、女服装（含童装）和衣着附件，以及上述物品的针织或钩编的零件。

本章不包括针织或钩编的胸罩、束腰带、紧身胸衣、吊裤带、吊袜带、束袜带和类似品及其零件［税（品）目号6212］。

本章物品不因带有其他材料的零件或附件而影响其归类。但如果这些材料超出了仅是装饰的范围，而应按有关章注释的规定归类。若无适当规定可循，则按归类总规则进行归类。

第62章 非针织或非钩编的服装及衣着附件

本章包括用第50至56章，58章及59章的纺织物（含毡呢及无纺织物，絮胎除外）制成的各式服装、衣着附件及其零件。针织或钩编的胸罩、束腰带、紧身胸衣、吊裤带、吊袜带及类似品及其零件也包括在内［税（品）目号6212］。

第61章提及的归类时应注意的事项，以及重点章注及商品介绍，除有关税（品）目号要修改外，都适用于本章物品的归类。概括来说，对服装的归类在选择适当税（品）目号时，先要考虑区分是针织、钩编的服装（第61章）还是非针织、钩编的服装（第62章）；然后看是不是婴儿服装［税（品）目号6111或6209］；再看是不是用［税（品）目号5602、5603、5903、5906或5907］的织物制成的服装［税（品）目号6113或6210］；如果都排除，才可归入第61章、62章的其他相应税（品）目号内。

第63章 其他纺织制成品、成套物品、旧衣着及旧纺织品、碎织物

本章有3个分章，内容如下：

第1分章为其他纺织制成品。是指用任何纺织物（机织物或针织物、毡呢、无纺织物等）制成，且在其他章未具体列名的本章所列纺织品。"制成品"是指符合第十一类类注七规定的物品。

第 2 分章为成套物品。

第 3 分章为旧衣着及旧纺织品；碎织物。

税（品）目号 6308 的成套物品，是指供手工针绣、制毯用的，至少由一幅机织物与不论是否裁成一定长度的纱线组成。还可以带有针、钩等附件。必须注意，归入本号的物品在进出口时必须是成套零售包装的。

（十二）第十二类

第十二类包括鞋、帽、伞、杖、鞭及其零件，已加工的羽毛及其制品，人造花，人发制品（第 64 章至 67 章）。

本类有 4 个章，包括鞋、帽、伞、鞭及其零件，已加工的羽毛及其制品，人造花及人发制品。

第 64 章　鞋靴、护腿和类似品及其零件

本章包括除石棉外任何材料的各种类型的鞋靴（包括套鞋）、护腿和类似品及其零件。

本章不包括：

（1）纺织材料制的鞋、靴，没有用粘缝或其他方法将外底固定或安装在鞋面上的［税（品）目号 6111、6115、6209、6217］；

（2）易损材料（例如，纸或塑料薄膜）制无外缚鞋底的一次性脚套或鞋套（按构成材料归类）；

（3）矫形鞋或其他矫形器具及其零件［税（品）目号 9021］；

（4）玩偶鞋及装有冰刀或轮子的滑冰鞋。

第 65 章　帽类及其零件

本章包括各种各样帽子，不论用什么材料（石棉除外）制成及用途如何。还包括发网和帽型、帽坯、帽身、帽兜等帽类专用的零件。

本章不包括：

（1）石棉帽［税（品）目号 6812］，旧帽类［税（品）目号 6309］；

（2）玩偶帽、其他玩具帽及狂欢节用品（第 95 章）。

第 66 章　雨伞、阳伞、手杖、鞭子、马鞭及其零件

本章包括各种材料制的雨伞、阳伞、手杖、鞭子、马鞭及其类似品，以及上述物品的零件及装饰物。

本章不包括：

（1）丈量用杖及类似品［税（品）目号 9017］；

（2）火器手杖、刀剑手杖及类似品［税（品）目号 9304 和 9307］。

第 67 章　已加工羽毛、羽绒及其制品，人造花，人发制品

本章包括已加工的羽毛、羽绒及其制品；人造花和人发制品。

［税（品）目号 6701］与［税（品）目号 0505］区别在于：［税（品）目号 6701］已加工的羽毛、羽绒已超出消毒、清洗或防腐等简单处理方法，而是经过漂白、染色、卷曲或波浪形的加工。此外，对仅作为饰物或填充料的羽绒制品，如寝具、服装，以及税（品）目号 6702 的人造羽毛花都不包括在 6701 内。

（十三）第十三类

第十三类包括石料、石膏、水泥、石棉、云母及类似材料的制品，陶瓷产品，玻璃及其制品（第68章至70章）。

本类由下列3章组成：

第68章　石料、石膏、水泥、石棉、云母及其类似材料的制品

本章包括石料、石膏、水泥、石棉、云母及类似材料的制品，其范围可归纳为以下几个部分：

（1）加工程度超过第25章注释一所列范围的该章各种产品；

（2）第25章注释二（5）所列该章不包括的长方砌石、路缘石、扁平石、镶嵌石或类似石料及铺屋顶、饰墙面或防潮用的板岩；

（3）用第五类非金属矿物原料制成的某些产品；

（4）用第28章的某些材料制的货品（如人造研磨料）。

本章产品大都是通过加工，改变了原来形状，但没有改变其原料的性质。

第69章　陶瓷产品

本章陶瓷产品是指用下列方法制得的产品：

（1）将一般在室温下预先调制成形的无机非金属材料进行烧制。所用原料主要是黏土、含硅材料、高熔点材料及黏合剂；

（2）将岩石成形后进行烧制。

成形后加以烧制是本章产品的主要特征。

本章产品根据其成分和烧制工序分为两个分章。第1分章是硅化石粉或类似硅土及耐火材料制品［税（品）目号6901至6903］；第2分章是其他陶瓷产品［税（品）目号6904至6914］。全章各税（品）目号是按用途排列：建筑和工业用陶瓷器、实验室、化学和其他技术用陶瓷器、农业和运输用陶瓷器、陶瓷卫生设备、餐具及家用盥洗用陶瓷、其他陶瓷制品。

第70章　玻璃及其制品

本章包括各种形状的玻璃及玻璃制品。本章的税（品）目号按玻璃的加工程度顺序排列。

本章不包括：

（1）仿首饰（第71章）；

（2）光缆、玻璃绝缘体及绝缘配件（第85章）；

（3）光导纤维、经光学加工的光学元件、注射用针管等（第90章）；

（4）有永久固定光源的灯具及照明装置、灯箱标志或铭牌和类似品及其零件（第94章）；

（5）钮扣、保温瓶等第96章的货品。

（十四）第十四类

第十四类包括天然或养殖珍珠、宝石或半宝石、贵金属、包贵金属及其制品，仿首饰、硬币（第71章）。

本类只有一章，即第71章，分为3个分章：第1分章：天然或养殖珍珠、宝石、半

宝石；第2分章：贵金属及包贵金属；第3分章：珠宝首饰、金、银器及其他制品。

第71章 天然或养殖珍珠、宝石或半宝石、贵金属、包贵金属及其制品，仿首饰、硬币

贵金属是指银、金、铂。所称"铂"，是指铂、铱、锇、钯、铑及钌。所称"宝石或半宝石"，不包括琥珀、海泡石、粘聚琥珀、粘聚海泡石、黑玉及其矿物代用品。

含有贵金属的合金，只要其中任何一种贵金属的含量达到合金重量的2%，即应视为贵金属合金，并按以下规则归类：

(1) 按重量计，含铂在2%及以上的合金，视为铂合金；

(2) 按重量计，含金在2%及以上，但不含铂，或按重量计含铂在2%以下的合金，视为金合金；

(3) 按重量计，含银在2%以上的其他合金，视为银合金。

因此，在贵金属合金归类时，优先考虑的是铂的含量，其次是金的含量，最后是银的含量。

(十五) 第十五类

第十五类包括贱金属及其制品 (第72章至83章)。

本类包括贱金属、金属陶瓷及其制品。

本目录所称的"贱金属"，是指铁及钢、铜、镍、铝、铅、锌、锡、钨、钼、钽、镁、钴、铋、镉、钛、锆、锑、锰、铍、铬、锗、钒、镓、铪、铟、铌、铼及铊。

本目录所称"金属陶瓷"，是指金属与陶瓷成分以极细微粒不均匀结合而成的产品，"金属陶瓷"包括硬质合金 (金属碳化物与金属烧结而成)。

第72章 钢铁

本章包括钢铁冶炼的金属原料，钢铁的初级产品以及成品钢材。本章不包括钢铁管。

本章有4个分章：

第1分章：原料，粒状及粉状产品 [税 (品) 目号 7201 至 7205]；

第2分章：铁及非合金钢 [税 (品) 目号 7206 至 7217]；

第3分章：不锈钢 [税 (品) 目号 7218 至 7223]；

第4分章：其他合金钢，合金钢或非合金钢制的空心钻钢 [税 (品) 目号 7224 至 7229]。

第2分章、第3分章、第4分章，又根据加工程度，按初级产品、半制成品、平板轧材、条、杆、角材、型材、异型材和丝的顺序排列。

本章不包括钢铁板桩、焊接的钢铁角材、型材及异型材 [税 (品) 目号 7301]、铁道及电车道铺轨用钢铁材料 [税 (品) 目号 7302] 和钢铁管 [税 (品) 目号 7303 至 7307]。

第73章 钢铁制品

本章钢铁制品是用第72章产品加工而得的结构较为简单的制品，这些制品既未在第82、83章列名又未归入本目录其他章。

第74章 铜及其制品

本章包括冶炼铜的中间产品、铜、铜母合金、铜粉、铜材及结构简单的铜制品。

本章铜及其制品税（品）目的设置方式与钢铁基本一致，但简化很多，与钢材相比，板片、管、带、型材的定义不很一致，直接铸成或以粉末冶金法制得但未进一步加工的铜条杆应按未锻轧铜归类，而同样方法制得的钢铁条杆，根据第72章章注三的规定，应按热轧产品归类。

第75章　镍及其制品

本章包括镍冶炼的中间产品、镍、镍合金、镍材以及镍制品。

第76章　铝及其制品

本章包括铝、铝合金、铝材及其制品。

第77章　（空章）

第78章　铅及其制品

本章包括铅、铅合金、铅材及其制品。

第79章　锌及其制品

本章包括锌、锌合金、锌材及其制品。

第80章　锡及其制品

本章包括锡、锡合金、锡材及其制品。

第81章　其他贱金属、金属陶瓷及其制品

本章包括钨、钼、钽、镁、钴（包括冶炼钴的中间产品）、铋、镉、钛、锆、锑、锰、铍、铬、锗、钒、镓、铪、铟、铌、铼、铊共21种贱金属以及其制品。金属陶瓷及其制品也列入本章。

第82章　贱金属工具、器具、利口器、餐匙、餐叉及其零件

本章包括下列贱金属制品：

（1）手工工具［税（品）目号8201至8206］；

（2）供手工工具、机床或手提式动力工具用的可互换工具，机器或机械器具用的刀及刀片，以及工具用板、杆、刀头及类似品［税（品）目号8207至8209］；

（3）利口器（供专业、个人或家庭用）、某些家用机械器具、餐匙、餐具和厨房用具［税（品）目号8210至8215］。

本章的手工工具可以装有齿轮、曲柄、活塞、螺旋装置等简单结构。工具、利口器等只有在其刀片、工作刀、工作刃、工作面或其他工作部件是由贱金属、金属碳化物，或金属陶瓷制成的才归本章。

第83章　贱金属杂项制品

本章包括贱金属制锁、铰链、小脚轮、建筑物及家具用配件及架座、保险箱、钱箱、档案柜、文件夹等办公用具和用品、铃、锣、雕塑像、相框、软管、扣、钩、盖、标志牌、焊条等特定类型的物品。

（十六）第十六类

第十六类包括机器、机械器具、电器设备及其零件，录音机及放声机、电视图像、声音的录制和重放设备及其零件、附件（第84章至85章）。

第十六类可划分为两部分，第一部分由第84章组成，包括各种机器及机械器具，它主要由下列3部分货品组成：

（1）能量转换机器及其零件。例如，热能变成蒸汽能的锅炉，水能转变成机械能的水轮机，核能转变成热能进而转化为机械能的核反应堆，燃料能转变为机械能的各种汽油、柴油发动机等；

（2）利用能量变化作功的机器及其零件。例如，利用温度变化处理材料的机器，如烘烤设备、消毒设备等；

（3）利用能量（包括机械能、非机械能）作功的机器及其零件。例如，金属切削加工机床、激光加工机床等。

但有些机器例外，例如税（品）目8471的电子计算机不归入第85章而列在第84章，其原因在于电子计算机是由机械式的手摇计算机发展而来，目录仍保留传统的分类方法。

第二部分由第85章组成，主要包括电气设备等。它主要由下列3个部分的货品组成：

（1）利用电能作功的机器、设备及其零件。例如，机械能变成电能的发电机，电能变成热能的电熨斗、电热快速热水器等；

（2）利用电信号产生、变换的机器、设备及其零件。例如，电视广播发送设备脉冲编码调制设备等；

（3）利用不同形式电信号进行工作的机器、设备及其零件。例如，微波炉、电磁炉等。

本类类注二（零件归类规定）、类注三（组合机器）、类注四（功能机组）为本类最重要的注释规定。

第84章 核反应堆、锅炉、机器、机械器具及其零件

本章是本目录中最大的一章，除第十六类注释一及第84章注释一另有规定外，本章包括能量转换，能量变化及利用机械能（还包括其他能量）作功的机器、设备、装置及器具。

主要分为两大类：通用机器和专用机器。但电能与机械能转换的机器不归入本章（应在第85章）。

大体可分为7个组，具体如下：

（1）税（品）目号8401：核反应堆，未辐照燃料元件和同位素分离机器及装置；

（2）税（品）目号8402至8424：该部分的机器、装置主要根据其功能列名，具有较大的通用性，不论其用于哪种工业。这组机器还可细分为：

①税（品）目号8402至8405：主要为锅炉及其辅助装置；

②税（品）目号8406至8412：动力机器，包括各种类型的发动机；

③税（品）目号8413至8414：液体输送设备、气体压缩、抽真空设备及风扇、风机等；

④税（品）目号8415至8419：能量转换机器；

⑤税（品）目号8420至8424：其他按功能列名的机器。

（3）税（品）目号8425至8485：这组税（品）目号是按机器所适用的行业排列，在同一税（品）目中的机器尽管功能不同，但却属于同一行业。这些机器是某一工业部

门或某一行业的专用机器。

①税（品）目号8425至8431：起重、装卸机械、土木工程机械及采矿、钻探机械以及它们的零件；

②税（品）目号8432至8438：农业及园艺机械、饮食制品加工机械；

③税（品）目号8439至8443：纸及纸制品加工机械，印刷机械；

④税（品）目号8444至8453：纺织、针织机械、皮革加工机械；

⑤税（品）目号8454至8455：金属冶炼及铸造机械；

⑥税（品）目号8456至8466：金属及硬质材料加工机械及零件；

⑦税（品）目号8467：手提式风动或液压工具及本身装有电动或非电动动力装置的手提式工具；

⑧税（品）目号8468：利用气体或其他方式进行操纵的锡焊、铜焊或其他焊接机器及装置；

⑨税（品）目号8469至8473：办公室、商店、学校、机关等办公用机械、自动数据处理机及零件；

⑩税（品）目号8474至8475：矿山机械及泥、土、砂、石的加工机械，灯泡、灯管及类似品的封装机器，玻璃或玻璃制品的制造或热加工机器；

⑪税（品）目号8476：商业机器。本税（品）目机器的主要功能及用途必须为投币式自动售货；

⑫税（品）目号8477至8478：本章其他税（品）目未列名的橡胶或塑料及其产品的加工机械及烟草加工及制作机器；

⑬税（品）目号8479：本章其他税（品）目号未列名的具有独立功能的机器，包括不能归入本章中本税（品）目号以前任何税（品）目号的机器；

⑭税（品）目号8480：金属铸造用的型箱及阳模及模制某些材料用的手工模具或机器模具（锭模除外）；

⑮税（品）目号8481至8484：某些可作为机器零件使用或可用作其他章货品零件的通用物品；

⑯税（品）目号8485：其他税（品）目号未列名的非电气零件。

第85章　电机、电气设备及其零件，录音机及放声机、电视图像、声音的录制和重放设备及其零件、附件

本章所涉及的商品主要是各种电气机器、设备、装置器具及一些相关的机电产品。例如，发电机、电动机、电动器具、通信设备、电视机、录像机、收录机、电阻器、电容器、集成电路、电线、电缆、绝缘器件等。

除电气货品外，本章还包括永久磁铁及准备制永久磁铁但还未磁化的物品和永久磁铁工件夹具。本章的货品即使是陶瓷或玻璃制的，也仍归入本章，但制电子管、电灯泡等用的玻璃外壳应归入税（品）目号7011。另外，本章只包括某几种类型的电热装置，例如，电炉、空间加热器、家用电热器具等，而其他电加热装置则应归入其他有关各章（主要是归入第84章），例如，空气调节器归入税（品）目号8415，家禽孵卵器及育雏器归入税（品）目号8436。

本章分为下述 7 个部分：

（1）产生、变换或存储电能的机器、装置。主要包括：发电机、发电机组和电动机［税（品）目号 8501 至 8503］，变压器、稳压电源、整流器、电感器［税（品）目号 8504］；原电池及蓄电池［税（品）目号 8506、8507］。

（2）电动机械装置。主要包括：吸尘器、食品研磨机及搅拌器等家用电动器具（税（品）目号 8509），电动剃须刀及电推剪［税（品）目号 8510］。

（3）依靠电气特性或电效应进行工作的机器、装置。例如，电磁铁［税（品）目号 8505］；发动机的电点火及电动启动装置，车辆的电气照明或信号装置，工业或实验室用的电炉及电烘箱、电焊机器、热水器、吹风机、电熨斗、微波炉及其他电热器具［税（品）目号 8511 至 8516］；有线通信设备［税（品）目号 8517］，传声器、扬声器、扩音机［税（品）目号 8518］；无线通信设备、雷达及无线电导航设备、摄像机、收音机、电视机［税（品）目号 8525 至 8530］；电铃、防盗或防火报警装置及其他电气音响或视觉信号装置［税（品）目 8531］；以及本章其他税（品）目未列名的具有独立功能的电气设备及装置［税（品）目 8543］。

（4）电唱机、激光唱机、录音机及其他声音的录制重放设备及装置、录像机及放像机，以及这些设备及装置的零件、附件［税（品）目号 8519 至 8522］。

（5）唱片、磁带及类似的其他记录声音、图像或其他信息的媒体［税（品）目号 8523 至 8524］，但不包括第 37 章的照相或电影用的感光胶片。

（6）通常不单独使用的电气货品，这些货品在电气设备中作为有特定用途的元器件、集成电路，如电容器、电阻器、开关、继电器等，以及电气设备用的碳电极、碳刷、碳棒［税（品）目号 8532 至 8542、8545］。

（7）由于其导电性能或绝缘性能而用于电气设备、装置的物品及材料，例如，绝缘电线，电缆［税（品）目号 8544］；绝缘子，绝缘配件及内衬绝缘材料的贱金属制线路导管［税（品）目号 8546、8547］。

（十七）第十七类

第十七类包括车辆、航空器、船舶及有关运输设备（第 86 章至 89 章）。

本类由第 86 章至 89 章组成。包括各种铁道、电车道用车辆及气垫火车（第 86 章），其他陆上车辆，包括气垫车辆（第 87 章），航空、航天器（第 88 章），船舶、气垫船及浮动结构体（第 89 章）以及与运输设备相关的一些具体列名商品。如集装箱，某些铁道或电车轨道固定装置和机械信号设备，降落伞、航空器发射装置等。

第 86 章　铁道及电车道机车、车辆及其零件，铁道及电车道轨道固定装置及其零件、附件，各种机械（包括电动机械）交通信号设备

本章包括：

（1）税（品）目号 8601 至 8603：铁道及电车道用的各种机动车辆；

（2）税（品）目号 8604：铁道及电车道的维修或服务车辆（不论是否机动）；

（3）税（品）目号 8605 至 8606：各种铁道及电车道牵引车辆；

（4）税（品）目号 8607：上述车辆的零件；

（5）税（品）目号 8608：铁道及电车道轨道固定装置、配件及各种机械（包括电动机械）、安全或交通信号设备；

（6）税（品）目号8609：各种集装箱。

本章还包括车辆的不完整品或未制成品，只要其具有完整品或制成品的基本特征，就应与相应的完整或已制成车辆一并归类。所谓"具有完整品或制成品的基本特征"，是指：

①未装有动力装置、测量仪器、安全装置或维修设备的机车或铁道、电车道用的机动车辆；

②未安装座位的客车；

③已装有悬架及车轮的货车底架。

但是，未装在车架上的铁道或电车道用机动客车、货车、敞车、煤水车的车身，应作为以上车辆的零件归入相应的8607。

本章不包括：

（1）木制或混凝土制的轨枕和导轨［税（品）目号4406或6810］，铁道及电车道铺轨用钢铁材料［税（品）目号7302］；

（2）税（品）目号8530的电气信号、安全或交通管理设备。

第87章　车辆及其零件、附件，但铁道及电车道车辆除外

本章包括除铁道及电车道以外的各种陆路行驶车辆，本章商品的税（品）目分布大致如下：

（1）税（品）目号8701至8705：主要包括用于牵引、公路运输（客、货）、矿山或建筑工地及一些具有特殊用途的机动车辆；

（2）税（品）目号8706至8708：上述车辆的零部件及总成，其中包括底盘、驾驶室及其他零部件和总成；

（3）税（品）目号8709至8716：其他用途的机动车辆或非机动车辆及其零件，主要包括短距离运货车、坦克、摩托车、自行车、残疾人用车、婴儿车、挂车等。

本章还包括在陆路行驶或兼可在陆路及某些水域（沼泽地带等）行驶的机动车辆。但可作为陆路车辆用的飞机，仍应作为飞机归入税（品）目号8802。

对于本章所列车辆的不完整品或未制成品，只要其具有完整品或制成品的基本特征，即应按相应的完整或制成车辆归类。如：

（1）尚未装有车轮、轮胎及电池的机动车辆；

（2）尚未装有发动机或内部配件的机动车辆；

（3）尚未装有坐垫及轮胎的自行车。

对于专供示范而无其他用途的剖面车辆样品、儿童乘骑的带轮玩具及儿童脚踏车、雪橇及类似冬季运动设备、游乐场娱乐设备用车辆等，不包括在本章范围内。

第88章　航空器、航天器及其零件

本章包括气球、飞艇及其他无动力航空器；飞机、直升机；航天器（包括卫星）及其运载工具；某些相关装置，如降落伞、航空器的发射装置、甲板停机装置及地面飞行训练器。

本章不包括各种航空、航天器的模型。

第89章 船舶及浮动结构体

本章包括船、艇及其他各种船舶和浮动结构体，例如，潜水箱、浮码头、浮筒等。本章也包括专供在水上行驶的气垫运输工具。

此外，未制成或不完整的船舶及用各种材料制成的船体也包括在本章内。所谓未制成品或不完整品是指未装配动力装置、导航仪器、起重或搬运机器及内部设施等的船舶。

与第十七类其他各章所列运输设备的规定不同，本章不包括单独进出口的所有船舶或浮动结构体的零件（船体除外）及部件；即使它们可明显确定为船舶或浮动结构体的零部件，也不归本章，应归入其他章的适当税（品）目号。

（十八）第十八类

第十八类包括光学、照相、电影、计量、检验、医疗或外科用仪器及设备、精密仪器及设备，钟表，乐器，上述物品的零件、附件（第90章至92章）。

本类由第90章、第91章和第92章所组成。本类所包括的货品有：第90章的光学、照相、电影、计量、检验、医疗用仪器及设备，精密仪器及设备；第91章的钟表；第92章的乐器、以及分列于各章的上述货品的零件、附件。

第90章 光学、照相、电影、计量、检验、医疗或外科用仪器及设备，精密仪器及设备，上述物品的零件、附件

本章不仅包括各种光学仪器及器具用光学元件，如已加工未装配的透镜、棱镜、滤色镜、已装配的各种镜头等，而且包括了从眼镜、放大镜等简单的光学器具到复杂的天文、照相、摄影、显微、测量、医疗等用途的光学仪器、精密仪器及装置。

这是范围很广的一类高技术、高精度的仪器和设备，其中大多数用于科研、医疗、专门技术或工业部门。

本章分为以下6个部分：

(1) 税（品）目号9001至9002：简单的光学元件；

(2) 税（品）目号9003至9004：简单的光学器具；

(3) 税（品）目号9005至9013：用于远距离观察、成像、投影及显微观察等的复杂光学仪器；

(4) 税（品）目号9014至9017及税（品）目号9028、9029：测量、计量、测绘、绘图、计算仪器及器具；

(5) 税（品）目号9018至9022：医疗、外科、兽医用仪器及有关的辐射疗法、机械疗法、氧气疗法等仪器、器具及装置；

(6) 税（品）目号9023至9033（但税（品）目号9028、9029除外）：

①各种材料的机械性能测试、检验仪器及设备；

②实验室理化分析仪器、测量或检验热量、声量或光量的仪器及装置；

③各种测量、检验及自动控制用的仪器及设备，上述物品的零件、附件。

本章商品排列结构大致是遵循了从基本的光学元件到简单的光学器具，再到复杂的光学仪器、精密仪器的排列顺序。

第91章 钟表及其零件

本章包括主要用于计时或进行与时间有关的某些操作的器具，其中包括个人随身佩

戴的时计（如：手表、秒表等）、其他时计（如普通钟、带有表芯的钟、闹钟、航海时计、机动车辆用钟等）、时间记录器、时间间隔测量仪以及定时开关；本章还包括以上货品的零件。

本章不包括用于计时的日晷、沙漏、水漏；此外，玩具钟表以及作为艺术品、收藏品及古物的钟表也不包括在本章。

本章货品在税（品）目上的分布主要可分为3部分：

（1）税（品）目号9101至9107：完成品；

（2）税（品）目号9108至9110：未完成品；

（3）税（品）目号9111至9114：零件。

第92章　乐器及其零件、附件

本章包括乐器［税（品）目9201至9208］及乐器的零件［税（品）目9209］。

本章的乐器可以带有电拾音器及扩音器，但这类电气装置必须已构成乐器的不可分割部分或与乐器装在同一机壳内才可归入本章，否则应归入税（品）目号8518。本章的乐器可用任何材料制成，包括用贵金属或包贵金属制成，也可镶嵌宝石或半宝石。

本章乐器是根据其发声原理和演奏方法归入相应税号的，基本上是按弦乐器、管乐器、打击乐器、电子乐器、未列名乐器及其零、附件的顺序排列的。

（十九）第十九类

第十九类包括武器、弹药及其零件、附件（第93章）。

本类仅有1章，即第93章。

第93章　武器、弹药及其零件、附件

本章包括所有供军事武装部队、警察或其他有组织的机构（如海关、边防部队等）在陆、海、空战斗中使用的各种武器；也包括个人自卫、狩猎及打靶用武器，靠爆炸药进行发射的其他装置，炸弹、导弹、子弹、剑、刺刀、长矛和类似武器及其零件。

本章物品可含有贵金属、包贵金属、珍珠、宝石及次宝石、玳瑁壳、珍珠母、象牙及类似品。

武器用的望远镜瞄准具及其他光学装置，如已安装在武器上或与有关武器一同报验的，应与武器一并归类；单独报验的这类光学装置应归入第90章。

任何运载工具，即使是军事专用的，如坦克、装甲车等，不论是否装有武器，均不归入本章。

（二十）第二十类

第二十类包括杂项制品（第94章至96章）。

本类由第94章、第95章和第96章所组成。本类所称杂项制品是指前述各类、章、税（品）目号未包括的货品。

第94章　家具，寝具、褥垫、弹簧床垫、软座垫及类似的填充制品，未列名灯具及照明装置，发光标志、发光铭牌及类似品，活动房屋

本章分为以下4部分：

（1）税（品）目号9401至9403：各种家具及其零件，这类家具或者是可移动的，或者是悬挂，固定在墙壁上的；不但包括通用家具，也包括有特殊用途的家具；

（2）税（品）目号 9404：弹簧床垫、床褥及其他寝具或类似用品，装有弹簧、内部用任何材料填塞、衬垫或用海绵橡胶或泡沫塑料制成，不论是否包面；

（3）税（品）目号 9405：用各种材料制成的（第 71 章注释所列的材料除外）未列名灯具和照明装置、装有固定光源的发光标志、发光铭牌和类似品，上述货品的未列名零件；

（4）税（品）目号 9406：活动房屋。

第 95 章　玩具、游戏品、运动用品及其零件、附件

本章包括各种玩具，不论其是供儿童还是供成人娱乐用；还包括户内及户外游戏用设备，运动、体操、竞技用具及器械，某些钓鱼、狩猎或射击用具，旋转木马和其他游乐场用的娱乐设备。

只要是明显专用于或主要用于本章所列货品的零件、附件，且不是本章注释一所列不包括的物品，均可归入本章。

本章物品一般可用各种材料制成，但天然或养殖珍珠、宝石或半宝石、贵金属或包贵金属除外。但仅将上述材料制品作为小零件的本章所列物品，仍可归入本章。税（品）目 9503 不包括专供动物使用的"宠物玩具"。

第 96 章　杂项制品

本章包括雕刻和模塑材料及其制品，某些扫把、刷子和筛，某些缝纫用品，某些书写及办公用品，某些烟具，某些化妆用具及本目录其他税（品）目号未具体列名的物品。

除了税（品）目号 9601 至 9606 及 9615 的物品以外，本章所列物品可以全部或部分由天然或养殖的珍珠、宝石或半宝石制成，或由贵金属或包贵金属制成。而且，仅将上述材料制品作为小零件的税（品）目号 9601 至 9606 及 9615 所列物品仍可归入上述税（品）目。

（二十一）第二十一类

第二十一类包括艺术品、收藏品及古物（第 97 章）。

本类只包括一个章，即第 97 章。

第 97 章　艺术品、收藏品及古物

本章包括：

（1）税（品）目号 9701 至 9703：某种艺术品，可以是完全用手工绘制的油画、绘画及粉画；拼贴画及类似装饰板；版画、印制画及石印画的原件；

（2）税（品）目号 9704：邮票、印花税票及类似票证、邮戳印记、首日封、邮政信笺等；

（3）税（品）目号 9705：具有动物学、植物学、矿物学、解剖学、历史学、考古学、古生物学、人种学或钱币学意义的收集品及珍藏品；

（4）税（品）目号 9706：超过 100 年的古物。但税（品）目号 9701 至 9705 的物品即使超过 100 年，也仍应归入 9701 至 9705 税（品）目号内。

（二十二）第二十二类

第二十二类包括（统计目录）特殊交易品及未分类商品。

本类由第 98 和 99 章组成，是专为统计需要而设的。

第98章（统计目录）　特殊交易品及未分类商品

本章包括：

（1）未分类商品，是指数量零星、单项金额较小、逐项归类难度大，且非税、非证的进口商品；

（2）出口的计算机软件及军品（特殊交易品）。

第99章（统计目录）

本章仅包括以出顶进的新疆棉和内地棉。

第三节　进出口商品归类的海关行政管理

商品归类是海关执行国家关税政策、贸易管制措施和编制海关进出口统计的基础。因此，正确进行商品归类在进出口货物的通关和海关监管中具有十分重要的意义。

一、进出口货物的商品归类依据

《中华人民共和国海关法》规定："进出口货物的商品归类按照国家有关商品归类的规定确定。"《中华人民共和国进出口关税条例》规定："纳税义务人应当按照《中华人民共和国进出口税则》规定的目录条文和归类总规则、类注、章注、子目注释以及其他归类注释，对其申报的进出口货物进行商品归类，并归入相应的税则号列。"具体来说，对进出口商品进行归类的依据主要包括以下两个方面：

（一）商品归类的主要依据

我国的商品归类是以协调制度为体系，以《进出口税则》和《海关统计商品目录》为执法依据，主要包括以下几个方面：

（1）《中华人民共和国海关法》、《中华人民共和国进出口关税条例》、《中华人民共和国海关进出口货物征税管理办法》；

（2）海关总署公布下发的关于商品归类的有关规定，包括总署的文件、归类决定、归类行政裁定、归类技术委员会决议以及总署转发的世界海关组织归类决定等；

（3）《海关进出口税则——统计目录商品及商品目录注释》；

（4）《中华人民共和国进出口税则》归类总原则、类注、章注、子目注释、税目条文；

（5）国家其他有关商品归类的公开规定。

（二）商品归类的其他依据

在进出口商品归类过程中，海关可以要求进出口货物的收发货入提供商品归类所需的有关资料，并将其作为商品归类的依据；必要时，海关可以组织化验、检验，并将海关认定的化验、检验结果作为商品归类的依据。

二、进出口货物的归类申报要求

（一）如实申报

《中华人民共和国海关进出口货物征税管理办法》规定：纳税义务人应当按照法律、

行政法规和海关规章关于商品归类的有关规定，如实申报的货物品名、规格、型号等，必须要能够满足归类的要求，报关人员应向海关详细提供归类所需的货物形态、性质、成分、加工程度、结构原理、功能、用途等技术指标或技术参数。

（二）提供归类所需资料

《中华人民共和国海关进出口货物征税管理办法》规定："纳税义务人应当依法向海关办理申报手续，按照规定提交有关单证。"商品归类是一项技术性很强的工作，货物报关尤其要注意提供以下情况的资料：

（1）农产品、未列名化工品等的成分和用途；

（2）材料性商品的成分和加工方法、加工工艺；

（3）机电仪产品的结构、原理和功能；

（4）货物的进出口状态。

（三）补充申报

《中华人民共和国海关进出口货物征税管理办法》规定："为审核确定进出口货物的商品归类，海关可以要求纳税义务人按照有关规定进行补充申报。对需要较多资料才能满足归类要求的货品，纳税义务人需要通过补充申报的方式确保归类申报的完整和准确。"

（四）进出口货物的报检状态

海关对进出口货物的归类是按照货物报检时的状态予以确定，因此，进出口货物报检状态的确定十分重要。根据海关总署 2002 年第 37 号公告的规定，进出口货物的报检状态应根据以下几点确定：

（1）进出口货物的收发货人或其代理人向海关申报进出口时的实际状态称为报检状态，对于进口货物的同一收货人使用同一运输工具同时运抵的货品，应同时申报并视为同一报检状态的货物，据此确定其归类；

（2）申请减免税的进口货物，可将申请人向海关申请免税时所提交的进口货物清单所列货品视为同一报验状态，并按据此确定的归类审核减免税性质，但这些货品在实际进口时仍按上述第一条的规定确定归类；

（3）加工贸易保税料件及成品经批准内销的，仍按原进口料件归类，但生产加工所产生的边角料应按内销时的状态确定归类；出口加工区、保税区内开展的加工贸易，其制成品或料件运往区外的，仍按现行规定执行。

三、约束性预归类制度

为加速货物通关，提高归类的准确性，便利报关人办理海关手续、方便合法进出口。我国海关除在通关环节进行商品归类外，亦参照国际通行做法对进出口商品实行预归类制度。

（一）预归类的含义

在海关注册登记的进出口货物经营单位（以下简称申请人），可以在货物实际进出口的 45 日前，向直属海关申请就其拟进出口的货物预先进行商品归类（以下简称预归类）。

（二）预归类决定的做出和使用

直属海关经审核认为申请预归类的商品归类事项属于《中华人民共和国进出口税

则》、《进出口税则商品及品目注释》、《中华人民共和国进出口税则本国子目注释》以及海关总署发布的关于商品归类的行政裁定、商品归类决定有明确规定的，应当在接受申请之日起 15 个工作日内制发《中华人民共和国海关商品预归类决定书》（以下简称《预归类决定书》），并且告知申请人（见表 7-1、表 7-2、表 7-3）。

表 7-1　　　　　　　　**中华人民共和国海关商品预归类申请书**

（　　）关预归类　　　　　　　　　　　　　　　　　　申请_____号

申请人：	
企业代码：	
通信地址：	
联系电话：	
商品名称（中、英文）：	
其他名称：	
商品描述（规格、型号、结构原理、性能指标、功能、用途、成分、加工方法、分析方法等）：	
进出口计划（进出口日期、口岸、数量等）：	
随附资料清单（有关资料请附后）：	
此前如就相同商品持有海关商品预归类决定书的，请注明决定书编号：	
申请人（章） 　　　　　年　　月　　日	海关（章）： 签收人： 接受日期：　　年　　月　　日

　　注：①填写此申请表前应阅读《中华人民共和国进出口货物商品归类管理规定》；
　　　　②本申请表一式两份，申请人和海关各一份；
　　　　③本申请表加盖申请人和海关印章方为有效。

表 7 - 2   中华人民共和国海关商品预归类决定书

（　　）关预归类   书＿＿＿号

申请人：
企业代码：
通信地址：
联系电话：
商品名称（中、英文）：
其他名称：
申请表编号：　　（　　）关预归类申请＿＿＿＿＿号　　受理日期：　　年　　月　　日
此前就相同商品持有海关商品预归类决定书的，请注明决定书编号：
商品描述：

商品归类编码：	海关（章）： 年　　月　　日

注：①本决定书一式两份，申请人和海关各一份；

　　②本决定书加盖海关印章有效；

　　③本决定书涂改无效。

表 7 - 3　　　　　　　中华人民共和国海关商品预归类决定书撤销通知单

单位（公司）：

根据《中华人民共和国海关进出口货物商品归类管理规定》的规定，海关现通知你单位（公司），由于_____调整的原因，_____商品预归类决定书撤销。你单位（公司）应当停止使用上述预归类决定书进行申报，并且可以依照《中华人民共和国海关进出口货物商品归类管理规定》的规定到相关海关另行申请预归类。

海关（章）

年　　月　　日

申请人在制发《预归类决定书》的直属海关所辖关区进出口《预归类决定书》所述商品时，应当主动向海关提交《预归类决定书》。

申请人实际进出口《预归类决定书》所述商品，并且按照《预归类决定书》申报的，海关按照《预归类决定书》所确定的归类意见审核放行。

（三）《预归类决定书》的废止

做出《预归类决定书》的直属海关，在以下情况下应当立即制发《中华人民共和国海关商品预归类决定书撤销通知单》，通知申请人或者发布公告停止使用《预归类决定书》。

（1）《预归类决定书》内容存在错误的；

（2）做出《预归类决定书》所依据的有关规定发生变化，导致有关的《预归类决定书》不再适用的。

四、因商品归类错误引起的关税及其他进口环节税的退、补税管理

为解决因商品归类错误引起的关税及其他进口环节税的退、补税问题，现公告如下：

（1）凡在《中华人民共和国海关进出口税则》（以下简称《税则》）中有具体列名的商品，在《税则》的类注释、章注释、子目注释、税目结构和《海关进出口税则——统计目录商品及品目注释》中已明确归类的商品，及海关总署或海关商品归类分中心已制发文件（包括归类决定）并对外公开或向进出口货物的收发货人或其代理人明确归类的商品，如因进出口货物的收发货人或其代理人违反规定造成海关归类错误而少征或漏征税款的，海关应自缴纳税款或者货物放行之日起 3 年内予以追征。

（2）除第一条以外的其他归类错误造成少征或漏征税款的，海关应当自缴纳税款或者货物放行之日起 1 年内予以追征。

（3）海关多征的税款，海关发现后应立即退还；纳税义务人自缴纳税款之日起 1 年内，可以要求海关退还。

（4）海关总署改变已做出的归类决定造成执行税率不同的，所涉及商品的原征税款不予调整。如有特殊情况需要调整税款的，应报海关总署核批。

本章小结

《协调制度》是当今国际贸易中用途最广泛、应用国家最多、最新、最完整的国际贸易商品分类体系。通过学习本章，使学生了解如何将国际贸易中种类繁多的商品，根据其在国际贸易中所占比重和地位，分成若干类、章、分章和商品组的基本方法。掌握商品归类的普遍规律和商品归类总原则。

复习思考题

1. 对进出口商品进行商品归类的依据有哪些？
2. 《协调制度》有哪些主要特点？
3. 《协调制度》归类总规则中规则二的具体内容有什么？
4. 进出口货物商品归类的依据有哪些？
5. 进出口货物商品归类的申报要求有哪些？
6. 简述进出口商品分类目录的相关内容有哪些。
7. 《协调制度》的基本结构及特点有哪些？
8. 简述我国海关进出口商品分类目录的基本结构。
9. 简述《协调制度》的产生过程。
10. 简述《协调制度》归类总则相关内容。

第八章　进出口货物报关单填制

> ● 进出口货物报关单的概述
> ● 进出口货物报关单的主要内容
> ● 其他报关单（证）的填制
> ● 企业商品信息普通报关单录入规范

教学目标与要求

　　介绍进出口货物报关单的填制规范。通过本章学习，应当掌握进出口报关单的含义、内容和填制基本要求，特别是需要重点掌握进出口货物报关单中各个项目的具体填制规范和要求。

第一节　进出口货物报关单的概述

一、进出口货物报关单的含义

1. 进出口货物报关单的含义

进出口货物报关单是办理货物进出口报关手续的主要单证，按照《中华人民共和国海关进出口货物申报管理规定》和《中华人民共和国海关进出口货物报关单填制规范》的要求，准确、完整、规范地填制进出口货物报关单是货物顺利通关的前提条件，也是报关员从事报关业务所必备的基本技能。

2. 进出口货物报关单的分类

按进出口状态，可将进出口货物报关单分为进口货物报关单和出口货物报关单；按表现形式，可将进出口货物报关单分为电子数据报关单和纸质报关单，电子数据报关单和纸质数据报关单均具有法律效力；按用途，可将进出口货物报关单分为报关单录入凭单、预录入报关单、EDI 报关单、报关单证明联；按使用性质，可将进出口货物报关单分为进料加工进出口货物报关单、来料加工及补偿贸易进出口货物报关单、一般贸易及其他贸易进出口货物报关单。

二、进出口货物报关单各联用途

进口货物纸质报关单一式五联——海关作业联、海关留存联、企业留存联、海关核销联、证明联（进口付汇用）；出口货物纸质报关单一式六联——海关作业联、海关留存联、企业留存联、海关核销联、证明联（出口收汇用）、证明联（出口退税用）。

（一）报关单海关作业联和留存联

进出口货物报关单海关作业联和留存联是报关单位和报关员配合海关查验、缴纳税费、提取或装运货物的重要单据，也是海关查验货物、征收税费、编制海关统计以及处理其他海关事务的重要凭证。

（二）报关单收、付汇证明联

进出口货物报关单付汇证明联和出口货物报关单收汇证明联是海关对已实际进出境的货物签发的证明文件，是银行和国家外汇管理部门办理售汇、付汇和收汇及核销手续的重要依据之一。

（三）报关单海关核销联

进出口货物报关单海关核销联是指口岸海关对已实际申报进口或出口的货物所签发的证明文件，是海关办理加工贸易合同核销、结案手续的重要凭证。加工贸易的货物进出口后，申报人应向海关领取进出口货物报关单海关核销联，凭以向主管海关办理加工贸易合同核销手续。

（四）报关单出口退税证明联

出口货物报关单出口退税证明联是海关对已实际申报出口、并已装运离境的货物所签发的证明文件，是国家税务部门办理出口货物退税手续的重要凭证之一。对可办理出口退税的货物，出口货物发货人或其代理人应当在载运的运输工具实际离境，海关收到载货清单、办理结关手续后，向海关申领出口货物报关单出口退税证明联。对不属于退税范围的货物，海关不予签发该证明联。

三、进出口货物报关单填制的基本要求

进出口货物的收发货人或其代理人向海关申报时，必须填写并向海关递交进出口货物报关单。申报人在填制报关单时，应当依法如实向海关申报，对申报内容的真实性、准确性、完整性和规范性承担相应的法律责任。进出口货物报关单填制的基本要求主要包括以下几点。

（1）报关单位和报关员必须按照《中华人民共和国海关法》及《中华人民共和国海关进出口货物申报管理规定》和《中华人民共和国海关进出口货物报关单填制规范》的有关规定和要求，向海关如实申报。报关单的填制必须真实，做到"两个符合"：一是单、证相符，即所填的报关单各栏目的内容必须与合同、发票、装箱单、提单以及许可证等随附单据相符；二是单、货相符，即所填报关单各栏目的内容必须与实际进出口货物情况相符，尤其是货物的品名、规格、数量、价格等栏目的内容必须真实，不得出现差错，更不能出现伪报、瞒报、虚报。

（2）报关单的填制要准确、完整、清楚，报关单各栏目内容要逐项详细准确的填写或打印，字迹清楚、整洁、端正，不得用铅笔或红色复写纸填写；若有更正，必须在更正项目上加盖校对章。

（3）不同批文或合同的货物、同一批货物中不同贸易方式的货物、不同备案号的货

物、不同征免性质的货物、不同运输方式或相同运输方式但不同航次的货物，均应分别填写报关单进行申报。

（4）海关接受进出口货物申报后，电子数据和纸质的进出口货物报关单不得修改或者撤销；确有正当理由的，经海关审核批准，可以修改或者撤销。但海关已经决定布控、查验的以及涉案的进出口货物的报关单，在办结前不得修改或者撤销。进出口货物报关单修改或者撤销后，纸质报关单和电子数据报关单应当一致。

目前，我国海关已经在进出境货物通关作业中全面使用计算机进行信息化管理，成功地开发运用了多个电子通关系统，使用的主要是 H883/EDI 通关系统和 H2000 通关系统。H883/EDI 通关系统是中国海关报关自动化系统的简称，是我国海关利用计算机对进出口货物进行全面信息化管理，实现监管、征税、统计三大海关业务一体化管理的综合性信息利用项目。"H883"是指 1988 年 3 月中国海关开发该系统，"EDI"是英文"Electronic Data Interchange"的缩写，意思是"电子数据交换"，即按照协议将标准结构的数据报文，通过通信网络，在计算机系统之间进行交换和处理。H2000 通关系统是 H883/EDI 通关系统的全面更新换代项目，它是按照建设我国现代化海关的要求，利用计算机网络技术，建立全国集中式的海关通关业务数据库，在海关各业务领域全面联网应用的大型信息化管理系统。进出境企业可以在其办公场所办理保税加工贸易登记备案、减免税表的申领手续、进出境报关手续等各种海关手续。

第二节　进出口货物报关单的主要内容

报关单的内容主要是根据海关监管、征税及统计等工作需要而设置。由预录入编号、海关编号、进口口岸/出口口岸、备案号、合同协议号、进口日期/出口日期、申报日期、经营单位、收货单位/发货单位、申报单位、运输方式、运输工具名称、航次号、提运单号、贸易方式、征免性质、征税比例/结汇方式、许可证号、启运国（地区）/运抵国（地区）、装货港/指运港、境内目的地/境内货源地、批准文号、成交方式、运费、保费、杂费、合同协议号、件数、包装种类、毛重（千克）、净重（千克）、集装箱号、随附单据、用途/生产厂家、标记唛码及备注、项号、商品编号、商品名称、规格型号、数量及单位、原产国（地区）/最终目的国（地区）、单价、总价、币制、征免、税费征收情况、录入员、录入单位、填制日期、海关审单批注栏 47 个数据项组成。在 47 个栏目中，前 32 个栏目为表头，用于描述进出口货物及合同总的情况；后 15 个栏目为表体，用于描述每项商品的情况。

一、报关单表头各栏目的填报

为统一进出口货物报关单填制要求，保证报关单数据质量，根据《中华人民共和国海关法》及有关法规，制定了进出口货物报关单填制的具体规范。

本规范在一般情况下采用"报关单"或"进口报关单"、"出口报关单"的提法，需要分别说明不同要求时，则分别采用以下用语——报关单录入凭单（指申报单位按海关规定的格式填写的凭单，用作报关单预录入的依据）、预录入报关单（指预录入单位录

入、打印，由申报单位向海关申报的报关单）、报关单证明联（指海关在核实货物实际
入、出境后按报关单格式提供的证明，用作企业向税务、外汇管理部门办结有关手续的
证明文件）。

在报关单 47 个栏目中，前 32 个栏目为表头，用于描述进出口货物及合同总的情况。
进出口货物报关单表头各栏目的填制规范如下。

（一）预录入编号

1. 定义

预录入编号是指预录入单位预录入报关单的编号，用于申报单位与海关之间引用其
申报后尚未接受申报的报关单。

2. 填报要求

预录入编号由接受申报的海关决定编号规则；报关单录入凭单的编号规则由申报单
位自行决定。

3. 本栏目填制时注意事项

预录入编号是报关员填写了的报关单的录入凭单（手写单），拿到报关行按手写单所
打印出来的那份预录入报关单（电脑单）所自动生成的编号（预录入编号栏目非报关员
所填写）。

（二）海关编号

1. 定义

海关编号指海关接受申报时给予报关单的编号，应标识在报关单的每一联上。

2. 填报要求

（1）H883/EDI 通关系统

①报关单海关编号为 9 位数码，其中 1～2 位为接受申报海关的编号（《关区代码表》
中相应海关代码的后 2 位），第 3 位为海关接受申报公历年份 4 位数字的最后 1 位，后 6
位为顺序编号。

②进口报关单和出口报关单应分别编号，确保在同一公历年度内，能按进口和出口
唯一地标识本关区的每一份报关单。

（2）H2000 通关系统

①报关单海关编号为 18 位数字，其中第 1～4 位为接受申报海关的编号（《关区代码
表》中相应海关代码），第 5～8 位为海关接受申报的公历年份，第 9 位为进出口标志
（"1" 为进口，"0" 为出口），后 9 位为顺序编号。

②在海关 H883/EDI 通关系统向 H2000 通关系统过渡期间，后 9 位的编号规则同
H883/EDI 通关系统的要求。

3. 本栏目填制时注意事项

海关编号栏目非报关员所填写，它是海关接受申请后所给予的编号。

（三）进口口岸/出口口岸

1. 定义

进口口岸/出口口岸是指货物实际进出我国关境口岸海关的名称。

2. 填报要求

（1）本栏目应根据货物实际进出关境的口岸海关填报《关区代码表》中相应的口岸海关名称及代码。

（2）进口转关运输货物应填报货物进境地海关名称及代码，出口转关运输货物应填报货物出境地海关名称及代码。按转关运输方式监管的跨关区深加工结转货物，出口报关单填报转出地海关名称及代码，进口报关单填报转入地海关名称及代码。

（3）在不同出口加工区之间转让的货物，填报对方出口加工区海关名称及代码。

（4）其他无实际进出境的货物，填报接受申报的海关名称及代码。

3. 本栏目填制时注意事项

本栏目是依据货物实际进（出）口的口岸海关选择填报《关区代码表》中相应的口岸海关名称及代码。关区代码由四位数字组成，前两位采用海关统计的直属海关代码，后两位隶属海关的代码。

（四）备案号

1. 定义

备案号指进出口企业在海关办理加工贸易合同备案或征、减、免税审批备案等手续时，海关给予《进料加工登记手册》、《来料加工及中小型补偿贸易登记手册》、《外商投资企业履行产品出口合同进口料件及加工出口成品登记手册》、《电子账册及其分册》（以下均简称《加工贸易手册》）、《进出口货物征免税证明》（以下简称《征免税证明》）或其他有关备案审批文件的编号。

2. 填报要求

（1）一份报关单只允许填报一个备案号。备案号栏目为 12 位字符，其中第 1 位是标记代码。

（2）无备案审批文件的报关单，本栏目免予填报。

（3）具体填报要求如下：

①加工贸易合同项下货物，除少量低价值辅料按规定不使用《加工贸易手册》的外，填报《加工贸易手册》编号。

②涉及征、减、免税备案审批的报关单，填报《征免税证明》编号。

③出入出口加工区的保税货物，应填报标记代码为"H"的电子账册备案号；出入出口加工区的征免税货物、物品，应填报标记代码为"H"、第六位为"D"的电子账册备案号。

④使用异地直接报关分册和异地深加工结转出口分册在异地口岸报关的，本栏目应填报分册号；本地直接报关分册和本地深加工结转分册限制在本地报关，本栏目应填报总册号。

⑤加工贸易成品凭《征免税证明》转为享受减免税进口货物的，进口报关单填报《征免税证明》编号，出口报关单填报《加工贸易手册》编号。

⑥对减免税设备及加工贸易设备之间的结转，转入和转出企业分别填制进、出口报关单，在报关单"备案号"栏目分别填报《加工贸易手册》编号、《征免税证明》编号或免予填报。

⑦优惠贸易协定项下实行原产地证书联网管理的货物，应填报原产地证书代码"Y"

和原产地证书编号；未实行原产地证书联网管理的货物，本栏目免予填报。

3. 本栏目填制时注意事项

（1）本栏目用于填写登记手册、征免税证明或其他有关备案审批文件的编号。

（2）备案号长度为 12 位。

（3）"登记手册号"、"征免税证明号"。

（五）进口日期/出口日期

1. 定义

（1）进口日期是指运载所申报货物的运输工具申报进境的日期。

（2）出口日期是指运载所申报货物的运输工具办结出境手续的日期。

2. 填报要求

（1）进口日期栏目填报的日期必须与相应的运输工具进境日期一致。进口申报时无法确知相应的运输工具的实际进境日期时，本栏目免予填报。

（2）出口日期栏目供海关打印报关单证明联用，在申报时免予填报。

（3）无实际进出境的报关单填报办理申报手续的日期，以海关接受申报的日期为准。

（4）在 H883/EDI 通关系统中，本栏目为 6 位数，顺序为年、月、日各 2 位。

（5）在 H2000 通关系统中，本栏目为 8 位数字，顺序为年（4 位）、月（2 位）、日（2 位）。

3. 本栏目填制时注意事项

（1）进出口货物是以实际进口关境的日期为进出口日期。

（2）船舶的进口日期以船舶申报进口日期为准，由船舶代理公司记录在提货单上。

（六）申报日期

1. 定义

申报日期是指海关接受进出口货物的收、发货人或受其委托的报关企业申请的日期。

2. 填报要求

（1）以电子数据报关单方式申报的，申报日期为海关计算机系统接受申报数据时记录的日期。

（2）以纸质报关单方式申报的，申报日期为海关接受纸质报关单并对报关单进行登记处理的日期。

（3）在 H883/EDI 通关系统中，本栏目为 6 位数，顺序为年、月、日各 2 位。

（4）在 H2000 通关系统中，本栏目为 8 位数字，顺序为年（4 位）、月（2 位）、日（2 位）。

3. 本栏目填制时注意事项

申报日期是指海关接受申请办理货物进（出）口手续的日期。

（七）经营单位

1. 定义

经营单位指对外签订并执行进出口贸易合同的中国境内企业、单位或个体工商户。

2. 填报要求

（1）本栏目应填报经营单位名称及经营单位编码。经营单位编码是经营单位在海关办理注册登记手续时，海关给予的注册登记 10 位编码。

（2）特殊情况下确定经营单位原则如下：

①援助、赠送、捐赠的货物，填报直接接受货物的单位。

②进出口企业之间相互代理进出口的，填报代理方。

③外商投资企业委托进出口企业进口投资设备、物品的，填报外商投资企业，并在标记唛码及备注栏注明"委托某进出口企业进口"。

④有代理报关权的进出口企业在本企业进出口或代理其他企业进出口时，填报本企业的经营单位编码；代理其他企业办理进出口报关手续时，填报委托方经营单位编码。

3. 本栏目填制时注意事项

（1）本栏目用于填写经营单位名称及经营单位编码，注意不能遗漏经营单位编码。

（2）经营单位编码由 10 位数组成，要掌握编码的含义。

（3）经营单位必须为中国境内法人。

（八）运输方式

1. 定义

运输方式是指载运货物进出关境所使用的运输工具的分类，包括实际运输方式和海关规定的特殊运输方式。

2. 填报要求

（1）本栏目应根据实际运输方式按海关规定的《运输方式代码表》选择填报相应的运输方式。

（2）特殊情况下运输方式的填报原则如下：

①非邮政方式进出口的快递货物，按实际运输方式填报。

②进出境旅客随身携带的货物，按旅客所乘运输工具填报。

③进口转关运输货物，按载运货物抵达进境地的运输工具填报；出口转关运输货物，按载运货物驶离出境地的运输工具填报。

④出口加工区与区外之间进出的货物，区内企业填报"9"，区外企业填报"Z"。

⑤其他无实际进出境的，根据实际情况选择填报《运输方式代码表》中运输方式"0"（非保税区运入保税区和保税区退区）、"1"（境内存入出口监管仓库和出口监管仓库退仓）、"7"（保税区运往非保税区）、"8"（保税仓库转内销）或"9"（其他运输）。

⑥同一出口加工区内或不同出口加工区的企业之间相互结转、调拨的货物、出口加工区与其他海关特殊监管区域之间、不同保税区之间、同一保税区内不同企业之间、保税区与出口加工区等海关特殊监管区域之间转移、调拨的货物，填报"9"（其他运输）。

3. 本栏目填制时注意事项

（1）对于实际进出我国关境的货物，应按海关规定的"运输方式代码表"选择填报相应的运输方式。

（2）对于没实际进出我国关境的货物，无论实际采用何种运送方式，一律填报其实际贸易形式。

（九）运输工具名称

1. 定义

运输工具名称是指载运货物进出境的运输工具的名称或运输工具编号。

2. 填报要求

（1）本栏目填报内容应与运输部门向海关申报的载货清单所列相应内容一致。一份报关单只允许填报一个运输工具名称。

（2）具体填报要求如下：

①直接在进出境地办理报关手续的报关单具体填报要求：

a. H883/EDI 通关系统：

江海运输填报船名或船舶呼号（来往港澳小型船舶为监管簿编号）＋"/"＋航次号。

汽车运输填报该跨境运输车辆的国内行驶车牌号＋"/"＋进出境日期〔8位数字，顺序为年（4位）、月（2位）、日（2位），下同〕。

铁路运输填报车次（或车厢号）＋"/"＋进出境日期。

航空运输填报航班号＋进出境日期＋"/"＋总运单号。

邮政运输填报邮政包裹单号＋"/"＋进出境日期。

其他运输填报具体运输方式名称，例如，管道、驮畜等。

b. H2000 通关系统：

江海运输填报船舶编号（来往港澳小型船舶为监管簿编号）或者船舶英文名称。

汽车运输填报该跨境运输车辆的国内行驶车牌号，深圳提前报关模式填报国内行驶车牌号＋"/"＋"提前报关"（4个汉字）。

铁路运输填报车厢编号或交接单号。

航空运输填报航班号。

邮政运输填报邮政包裹单号。

其他运输填报具体运输方式名称，例如，管道、驮畜等。

对于"清单放行，集中报关"的货物填报"集中报关"（4个汉字）。

②转关运输货物报关单填报要求：

● 进口方面：

a. H883/EDI 通关系统：

江海运输：直转填报"@"＋16位转关申报单预录入号（或13位载货清单号）；中转填报进境英文船名（必须与提单、转关单填写完全一致）＋"/"＋"@"＋进境船舶航次。

铁路运输：直转填报"@"＋16位转关申报单预录入号；中转填报车厢编号＋"/"＋"@"＋8位进境日期。

航空运输：直转填报"@"＋16位转关申报单预录入号；中转填报8位分运单号，无分运单的免予填报。

公路及其他各类运输：填报"@"＋16位转关申报单预录入号（或13位载货清单号）。

以上各种运输方式使用广东地区载货清单转关的提前报关填报"@"＋13位载货清单号；其他地区提前报关免予填报。

b. H2000 通关系统：

江海运输：直转、提前报关填报"@"＋16 位转关申报单预录入号（或 13 位载货清单号）；中转填报进境英文船名。

铁路运输：直转、提前报关填报"@"＋16 位转关申报单预录入号；中转填报车厢编号。

航空运输：直转、提前报关填报"@"＋16 位转关申报单预录入号（或 13 位载货清单号）；中转填报"@"。

汽车及其他运输：填报"@"＋16 位转关申报单预录入号（或 13 位载货清单号）。

以上各种运输方式使用广东地区载货清单转关的提前报关货物填报"@"＋13 位载货清单号；其他地区提前报关货物免予填报。

● 出口方面：

a. H883/EDI 通关系统：

江海运输：

出口非中转：填报"@"＋16 位转关申报单预录入号（或 13 位载货清单号）；

中转：境内江海运输填报驳船船名＋"/"＋"驳船航次"；境内铁路运输填报车名〔4 位关别代码＋"TRAIN"（英文单词）〕＋"/"＋6 位启运日期；境内公路运输填报车名〔4 位关别代码＋"TRUCK"（英文单词）〕＋"/"＋6 位启运日期；境内公路运输填报车名〔4 位关别代码＋"TRUCK"（英文单词）〕＋"/"＋6 位启运日期。上述"驳船船名"、"驳船航次"、"车名"、"日期"均须事先在海关备案。

铁路运输：填报"@"＋16 位转关申报单预录入号；多张报关单需要通过一张转关单转关的，填报"@"。

其他运输方式：填报"@"＋16 位转关申报单预录入号（或 13 位载货清单号）。

上述规定以外无实际进出境的，本栏目为空。

b. H2000 通关系统：

江海运输：

非中转：填报"@"＋16 位转关申报单预录入号（或 13 位载货清单号）。如多张报关单需要通过一张转关单转关的，运输工具名称字段填报"@"。

中转：境内江海运输填报驳船船名；境内铁路运输填报车名〔主管海关 4 位关别代码＋"TRAIN"（英文单词）〕；境内公路运输填报车名〔主管海关 4 位关别代码＋"TRUCK"（英文单词）〕。

铁路运输：填报"@"＋16 位转关申报单预录入号（或 13 位载货清单号），如多张报关单需要通过一张转关单转关的，填报"@"。

航空运输：填报"@"＋16 位转关申报单预录入号（或 13 位载货清单号），如多张报关单需要通过一张转关单转关的，填报"@"。

其他各类出境运输方式：填报"@"＋16 位转关申报单预录入号（或 13 位载货清单号）。

③无实际进出境货物报关单：

a. 在 H883/EDI 通关系统下：

加工贸易深加工结转及料件结转货物，加工贸易成品凭《征免税证明》转为享受减免税进口的货物，保税区与区外之间进出的货物、同一保税区内或不同保税区的企业之间转移（调拨）的货物、出口加工区与区外之间进出的货物，同一出口加工区内或不同出口加工区的企业之间相互结转、调拨的货物，应先办理进口报关，并在出口报关单本栏目填报转入方关区代码（前两位）及进口报关单号，即"转入××（关区代码）×××××××××（进口报关单/备案清单号）"。按转关运输货物办理结转手续的，按转关运输有关规定填报。

b. H2000 通关系统，本栏目免予填报。

上述规定以外无实际进出境的，本栏目免予填报。

3. 本栏目填制时注意事项

（1）江海运输货物填报格式要留意。

（2）航空运输货物填报格式为航班号。

（3）转关运输报关单其运输名称前加有"@"号。

（十）航次号

1. 定义

指载运货物进出境的运输工具的航次编号。本栏目仅限 H2000 通关系统填报，使用 H883/EDI 通关系统的，本栏目内容与运输工具名称合并填报。

2. 填报要求

（1）直接在进出境地办理报关手续的报关单

①江海运输：填报船舶的航次号。

②汽车运输：填报该跨境运输车辆的进出境日期〔8 位数字，顺序为年（4 位）、月（2 位）、日（2 位），下同〕。

③铁路运输：填报进出境日期。

④航空运输：免予填报。

⑤邮政运输：填报进出境日期。

⑥其他各类运输方式：免予填报。

（2）转关运输货物报关单

进口方面：

①江海运输：中转转关方式填报"@"＋进境干线船舶航次。直转、提前报关免予填报。

②公路运输：免予填报。

③铁路运输："@"＋进出境日期。〔8 位数字，顺序为年（4 位）、月（2 位）、日（2 位）〕。

④航空运输：免予填报。

⑤其他各类运输方式：免予填报。

出口方面：

①江海运输：非中转货物免予填报。中转货物：境内江海运输填报驳船航次号；境内铁路、公路运输填报 6 位启运日期，顺序为年、月、日各 2 位。

②铁路拼车拼箱捆绑出口：免予填报。

③航空运输：免予填报。

④其他运输方式：免予填报。

3. 本栏目填制时注意事项

本栏目仅限 H2000 通关系统填报，使用 H883/EDI 通关系统的，本栏目内容与运输工具名称合并填报。

（十一）提运单号

1. 定义

提运单号是指进出口货物提单或运单的编号。

2. 填报要求

本栏目填报的内容应与运输部门向海关申报的载货清单所列相应内容一致。一份报关单只允许填报一个提运单号，一票货物对应多个提运单时，应分单填报。

具体填报要求如下：

（1）直接在进出境地办理报关手续的报关单

①H883/EDI 通关系统

江海运输：填报进口提单号。

汽车运输：免予填报。

铁路运输：填报运单号。

航空运输：填报分运单号，无分运单的填报总运单号。

邮政运输：免予填报。

无实际进出境的，本栏目免予填报。

②H2000 通关系统

江海运输：填报进出口提运单号。如有分提运单的，填报进出口提运单号＋"＊"＋分提运单号。

汽车运输：免予填报。

铁路运输：填报运单号。

航空运输：填报总运单号＋"＿"（下画线）＋分运单号，无分运单的填报总运单号。

邮政运输：填报邮运包裹单号。

无实际进出境的，本栏目免予填报。

（2）转关运输货物报关单

①进口

a. H883/EDI 通关系统：

江海运输：直转、中转填报提单号，提前报关免予填报。

铁路运输：直转货物填报 11 位总运单号＋"/"＋8 位分运单号，无分运单号的填报 11 位总运单号，中转填报"@"＋总运单号，提前报关免予填报。

航空运输：直转货物填报 11 位总运单号＋"/"＋8 位分运单号，无分运单号的填报 11 位总运单号；中转填报"@"＋总运单号，提前报关免予填报。

其他运输方式，本栏目免予填报。

以上各种运输方式进境货物，在广东省内用公路运输转关的，填报车牌号。

b. H2000 通关系统：

江海运输：直转、中转填报提单号，提前报关免予填报。

铁路运输：直转、中转填报铁路运单号，提前报关免予填报。

航空运输：直转、中转货物填报总运单号＋"＿"＋分运单号、提前报关免予填报。

其他运输方式，本栏目免予填报。

以上各种运输方式进境货物，在广东省内用公路运输转关的，填报车牌号。

②出口：

a. H883/EDI 通关系统：

江海运输：中转货物填报提单号；非中转货物免予填报；广东省内提前报关的转关货物填报车牌号。

其他运输方式：广东省内提前报关的转关货物填报车牌号；其他地区免予填报。

b. H2000 通关系统：

江海运输：中转货物填报运单号；非中转免予填报；广东省内提前报关的转关货物填报车牌号。

其他运输方式：广东省内提前报关的转关货物填报车牌号；其他地区免予填报。

3. 本栏目填制时注意事项

（1）本栏目填报的内容应与运输部门向海关申报的载货清单所列内容相一致。

（2）江海运输填报海运提单号。

（十二）收货单位/发货单位

1. 定义

收货单位是指已知的进口货物在境内的最终消费、使用单位，包括：自行从境外进口货物的单位；委托进出口企业进口货物的单位。

发货单位是指出口货物在境内的生产或销售单位，包括：自行出口货物的单位；委托进出口企业出口货物的单位。

2. 填报要求

备有海关注册编号或加工生产企业编号的收、发货单位，本栏目必须填报其经营单位编码或加工生产企业编号；否则填报其中文名称。加工贸易报关单的收、发货单位应与《加工贸易手册》的"货主单位"一致；减免税货物报关单的收、发货单位应与《征免税证明》的"申请单位"一致。

3. 本栏目填制时注意事项

注意收（发）货单位与经营单位的关系。一般情况下，收（发）货单位与经营单位是一致的，只要收（发）货单位就是消费、使用（或生产、销售）单位，即本身就是经营单位，这种情况，经营单位与收发货单位就会一致。但也有不一致的，比如，委托有进出口经营权的企业代理进出口业务，其经营单位与收发货单位就不相一致。

（十三）贸易方式（监管方式）

1. 定义

贸易方式是指货物进出口的交易形式。

2. 填报要求

（1）本栏目应根据实际情况按海关规定的《贸易方式代码表》选择填报相应的贸易方式简称或代码。

（2）出口加工区内企业填制的《出口加工区进（出）境货物备案清单》应选择填报适用于出口加工区货物的监管方式简称或代码。

一份报关单只允许填报一种贸易方式。

（3）加工贸易报关单特殊情况填报要求如下：

①少量低值辅料（即 5000 美元以下，78 种以内的低值辅料）按规定不使用《加工贸易手册》的，辅料进口报关单填报"低值辅料"。使用《加工贸易手册》的，按《加工贸易手册》上的贸易方式填报。

②外商投资企业按内外销比例为加工内销产品而进口的料件或进口供加工内销产品的料件，进口报关单填报"一般贸易"。

外商投资企业为加工出口产品全部使用国内料件的出口合同，成品出口报关单填报"一般贸易"。

③加工贸易料件结转或深加工结转货物，按批准的贸易方式填报。

④加工贸易料件转内销货物（及按料件补办进口手续的转内销成品、残次品、半成品），应填制进口报关单，本栏目填报"（来料或进料）料件内销"；加工贸易成品凭《征免税证明》转为享受减免税进口货物的，应分别填制进、出口报关单，本栏目填报"（来料或进料）成品减免"。

⑤加工贸易出口成品因故退运进口及复出口、加工贸易进口料件因换料退运出口及复运进口的，填报与《加工贸易手册》备案相应的退换监管方式简称或代码。

⑥备料《加工贸易手册》中的料件结转入加工出口《加工贸易手册》的填报相应的来料或进料加工贸易方式。

⑦保税工厂加工贸易进出口货物，根据《加工贸易手册》填报相应的来料或进料加工贸易方式。

⑧加工贸易边角料内销和副产品内销，进口报关单应填报"（来料或进料）边角料内销"。

⑨加工贸易料件或成品放弃，进口报关单应填报"（进料料件或成品）放弃"。

（4）本栏目填制时注意事项。

①贸易方式栏目内容重点掌握"一般贸易"、"加工贸易"、"货样、广告品"、"五代价抵偿"、"其他贸易"等。

②贸易栏目内容在发票和装箱单中是找不到的，只有通过所给的补充资料来断定。

③要熟记主要"贸易方式"代码。

（十四）征免性质

1. 定义

征免性质是指海关对进出口货物实施征、减、免税管理的性质类别。

2. 填报要求

（1）本栏目应按照海关核发的《征免税证明》中批注的征免性质填报，或根据实际情况按海关规定的《征免性质代码表》选择填报相应的征免性质简称或代码。

（2）加工贸易报关单本栏目应按照海关核发的《加工贸易手册》中批注的征免性质填报相应的征免性质简称或代码。

（3）特殊情况填报要求如下：

①保税工厂经营的加工贸易，根据《加工贸易手册》填报"进料加工"或"来料加工"。

②外商投资企业按内外销比例为加工内销产品而进口料件，填报"一般征税"或其他相应征免性质。

③加工贸易转内销货物，按实际应享受的征免性质填报（如一般征税、科教用品、其他法定等）。

④料件退运出口、成品退运进口货物填报"其他法定"（代码0299）。

⑤加工贸易结转货物本栏目为空。

⑥一份报关单只允许填报一种征免性质。

（4）本栏目填制时注意事项。

①本栏目填制应当熟悉"征免性质代码表"的征免性质简称。

②掌握该栏目与"贸易方式"及征免等栏目的对应关系。

③要熟记"免征性质代码"。

（十五）征税比例/结汇方式

1. 定义

征税比例是海关对"非对口合同进料加工"的实际应征税比率。

结汇方式是指出口货物的发货人或其代理人收结外汇的方式。

2. 填报要求

（1）进口报关单位填报征税比例，征税比例仅用于"非对口合同进料加工"（代码0715）贸易方式下进口料件的进口报关单，填报海关规定的实际应征税比率，例如5％填报"5"，15％填报"15"。

（2）出口报关单应填报结汇方式。

本栏目应按海关规定的《结汇方式代码表》，选择填报相应的结汇方式名称或代码。

3. 本栏目填制时注意事项

（1）进口报关单填报征税比例，出口报关填报结汇方式。

（2）进口报关单征税比例，按海关规定是要征收5％或15％的关税，本栏目仅为"进料非对口"时填报。

（3）出口报关单结汇方式。

（十六）许可证号

1. 定义

国务院商务主管部门及其授权发证机关签发的进出口货物许可证的编号。

2. 填报要求

应申领进（出）口许可证的货物，必须在此栏目填报商务部及其授权发证机关签发的进（出）口货物许可证的编号。

一份报关单只允许填报一个许可证号。

3. 本栏目填制时注意事项

（1）凡应申领（进）口许可证的货物，必须在栏目填报有关发证机关签发的进（出）口货物许可证的编号，不得为空。

（2）本栏目填报的"许可证"而非"许可证件"的编号。

（十七）启运国（地区）/运抵国（地区）

1. 定义

启运国（地区）指进口货物直接运抵或者在运输中转国（地）未发生任何商业性交易的情况下运抵我国的起始发出的国家（地区）。

运抵国（地区）指出口货物离开我国关境直接运抵或者在运输中转国（地）未发生任何商业性交易的情况下最后运抵的的国家（地区）。

2. 填报要求

（1）对发生运输中转的货物，如中转地未发生任何商业性交易，则起、抵地不变，如中转地发生商业性交易，则以中转地作为启运/运抵国（地区）填报。

（2）本栏目应按海关规定的《国别（地区）代码表》选择填报相应的启运国（地区）或运抵国（地区）中文名称或代码。

（3）无实际进出境的，本栏目填报"中国"（代码0142）。

3. 本栏目填制时注意事项

（1）对发生运输中转的货物，如中转地未发生任何商业性交易，则启运国（地区）/运抵国（地区）不变；如中转地发生任何商业性交易，则以中转地作为启运国（地区）/运抵国（地区）填报。

（2）本栏目应记住一些常用的港口名称，并根据其中的港口名称来判断其所属国家（地区），从而判断启运国（地区）/运抵国（地区）。

（3）要熟记主要"国别"代码。

（十八）装货港/指运港

1. 定义

装货港是指进口货物在运抵我国关境前的最后一个境外装运港。

指运港是指出口货物运往境外的最终目的港；最终目的港不可预知的，可按尽可能预知的目的港填报。

2. 填报要求

（1）本栏目应根据实际情况按海关规定的《港口航线代码表》选择填报相应的港口中文名称或代码。

（2）无实际进出境的，本栏目填报"中国境内"（代码0142）。

3. 本栏目填制时注意事项

本栏目可根据原始单据中相关英文来填写。

（十九）境内目的地/境内货源地

1. 定义

境内目的地是指已知的进口货物在国内的消费、使用地或最终运抵地。

境内货源地是指出口货物在国内的产地或原始发货地。

2. 填写要求

本栏目应根据进口货物的收货单位、出口货物生产厂家或发货单位所属国内地区，并按海关规定的《国内地区代码表》选择填报相应的国内地区名称或代码。

3. 本栏目填制时注意事项

本栏目应按海关规定的《国内地区代码表》选择填报相应的国内地区名称或代码。国内地区代码由5位数字构成，1~4位数为行政区划代码，其中第1、2位数表示省（自治区、直辖市）；第3、4位数表示省辖市（地区、省直辖行政单位）、计划单列市、沿海开放城市；第5为数位直辖市内经济区划性质代码。

（二十）批准文号

1. 定义

出口收汇核销单号。

2. 填报要求

出口报关单本栏目用于填报《出口收汇核销单》编号。

3. 本栏目填制时注意事项

本栏目用于填报核销单号，现行实际进口是没有核销单号的，因此，进口报关单一般不用填。但出口只要有收汇，就要填核销单号，除非贸易性的货物，无须凭核销单办理报关手续。

（二十一）成交方式

1. 定义

进出口商品的加工构成和买卖双方在货物交接过程中有关手续、费用和风险的责任划分界限。

2. 填报要求

（1）本栏目应根据实际成交价格条款按海关规定的《成交方式代码表》选择填报相应的成交方式代码。

（2）无实际进出境的，进口填报CIF价，出口填报FOB价。

3. 本栏目填制时注意事项

（1）根据海关监管的要求，进口货物以CIF为完税价格，出口货物以FOB为完税价格。

（2）凡进口成交不是CIF价，都必须按规定填写运费、保费或杂费，以便于转换成到岸价格来确定完税价格。

（二十二）运费

1. 定义

除货价外，进口货物运抵我国关境内输入地点起卸前的运费，或出口货物远离我国关境启运地区的运费。

2. 填报要求

（1）本栏目用于成交价格中不包含运费的进口货物或成交价格中含有运费的出口货物，应填报该份报关单所含全部货物的国际运输费用。可按运费单价、总价或运费率三种方式之一填报,同时注明运费标记,并按海关规定的《货币代码表》选择填报相应的币种代码。

(2) 运保费合并计算的,运保费填报在本栏目。

(3) 运费标记"1"表示运费率,"2"表示每吨货物的运费单价,"3"表示运费总价。

(4) H883/EDI 通关系统:

①运费率:直接填报运费率的数值,如 5%的运费率填报为"5"。

②运费单价:填报运费币值代码+"/"+运费单价的数值+"/"+运费单价标记,如:24 美元的运费单价填报为"502/24/2"。

③运费总价:填报运费币值代码+"/"+运费总价的数值+"/"+运费总价标记,如:

7000 美元的运费总价填报为"502/7000/3"。

(5) H2000 通关系统:

①运费标记填写在运费标记处。

②运费价格填写在运费价格处。

③运费币制填写在运费币制处。

3. 本栏目填制时注意事项

(1) 运费可按运费单价、总价或运费率三种方式之一填报,应记住运费标记。

(2) 本栏目可根据发票中相关英文"Freight"、"F"后的内容来填写。

(二十三)保费

1. 定义

除货价外,进口货物运抵我国关境内输入地点起卸前的保险费,或出口货物运离我国关境启运地区的运费。

2. 填报要求

(1) 本栏目用于成交价格中不包含保险费的进口货物或成交价格中含有保险费的出口货物,应填报该份报关单所含全部货物国际运输的保险费用。可按保险费总价或保险费率两种方式之一填报,同时注明保险费标记,并按海关规定的《货币代码表》选择填报相应的币种代码。

(2) 运保费合并计算的,运保费填报在运费栏目中,本栏目免予填报。

(3) 保险费标记"1"表示保险费率,"3"表示保险费总价。

(4) H883/EDI 通关系统:

①保费率:直接填报保费率的数值,如:3‰的保险费率填报为"0.3"。

②保费总价:填报保费币值代码+"/"+保费总价的数值+"/"+保费总价标记,如:10000 港元保险费总价填报为"110/10000/3"。

(5) H2000 通关系统:

①保费标记填写在保费标记处。

②保费总价填写在保费总价处。

③保费币制填写在保费币制处。

3. 本栏目填制时的注意事项

（1）保费可按保费率总价两种方式之一填报，应记住保费总价标记。

（2）本栏目可根据发票中相关英文"Insurance"、"I"后的内容来填写。

（二十四）杂费

1. 定义

成交价格以外的、按照《中华人民共和国进出口关税条例》相关规定应计入完税价格或应从完税价格中扣除的费用。

2. 填报要求

（1）杂费可按杂费总价或杂费率两种方式之一填报，同时注明杂费标记，并按海关规定的《货币代码表》选择填报相应的币种代码。

（2）应计入完税价格的杂费填报为正值或正率，应从完税价格中扣除的杂费填报为负值或负率。

（3）杂费标记"1"表示杂费率，"3"表示杂费总价。

（4）H883/EDI 通关系统：

①杂费率：直接填报杂费率的数值，如：应计入完税价格的 1.5％的杂费率填报为"1.5"；应从完税价格中扣除的 1％的回扣率填报为"－1"。

②杂费总价：填报杂费币值代码＋"/"＋杂费总价的数值＋"/"＋杂费总价标记，如：应计入完税价格的 500 英镑杂费总价填报为"303/500/3"。

（5）H2000 通关系统：

①杂费标记填写在杂费标记处。

②杂费总价填写在杂费总价处。

③杂费币制填写在杂费币制处。

3. 本栏目填制时注意事项

（1）杂费可按杂费或杂费率总价两种方式之一填报，应记住保费总价标记。

（2）本栏目可根据发票中相关英文"Extras."、"Commission."、"Rebate."后的内容来填写。

（二十五）合同协议号

1. 定义

在进出口贸易中，双方或数方当事人根据根据贸易管理或国家的法律、法规，自愿按照一定条件买卖某种商品所签署的合同编号。

2. 填报要求

本栏目应填报进（出）口货物合同（协议）的全部字头和号码。

3. 本栏目填制时注意事项

本栏目可根据发票中相关英文"Contract No."、"Order No."、"Confirmation No."等来填写合同协议。

（二十六）件数

1. 定义

有外包装的进（出）口货物的实际件数。

2. 填报要求

（1）本栏目应填报有外包装的进（出）口货物的实际件数。

（2）特殊情况填报要求。

①舱单件数为集装箱的，填报集装箱个数。

②舱单件数为托盘的，填报托盘数。

（3）本栏目不得填报为"0"，裸装货物填报为"1"。

3. 本栏目填制时的注意事项

（1）本栏目应填报有外包装的进（出）口货物的实际件数，不得填报为"0"。

（2）本栏目可根据发票和装箱单据中的相关英文来填写件数。

（二十七）包装种类

1. 定义

商品的包装是包裹和捆扎货物用的内部或外部包装的捆扎物的总称。包括裸装、散装、件货。

2. 填报要求

本栏目应根据进出口货物的实际外包装种类，按海关规定的《包装种类代码表》选择填报相应的包装种类代码。

3. 本栏目填制时的注意事项

（1）运输包装分为单件包装和集合运输包装。

（2）包装种类较多体现在提单或装箱单上。

（二十八）毛重（千克）

1. 定义

毛重（千克）是指货物及其包装材料的重量之和。

2. 填报要求

本栏目填报进（出）口货物实际毛重，计量单位为千克，不足一千克的填报为"1"。

3. 本栏目填制时的注意事项

毛重较多体现在提单或装箱单上，毛重在相关单证上以英文"Gross"、"Weight"、"GWT"等表示。

（二十九）净重（千克）

1. 定义

净重（千克）是指货物的毛重减去外包装材料后的重量，即商品本身的实际重量。

2. 填报要求

本栏目填报进（出）口货物的实际净重，计量单位为千克，不足一千克的填报为"1"。

3. 本栏目填制时的注意事项

净重较多体现在提单或装箱单上，净重在相关单证上以英文"Net"、"Weight"、"NWT"等表示。

（三十）集装箱号

1. 定义

集装箱号是在每个集装箱箱体两侧标示的全球唯一的编号。

2. 填报要求

(1) 本栏目用于填报和打印集装箱编号及数量。集装箱数量四舍五入填报整数，非集装箱货物填报为"0"。

(2) H883/EDI 通关系统：

填报：一个集装箱号＋"＊"＋集装箱数＋"（折合标准集装箱数）"。

如：TEXU3605231＊1（1）表示1个标准集装箱；TEXU3605231＊2（3）表示2个集装箱，折合为3个标准集装箱，其中一个箱号为 TEXU3605231。

在多于一个集装箱的情况下，其余集装箱编号打印在备注栏或随附清单上。

(3) H2000 通关系统

填报在集装箱表中，一个集装箱填一条记录，分别填报集装箱号、规格和自重。

3. 本栏目填制时的注意事项

在集装箱多于一个的情况下，本栏目仅填其中一个，其余填报于备注栏。

(三十一) 随附单据

1. 定义

随附单据是指随进（出）口货物报关单一并向海关递交的单证或文件。合同、发票、装箱单、进出口许可证等必备的随附单证不在本栏目填报。

2. 填报要求

(1) H883/EDI 通关系统：

本栏目按海关规定的《监管证件名称代码表》选择填报相应证件的代码，证件编号填报在"标记唛码及备注"栏后半部分。

(2) H2000 通关系统：

本栏目分为随附单据代码和随附单据编号两项，其中代码栏应按海关规定的《监管证件名称代码表》选择填报相应证件的代码；编号栏应填报许可证件编号。

(3) 优惠贸易协定项下进出口货物：

"Y"为原产地证书代码。优惠贸易协定代码选择"01"、"02"、"03"或"04"填报：

"01"为"曼谷协定及中巴优惠贸易安排"（简称"曼谷协定"）项下的进口货物；

"02"为"中国与东盟全面经济合作框架协定项下'早期收获'方案"（简称"中国东盟早期收获"），包括"中泰蔬菜水果协定"项下的进口货物以及原产于老挝、柬埔寨、缅甸的进口货物；

"03"为"内地与香港紧密经贸关系安排"（香港 CEPA）项下的进口货物；

"04"为属于"内地与澳门紧密经贸关系安排"（澳门 CEPA）项下的进口货物。

3. 具体填报要求

(1) 实行原产地证书联网管理的，H2000 通关系统下，在本栏随附单证代码项下填写"Y"，在随附单证编号项下的"〈　〉"内填写优惠贸易协定代码。例如香港 CEPA 项下进口商品，应填报为："Y"和"〈03〉"；H883/EDI 系统下，此栏不填报原产地证书相关内容。

(2) 未实行原产地证书联网管理的，H2000 通关系统下，在报关单随附单据栏随附单证代码项下填写"Y"，在随附单证编号项下"〈　〉"内填写优惠贸易协定代码＋"："＋需证商品序号。例如"曼谷协定"项下进口报关单中第1到第3项和第5项为优惠贸易协定项下商品，应填报为："〈01：1－3，5〉"；H883/EDI通关系统下，此栏不填报原产地证书相关内容。

（3）优惠贸易协定项下出口货物，本栏目填报原产地证书代码和编号。

4. 本栏目填制时的注意事项

在监管证件多于一个的情况下，本栏目仅填报为其中一个，其余的将证件和编号填报在备注栏。

（三十二）用途/生产厂家

1. 定义

用途是指进口货物的实际用途。生产厂家是指出口货物的境内生产企业。

2. 填报要求

（1）进口货物填报用途，应根据进口货物的实际用途按海关规定的《用途代码表》选择填报相应的用途代码，如"以产顶进"填报"13"。

（2）生产厂家指出口货物的境内生产企业。本栏目供必要时手工填写。

3. 本栏目填制时的注意事项

进口报关单填报用途，出口报关填报厂家。

（三十三）标记唛码及备注

1. 定义

标记唛码是指为运输和识别货物而刷写在运输包装上的标志。

备注是指除报关单栏目的内容外申报时必须说明的事项。

2. 填报要求

（1）H883/EDI通关系统：

本栏目上部用于打印以下内容，具体填报如下：

①标记唛码中除图形以外的文字、数字。

②受外商投资企业委托代理其进口投资设备、物品的进出口企业名称。

③加工贸易结转货物及凭《征免税证明》转内销货物，其对应的备案号应填报在本栏目，即"转至（自）×××手册"。

④实行原产地证书联网管理的优惠贸易协定项下进口货物，填写"〈"＋"协"＋"优惠贸易协定代码"＋"〉"，例如香港CEPA项下进口报关单应填为："〈协03〉"；未实行原产地证书联网管理的优惠贸易协定项下进口货物，填写"〈"＋"协"＋"优惠贸易协定代码"＋"："＋"需证商品序号"＋"〉"，例如"曼谷协定"项下进口报关单中第1项到第3项和第5项为优惠贸易协定项下商品，应填为："〈协01：1－3，5〉"。

⑤其他申报时必须说明的事项。

本栏目下部供填报随附单据栏中监管证件的编号，具体填报如下：

a. 监管证件代码＋"："＋监管证件号码。一份报关单多个监管证件的，连续填写。

b. 一票货物多个集装箱的，在本栏目打印其余的集装箱号（最多160字节，其余集装箱号手工抄写）。

（2）H2000通关系统：

①标记唛码中除图形以外的文字、数字。

②受外商投资企业委托代理其进口投资设备、物品的进出口企业名称。

③与本报关单有关联关系的，同时在业务管理规范方面又要求填报的备案号，如加工贸易结转货物及凭《征免税证明》转内销货物，其对应的备案号应填报在"关联备案"栏。

④与本报关单有关联关系的，同时在业务管理规范方面又要求填报的报关单号，应填报在"关联报关单"栏。加工贸易结转类的报关单，应先办理进口报关，并将进口报关单号填入出口报关单的关联报关单号栏。

3. 本栏目填制的注意事项

本栏目的填写内容较多，因此应记住填写范围。

二、报关单表体各栏目的填报

在47个栏目中，后15个栏目为表体，用于描述每项商品的情况。

（三十四）项号

1. 定义

报关单中的商品排列序号和加工贸易手册中的项号。

2. 填报要求

（1）本栏目分两行填报及打印。第一行打印报关单中的商品排列序号。第二行专用于加工贸易等已备案的货物，填报和打印该项货物在《加工贸易手册》中的项号。

（2）加工贸易合同项下进出口货物，必须填报与《加工贸易手册》一致的商品项号，所填报项号用于核销对应项号下的料件或成品数量。特殊情况填报要求如下：

①深加工结转货物，分别按照《加工贸易手册》中的进口料件项号和出口成品项号填报。

②料件结转货物（包括料件，成品和半成品折料），出口报关单按照转出《加工贸易手册》中进口料件的项号填报；进口报关单按照转进《加工贸易手册》中进口料件的项号填报。

③料件复出货物（包括料件、边角料、来料加工半成品折料），出口报关单按照《加工贸易手册》中进口料件的项号填报；料件退换货物（包括料件，不包括半成品），出口报关单按照《加工贸易手册》中进口料件的项号填报。

④成品退运货物，退运进境报关单和复运出境报关单按照《加工贸易手册》原出口成品的项号填报。

⑤加工贸易料件转内销货物（及按料件补办进口手续的转内销成品、半成品、残次品）应填制进口报关单，本栏目填报《加工贸易手册》进口料件的项号。加工贸易边角料、副产品内销，本栏目填报《加工贸易手册》中对应的料件项号。当边角料或副产品对应一个以上料件项号时，填报主要料件项号。

⑥加工贸易成品凭《征免税证明》转为享受减免税进口货物的，应先办理进口报关手续。进口报关单本栏目填报《征免税证明》中的项号，出口报关单本栏目填报《加工

《贸易手册》原出口成品项号，进、出口报关单货物数量应一致。

⑦加工贸易料件、成品放弃，本栏目应填报《加工贸易手册》中的项号。半成品放弃的应按单耗折回料件，以料件放弃申报，本栏目填报《加工贸易手册》中对应的料件项号。

⑧加工贸易副产品退运出口、结转出口或放弃，本栏目应填报《加工贸易手册》中新增的变更副产品的出口项号。

⑨经海关批准实行加工贸易联网监管的企业，对按海关联网监管要求企业需申报报关清单的，应在向海关申报货物进出口（包括形式进出口）报关单前，向海关申报"清单"。一份报关清单对应一份报关单，报关单商品由报关清单归并而得。加工贸易电子账册报关单中项号、品名、规格等栏目的填制规范比照《加工贸易手册》。

优惠贸易协定项下实行原产地证书联网管理的报关单分两行填写。第一行填写报关单中商品排列序号，第二行填写对应的原产地证书上的"商品项号"。

3. 本栏目填制的注意事项

（1）一张报关单可填报5项商品，即一张报关单有5栏填报商品，而每一栏可分为上下两行填报项号。

（2）第一行项号填报报关单中的商品排列序号，即"01"至"05"的项号。

（3）第二行项号专用于加工贸易等已备案货物，填报该项货物在《加工贸易手册》中的序号。

（三十五）商品编号

1. 定义

按商品分类编码规则确定的进出口货物的商品编码。

2. 填报要求

此栏目分为商品编号和附加编号两栏，其中商品编号栏应填报《中华人民共和国海关进出口税则》8位税则号列，附加编号栏应填报商品编号附加的第9、10位附加编号。《加工贸易手册》中商品编号与实际商品编号不符的，应按实际商品编号填报。

3. 本栏目填制的注意事项

在实际通关过程中，商品编号的填制是难度最大、最影响通关效率及速度的内容。

（三十六）商品名称、规格型号

1. 定义

商品名称、规格型号是指反映商品性能、品质和规格的一系列指标，包括品名、牌名、规格、型号、成分、含量、等级、用途、功能等。

2. 填报要求

本栏目分两行填报及打印。第一行打印进出口货物规范的中文商品名称，第二行打印规格型号，必要时可加注原文。

具体填报要求如下：

（1）商品名称及规格型号应据实填报，并与所提供的商业发票相符。

（2）商品名称应当规范，规格型号应当足够详细，以能满足海关归类、审价及许可证件管理要求为准。根据商品属性，本栏目填报内容包括：品名、牌名、规格、型号、成分、含量、等级、用途、功能等。

（3）加工贸易等已备案的货物，本栏目填报录入的内容必须与备案登记中同项号下货物的名称与规格型号一致。

（4）对需要海关签发《货物进口证明书》的车辆，商品名称栏应填报"车辆品牌＋排气量（注明 cc）＋车型（如越野车、小轿车等）"。进口汽车底盘可不填报排气量。车辆品牌应按照《进口机动车辆制造厂名称和车辆品牌中英文对照表》中"签注名称"一栏的要求填报。规格型号栏可填报"汽油型"等。

（5）同一收货人使用同一运输工具同时运抵的进口货物应同时申报，视为同一报验状态，据此确定其归类。成套设备、减免税货物如需分批进口，货物实际进口时，应按照实际报验状态确定归类。

（6）加工贸易边角料和副产品内销，边角料复出口，本栏目填报其报验状态的名称和规格型号。属边角料、副产品、残次品、受灾保税货物且按规定需加以说明的，应在本栏目中填注规定的字样。

3. 本栏目填制时注意事项

本栏目分两行填报。第一行填报进（出）口货物规范的中文商品名称，第二行填报规格型号、必要时可加注原文。

（三十七）数量及单位

1. 定义

数量及单位是指进出口商品的实际数量及计量单位。

2. 填报要求

本栏目分三行填报及打印。具体填报要求如下：

（1）进出口货物必须按海关法定计量单位填报，法定第一计量单位及数量打印在本栏目第一行。

（2）凡海关列明第二计量单位的，必须报明该商品第二计量单位及数量，打印在本栏目第二行。无第二计量单位的，本栏目第二行为空。

（3）成交计量单位及数量应当填报并打印在第三行。

（4）法定计量单位为"千克"的数量填报，特殊情况下填报要求如下：

①装入可重复使用的包装容器的货物，按货物的净重填报，如罐装同位素、罐装氧气及类似品等，应扣除其包装容器的重量。

②使用不可分割包装材料和包装容器的货物，按货物的净重填报（即包括内层直接包装的净重重量），如采用供零售包装的酒、罐头、化妆品及类似品等。

③按照商业惯例以公量重计价的商品，应按公量重填报，如未脱脂羊毛、羊毛条等。

④采用以毛重作为净重计价的货物，可按毛重填报，如粮食、饲料等价格较低的农副产品。

⑤成套设备、减免税货物如需分批进口，货物实际进口时，应按照实际报验状态确定数量。

⑥根据 H. S. 归类规则，零部件按整机归类的，法定第一数量填报"0.1"，有法定第二数量的，按照货物实际净重申报。

⑦具有完整品或制成品基本特征的不完整品、未制成品，按照 H.S. 归类规则应按完整品归类的，申报数量按照构成完整品的实际数量申报。

（5）加工贸易等已备案的货物，成交计量单位必须与《加工贸易手册》中同项号下货物的计量单位一致，加工贸易边角料和副产品内销、边角料复出口，本栏目填报其报验状态的计量单位。

3. 本栏目填制的注意事项

（1）本栏目分 3 行填报。第一行填写"法定第一计量单位"；第二行填写"法定第二计量单位"；第三行填写"实际成交计量单位"。

（2）计量单位为重量的应填写净重，而非毛重。

（三十八）原产国（地区）/最终目的国（地区）

1. 定义

原产国（地区）指进口货物的生产、开采或加工制造国家（地区）。

最终目的国（地区）指已知的出口货物的最终实际消费、使用或进一步加工制造国家（地区）。

2. 填报要求

（1）本栏目应按海关规定的《国别（地区）代码表》选择填报相应的国家（地区）名称或代码。

（2）加工贸易报关单特殊情况填报要求如下：

①料件结转货物，出口报关单填报"中国"（代码0142），进口报关单填报原料件生产国。

②深加工结转货物，进出口报关单均填报"中国"（代码0142）。

③料件复运出境货物，填报实际最终目的国；加工出口成品因故退运境内的，填报"中国"（代码0142），复运出境时填报实际最终目的国。

④加工贸易转内销时，最终目的国（地区）需区分两种情况：料件内销时，原产国（地区）按料件的生产国（即料件进口时的原产国）填报；加工成品转内销时，填报"中国"（代码0142）。

⑤料件内销货物，属加工成品、半成品、残次品、副产品状态内销的，进口报关单本栏目均填报"中国"（代码0142）。属剩余料件状态内销的，进口报关单填报原料件生产国。

3. 本栏目填制的注意事项

进口报关单填原产国（地区），出口报关单填最终目的国（地区）。

（三十九）单价

1. 定义

同一项号下进出口货物实际成交的商品单位价格。

2. 填报要求

（1）本栏目应填报同一项号下进出口货物实际成交的商品单位价格。

（2）海关估价时，应在 H2000 通关系统"海关单价"栏修改。

（3）无实际成交价格的，本栏目填报货值。

3. 本栏目填制的注意事项

本栏目应填写同一项号下进出口货物实际成交的商品单件价格。

无实际成交价格的，应填报货值。

（四十）总价

1. 定义

总价是指进出口货物实际成交的商品总价。

2. 填报要求

（1）本栏目应填报同一项号下进出口货物实际成交的商品总价。

（2）海关估价时，应在 H2000 通关系统"海关总价"栏修改。

（3）无实际成交价格的，本栏目填报货值。

3. 本栏目填制的注意事项

（1）本栏目可根据发票中相关英文来查找实际成交的商品总价。

（2）无实际成交价格的，应填报货值。

（四十一）币制

1. 定义

币制是指进出口货物实际成交价格的币种。

2. 填报要求

本栏目应根据实际成交情况，按海关规定的《货币代码表》选择填报相应的货币名称或代码，如《货币代码表》中无实际成交币种，需转换后填报。

3. 本栏目填制的注意事项

币制一般在发票的单、总价中均有体现。

（四十二）征免

1. 定义

征免是指海关对进出口货物进行征税、减税、免税或特案处理的实际操作方式。

2. 填报要求

（1）本栏目应按照海关核发的《征免税证明》或有关政策规定，对报关单所列每项商品选择填报海关规定的《征减免税方式代码表》中相应的征减免税方式。

（2）加工贸易报关单应根据《加工贸易手册》中备案的征免规定填报。

（3）《加工贸易手册》中备案的征免规定为"保金"或"保函"的，不能按备案的征免规定填报，而应填报"全免"。

3. 本栏目填制的注意事项

（1）"征免方式"注意不要和"征免性质"栏目内容混淆。

（2）对出口法定零税率的"一般贸易"货物，"征免"栏应填报"照章征税"，而不是"全免"。

（四十三）税费征收情况

1. 定义

进（出）口货物税费征收及减免情况。

2. 填报要求

本栏目供海关批注进（出）口货物税费征收及减免情况。

3. 本栏目填制的注意事项

本栏目供海关批注进（出）口货物税费征收及减免情况。非报关员所填写。

（四十四）录入员

1. 定义

录入员是指预录入操作的人员。

2. 填报要求

用于记录预录入操作人员的姓名并打印。

3. 本栏目填制的注意事项

本栏目用于记录预录入和 EDI 报关单，打印录入人员的姓名。非报关员所填写。

（四十五）录入单位

1. 定义

录入单位是指打印单证数据报关单的录入单位。

2. 填报要求

本栏目用于记录并打印电子数据报关单的录入单位名称。

3. 本栏目填制的注意事项

本栏目用于记录并打印电子数据报关单的录入单位名称。非报关员所填写。

（四十六）申报单位

1. 定义

申报单位是指对申报内容的真实性直接向海关负责的企业或单位。

2. 填报要求

（1）自理报关的，应填报进（出）口货物的经营单位名称及编码；委托代理报关的，应填报经海关批准的报关企业名称及编码。

（2）本栏目还包括报关单左下方用于填报申报单位有关情况的相关栏目，包括报关员、报关单位地址、邮政编码和电话号码等栏目。

3. 本栏目填制的注意事项

本栏目用于对申报内容的真实性直接向海关负责的企业或单位。

（四十七）填制日期

1. 定义

填制日期是指报关单的填制日期。电子数据报关单的填制日期由计算机自动生成。

2. 填报要求

（1）在 H883/EDI 通关系统中，本栏目为 6 位数，顺序为年、月、日各 2 位。

（2）在 H2000 通关系统中，本栏目为 8 位数字，顺序为年（4 位）、月（2 位）、日（2 位）。

3. 本栏目填制的注意事项

本栏目填写报关单的填制日期。

（四十八）海关审单批注栏

1. 定义

本栏目是指供海关内部作业时签注的总栏目。

2. 填报要求

（1）由海关关员手工填写在预录入报关单上。

其中"放行"栏填写海关对接受申报的进出口货物做出放行决定的日期。

（2）本规范所述尖括号（〈〉）、逗号（,）、连接符（一）、冒号（:）等标点符号及数字都必须使用非中文状态下的半角字符。

3. 本栏目填制的注意事项

本栏目是指供海关内部作业时签注的总栏目，由海关关员手工填写在预录入报关单上。非报关员填写。

三、报关单填制的重点与难点

报关单既是海关对进出口货物进行监管、征税、统计以及开展稽查和调查的重要依据，又是加工贸易进出口货物核销以及出口退税和外汇管理的重要凭证，也是海关处理进出口货物走私、违规案件及税务、外汇管理部门查处骗税和套汇犯罪活动的重要书证。因此，申报人对报关单所填写的真实性和准确性要承担法律责任。海关对违章、走私行为的申报人除依法处理外，还将根据违法行为的情节轻重，在一定时期内停止其报关业务，吊销有关报关员的证书。

（一）报关单填制的重点

报关单的填报必须真实，做到两个相符：单证相符，报关单中所列各项与合同、发票、装箱单、提单以及批文等相符；单货相符，报关单中所列各项申报内容与实际进出口货物情况相符，特别是货物的品名、规格型号、数（重）量、原产国、价格等内容必须相符、真实，不允许有伪报、瞒报或虚报等情况存在。

报关单填报的项目要准确、齐全、字迹要清楚、整洁、端正；电脑预录入的报关单，其内容必须与报关单录入凭单完全一致，一旦发现有异，应及时提请录入人员重新录入。

向海关申报的进出口货物报关单，事后由于各种原因而出现实际进出口货物与原来填报的内容不一致时，须立即向海关办理更正手续，填写报关单更正单。

海关接受申报后，报关单及其内容不得修改或者撤销；确有正当理由的，经海关同意，方可修改或者撤销。

（二）报关单填制的难点

报关员必须熟练、准确地填报报关单。

1. 辨别易混淆栏目

报关单的内容由47个栏目组成，其中有些栏目比较容易混淆，辨清这些易混淆栏目将有助于掌握正确的填制规范。

（1）涉及号码的栏目：报关单中有近10个涉及号码的栏目，其中备案号、批准文号和许可证号这3个栏目极易混淆。

（2）涉及日期的栏目：报关单中有进口日期/出口日期、申报日期、填制日期3个栏目，其中要清楚前两个栏目的关系。进口货物时，进口日期一般早于申报日期；出口货物时，出口日期一般晚于申报日期，而且进口日期/出口日期一栏要填报运载所申报货物的运输工具进境或办结出境手续的日期。

（3）涉及单位的栏目：报关单中有经营单位、收货单位/发货单位、申报单位和录入单位4个栏目，其中前3个栏目的内容有时是完全一致的。

（4）涉及国家（地区）的栏目：报关单中有启运国（地区）/运抵国（地区）和原产国（地区）/最终目的国（地区）这两个栏目，有时这两栏的内容是一致的。

2. 运用恰当的报关单填报顺序

若有已知的单证资料，填一张空白报关单，填报的基本顺序是：逐一查看已知的原始单证，在原始单证上看到一个统计指标，立即填在报关单上。然后，将原始单证上不易找出来的指标，如贸易方式、征免性质等，根据其逻辑关系确定后进行填写。

（1）报关单上的多数栏目信息如备案号、毛重、运输方式等，可直接从已知的原始单证中获得，但少数栏目的信息，如贸易方式、征免性质、用途等不易直接获得。

（2）就贸易方式一栏而言，较难准确填写。因为，从海关规定的《贸易方式代码表》来看，目前涉及的贸易方式有近90种，而且为适应海关监管的要求，贸易方式的数量还在不断增加，不过贸易实践中常用的贸易方式只有十几种，其中以"一般贸易"居多。贸易方式这栏的信息可从备案号一栏获得。

3. 注意报关单的检查和修改

在第一次填完报关单后，应对所填的报关单进行检查和修改，这项工作可从以下几个方面着手：

（1）各栏目的填报是否规范。

（2）各栏目的内容是否完整。

（3）各栏目的内容是否空缺。

（4）依据各栏目的逻辑关系，推断有关栏目的正误。

四、报关单填制与差错实例

（一）报关单填制实例

进出口货物报关单的填制是一项十分严肃的工作，必须认真对待。为使大家熟练地掌握报关单填制的基本技能，现分别列举进口、出口货物报关单填制实例如下。

1. 进口货物报关单的填制

实例1：中国中福实业总公司代码：131039150092；收货人同经营单位；特定商品进口登记证明：3100—00—00111，代码：7；预录入编号：107039381；该批货物于2008年8月20日进口，于8月23日由经营单位自行向大连新港海关申报，并表示该货即运往黑龙江省五大连池军垦农场使用。货物为裸装，装入集装箱，箱号为：UXXU425916—9。请填制一份进口货物报关单。

填制说明：

进口口岸：在发票、装箱清单和提单中已注明目的港，即货物的进口口岸为新港海关；

备案号：空；

进口日期：在资料中已注明 2008 年 8 月 20 日进口；

申报日期：在资料中已注明于 2008 年 8 月 23 日向海关申报；

经营单位：在资料中已说明经营单位为中国中福实业总公司，经营单位代码为：131039150092；

运输方式：在发票等单证已注明：TRADEWORLDERVOY.9704 意为船舶名称与编号，说明运输方式为海运；

运输工具名称：在发票及提单已表明为：TRADEWORLDERVOY.9704；

提运单号：根据海运提单号为：OSSH—1360；

收货单位：在资料中已说明收货单位同经营单位，为中国中福实业总公司；

贸易方式：贸易方式为一般贸易；

征免性质：贸易性质为一般贸易，应填"一般征税"；

征税比例：空；

许可证号：空；

起运国：在发票中显示 Shipped from OSAKA（大阪），JAPAN To Dalian，China，故日本为起运国；

装货港：依据同上；

境内目的地：按填制规范，收货单位所在地就是境内目的地，但如果已知进口货物在国内的消费、使用地或最终运抵地的，则应填其最终运抵地，故填报为黑龙江省五大连池军垦农场；

批准文号：应填写进口付汇核销单编号，但资料中未显示，故可不填写；

成交方式：应填实际成交方式。在发票中的 Unit Price 栏显示成交方式为：CIF DALIAN，故该栏应填为 CIF；

运费：空；

保费：空；

杂费：资料中未显示有杂费，故可不填写；

合同协议号：在发票的 ShippingMark 栏中已显示合同号为 97SL—14936JP，故应将其填在合同协议号栏；

件数：应填写货物外包装数量，在装箱单的 Mark&NO 中已显示共有 2 件，故件数应为 2；

包装种类：应填"裸装"或为"空"；

毛重：装箱单中 G/Weight 表示毛重，故应填 3584kg（千克）；

净重：装箱单中 N/Weight 表示净重，故应填 3584kg（千克）；

集装箱号：在提单（B/L）中已显示 Container No. 为：UXXU425916—9，并且该集装箱为 40'（应转换为 2 个标准箱）故该栏应填报为：UXXU425916—9 并 1（2）；

随附单据：根据填写规范应填写海关监管证件的代码，在发票的备注栏中已注明特定商品进口登记证明，应填"7"；

用途：因为该商品一般不会由该单位自用，可通过了解填为"外贸自营内销"，这与境内目的地栏的内容在逻辑上保持一致；

标记唛码及备注：根据规范，应包括标记中除图案外所有的文字、字符，故应将 Shipping Mark 中的内容全部填在此栏；

项号：根据规范要求，对单一商品填报 01；

商品编号：应为 8 位数编码，在提示中已 HSCODE 为：8433.5100；

商品名称：根据发票中对货物的描述，显示商品应为联合收割机及附件，并将英文附上；

数量及单位：根据规范应按照法定的计量单位填写。在发票中已说明，法定计量单位为台，故应将台数填写在数量一栏的第一行；

原产国：在发票中标记栏中已显示 MADE IN JAPAN，故原产国为日本；

单价：应填写实际成交的单价。在发票中显示该项商品及附件的单价为：US$ 22400；

总价：应填写实际成交的总价，在发票中显示总价为 US$ 44800；

币制：发票中显示为 US$，即 USD；

征免：根据填写规范，一般贸易进口对应的征免方式为照章征税，故应填"照章 (1)"。

2. 出口货物报关单的填制

实例 2：上海兰生股份有限公司编码为：3109915020；生产、发货单位为上海虹口区上海服装厂；该货于 2008 年 10 月 26 日向上海浦江海关办理报关手续，于 10 月 28 日离境；核销单为：2346386；HSCODE 62114300；计量单位：件/千克；出口配额证号：1019453，代码为 G；预录入号：527677365。请填制一份出口货物报关单。

填制说明：

出口口岸：在提示中说明向浦江海关申报；

备案号：空；

出口日期：在资料的提示中说明于 2008 年 10 月 28 日出口；

申报日期：在资料的提示中说明于 2008 年 10 月 26 日向海关申报；

经营单位：在发票中已注明经营单位为上海兰生股份有限公司，经营单位的代码为 3109915020；

运输方式：在发票中注明 VESSELHANJINDALIAN/014E 即船运，应填江海运输；

运输工具名称：根据填制规范，海运在运输工具一栏应填写船名航次，在发票的 VES—SEL 栏即是船名航次：HANJINDALIAN/014E；

提运单号：装箱单上已经显示 B/LNOKOSHE 867431；

发货单位：发票上已提示，发货单位为上海服装厂，故应填上海服装厂；

贸易方式：根据经营单位的性质，其贸易方式应为"一般贸易"；

征免性质：出口无税，但依然需填"一般征税"；

结汇方式：为信用证，故填之；

许可证号：根据规范，只有出口需申领出口许可证的商品才能填写本栏目。资料中未显示有许可证号，仅显示该商品的出口配额证号，故不应填写；

运抵国：在发票中显示为德国，故德国为运抵国；

指运港：目的地为 HAMBURG，即汉堡；

境内货源地：境内货源地包括发货单位所在地。资料中显示发货与生产单位一致，在上海虹口区，故填上海虹口区；

批准文号：应填写外汇核销单编号，资料中显示为：2346386；

成交方式：应填实际成交方式。资料中显示成交方式为 FOBSHANGHAI，故该栏目应填 FOB；

运费：根据规范，出口以 FOB 方式成交的，此栏为空；

保费：同上；

杂费：资料中未显示有杂费，故无须填写；

合同协议号：在发票中显示为 SBG342834；

件数：应填写货物外包装数量。在发票中的数量与品名栏中已显示有 22 个纸箱，故件数为 22；

包装种类：根据装箱单应填写为纸箱；

毛重：装箱单中 GW 即表示毛重，故应填 308kg；

净重：装箱单中 NW 即表示净重，故应填 220kg；

集装箱号：只有运输采用集装箱，才有集装箱号。资料中未显示有集装箱运输，故不存在集装箱号，应填 0；

随附单据：根据规范应填写监管证件的代码，资料中显示有出口配额证号，故应填出口配额证明的代码"G"；

生产厂家：资料中显示生产与发货单位一致，故此栏应填上海服装厂；

标记唛码及备注：根据规范应包括标记中除图案外的所有文字、字符，故唛头及号码栏的所有内容均应填写在此栏。同时，如有监管证件，还应将监管证件的编码写在此栏。故出口配额证号：1019453 应填此栏；

项号：根据规范，按其顺序填写；

商品编号：应为 8 位数编码，在资料提示中为 HSCODE 为 62114300；

商品名称：根据发票中对货物的描述显示商品为"女背心"，同时应将显示的英文名称及规格填写在此栏目；

数量及单位：根据规范应按照法定计量单位填写。在资料中显示，法定计量单位为件/千克。故应将 1734 件填为第一栏，将净重 220kg 填在第二行；

最终目的国：标记中显示该货物达到 HAMBURG GERMANY，故德国为最终目的国；

单价：应填写实际成交的单价，在发票中显示单价为 9.10；

总价：应填写实际成交的总价，在发票中显示总价为 15779.40；

币制：发票中显示为 USD（美元）；

征免：一般贸易出口为免税，但依然应填"照章"。

（二）报关单常见差错及填制范例

按照《海关法》的规定，企业应如实向海关申报，报关单填写必须真实、准确、齐全、清楚。即报关单中各项所列申报的内容与实际进出口货物情况必须相符，特别是货物的品名、规格型号、数（重）量、原产国、价格等内容必须真实。但由于各种原因，报关单的填报仍然常常存在以下差错。

1. 填制不齐全

报关单所列各栏目未按规定的内容和要求填报，经常出现漏填的情形，尤其是备案号、许可证号、征免性质、毛重等项目，影响了货物的正常通关，给海关的监督管理工作带来不便。

申报单位栏指报关单左下方用于填写申报单位及其地址、邮编、电话和录入员等有关情况的总栏目，由申报单位的报关员填写，然而报关员经常疏漏不填。

2. 填制不规范

填报商品名称不规范，规格型号不详细，未按海关要求填报规范的商品中文名称和详细的规格型号。如：将归入商品编号 84821000（滚动轴承）申报为"啤令"；将归入商品编号 69111010（瓷餐具）申报为"中条更"等。

规格型号不详细，如：没有注明不锈钢、钢带、不锈钢板是否冷（热）轧或其他，没有厚度和宽度等；全棉针织布未注明是否属于未漂白、漂白、染色、色织和印花等情况，等等。

3. 填制不准确

（1）商品归类不准确

将普通复印设备归入了商品编号 90091110（多色静电感光复印设备）；将稳压电源器的零配件归入"散热板"，而应归入税号 85049020。

（2）数量填报不准确

①将"千个"的数量填报成"个"的数量或将"个"的数量填报成"千个"的数量。如：按报关资料进口"磁芯电感 B"是 122.83 千个，而报关单上却填报成 122.83 个。

②将计量单位"吨"填报成"千克"，如：报关"苯乙烯"是 3008.373 吨，报关单上却填报成 3008.373 千克。

③将数量与重量混淆，将重量填报成数量，将数量填报成重量。如：将 2 台重 2000 千克的"制冷机组（冷库用）"填报成 2000 台。

④不同商品的重量颠三倒四。如：错将第二项商品"男装全棉梳织短睡裤"1300 件的重量 650 千克，填报为第一项商品"男装全棉梳织短袖睡衣"200 件的重量（原应 100 千克），结果造成"男装全棉梳织短袖睡衣"每件重 3.25 千克，合 6.5 市斤；而梳织短睡裤每件却只有约 7.7 克。

⑤第一数量与第二数量之比不合比例。如：一件"化纤针织女装有衬里长袖衫"重 5.17 千克。

（3）成交币制填报错误

①将"美元"（USD）错报成"港币"（HKD）。如：报关"混纺毛衫"申报价是 HKD1/件，实际成交价是 USD1/件。

②将"港币"（HKD）错报成"美元"（USD）。如：报关"PS 胶粒"、"聚甲醛"原来申报单价是 USD120/千克和 USD75/千克，实际单价应该是 HKD120/千克和 HKD75/

千克。

③将"日元"（JPY）错报成"美元"（USD）。如：报关"罩杯"申报价是USD3500/千克，实际成交价是JPY3500/千克。

（4）单价填报成总价错误

如：报关（446千克，USD2/千克）申报总价是USD4，单价是USD0.0044/千克，实际成交总价是USD892。

（5）总价填报成单价错误

如：报关（63千克，HKD30.9/千克）申报总价是HKD122642.10，单价是HKD1946.70/千克，实际成交总价是HKD1946.7。

（6）贸易方式（监管方式）填报错误

如：将"进料（来料）料件复出"填报为"进料（来料）料件退换"或将"退换成品、料件"填报为"进料（来料）加工"。

某些三资企业进口供加工内销产品的料件，应照章征税，其贸易方式应为"一般贸易"，有些报关员却填报为"其他"等贸易方式。

除驻华商业机构进出口陈列用样品和暂时进出口货样、广告品外，其他以任何贸易方式进出口的货样、广告品，属于有进出口经营权的企业，应填为"货样广告品A"，无进出口经营权的企业应填报"货样广告品B。而在实际报关中，经常出现填为"其他"、"其他进口免税"等情况。

（7）国别填报错误

①将"准直套管"的原产国"502"（美国）填报成"202"（安哥拉）；

②将"腈纶针织染色布"的运抵国错填报成"221（几内亚）"，由于运输方式是"汽车"，出口运抵国（地区）就不应该是"几内亚"，而应是"中国澳门"。

（8）征免方式填报错误

在报关活动中经常发现报关员将外商投资企业进口设备、加工贸易料件的征免方式错填报为"例外减免"；"科教用品"的征免性质错填为"其他法定"或"临时减免"等，甚至加工贸易料件的征免方式应为"全免"，却错填报为"照章"等。

（9）运输方式填报不正确

例如，根据贸易方式"来料深加工结转"关于运输方式填报的有关规定，运输方式填报的应该是其他（9）而不是江海运输（2）。

（10）经营单位填制错误

经常出现将外商投资企业委托外贸企业进出口货物的经营单位填为被委托单位。对代理报关进出口货物，将代理报关的企业作为经营单位填报。

第三节　其他报关单（证）的填制

其他进出口报关单（证）是指除了《填制规范》所规定的报关单格式以外，专用于特定区域、特定货物以及特定运输方式的进出境报关单（证）。它们的性质、效能及填制方式与进口货物报关单基本一致。

一、保税区进出境货物备案清单

《保税区进出境货物备案清单》（以下简称《保税区备案清单》）是海关规定的统一格式，由保税区内企业或其代理人填制，并向保税区海关提交申请货物进出保税区的法律文书，是海关依法对出、入保税区货物实施监督管理的重要凭证。

《保税区备案清单》适用于保税区从境外进口的货物，包括加工贸易料件、转口货物、仓储货物；保税区运往境外的出口货物。不包括保税区与国内非保税区之间进出口的货物，区内企业从境外进口自用的机器设备、管理设备、办公用品、以及区内工作人员自用的应税物品。

《保税区备案清单》的填制格式、内容及填制要求与报关单基本相同。

二、出口加工区进出境货物备案清单

《出口加工区进出境货物备案清单》（简称《出口加工区备案清单》）是海关规定统一格式，由出口加工区内企业或其代理人填制，并向出口加工区海关提交的申请货物运入或运离出口加工区的法律文书，是海关依法对出入出口加工区货物实施监督管理的重要凭证。

1.《出口加工区备案清单》的适用范围

（1）出口加工区实际进出境货物（简称"加工区进出境货物"）；

（2）出入加工区与国内其他地区之间的非实际进出境货物（简称"加工区进出区货物"）；对"加工区进出区货物"，区外企业除填制《出口加工区备案清单》外，尚需同时填制《进出口货物报关单》，向出口加工区海关办理报关手续。

（3）同一出口加工区内或不同出口加工区之间的企业结转（调拨）货物（简称"加工区结转（调拨）货物"）；

2.《出口加工区备案清单》的填制

《出口加工区备案清单》的填制，除个别栏目外，与报关单的填制要求相同。对《出口加工区备案清单》中的以下栏目应按下列规定、要求填报。

（1）进（出）口口岸：对加工区进出境货物，应按货物实际进出境的口岸海关名称填报；对加工区进出区货物，应填报本出口加工区海关名称；对属同一区内结转（调拨）货物，应填报对方出口加工区海关名称；对不同出口加工区之间结转（调拨）货物，应填报对方出口加工区海关名称。

（2）备案号：对出入出口加工区的保税货物，应填报标记代码为"H"的电子账册备案号；对出入出口加工区的征免税货物，应填报标记代码为"H"，第六位为"D"的电子账册备案号；对出口加工区企业的维修、测试、检验、展览及暂进出口货物运往区外的，不需填报备案号。

（3）运输方式：对加工区进出境货物，其填报与进出口报关单的要求相同；对加工区进出区的货物，应填报"Z"；对加工区结转（调拨）货物，填报"9"。

（4）运输工具名称：应填报转入方关区代码（前两位）和进口货物报关单（备案清单）号，即"转入××（关区代码）×××（进口货物报关单/备案清单号）。

三、过境货物报关单

《过境货物报关单》是指由过境货物经营人向海关递交、申请过境货物进（出）境的法律文书，是海关依法监管货物过境的重要凭证。

（一）适用范围

出境外启运，通过中国境内陆路继续运往境外的货物，均使用过境货物报关单向海关申报。

（二）栏目填写规范

（1）申报单位：受委托办理过境货物申报手续的经营单位的全称。

（2）过境运输工具及编号：载运过境货物往中国境外的运输工具的名称及编号。如汽车的车牌号码，火车的车次。

（3）地址及电话：申报单位的固定办公地址及联络电话。

（4）装货单据号：过境货物的装货单据如装载清单、载货清单的号码。

（5）进境口岸及日期：过境货物在中国的进境地点及进境日期。年、月、日均应填具。

（6）运单或提单号：依据运单或提单填具有关单据的号码。

（7）进境运输工具及编号：载运过境货物进入中国境内的运输工具的名称及编号。

（8）出境口岸：预定过境货物经海关放行，离开中国国境的地点。

（9）国际联运单据号：根据实际运输情况填具。

（10）出境日期：过境货物在中国的启运及离境的日期。年、月、日均应填具。

（11）进境地海关关封号：进境地海关编给的关封编号。

（12）出境运输工具及编号：运载过境货物离开中国国境的运输工具名称及编号，如汽车车牌号码、火车车次。

（13）标记及号码：过境货物的标记唛码。

（14）件数：同一商品编号的过境货物的件数。

（15）货名：过境货物的中文名称、规格、型号、品质、等级等。如货物或规格不止一种时，应逐项填具。

（16）商品编号：按《海关统计商品目录》的规定填具。

（17）重量：过境货物的毛重。

（18）单位（千克）：货物重量一律以千克为计量单位。

（19）价格：单项货物的价格，要注明币别。

（20）封志号：给货物加施海关关封的封志号码。

（21）总数：本批过境货物的总件数、总重量、总值均须填具。

四、进（出）境快件报关单

《进（出）境快件报关单》是指进出境快件营运人向海关提交的、申报以快件运输方式进出口货物、物品的报关单证。

《进（出）境快件报关单》的适用范围：

（1）《KJ1 报关单》适用于 A 类快件，包括按海关现行法规规定予以免税的无商业价值的文件、资料、单证、票据。

（2）《KJ2 报关单》适用于海关现行法规规定限值内予以免税的物品。

（3）《KJ3 报关单》适用于超过海关现行法规规定限值，但不超过人民币 5000 元的应税物品；但国家法律和行政法规限制进出口的、配额管理的商品除外。

（4）除上述 1~3 以外的快件，均按一般进出口货物报关的规定办理。

五、暂准进口单证册

《暂准进口单证册》（以下简称《ATA 单证册》）是指由世界海关组织通过的《货物暂准进口公约》及其附约 A 和《关于货物暂准进口的 ATA 单证册海关公约》中规定的，用于替代各缔约方海关暂准进出口货物报关单和税费担保的国际统一通用的海关报关单证。

由于我国目前只加入了展览品暂准进口使用《ATA 单证册》的有关国际公约，因此，我国目前只接受属于展览品范围的《ATA 单证册》。有关单位向海关递交《ATA 单证册》时，应递交中文或英文填报的《ATA 单证册》。如递交英文时，应提供中文译本；用其他文字填写的，必须同时递交忠实于原文的中文或英文译本。

六、进（出）口转关运输货物申报单

（一）含义

《进（出）口转关运输货物申报单》是指进出口货物的收发货人或其代理人向海关递交的申请办理转关运输、货物进出境通关手续的报关单证。

所谓"转关运输"，是指进出口货物在海关监管下，从一个海关运至另一个海关办理某项海关手续的行为。

（二）分类

1. 进口转关货物

进口转关货物是指由进境地入境向海关申请转关，运往另一设关地点办理进口海关手续的货物。

2. 出口转关货物

出口转关货物是指在启运地已办理出口海关手续，运往出境地，由出境地海关监管货物的放行。

3. 境内转关货物

境内转关货物是指从境内一个设关地点运往另一个设关地点，需经海关监管的货物。

（三）适用范围

在启运地已办理出口海关手续后运往出境地，由出境地海关监管放行的货物，均适用此单向海关申报。

（四）栏目填写规范

（1）申报人：办理出口货物转关申报手续的发货人或其代理人的全称。

（2）电话：申报人的联络电话号码。

（3）地址及邮政编码：申报人的固定的办公地址及邮政编码。

（4）发货人：执行货物出口合同的中国境内发货人全称。

（5）电话：发货人的联络电话。

（6）发货地点及编号：货物的第一启运地，以及按《海关统计商品目录》填写货物的商品编码。

（7）运输工具：载运货物至出境地海关的运输工具名称（汽车填车牌号码，铁路运输填车次）。

（8）启运日期：运载货物的运输工具在启运地海关的出发时间。

（9）预计运抵口岸日期：按合理的直接路线计算所需的运抵出境口岸的时间。

（10）集装箱号：载运货物的集装箱箱体号码。如有多个集装箱的，应逐一填报。

（11）规格：集装箱的外形尺寸。如不止一种规格，应分别填明。

（12）数量：运载本批货物的集装箱总数。

（13）承运单位及司机代号：负责经营货物转关运输的经营单位名称及由海关编给司机的代码。

（14）电话：承运单位的联络电话号码。

（15）出境口岸：预定的货物经海关放行，出境的最后一个关境口岸的名称。

（16）商品编码：按《海关统计商品目录》的规定填写货物所属的商品编码。

（17）件数包装式样：货物的总箱数或件数。包装式样指袋、箱、捆、包、桶等。如有多种包装，要分别填报。

（18）货名及规格：货物的中文全称和详细规格。如货物或规格不止一种时，应分别填报。

（19）数量：货物的数量和计量单位。如货物或规格不止一种时，应分别填报。

（20）重量：货物的重量。应注明毛重或净重。

（21）成交价格：出口合同订明的货物成交价格和价格条款，并应注明币别。

（22）承运人签字盖章：经营货物运输的公司在此栏签字盖章。

（23）申报人签字盖章：办理出口货物转关申报手续的发货人或其代理人在此栏签字盖章。

第四节　企业商品信息普通报关单录入规范

根据海关总署相关要求，海关数据中心在 2009 年 1 月 12 日打开了报关单商品规范申报的控制开关，此控制开关打开后，企业在录入报关单商品信息时需要按照要求规范填写商品的规格型号。

一、一般报关单的规范申报

企业录入普通报关单时（不需要调用备案数据）需遵从以下录入规范。

（一）规格型号字段的录入

企业录入表头信息完毕，录入表体商品名称，预录入系统要求企业选择商品编号及附加码，企业选择完毕后，如果该商品要求进行规范申报，则系统自动跳出商品规范申报的录入框，要求企业录入商品规格型号的申报要素（如图 8-1 所示）。

如果该商品不要求进行规范申报，则企业可以自行在规格型号字段录入相关内容。

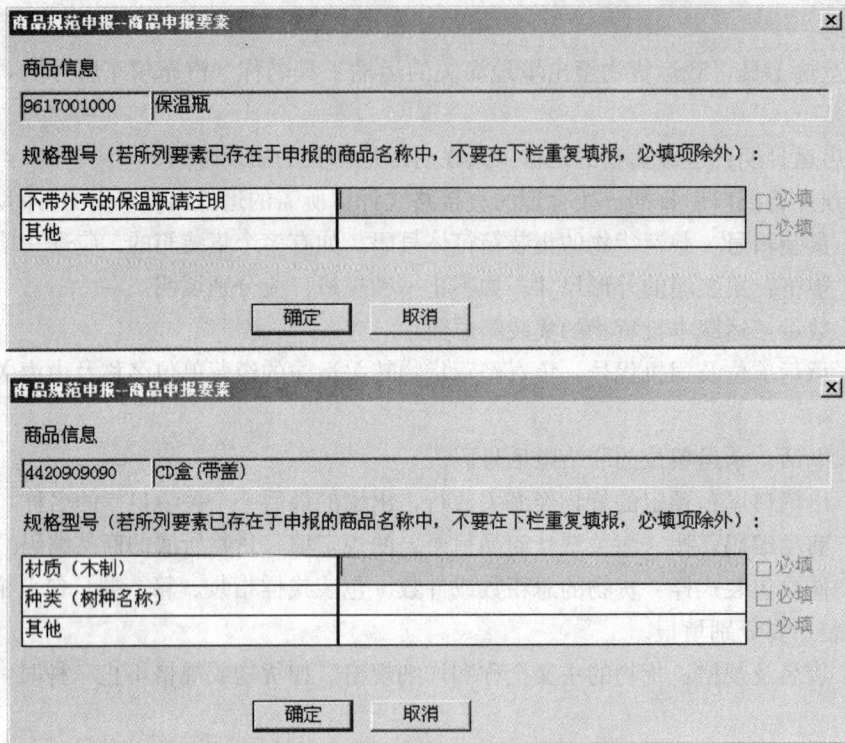

图 8-1 商品规范申报——商品申报要素界面

在"商品规范申报——商品申报要素"界面内，显示商品的商品编号＋附加码及其对应的商品名称，并显示该商品要求申报的申报要素，企业需按照主管海关的要求进行填写。如果申报要素栏目后面的"必填"选项前方的方框内打勾，说明此申报要素为必填；如果没有打勾，该申报要素则可以不填。系统会根据关税司提供的数据，设定商品申报要素是否为必填。

根据商品编号的不同，要求企业填写的规格型号的申报要素数量也不同，例如商品"保温瓶 9617001000"需要填写 1 条申报要素，商品"CD 盒 4420909090"需要填写 2 条申报要素（如图 8-2 所示）。

企业录入规格型号后点击确定，系统自动将企业录入内容填至报关单界面内的规格型号字段内，并用";"将各申报要素隔开。

点击取消，则回到填写商品编码及附加编号的步骤，企业需重新填写。

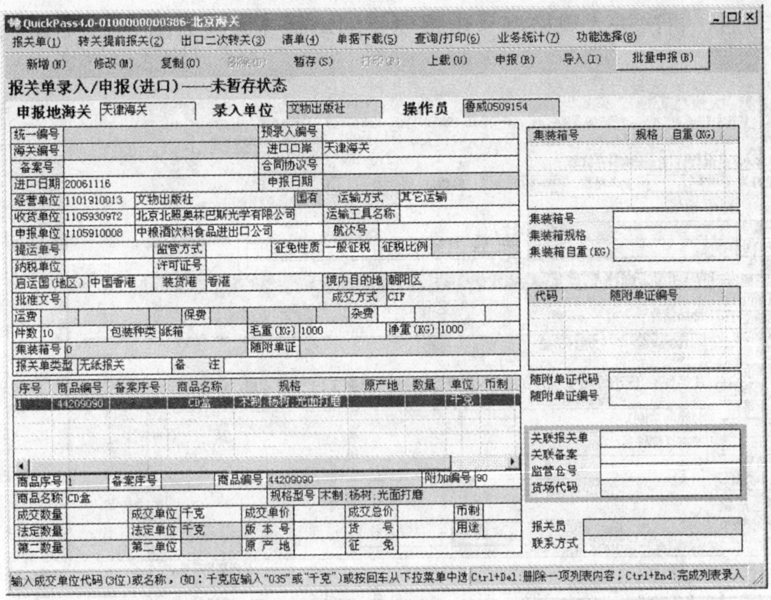

图 8-2 报关单录入——申报规格型号界面

（二）规格型号字段的变更

企业如发现规格型号录入错误，需要变更该字段，可以使用以下方法变更规格型号。

企业调出需要变更规格型号的商品，在商品名称字段，右键点击"归类"，系统要求用户重新填写商品编号及附加编号。

如果企业录入的商品不要求进行规范申报，则可以直接在规格型号字段内进行修改（如图 8-3 所示）。

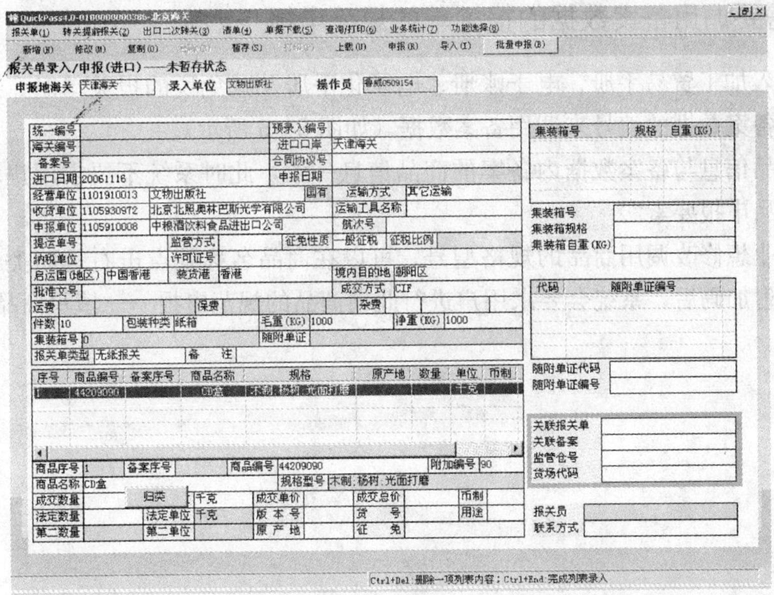

图 8-3 报关单录入——申报规格型号修改界面

重新填写后，再次进入规格型号申报要素的填写界面（如图 8-4 所示）。

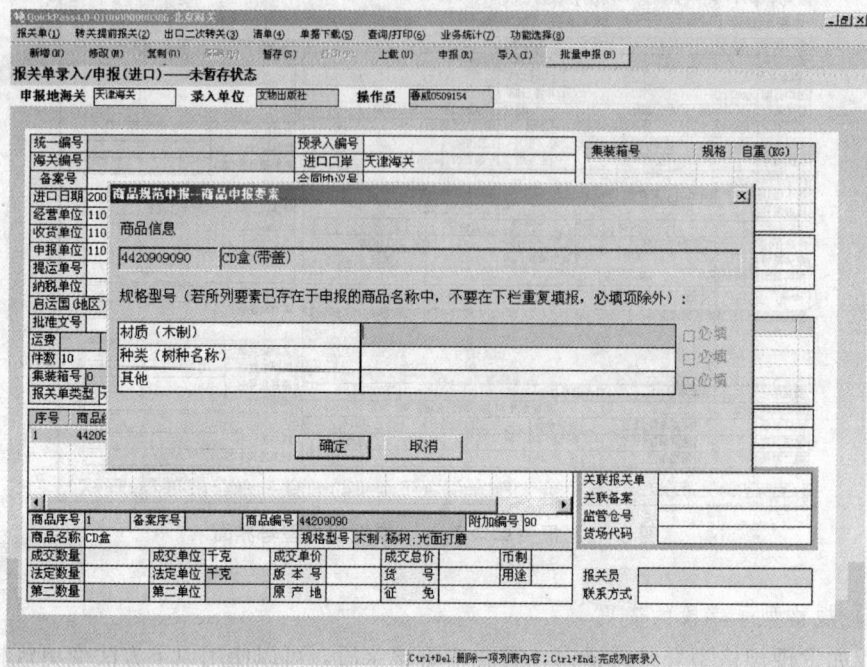

图 8-4　报关单录入——修改规格型号界面

修改后可以点击确认，系统自动反填新的商品申报要素至规格型号字段内；点击取消，则回到报关单录入界面，规格型号内容不会变更。

二、需要调用备案数据的报关单的规范申报

企业录入加工贸易手册、电子账册、电子化手册及减免税的报关单时，通过在备案号字段输入备案数据的编号来调用备案数据（如图 8-5 所示）。

调用商品信息与备案数据内备案的商品信息一致，此时系统不要求用户填写"规范申报——商品申报要素"。

如果企业想修改调用商品的规格型号，可以在商品名称处点击右键归类，重新填写商品编号和附加码后，系统会要求用户进行此项商品的规范申报——填写商品申报要素。

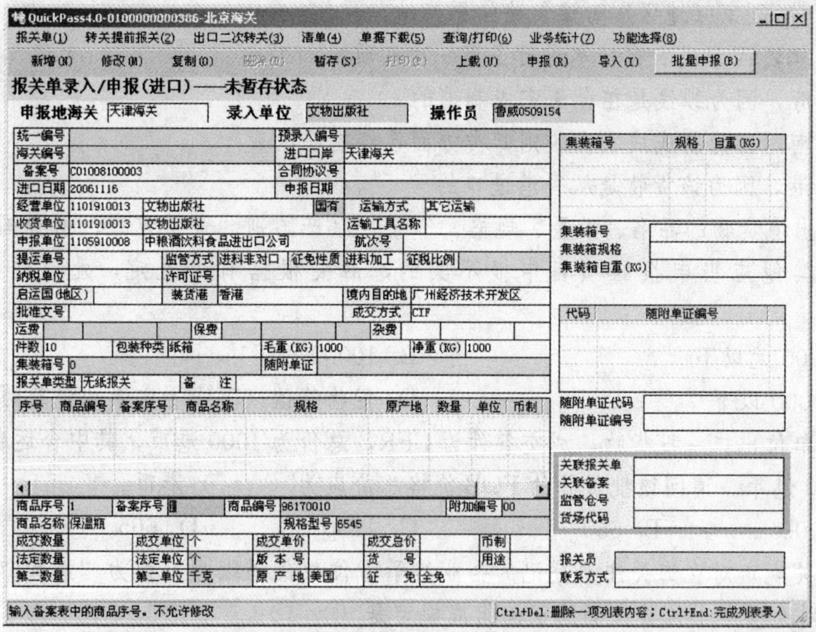

图 8-5　报关单录入备案号数据录入

本章小结

　　进出口货物报关单是办理货物进出口报关手续的主要单证。通过本章学习，可以让学生在掌握如何准确、完整、规范地填制进出口货物报关单的基本步骤的前提下，完成其他报关单证填制的主要业务流程。培养学生较好地领悟报关员从事报关业务所必备的基本技能。

复习思考题

一、单选题

1. 某进出口公司向某国出口 500 吨散装小麦，该批小麦分装在一条船的三个船舱内，海关报关单上的"件数"和"包装种类"两个项目的正确填报应是（　　）。

A. 件数为 500 吨，包装种类为"吨"　　B. 件数为 1，包装种类为"船"

C. 件数为 3，包装种类为"船舱"　　　　D. 件数为 1，包装种类为"散装"

2. 我国某进出口公司从香港购进一批 SONY 牌电视机，该电视机为日本品牌，其中显像管为韩国生产，集成电路板由新加坡生产，其他零件均为马来西亚生产，最后由韩国组装成整机。该公司向海关申报进口该批电视机时，原产地应填报为（　　）。

A. 日本　　　　　B. 韩国　　　　　C. 新加坡　　　　D. 马来西亚

3. 在台湾纺成的纱线，运到日本织成棉织物，并进行冲洗、烫、漂白、染色、印花。上述棉织物又被运往越南制成睡衣，后又经香港更换包装转销我国。我国海关应以下列（　　）国家（地区）为该货物的原产地。

A. 日本，因为成衣在日本进行了第一次实质性加工

B. 台湾，因为纱线是在台湾完成制造的

C. 越南，因为制成成衣在税则归类方面已经有了改变

D. 香港，因为该货物是从香港进口的

4. 进出境货物的品名、数量、规格、价格、原产国别、贸易方式、消费国别、贸易国别或者其他应当申报的项目申报不实的，海关根据有关规定，处以罚款的数额是（　　）。

A. 1000 元以下

B. 10000 以下

C. 50000 以下

D. 货物等值以下或者应缴纳税款两倍以下

5. 某单位出口一批货物，成交条件为 CFR，总价为 1000 港币，其中含运费5%，销售佣金300港币。请问该批货物的 FOB 价格总价应为（　　）港币。

A. 1000　　　　B. 650　　　　C. 1250　　　　D. 665

6. 海关规定对在海关注册登记的企业给予十位数代码编号，称为"经营单位代码"。请指出下列选项中十位数代码的正确组成规定是（　　）。

A. 地区代码，企业性质代码和顺序代码

B. 企业详细地址代码，特殊地区代码，企业性质代码和顺序代码

C. 企业所在省、直辖市代码，特殊地区代码，企业性质代码和顺序代码

D. 企业所在省、直辖市代码及省辖市、县、计划单列市、沿海开放城市代码，企业性质代码，特殊地区代码和顺序代码

7. 某机械进出口公司从日本进口"联合收割机"10台并同时进口部分附件，分装30箱装运进口。在向海关申报时，进口货物报关单附有发票、装箱单、海运提货单各一份，发票注明每台单价为 CIF 上海 USD22400，总价为 USD224000，附件不另计价。据此，进口货物报关单的有关栏目应分别填写为（　　）。

A. 成交方式：CIF

B. 件数：30

C. 商品名称：联合收割机及其附件　　D. 原产地：日本116

E. 单价：22400

二、多项选择题

1. 在填报报关单"总价"项目时，下列叙述正确的是（　　）。

A. "一般贸易"货物应按合同上订明的实际价格填报

B. 退运进口的出口货物，应按该货物原出口价格填报

C. 免费赠送的货样、广告品，可以免予填报

D. 来料加工项下的成品出口时，只需填报工缴费

2. 下列（　　）可以作为经营单位进行填报。

A. 对外签订合同但并非执行合同的单位

B. 非对外签订合同但具体执行合同的单位

C. 委托外贸公司对外签订并执行进口投资设备合同的外商投资企业

D. 接受并办理进口溢卸货物报关纳税手续的单位

3. 我国某进出口公司（甲方）与新加坡某公司（乙方）签订一出口合同，合同中订明，甲方向乙方出售 5000 件衬衫，于 1998 年 4 月 10 日在上海装船，途经香港运往新加坡。在签订合同时，甲方得知乙方还要将该批货物从新加坡运往智利。根据上述情况填写报关单时，以下（　　）填写不正确。

　　A. 运抵国（地区）为"香港"，最终目的国（地区）为"新加坡"

　　B. 运抵国（地区）为"新加坡"，最终目的国（地区）为"智利"

　　C. 运抵国（地区）为"香港"，最终目的国（地区）为"智利"

　　D. 运抵国（地区）为"智利"，最终目的国（地区）为"智利"

4. 在填制报关单时，海关根据进出口商品的不同情况，对商品数量的填报做出了一些规定，下列（　　）规定是符合海关规定的。

　　A. 规范的数量和单位，应以海关统计商品目录上规定的数量和单位填写

　　B. 与海关规范的数量和单位不一致的实际成交的数量和单位也填在报关单上

　　C. 不能把整机和零件的数量加在一起填报数量

　　D. 不能把类似"一卷"、"一箱"、"一捆"等较笼统的数量和单位填在报关单上

5. 某公司从日本进口联合收割机 10 台及部分附件，分装 30 箱，发票注明每台单价为 CIF Shanghai US＄22400，总价为 US＄22400，附件不另计价格。进口货物报关单以下栏目填报正确的为：（　　）。

　　A. 成交方式：海运　　　　　　　　　　B. 件数：30

　　C. 商品名称：联合收割机及附件　　　　D. 单价：22400

6. 在下列叙述中，符合和原产地规则中的实质性改变标准的是（　　）。

　　A. 货物经过加工后，在海关进出口税则的税号四位数一级的税则号列已经有了改变

　　B. 货物经过加工后，增值部分占新产品总值的比例已经达到 30％及以上的

　　C. 经重新包装整理后的货物

　　D. 经重新筛选并重新包装的货物

7. 某进出口公司报关员在制作一份进口报关单时，在"标记唛码及备注"栏目内添入了以下内容，以下（　　）是正确的。

　　A. NO MARK 字样　　　　　　　　　　B. 付汇核销单编号

　　C. 商检证 1 份及其编号　　　　　　　　D. 进料加工合同共 2 本手册及全部编号

8. 某合资企业从韩国进口一批作为投资的机器设备。该公司委托 A 进出口公司对外签订进口合同，并代为办理进口手续。A 进出口公司与外商订货后，随即委托 B 公司具体办理货物运输事宜，同时委托上海 C 报关公司负责办理进口报关手续。下列出现在报关单有关栏目内的单位（　　）是填写错误的。

　　A. 经营单位：A 进出口公司　　　　　　B. 收货单位：某合资企业

　　C. 申报单位：B 公司　　　　　　　　　D. 收货单位：A 进出口公司

三、判断题

1. 某企业经海关批准从保税仓库内提取一批货物内销到国内市场，由于该批货物原进入保税仓库时为空运进口，故在报关单运输方式栏应填报"航空运输"。（　　）

2. 某制衣有限公司向某海关办理进料加工合同的登记备案手续，在领取到的加工贸

易手册上有三项商品，第一项为尼龙面料，第二项为衬里棉布，第三项为拉链。1998 年 4 月 10 日，该公司先进口了一部分衬里棉布和一部分拉链，这样，填写报关单商品项号和名称时应按进口商品的排列序号第一项为衬里棉布，第二项为拉链。（　　　）

3. 中国仪器进出口公司从日本松下公司购得分属三个合同的六种不同规格的精密仪器，同船一并运达。由于这些货物品种单一且数量不大，申报时可以用一份进口货物报关单准确、真实、齐全、清楚地填报。（　　　）

4. 某进口单位在申报进口租赁期在一年以上的租赁贸易货物时，只填制了一份贸易方式为"租赁贸易"的报关单，海关认为其申报有误。（　　　）

5. 某公司进口一批总重量为 1 万千克的饲料，该饲料的外包装为纸袋，可单据上并没有标明扣除纸袋的净重。在这种情况下可以将毛重作为净重来申报。（　　　）

6. 某租赁有限公司从事国内租赁业务。该公司委托广州某对外贸易公司从日本进口 50 台水泥搅拌车，用于租借给国内的建筑公司。由广州某对外贸易公司对外订货，向海关办理进口报关手续时，该批用于租赁货物的贸易方式应填报为"一般贸易"。（　　　）

7. 报关单上"商品名称、规格型号"栏目，正确的填写内容应有中文商品名称、规格型号，商品的英文名称和品牌，缺一不可。（　　　）

8. 转关运输中的"指运地"是指出口货物办理报关发运手续的地点。（　　　）

9. 某化工进出口公司下属某厂以进料加工贸易方式进口原料一批，经海运抵港后，进口报关单的"备案号"栏应填报该货物的加工贸易手册的编号。（　　　）

10. 进出口货物报关单是海关对进出口货物进行监管、征税、统计和开展稽查、调查的重要依据，是加工贸易进出口货物核销、出口货物退税和外汇管理的重要凭证，也是查处进出口货物走私、违规重要的书面依据。（　　　）

11. 联合国世界卫生组织向我国提供援助一台德国产的医疗仪器。德国受联合国的委托将该批货物送往我国。在这种情况下，在进口报关单上应填报启运国为联合国，原产国为德国。（　　　）

12. 北京煤炭进出口总公司对巴基斯坦签约出口"水洗炼焦煤"10 万吨，由唐山煤炭分公司执行合同，组织货源，并安排出口。在这一情况下报关单"经营单位"栏目应填报为"北京煤炭进出口总公司"11091××××（北京煤炭进出口总公司的编号）。（　　　）

13. 报关单上的"收货单位"应为进口货物在境内的最终消费、使用的单位名称，"发货单位"应为出口货物在境内的生产或销售的单位名称。（　　　）

14. 某汽车进出口公司进口 50 辆德国生产小轿车，每辆车上附带一套法国生产的维修工具，进口报关时，维修工具的原产国应按小轿车填报为德国。（　　　）

四、报关单填制案例分析

ABC 广州有限公司位于广州经济技术开发区，海关注册编号为 440124××××，所申报商品位列 B52084400153 号登记手册备案料件第 13 项，法定计量单位为千克，货物于 2004 年 7 月 16 日运抵口岸，当日向黄埔海关新港办（关区代码为 5202）办理进口申报手续。保险费率为 0.27%。入境货物通关单编号为 442100104064457。请根据以上资料填制进口货物报关单。

附录 A

中华人民共和国海关进口货物报关单

预录入编号：　　　　　　　　　　　海关编号：

进口口岸		备案号	进口日期	申报日期
经营单位		运输方式	运输工具名称	提运单号
收货单位		贸易方式	征免性质	征税比例
许可证号		起运国（地区）	装货港	境内目的地
批准文号	成交方式	运费	保费	杂费
合同协议号	件数	包装种类	毛重（千克）	净重（千克）
集装箱号	随附单证		用途	

标记唛码及备注

项号 商品编号	商品名称、规格型号	数量及单位	原产国（地区）	单价	总价	币制	征免

税费征收情况

录入员　录入单位	兹声明以上申报无讹并承担法律责任	海关审单批注及放行日期（签章）	
报关员			
	申报单位（签章）		
单位地址		审单	审价
		征税	统计
邮编　　电话　　填制日期		查验	放行

附录B

中华人民共和国海关出口货物报关单

预录入编号：　　　　　　　　　　　　　　海关编号：

出口口岸		备案号	出口日期	申报日期
经营单位		运输方式	运输工具名称	提运单号
发货单位		贸易方式	征免性质	结汇方式
许可证号		运抵国（地区）	指运港	境内货源地
批准文号	成交方式	运费	保费	杂费
合同协议号	件数	包装种类	毛重（千克）	净重（千克）
集装箱号	随附单据		生产厂家	

标记唛码及备注

项号	商品编号	商品名称、规格型号	数量及单位	最终目的国（地区）	单价	总价	币制	征免

税费征收情况

录入员　　录入单位	兹声明以上申报无讹并承担法律责任	海关审单批注及放行日期（签章）	
报关员			
	申报单位（签章）		
单位地址		审单	审价
		征税	统计
邮编　　电话　　填制日期		查验	放行

参 考 文 献

[1] 邢金有．国际航运概论［M］．大连：大连理工大学出版社，2004．

[2] 李作聚．国际物流与货运代理［M］．北京：清华大学出版社，2007．

[3] 周启蕾．物流学概论［M］．北京：清华大学出版社，2005．

[4] 彭福永．国际贸易实务教程［M］．上海：上海财经大学出版社，2007．

[5] 徐景霖．国际贸易实务［M］．大连：东北财经大学出版社，2002．

[6] 袁其刚．最新国际贸易惯例案例详解［M］．北京：中国财政经济出版社，2008．

[7] 谢娟娟．国际贸易单证实务与操作［M］．北京：清华大学出版社，2007．

[8] 祝卫．出口贸易模拟操作教程［M］．上海：上海人民出版社，2002．

[9] 谢国娥．海关报关实务［M］．上海：华东理工大学出版社，2004．

[10] 王斌义，顾永才．报检报关操作实务［M］．北京：首都经济贸易大学出版社，2006．

[11] 燕烈芳．海关实务［M］．武汉：湖北科学技术出版社，2006．

[12] 温耀庆，鲁丹萍．商检与报关实务［M］．北京：清华大学出版社，2007．

[13] 张兵．进出口报关实务［M］．北京：清华大学出版社，2008．

[14] 报关员资格全国统一考试［M］．北京：中国海关出版社，2009．

[15] 报关员资格全国统一考试［M］．北京：中国海关出版社，2005．

[16] 吴国新．国际贸易单证实务学习指导书［M］．2 版．北京：清华大学出版社，2009．